suhrkamp taschenbuch
wissenschaft 2083

Kaum jemand hat sich intensiver mit den Mechanismen und Medien nationalsozialistischer und faschistischer Propaganda auseinandergesetzt als Siegfried Kracauer. Den Propagandafilm beschreibt er etwa als Versuch, die Tatsache zu kaschieren, daß seine Wirklichkeit einzig die von Potemkinschen Dörfern ist: eine Hülle ohne jede Tiefe. Auch in seiner großen, zu Lebzeiten unpublizierten Studie Totalitäre Propaganda ist die Wirklichkeit reiner Schein, der aber, um nicht als solcher enthüllt zu werden, auf Dauer gestellt werden muß. Totalitäre Propaganda ist ein Meisterwerk ihres Genres und erscheint hier erstmals mit zusätzlichen, bisher unveröffentlichten Dokumenten, u. a. der von Theodor W. Adorno erstellten gekürzten Fassung.

Siegfried Kracauer
Totalitäre Propaganda

Herausgegeben und mit einem Nachwort
von Bernd Stiegler
Unter Mitarbeit von Joachim Heck
und Maren Neumann

Suhrkamp

Herausgegeben mit freundlicher Unterstützung
der Deutschen Forschungsgemeinschaft

2. Auflage 2024

Erste Auflage 2013
suhrkamp taschenbuch wissenschaft 2083
Originalausgabe

Umschlag nach Entwürfen
von Willy Fleckhaus und Rolf Staudt
Druck und Bindung: BoD, Norderstedt
Printed in Germany
ISBN 978-3-518-29683-7

www.suhrkamp.de

Inhalt

Editorische Vorbemerkung

Siegfried Kracauers großangelegte Studie *Totalitäre Propaganda* entstand zwischen 1936 und dem Winter 1937/38, wurde aber zu Lebzeiten des Autors nie veröffentlicht. Das Institut für Sozialforschung lehnte eine Publikation der Langfassung ab und beauftragte Theodor W. Adorno damit, den Text zu kürzen. Die Veröffentlichung dieser neuen Version, die den Text auf weniger als ein Viertel der Originalfassung reduziert und ihn so stark verändert hatte, daß kaum ein Satz im originalen Wortlaut erhalten geblieben war, wurde von Kracauer abgelehnt. Dieser bemühte sich seinerseits um eine Publikation, kontaktierte Verlage und sprach mit einigen Freunden und Kollegen, von denen er sich Unterstützung erhoffte. Doch auch wenn Kracauer später im Zuge einer Bewerbung bei der Rockefeller Foundation *Totalitäre Propaganda* in seine *List of Publications* aufnimmt und sie in seinem Lebenslauf erwähnt, blieb sie ungedruckt, und selbst die existierenden hektographierten Exemplare der maschinenschriftlichen Fassung gingen in den Zeitläuften verloren. Überliefert sind einzig eine sehr schwer lesbare handschriftliche Fassung mit starken Überarbeitungen sowie einige ebenfalls handschriftliche Vorstudien. Die Edition dieser Fassung von *Totalitäre Propaganda* erschien erstmals 2012 in Band 2.2. der neuen Werkausgabe, der Kracauers »Studien zu Massenmedien und Propaganda« versammelt. In diese Ausgabe konnten aus Umfangsgründen die Vorstudien und auch die durch Theodor W. Adorno erstellte Kurzfassung nicht aufgenommen werden. Diese erscheinen hier daher zum ersten Mal.

Im ersten Teil der vorliegenden Edition findet sich die edierte Fassung von *Totalitäre Propaganda* aus der Ausgabe der *Werke*. Aus dieser wurden auch die Anmerkungen übernommen, allerdings an das neue Seitenformat angepaßt.

Im zweiten Teil werden nicht nur weite Teile der Vorstudien und Entwürfe vorgelegt, sondern auch Theodor W. Adornos Gutachten und seine Kurzfassung von Kracauers Text. Die Genese des Textes und die kontroversen Diskussionen, die dieser im Umfeld des Instituts für Sozialforschung auslöste, können so – zumindest in Teilen – rekonstruiert werden. Bei der vorliegenden Edition wurde auf eine Kommentierung der Materialien verzichtet, da die Überschneidungen mit der Langfassung von *Totalitäre Propaganda* erheblich sind.

I. Totalitäre Propaganda

1. Totalitäre Propaganda

A. [Genesis der totalitären Propaganda]

I.

Man erfährt nichts vom realen historischen Geschehen, wenn man die politischen Parolen und die zur Schau getragenen Gesinnungen für bare Münze nimmt. Eine Parole mag noch so ideal klingen, sie unterhält darum doch Beziehungen zu greifbaren materiellen Interessen, von denen sie sogar bedingt wird; ja, je idealer sie sich gebärdet, desto näher liegt dieser Verdacht. In einer Gesellschaft, in der eine Klasse oder Schicht die anderen Klassen oder Schichten beherrscht, sind es vor allem die Interessen der herrschenden Gruppen, die der Idealisierung und Maskierung bedürfen; denn solche Interessen wie die Ausbeutung Unterdrückter und die Machtgier wären nicht attraktiv, wenn sie nackt aufträten. Kein Begriff kann prangend genug sein, um derartige Interessen zu haben, d. h. um als Ideologie verwandt zu werden. Zur Verdeutlichung des Tatbestands der Ideologie formulierte einmal Theodor Fontane es geradezu: »Wenn ein Engländer Gott sagt, meint er Kattun.«[1] Er duldet nicht den mindesten Zweifel, daß sämtliche von der Oberschicht formulierten Vorstellungen und Verhaltensweisen eine ideologische Funktion erfüllen. Die ganze offiziell anerkannte Kultur dient der Legitimierung der herrschenden Interessen. Dennoch hätte Fontane richtiger daran getan, Vorsicht zu üben und etwa wie folgt zu formulieren: »Wenn ein Engländer Gott sagt, meint er Gott, aber das Nebenprodukt seines Meinens ist gottseidank erfahrungsgemäß Kattun.«

Man erfährt in der Tat nahezu gleich wenig von den realen Zusammenhängen, wenn man von der Annahme ausgeht, die an der Herrschaft befindlichen Ideale erschöpften ihre Bedeutung darin, Ideologien zu sein. Eine besonders in marxistischen Kreisen verbreitete Auffassung, der zufolge jeder Begriff, von dem die Machthaber profitieren, also z. B. der Begriff der »Nation«, sofort und ausschließlich als ideologisches Bollwerk des herrschenden Wirtschaftssystems verbucht wird. Nach dieser Auffassung wären alle marxistischen Werte, revolutionären Zielsetzun-

1 [Theodor Fontane, *Der Stechlin*. Große Brandenburger Ausgabe. Das Erzählerische Werk. Bd. 17. Berlin: Aufbau Verlag 2001, S. 265.]

gen, die allgemeine Geltung beanspruchen, pure Machinationen des Kapitalismus und sonst nichts außerdem. Was ist der Faschismus? »Der Faschismus«, so heißt es in der im übrigen recht instruktiven Schrift von Historikus: »*Probleme des Sozialismus*«, »ist weiter nichts als eine moderne, volkstümlich maskierte Form der bürgerlich-kapitalistischen Gegenrevolution.«[2] Aber das ist ein Kurzschluß, dessen Unzulänglichkeit sich daran zeigt, daß sich mit seiner Hilfe weder die Heraufkunft noch die Entwicklung der faschistischen Bewegung ausreichend erklären läßt. Wenn geistige Äußerungen nicht im leeren Raum erfolgen, sondern stets materiellen Interessen zugeordnet sind, so besagt das aber noch nicht, daß man ungestraft von ihrem Gehalt abstrahieren und in ihm nur eine Variable dieser Interessen erblicken dürfte. Die Niederlage der Linksparteien in Italien und Deutschland ist unter anderem auch eine praktische Kritik an jener Betrachtungsweise, die in ein solches »weiter nichts« mündet.

Was da sich in der geistigen und seelischen Sphäre als Begriff imperialer Haltung herausschält: es ist etwas für sich, es führt sein eigenes Leben. Daß dem auch dann so ist, wenn vorausgesetzt wird, geistige und seelische Gebilde seien durchweg ein Produkt gesellschaftlicher Interessen, hat Max Horkheimer nachgewiesen. Der Umstand, daß sich diese Gebilde ursprünglich aus Standes- oder Klasseninteressen ableiten, so argumentiert Horkheimer, erlaubt noch nicht darauf zu schließen, daß sie im Laufe der historischen Entwicklung immer von den betreffenden Interessen direkt abhängig bleiben. Horkheimer untersucht den im Mittelalter anhebenden Prozeß der »Verinnerlichung«, und deutet ihn als einen Prozeß, in dessen Vollzug sich die sozialen Forderungen der durch Laienprediger erregten Volksmassen – Forderungen, die der auflebende Bürgersinn nicht erfüllen kann und daher auf rein geistige Gebiete abzudrängen sucht – in moralische und religiöse Forderungen der unzufriedenen Individuen an sich selber verwandeln. Zu welchen Formen aber wachsen sich diese nach innen geschlagenen Ansprüche aus? »Obgleich sich [...] das moralische Bewußtsein, Gewissen und Pflichtvorstellung im engsten Zusammenhang mit Zwang und Notwendigkeit verschiedenster Art entwickelt hat«, erklärt Horkheimer, »und weitgehend selbst als verinnerlichte Gewalt, als das in die eigene Seele aufgenommene äußere Gesetz aufzufassen sind, so stellen sie doch in der seelischen Verfas-

2 [Arthur Rosenberg (Historikus), *Der Faschismus als Massenbewegung.* Sein Aufstieg und seine Zersetzung. Sozialdemokratische Schriftenreihe: Probleme des Sozialismus. Heft 12. Karlsbad: Graphia 1934, S. 7.]

sung der Individuen schließlich eigene Mächte dar, aufgrund derer sie sich nicht bloß in das Bestehende fügen, sondern unter Umständen sich ihm entgegenstellen.«[3]

Die mannigfachen Gestalten, zu denen sich das geistige und seelische Leben verdichtet, behaupten sich also in größerer oder geringerer Unabhängigkeit von den gesellschaftlichen Interessen; und sei es, daß sie ursprünglich unter deren Druck entstanden, sei es, daß sie irgendeinem Jenseits der Gesellschaft entstammen. Einmal gezeugt, gedeihen sie zu selbständigen Wesen, die mehr als eine Bedeutung annehmen und doch als Einheiten ins gesellschaftliche Leben eingreifen. Wieder ist es Horkheimer, der zeigt, daß die Frucht jenes gegenrevolutionären Prozesses der Verinnerlichung nicht zuletzt auch die größere Disziplinierbarkeit des Menschen ist – eine Eigenschaft, die ihrerseits ökonomische und soziale Fortschritte ermöglicht. Wer weiß, welche Sprengkräfte noch in kleinbürgerlichen Phantasien beschlossen liegen! Lebendig wirkende Begriffsprägungen, Impulse, Arten menschlichen Seins – sie alle sind mit verschieden gerichteten Tendenzen und Assoziationen geladen, und solange sie in der Gestalt wirken, die sie nun einmal gewonnen haben, ist nichts verkehrter, als die eigentümlichen Beschaffenheiten, kraft derer sie wirkt, zu überspringen und lediglich ihrer auf der Hand liegenden ideologischen Funktion zu achten. Niemand wird leugnen wollen, daß irgendeine von den heute herrschenden Klassen übereinstimmende Anschauung von vornherein eine Affinität zu großkapitalistischen Interessen aufweisen muß; daß sie »weiter nichts« als ein Machtmittel des Großkapitals ist, läßt sich ohne weiteres behaupten. Vielleicht ist ihr sichtbarer ideologischer Effekt gar nicht der entscheidendste.

Der Faschismus wäre die »volkstümliche maskierte Form der bürgerlich-kapitalistischen Gegenrevolution?«[4] Aber warum maskiert sich diese gerade so und nicht anders und versteht sich darauf, eine Propaganda zu inszenieren, wie sie die Welt noch nicht gesehen hat? Um hierüber Aufschluß zu erhalten, darf man ersichtlich nicht gleich die Demaskierung vorwegnehmen, so als wisse man selbstverständlich schon, wer sich zu verbergen beliebt – man weiß es eben nicht – und als ob der ganze Mummenschanz lediglich für die Dummen nötig sei; man muß vielmehr aufmerksam die Maske selber betrachten: den Menschenschlag,

3 [Max Horkheimer, »Theoretische Entwürfe über Autorität und Familie: Allgemeiner Teil«. In: *Studien über Autorität und Familie.* Forschungsberichte aus dem Institut für Sozialforschung. Paris: Librairie F. Alcan 1936, S. 3-76, Zitat S. 13.]

4 [Rosenberg, *Der Faschismus als Massenbewegung*, S. 7.]

der die faschistische Bewegung hervorruft, und die Gedanken, die er sich macht. Erst aus der Natur der Maske mag sich allenfalls ergeben, wie das Ungeheuer geartet ist, das sie sich aufsetzt – vorausgesetzt, daß man ihm die Maske überhaupt abreißen kann.

II.

Gleichviel ob der Krieg der Vater aller Dinge[5] oder nicht vielmehr der Nachfahr der Schlachten ist: fest steht, daß die Cliquen, die in Deutschland und Italien auf die totalitäre Diktatur daselbst starren, seine Ausgeburten sind. Mussolini, der sich – noch Redakteur des *Avanti!* – mitten im Krieg unter dem aufmunternden Einfluß des Pétain-Kapitals zu den Interventionisten schlägt, erneuerte am 2[3]. März 1919 seine »Fasci di Combattimento« und fordert unter der intellektuellen Jugend vor allem die Kriegsteilnehmer dazu auf, sich um ihn zu scharen. »Ja, die Situation ist revolutionär«, schreibt er kurz darauf (18. März 1919) im *Popolo d'Italia*, »aber nur wir, die Kriegsteilnehmer, nur wir haben das Recht, von Revolution zu sprechen.«[6] So darf Goebbels in einer der Apologie des Faschismus geweihten Rede erklären, daß der Anfang der faschistischen Bewegung »eine Sache der Frontkämpfer«[7] gewesen sei. Auch Hitler, der überdies nicht wie Mussolini durch den Sozialismus hindurch gegangen ist, entstammt unverkennbar dem Krieg und hat darüber selbst nie Zweifel gelassen. In seinen jungen Jahren, so schreibt er, habe es ihn sehr geschmerzt, gerade in einer Zeit geboren zu sein, die ersichtlich ihre Ruhmestempel nur mehr Krämern oder Staatsbeamten errichten würde.[8] Der Weltkrieg stillte das Sehnen. Aus ihm zurückgekehrt, debütierte er als Agent der Reichswehr in der Politik und machte den Titel des Gefreiten zu seiner Maske.

Nichts [ist] bezeichnender für die Abkunft Mussolinis und Hitlers, als

5 [»Der Krieg ist aller Dinge Vater, aller Dinge König.« Heraklit, Fragment 53. In: Hermann Diels/Walther Kranz (Hrsg.). *Die Fragmente der Vorsokratiker.* Berlin: Weidmann 1961, S. 162.]

6 [Benito Mussolini in der Zeitung *Popolo d'Italia* vom 18. 03. 1919.] Kracauer zit. n.: Ignazio Silone, *Der Fascismus. Seine Entstehung und seine Entwicklung.* Zürich: Europa Verlag 1934, S. 33.

7 [Joseph Goebbels, *Der Faschismus und seine praktischen Ergebnisse.* Schriften der Deutschen Hochschule für Politik. Heft 1: Idee und Gestalt des Nationalsozialismus. Hrsg. von Paul Meier-Benneckenstein. Berlin: Junker und Dünnhaupt 1933, S. 3-25, Zitat S. 5.]

8 [Adolf Hitler, *Mein Kampf.* Zwei Bände in einem Band. Bd. 1: Eine Abrechnung. München: F. Eher 1934, S. 172.]

daß sich früh Offiziere in ihrem Umkreis begegnen – Offiziere eines durch den Krieg und die Nachkriegssituation geprägten Typs. Sie haben Grund, sich deklassiert zu fühlen, denn infolge der pazifistischen Welle, die als Reaktion auf den Krieg einsetzte, werden sie beschimpft statt geehrt, und die Vorstellungswelt der nun mächtigen Sozialisten entspricht nicht ihren Begriffen vom Sieg. Kein Wunder, daß die Offiziere ein Regime (haßten), das sie, des Kriegsspiels müde, wie Bleisoldaten in die Schachtel werfen will, und nicht den geringsten Wunsch hegten, sich als Versicherungsagenten oder Weinreisende sozial verschleißen zu lassen. Gelernt haben sie ja nichts. Hinzu kommt der Druck der deutschen und italienischen Wirtschaftskrise, der ihre Absentierung erschwert. Durch die Demobilisierung bzw. die Verabschiedung massenweise freigesetzt, vermögen sie geistig nicht zu demobilisieren. Was die deutschen Verhältnisse betrifft, so sind die jüngeren Offiziere der Reichswehr nicht zuletzt auch deshalb den Demobilisierten gesinnungsverwandt, weil das auf 100.000 Mann reduzierte Heer ihnen keine Beförderungschancen bietet. Kurz, ein neuer Schlag von Offizieren entsteht, die noch ganz vom Krieg erreicht, und, da ihnen alle Auswege versperrt sind oder hassenswert dünken, die Kriegsexistenz fortzuführen suchen: Desperados, (die manchmal zu Bravos werden). »Nicht die Rückkehr zum Alten, nicht die Reaktion, nicht die verbrauchten Exzellenzen und Generäle können uns retten; helfen können uns nur die Tatmenschen aus allen Kreisen, hauptsächlich die Jungen,«[9] so Roehm. Diese Militärs gleichen den damaligen Offizieren des napoleonischen Heeres, die hinter Louis XVIII. ihres gekürzten Solds wegen »Officiers à demi-soldo« heißen und unablässig konspirierten, abenteuerten und im bürgerlichen Milieu nach den Methoden des Kriegs verfuhren. Balzac, der sie in seinem Roman: »*La Rabouilleuse*« schildert, kündigt ihre Darstellung mit den Worten an: »Assez de beaux caractères, assez de grands et nobles dévouements brilleront dans les *Scènes de la vie militaire*, pour qu'il m'ait été permis d'indiquer ici combien de dépravation causent les nécessités de la guerre chez certains esprits, qui dans la vie privée osent agir comme sur les champs de bataille.«[10]

Mit den Offizieren bleibt die ganze Soldateska aus dem Krieg übrig, die sich neben den Cliquen der künftigen Machthaber entfaltet. In Italien

9 [Ernst Röhm, *Die Geschichte eines Hochverräters*. München: F. Eher 1934, S. 317.] Kracauer zitiert laut Manuskript nach: Konrad Heiden, *Adolf Hitler*. Eine Biographie. Bd. 1: Das Zeitalter der Verantwortungslosigkeit. Zürich: Europa Verlag 1936, S. 87.

10 [Honore de Balzac, *La Rabouilleuse* (1869; dt.: *Ein Junggesellenheim*, 1903).]

lebten gleichzeitig mit den ersten Fasci die »Arditi« auf, 1917 entstandene freiwillige Sturmtruppen, die sich zur Hauptsache aus amnestierten Berufsverbrechern rekrutierten. Kaum demobilisiert, schließen sie sich zu einem Verband zusammen, der sich den antiproletarischen Organisationen verdingt hat. In Deutschland bilden sich die Freikorps, die sich in Ermangelung einer besseren Regierung der verwünschten Republik zur Verfügung stellten und nach ihrer Auflösung in Gestalt illegaler Wehrverbände mit sämtlichen Kriegsmitteln dieselbe Republik bekämpfen. Allen diesen Restprodukten des Kriegs ist es vorbestimmt, früher oder später in die faschistische und die nationalsozialistische Bewegung einzumünden.

Es wird sich noch zeigen, auf welche soziale Schichten die Cliquen Hitlers und Mussolinis anziehend wirken. Einstweilen genügt der Hinweis darauf, daß man die Konstitution der totalitären Diktaturen nicht durchschauen kann, wenn man diese nur als die Frucht bürgerlicher oder auch kleinbürgerlicher Bewegungen begreift. Mögen sie es sein, aber wenn sie nichts außerdem [sind], so ließe sich ja schwerlich die Tatsache erweisen, daß zu den ersten faschistischen Mannschaften nationalistisch-syndikalistische Arbeiter gehörten – Arbeiter, die sich von sozialistischen Parteien enttäuscht fühlten. Zweifelsfrei kommen die Kerntruppen unter starker Beteiligung der Mittelschichten zustande, deren Gruppen nach dem Krieg sukzessive in ihren vitalen ökonomischen und sozialen Interessen bedroht wurden. Den Mittelschichten entstammen die Offiziere zum größten Teil selber; dann viele Studenten, Beamte, Akademiker, Kleinbürger. Die Gesellschaft, die sich ursprünglich in den faschistischen und nationalsozialistischen Formationen zusammenfindet, ist ziemlich gemischt; um so weniger darf über der Herkunft und den Interessen ihrer Mitglieder vergessen werden, daß diese sich im Bann der vom Krieg hervorgerufenen Erschütterung befinden. Einer Erschütterung, die zumindest vorübergehend alle Verfestigungen des psychischen und sozialen Elends aufhebt und sowohl das Individuum wie die Gesellschaft in einen labilen Zustand versetzt, der jede Veränderung als möglich erscheinen läßt. Sicherlich bleibt der in die Avantgarde der betreffenden Bewegungen eingegangene Kleinbürger ein Kleinbürger, und die Interessen, derentwegen er in sie eingegangen ist, behalten ihre Geltung bei; dennoch ist einzukalkulieren, daß er seiner Mentalität nach unter dem Einfluß des Krieges steht, der die normalerweise automatisch funktionierenden Beziehungen zwischen seinen Interessen und seinem Verhalten unterbrochen hat. Und die Rolle der

Mentalität gering zu veranschlagen, ist gerade dann nicht erlaubt, wenn dieser Automatismus außer Kurs gesetzt ist. Um davon zu schweigen, daß die Kerntruppen Mussolinis und Hitlers vorzugsweise Elemente mit schwach ausgeprägten Klasseninteressen enthalten: Die Überbleibsel der Armee, die nur ihre Uniform kennen; anspruchsvolle Literaten; Erwerbslose, die innerhalb des Produktionsprozesses stehen, und junge Leute die noch nicht in ihn eingegliedert sind. In seinem »*Achtzehnten Brumaire*« lehnt es denn auch Marx ausdrücklich ab, die Bande um Napoleon III. einer bestimmten sozialen Schicht zuzuordnen: »An den Hof, in die Ministerien, an die Spitze der Verwaltung und Armee drängt sich ein Haufe(n) von Kerlen von deren Besten zu sagen ist, daß man nicht weiß, von woher er kommt, eine geräuschvolle, anrüchige, plünderungslustige Boheme (...).«[11] Insofern das Wort Boheme gesellschaftliches Outsidertum bezeichnet, paßt es auf die Nachkriegs-Cliquen. Aus dem Krieg geboren, feiern diese Cliquen den Krieg. Gregor Strasser am 7. Oktober 1928: »Und so, aus jenem Wissen heraus, das in Hunderten von Nachtwachen, eineinhalbtausend Tagen voll Entbehrung und Müdigkeit, voll Hitze und Kälte, voll Kampf und Not, voll Angst und Tod geboren ward, grüßten wir den Krieg ernst und bereit als den gewaltigen Umwerter aller Werte, als den unerbittlichen Kampf des Lebens gegen die Formel, der Wahrheit gegen die Lüge.«[12] Mussolini wagt des Krieges zu einer Zeit zu gedenken, in der selbst die liberalen Minister und die demokratischen Interventionisten noch ihre einstige Kriegsbegeisterung vergessen zu machen wünschten. Ein Verhalten, das dem Faschismus die Sympathie des Generalstabs und der Finanzleute einträgt. Überhaupt entwickelte sich die faschistische Bewegung sowohl wie die nationalsozialistische in einer engen, höchstens durch Bruderzwiste gelegentlich unterbrochenen Beziehung zum Heer, woraus noch einmal folgt, daß der Vorsprung dieser Bewegungen im Krieg zu suchen ist. Vom Krieg her bestehen zahlreiche Querverbindungen zwischen der Armee und ihnen. Sie sind wirklich Fleisch vom Fleisch der Armee. Die geheimen Wehrverbände breiteten sich unter dem Schutz von Heer und Justiz aus, und das Bündnis zwischen dem Faschismus und der bewaffneten Macht wird durch einen Faschisten bestätigt. »Der Faschismus«,

11 [Karl Marx, *Der Achtzehnte Brumaire des Louis Bonaparte.* Hamburg: Meißner Verlag, 1869, S. 97.] Kracauer zitiert laut Manuskript nach: Heiden, *Adolf Hitler.* Bd. 1, S. 256.

12 [Gregor Strasser, »Nie wieder Krieg«. Rede am 7. 10. 1928 im Berliner Reichstag. In: Ders., *Kampf um Deutschland. Reden und Aufsätze eines Nationalsozialisten,* München: F. Eher 1932, S. 217-222, Zitat S. 221.]

so bekennt Umberto Banchelli, »konnte sich fortentwickeln, weil er unter der Sicherheitspolizei und den Offizieren der Carabinieri und anderen bewaffneten Kräften italienische Herzen und Ideale fand.«[13]

III.

Herzen und Ideale der faschistischen und nationalsozialistischen Kerntruppen sind vom Krieg bedingt. »Der Krieg war es«, rief Gregor Strasser 1929 aus, »der in glühenden Jahren die erstarrte Kruste materialistischen Denkens zum Schmelzen brachte, und die Umwandlung aller Werte der Ratio erzwang und der Seele so wieder den Weg bahnte ins Leben.«[14] Durch die Nachkriegssituation erlangten die Vorstellungen, in denen dieser »Haufen von Kerlen« lebte, eine verdoppelte Gewalt. Sie gipfelten in der Idee der Nation, der einzigen Vorstellung, die den Krieg zu legitimieren vermochte. Silone formuliert einmal, daß der Hauptzug der ersten Fasci ein »wütender, umstürzlerischer Patriotismus«[15] gewesen sei. Man wollte sich durch die liberalen Minister und die maßgebenden Sozialisten den Sieg nicht verderben lassen, sondern den Sieg selber lobpreisen und weiter jene Initiative entwickeln, die zur Intervention führte. Übrigens zeigte sich für solche Impulse sowohl der von Sorel und Pareto beeinflußte syndikalistische Flügel der Arbeiterschaft wie auch der städtische Mittelstand empfänglich, der schon seit dem Tripolis-Gewinn mit nationalistischen und imperialistischen Parolen bearbeitet worden ist. Hatte Italien immerhin »gesiegt«, so mußte Deutschland die Niederlage quittieren. Um so vorbehaltloser ergaben sich die Freikorps und alle jene Gruppen, die schließlich zu Hitler stießen, aus einem zum Furor gesteigerten Nationalgefühl. Dieses im Krieg hochgepeitschte und dann enttäuschte, jäh im Stich gelassene Nationalgefühl erfüllte und es stempelte die Begriffe von nationaler Ehre und nationaler Demütigung zu wirksamer Realität. Aus ihm kam der Haß gegen die Entente und das Versailler Friedensdiktat, gegen die sogenannte Revolution, die Marxisten und die Weimarer Republik. In bezug auf die Unbedingtheit und Intensität des Nationalgefühls ist die nationalsozialistische Bewegung im Ursprung nur ein Teil der antikapitalistischen älteren völki-

13 [Umberto Banchelli, *Le memorie di un fascista (1919-1923)*, Florenz: Sassaiola Fiorentina 1922, S. 14.] Kracauer zit. n.: Silone, *Der Fascismus*, S. 119.

14 [Strasser, »Nationalsozialismus und Geschichte«. Rede am 1. 1. 1929 im Berliner Reichstag. In: Ders., *Kampf um Deutschland*, S. 225-229, Zitat S. 227.]

15 [Silone, *Der Fascismus*, S. 79.]

schen, die freilich keine feste Form gewinnt, sondern alle antidemokratischen bürgerlichen Kreise, Verbände und Parteien durchdringt. Die Nationalsozialisten erwarten auch sonst einiges, nicht zuletzt von der Vereinnahmung der Dolchstoßlegende: Das Nest des Krieges, aus dem sie gekrochen kommen, darf nicht beschmutzt werden.
Was verbirgt sich hinter der demonstrativ zur Schau getragenen nationalen Leidenschaft der frühen faschistischen und nationalsozialistischen Cliquen? Wenn Gefühle und Ideale, die eine Massenbewegung entfesseln, nicht einen ausgesprochen revolutionären Charakter haben, versehen sie keineswegs eine eindeutige ideologische Funktion, sondern bergen in der Regel Tendenzen und Kräfte, unter denen sich auch gewisse anthropologische Gehalte finden mögen, so daß es zweifellos verkehrt wäre, sie von vornherein »fortschrittlich« oder »rückschrittlich« zu nennen. Oft sind sie beides und bewahren dann so lange ihre vielsagende Gestalt, bis die gesellschaftlichen Transformationsprozesse, die sich unter ihrer Hülle abwickeln, einen gewissen Schluß gefunden haben. Sie gleichen einem Füllhorn an Gaben – vorausgesetzt daß sie nicht der Büchse der Pandora gleichen.
Was verbirgt sich hinter der demonstrativ zur Schau getragenen nationalen Leidenschaft der faschistischen und nationalsozialistischen Avantgarde? Ihr wütender, umstürzlerischer Patriotismus verschmilzt unter Siedehitze – wenn auch in Italien nicht gleich zu Beginn – mit der heftigsten Abwehr des »Bolschewismus«. Diese Reaktion Deklassierter und Unzufriedener, deren ganzes Sehnen der Gloriole gilt, mit der sie der Krieg umwoben hat, ist ein Protest des Nationalgefühls gegen den Internationalismus der Linken und erfolgt vor allem in Deutschland mit einer Phalanx von Begriffen, die seit alters her die bürgerlichen Ehrenrechte besitzen. Immer wieder werden sie heruntergeleiert und eingesetzt. Ludolf Haase schreibt 1930: »Kein festes Land, keine Ehre, kein Familienleben mit Kindern, kein liebevolles Elternhaus für die unglücklichen Kinder kennt in unserem Sinne dieses grauenhafte Massenzuchthaus, das sich ›sozialistische Gesellschaft‹ nennt.«[16] Und Hitler selber schleudert im »Aufruf der Reichsregierung an das deutsche Volk« vom 1. Februar 1933 dem Bolschewismus das Anathema entgegen: »Angefangen bei der Familie, über alle Begriffe der Ehre und Treue, Volk und Vaterland, Kultur und Wirtschaft hinweg, bis zum ewigen Fundament un-

16 [Ludolf Haase, »Marxismus und Nationalsozialismus. Die Ablösung der Zerstörung durch organischen Aufbau«. In: NSDAP (Hrsg.), *Nationalsozialistische Monatshefte*, Jg. 1, Heft 5, München: F. Eher 1930, S. 201-221, Zitat S. 217.]

serer Moral und unseres Glaubens, bleibt nichts verschont von dieser nur verneinenden, alles zerstörenden Idee.«[17] Die mechanische Art, in der sich hier die Stammbegriffe bürgerlicher Mentalität gleichsam von selber abspulen, verrät allerdings, daß sie nur diesem äußeren Gebrauch dienten, daß also die nationalsozialistische (Propaganda) von Haus aus nicht bürgerlich ist, sondern eben eine Boheme führt. In der Tat macht nach der Machtergreifung die bürgerliche Mentalität der Hitlerpropaganda zu schaffen.

Die Bekämpfung des Marxismus schloß eine Allianz mit der Bourgeoisie oder Teilen der Bourgeoisie in sich ein. Schon durch die enge Beziehung zwischen dem Heer und den nationalsozialistischen und faschistischen Cliquen ist eine gewisse Affinität dieser Cliquen zu den feudalen und großbürgerlichen Schichten vorgegeben. Eine Tendenz, die sich in Italien und in Deutschland auf verschiedene Weise und in unterschiedlichem Tempo realisierte; wie auch die kapitalistischen Spitzengruppen, die mit Hitler und Mussolini paktierten und ihnen derart zum Sieg verhalfen, in beiden Ländern dieselbe Struktur aufwiesen. Gemeinsam ist diesen mächtigen Gruppen nur ein allerdings entscheidender Zug: der zum Monopol. Nicht so, als ob sich der gesamte Monopolkapitalismus der nationalsozialistischen Bewegung verschrieben hätte – im Gegenteil, die doch ganz verkrustete Chemie stand aus guten Gründen bis zuletzt auf der Seite der Hitlergegner –; aber die hier gemeinten Fraktionen der herrschenden Klasse, zu denen sich auch breite Mittelstandsschichten gesellten, sehen tatsächlich durch das »normale« Spiel der Wirtschaftskräfte und des Klassenkampfes ihre vitalsten Interessen bedroht. So mußten sie ihre Hoffnung auf die Diktatur setzen, und die Diktatoren in spe ihrerseits ließen sich nicht minder zwangsläufig von ihnen finanzieren.

Die Annahme, daß der nationale Fanatismus der vom Krieg gezeugten Cliquen – ein Fanatismus, dem noch dazu eine ganze Schleppe bürgerlicher Emotionen anhaftet – die Verkleidung großkapitalistischer Interessen, wie überhaupt von Interessen der entscheidenden Klasse [sei], erscheint um so fester gegründet, als sich diese Interessen im Krieg selber maßgebend ausgewirkt haben und gerade der Appell ans Nationalgefühl zu ihren geburtsverfluchten Erscheinungsformen gehörte. Und es kann auch nicht bezweifelt werden, daß aufs Ganze hin gesehen die besitzen-

17 [Hitler, »Aufruf an das deutsche Volk«, Radioansprache vom 1. 2. 1933. In: Gottfried Feder (Hrsg.), *Die Reden Hitlers als Kanzler: Das junge Deutschland will Frieden und Arbeit.* Nationalsozialistische Bibliothek. Heft 50. München: F. Eher 1934, S. 5-9, Zitat S. 6.]

de Bourgeoisie durch die Entwicklung der Dinge in Deutschland und Italien konserviert worden ist. Hieraus aber folgt noch nicht, daß Faschismus und Nationalsozialismus, vom Selbsterhaltungstrieb der revolutionären Mächte ins Leben gerufen, einfach deren Werkzeuge sind. Es besteht vielmehr logisch und sachlich durchaus die Möglichkeit, daß beide Bewegungen kein Produkt jener Mächte sind, sondern unterwegs mit ihnen zusammentreffen. Der gegen eine solche Möglichkeit sich erhebende Einwand, daß sie dem Faschismus und dem Nationalsozialismus eine nicht zulässige Unabhängigkeit von den gesellschaftlichen Kräften verleihe, darf deshalb unberücksichtigt bleiben, weil er auf der naiven Voraussetzung beruht, die gesellschaftlichen Kräfte seien konstante Größen. Sie sind es nicht. Und gerade das aus dem alten Unterbau unableitbare Phänomen der totalitären Diktaturen in Deutschland und Italien nötigt zum Schluß, daß in der Region des Unterbaus selber gewaltige, vielleicht noch unerkannte Kräfteverschiebungen im Gang sind, die eben den sichtbaren Effekt dieser Diktaturen erzeugen.

Silone, bei weitem der wissendste und klügste der politischen Denker, die sich über den Faschismus geäußert haben, widerlegt scharfsinnig die verbreitete Meinung, daß sich hinter dem frühen Faschismus die kapitalistische Bourgeoisie verkappe. An jener Stelle, an der von den spontan aufschießenden nationalistischen Nachkriegsorganisationen die Rede ist, die sich später um Mussolini sammeln, argumentiert er wie folgt: »auch ist jeder Versuch, diese Vielheit von Organisationen [...] als eine teuflische Erfindung des Finanzkapitals hinzustellen, dem es gelingt, die Volksmassen zu täuschen und auf verschiedenen Wegen unter dem Joch seiner direkten Hegemonie mitzureißen, nichts als eine mythologische und irreale Auffassung der sozialen Beziehungen.«[18] Wäre es so, dann müßten diese Organisationen nach Erfüllung ihrer Aufgabe verschwinden.[19] »Und sollte eine einzige die anderen überleben (...), so würde es ohne Zweifel jene sein, die (...) die bürgerlichste ist. Die historische Erfahrung hat das Gegenteil bewiesen. In der Menge der reaktionären Ligen, Fasci, Fronten und Vereinigungen, die als Kandidaten zur Rettung des Staates auftreten, behält immer jene die Oberhand, die am meisten plebejisch, demagogisch und chaotisch ist.«[20] Die historische Erfahrung bestätigt Silones Argument auch insofern, als sich Mussolini bis ins Jahr 1920 nicht etwa auf die Seite der bürgerlichen Ordnungsparteien stellt,

18 [Silone, *Der Fascismus,* S. 76f.]
19 [Vgl. ebd., S. 77.]
20 [Ebd.]

sondern die sozialistischen Führer immer noch umwirbt und sich die Möglichkeit eines Arbeiteraufstands vorbehält. Gingen Faschismus und Nationalsozialismus auf die Bourgeoisie zurück, so würde es unstreitig diesen Bewegungen obliegen, die Bourgeoisie vor dem Zugriff der Arbeiterparteien zu schützen und die proletarische Revolution zu erstikken. Statt dessen hat sich die Bourgeoisie vor dem ersten Anprall der Revolution selber geschützt. Die Aktion der Fabrikbesetzungen in Italien war bereits abgeschlossen, als sich Mussolini, eben weil er den Sozialisten keine Zukunft mehr gab, den Agrariern, den Mittelschichten und den Industriellen zuwandte, und als Hitler siegte, konnte die deutsche Bourgeoisie schon wieder den proletarischen Parteien das Gesetz des Handelns (vorschreiben). Nicht zu vergessen schließlich, daß die antibourgeoise Tendenz, die der faschistischen wie der nationalsozialistischen Bewegung von Anfang an innewohnt, stark genug [war], um zugleich Anhänger zu werden und in ihnen Illusionen zu wecken. »Die Bourgeoisie«, erzählt ein erbitterter Faschist in seinen Erinnerungen, »ist den Fasci beigetreten mit der Absicht, dabei ihre eigenen Ziele zu verfolgen, wozu unter anderem die Ausübung ihrer Klassenjustiz und die Forderung von Repressalien gehörte, und das nicht in ihrer Eigenschaft als Faschisten, sondern als Söhne von Rechtsanwälten, von Ärzten, von Kriegsgewinnlern usw. [...]. Wir sind bei unseren faschistischen Zusammenkünften den Raubvogelgesichtern der Kriegsgewinnler begegnet, die mit den unvermeidlichen Brillanten an den Fingern da saßen und wir waren auch gezwungen ihr Geld zu nehmen.«[21] Und wenn Gregor Strasser immer wieder die sozialistische Komponente des Nationalsozialismus herausstreicht, geschieht das nicht aus demagogischen Gründen. Alle Versuche einer »zweiten Revolution« sind unterdrückt worden; woraus zwar geschlossen werden muß, daß das Bündnis der Diktatoren mit dem Monopolkapitalismus effektiv geworden ist, nicht aber: daß die Diktatoren nur mehr die Bravos des Monopolkapitalismus seien.

21 [Banchelli, *Le memorie di un fascista (1919-1923)*, S. 16 f.] Kracauer zit. n.: Silone, *Der Fascismus*, S. 109.

IV.

Ich frage also nochmals: Was verbirgt sich hinter dem »wütenden und umstürzlerischen Patriotismus« der faschistischen und nationalsozialistischen Kerntruppen?

Mag sich der gefährdete Kapitalismus der faschistischen und nationalsozialistischen Bewegungen bedienen, um sich im Sattel zu halten. Diese Bewegungen sind jedenfalls nicht zu seiner Rettung entstanden, und es ist auch nicht ausgemacht, daß sie restlos in ihm aufgehen. Sie entwikkeln sich unter versiegelter gesellschaftlicher Order, die aufzubrechen erst dann möglich sein wird, wenn die Natur des in die Bewegungen eingesenkten Impulses und seine Wirkung selber durchschaut sind. Ich frage also nicht mehr: Was verbirgt sich hinter dem »wütenden, umstürzlerischen Patriotismus« der nationalsozialistischen und faschistischen Kerntruppen, sondern: wie beschaffen ist dieser Patriotismus?

Zweifellos muß er auch so genommen werden, wie er sich gibt – als Wille, die geschlagene und enttäuschte, im Innern durch Interessenkämpfe mit dem Zerfall bedrohte Nation wieder zu restituieren. Es wird sich noch zeigen, daß die Suprematie der Nation eine historisch fällige Forderung der gesellschaftlichen Kräfte ist, aber das gehört bereits zur Entschlüsselung der nationalsozialistischen Impulse. Aber zunächst gilt es festzustellen, daß er sich nicht in seiner inhaltlichen Tendenz erschöpft.

Gaetano Salvemini schildert Mussolini mit folgenden Worten: »Er paßt sich den Notwendigkeiten des Augenblicks an, frech und geschwätzig, wenn alles gut geht, kleinmütig und schweigsam bei Gefahr, und wechselt in einem Augenblick von Freundlichkeit zur Grausamkeit, von Tollkühnheit zur List. Großmaul und Heuchler, impulsiv und scheinheilig, immer bereit, etwas zu sagen und es zurückzunehmen, es zu wiederholen und sich zu widersprechen, seine Komplizen von gestern heute zu verraten.«[22] Cesare Rossi, der fünf Jahre lang zur nächsten Umgebung Mussolinis gehörte, bemerkte gleichfalls, daß sich dessen Wesen jeder Fixierung entziehe, und bezeichnet als eine seiner Haupteigenschaften das ständige Improvisieren. Was auf Mussolini zutrifft, gilt auch für Hitler, der nur dem deutschen Drang nach weltanschaulicher Fundierung des Handelns Rechnung tragend, seine Ambivalenz nicht so hervor-

22 [Gaetano Salvemini, *La terreur fasciste, 1922-1926*. Notre Temps: Les documents bleus. Ausgabe 14. Paris: Gallimard, 1930, S. 163.]

kehrt wie jener. Beide lehnen es, gerade zu Beginn ihrer Karriere, entschieden ab, sich auf eine Weise festzulegen, die ihre Bewegungsfreiheit einengen könnte; beide halten sich stets mehrere Wege offen; beide erblicken in Programmen allenfalls propagandistische Notwendigkeiten, die zu nichts verpflichten. Goebbels [ruft] dem Leutnant Scheringer zu: »Wollte Gott, wir hätten von diesen unglückseligen fünfundzwanzig Punkten nie etwas gehört!«[23] Wie stark Mussolini vor dem Marsch auf Rom das Bedürfnis empfindet, den Kurswechsel selber zum Prinzip zu machen, beweist die unverblümte Erklärung, die er am 23. März 1921 im *Il Popolo d'Italia* abgibt: »Wir gestatten uns den Luxus, Aristokraten und Demokraten zu sein, Konservative und Rückschrittler, Reaktionäre und Revolutionäre, uns an die Gesetze zu halten oder sie zu mißachten, je nach den Verhältnissen der Zeit, des Ortes, der Umgebung, mit einem Wort der Geschichte, in der wir gezwungen sind, zu leben und zu wirken.«[24] Und ähnlich äußert sich der nationalsozialistische Publizist Hans Michael Müller über die Anfangszeiten der deutschen Bewegung: »Der Nationalsozialismus ist heraufgekommen durch die Bejahung des Unberechenbaren, durch Verzicht auf Programmklarheit, durch den Willen zum Ungewissen, kraft der in ihm lebenden Gewißheit. Unbestimmtheit der Zielsetzung, bedingt durch divergierende Interessen.«[25]

Dieser »Wille zum Ungewissen«, das heißt der Wille, keine Verfestigungen zuzulassen, keine objektive Instanz anzuerkennen – ein Wille, der die faschistische und die nationalsozialistische Bewegung grundsätzlich vom Kommunismus scheidet –, ist, bei seinem wahren Namen angesprochen, Wille zur Macht. Daß diese faschistische und nationalsozialistische Boheme von ihm beherrscht wird, sind auch jene zuzugeben genötigt, die sie sonst nur als den Vortrupp des Kapitalismus begreifen. So heißt es in dem erwähnten Band von Historikus: »Die Freikorpsführer und all die abenteuerlichen Gestalten, die in der deutschen faschistischen Gegenrevolution eine Rolle spielen, sind zuverlässige Helfer der Kapitalisten und überhaupt der herrschenden Gewalten im Kampf gegen Marxismus und Gewerkschaften. Indessen genügt es ihnen nicht,

23 [Heiden, *Adolf Hitler.* Bd. 1, S. 105.]

24 [Mussolini, Leitartikel in der Erstausgabe von *Il Popolo d'Italia* vom 23. März 1921.] Kracauer zit. n.: Silone, *Der Fascismus,* S. 108.

25 [Hans Michael Müller, *Vom Staatsfeind.* Hamburg: Hanseatische Verlagsanstalt 1934, S. 64.] Kracauer zit. n.: Münzenberg, *Propaganda als Waffe.* Paris: Éditions du Carrefour 1937, S. 39.

die alte Ordnung wieder zu befestigen, sondern sie wollen selbst an die Macht kommen. [...] Der legale Faschismus nützt ihnen nicht viel, weil dann die alten Machthaber auf ihren Sesseln bleiben. Sie versuchen die gewaltsame Revolution oder doch wenigstens den Schein einer solchen.«[26] Noch an der Selbstherrlichkeit, mit der die nationalsozialistische Partei den Staat durchsetzt und die Führung ihrerseits über die Partei gebietet, zeigt sich, daß der Machtwille hier, wo nicht das letzte Wort, so doch das letzte hat, das sich dechiffrieren läßt. Der Machtwille ist es, der dem Nationalismus der Nachkriegs-Cliquen den Furor erteilt. Hier erst wird dieser Nationalismus verständlich: in seiner Wut, in seinen Umsturzgelüsten lebt die hemmungslose Begierde der Boheme um Hitler und Mussolini nach Herrschaft. Sie ist nicht die Frucht des sozialen Ressentiments, das diese entlassenen Offiziere, diese Erwerbslosen, diese enttäuschten Arbeiter und deklassierte Bourgeoisie zusammenführt. Sie kommt aus dem Krieg, auch ihre Machthungervisionen, ihre Visionen von der Art der zu erstrebenden Macht.

Sie erstrecken sich auf die Verwirklichung des größtmöglichen Machtapparats zur Erringung der größtmöglichen Macht. In einem Artikel der *Frankfurter Zeitung* über Mussolini heißt es: »das Ziel ist ganz einfach.«[27] Das Modell für den vollkommenen, jederzeit gebrauchsfähigen Machtapparat liefert wiederum der Krieg. Aus dem Krieg ergibt sich die Organisation der faschistischen und nationalsozialistischen Kerntruppen, aus ihm werden sämtliche Vorstellungen übernommen, die sich auf die Absolutheit von Autorität und Gehorsam, auf die vorherrschende Rolle der Gewalt als prima ratio und auf die dauernde Mobilisierung der ganzen Nation beziehen. Die Konstruktion eines solchen Machtapparats ist an die Bedingung nationaler Einheit geknüpft. Da die soziale Revolution und ihre Folgen diese Einheit in Deutschland und in Italien sprengen oder zu sprengen drohen, wird sie den in ihrem nationalen Stolz getroffenen Nationalsozialisten von Anfang an zur dinglichsten politischen Forderung. Einheit der Nation im Dienst der Machtgewinnung: das ist die Maxime, nach der die Nationalsozialisten verfahren. Wenn sie überdies einem Sozialismus huldigen, wie sie ihn verstehen, geschieht dies allein um der angestrebten Vereinheitlichung willen, d. h. im Interesse der Errichtung des nationalen Machtapparats. Hitler hat darüber nicht im unklaren gelassen: »Die nationale Erziehung der brei-

26 [Rosenberg, *Der Faschismus als Massenbewegung*, S. 53.]

27 Sonntagsausgabe der *Frankfurter Zeitung* vom 26. 09. 1937.

ten Massen«, erklärt er in »*Mein Kampf*«, »kann nur über den Umweg einer sozialen Hebung stattfinden.«[28] Soziale Hebung als Umweg zur Erreichung der Einheit, die Macht bedeutet – bündiger wäre nicht zu bezeichnen, was Mittel und was Zweck ist. Wer die Macht begehrt, will immer ganze Macht. Der Traum von der Macht hält daher nicht beim Begriff der Nation inne, der ihn begrenzte, sondern geht über die Nation hinaus zu umfassenderen Einheiten. Mussolini (schöpft) aus dem Arsenal der Tradition die Idee des Imperiums, [und] so visiert Hitler, darin nicht minder Erbe, das »Reich«, das er dadurch in der Nation zu verankern sucht, daß er es auf die Volksgemeinschaft arischer Rasse gründet. Nicht etwa der Staat, sondern das rassemäßig auserwählte Volk steht bei ihm »im Zentrum der Dinge«[29], wie Goebbels sich ausdrückt. Insofern der romantische Begriff des Volks nicht einfach zu dem Zweck gesetzt wird, um den kruden Willen zur Macht zu verklären, dessen Ansprüche legitimer erscheinen, wenn sie als Emanationen des Volks ausgegeben werden sollen – entspricht dieser Begriff einer psychologischen Erfahrung, die nochmals auf den Krieg zurückweist. Die »Schützengrabengemeinschaft« ist das Modell der nationalsozialistischen Volksgemeinschaft. »Der Krieg«, sagt Roehm, »in dem der geringste der Söhne Deutschlands mit mir das gleiche Schicksal teilte, mit mir Schulter an Schulter im Kampf stand und dem Tod ins Auge blickte, hat die Schranken, die die bürgerliche Gesellschaftsordnung zwischen ihm und mir einst aufgerichtet hatte, für immer niedergerissen.«[30]

Der Machtwille der sich zu diesen cäsaristischen Konzeptionen versteigt, ist nihilistischer Art. Da er sich anfänglich als die »Bejahung des Unberechenbaren«[31] gibt, als ein Wille, der alle Bindungen ablehnt, es sei denn, die ihm durch das Bündnis mit der herrschenden Klasse aufoktroyierten, verrät zur Genüge, daß hier kein *Wozu* erfragt wird, sondern die Macht als solche und nichts als die Macht. Mussolini bekennt sich in der Frühzeit des Faschismus ausdrücklich zur Prinzipienlosigkeit, indem er beifällig das Wort Adriano Tilghers aufgreift, dem sich der Faschismus als »der absolute Aktivismus auf politisches Gebiet verpflanzt«[32] darstellt, und von sich selber erklärt: »Alles, was ich in diesen

28 [Hitler, *Mein Kampf.* Bd. 1, S. 370.]

29 [Goebbels, *Revolution der Deutschen.* 14 Jahre Nationalsozialismus. Oldenburg: Stalling 1933, S. 67.]

30 [Röhm, *Die Geschichte eines Hochverräters*, S. 307.]

31 [Müller, *Vom Staatsfeind*, S. 64.]

32 [Adriano Tilghers, zit. in: Erwin von Beckerath, *Wesen und Werden des faschistischen*

letzten Jahren gesagt und getan habe, ist intuitiver Relativismus.«[33] Entledigt sich der Machtwille jeglicher Fessel, so gebärdet sich der von ihm produzierte Machtapparat als das Maß aller Dinge, obwohl er nicht allein auf der Welt existiert und selber erst der Legitimierung bedürfte. »Alles für den Staat, nichts gegen den Staat, nichts außerhalb des Staates«,[34] formuliert Mussolini im Jahre 1927. Und genau in gleichem Sinne beschließt Gregor Strasser seine Rundfunkrede vom 14. Juni 1932 mit den Worten: »Das Losungswort und Programm aber heißt Deutschland, nur Deutschland, nichts als Deutschland!«[35] Diese Vergötzung der Diktaturen schließt notwendigerweise die Annullierung sämtlicher Werte und Normen ein; denn wenn gut nur heißen darf, was dem deutschen Volk bzw. dem italienischen Staat nützt, hat das Gute seine Geltung verloren und sinkt zur Variable der Macht herab. Die Macht maßt sich an, das Licht zu sein, das die Finsternis erhellt. Oder bringt sie doch Licht? Hitler fordert Achtung vor der überragenden Persönlichkeit und preist das Genie geradezu hymnisch. Aber bei näherem Zusehen ergibt sich, daß das Genie sichere Rechengröße in seinem Machtkalkül ist. Persönlichkeit zählt nur insoweit, als sie die Autorität repräsentiert. Für die rein utilitaristische Redeübung des Lobes der Persönlichkeit ist charakteristisch folgender Passus aus einer in den *Nationalsozialistischen Monatsheften* von Matthes Ziegler veröffentlichten Polemik gegen Wilhelm Stapel, den Herausgeber der Zeitschrift *Deutsches Volkstum*. »Wir sind großzügig genug, Vergangenheit ruhen zu lassen, wenn deutsche Menschen aus innerer Überzeugung den Weg zum Führer gefunden haben [...]. Stapel hat bisher seine damaligen Anschauungen nicht widerrufen. Dies mag er für sich als Charakterstärke buchen; er darf sich jedoch nicht wundern, wenn wir daraus Folgerungen ziehen. Und diese Folgerungen sind eindeutig! [...] Wir möchten Wilhelm Stapel an dieser Stelle dringend nahe legen, auf den Ruhm eines Wissenschaftlers im Staate Adolf Hitlers zu verzichten!«[36] Kurz, der Herrenmensch ist dieses

Staates. Berlin: Springer 1927, S. 43. Dieses Zitat Tilghers ist nur bei von Beckerath eindeutig nachweisbar.]

33 [Mussolini, »Relativismo e Fascismo«. In: Ders., *Diuturna*. Mailand: Alpes 1924, S. 374.]

34 [Mussolini, Rede vor der Deputiertenkammer am 26. März 1927 in Mailand. In: Ders., *Discorsi del 1927*. Rom: Alpes 1928, S. 157.]

35 [Strasser, »Über die Staatsidee des Nationalsozialismus«. Rundfunkrede vom 14. Juni 1932. In: Udo Kissenkoetter, *Gregor Strasser und die NSDAP.* München: DVA 1978, S. 140.]

36 [Matthes Ziegler, »Wilhelm Stapel und die Judenfrage«. In: NSDAP (Hrsg.), *Nationalsozialistische Monatshefte*, Jg. 8, Heft 68, München: F. Eher 1937, S. 410-417, Zitat S. 413.

Problem. In seinem berühmten Gespräch mit Otto Strasser läßt sich Hitler zu dem Geständnis verleiten: »Wir wollen eine Auslese einer neuen Herrenschicht, die nicht von irgendeiner Mitleidsmoral getrieben wird, sondern sich darüber klar ist, daß sie auf Grund ihrer besseren Rasse das Recht hat zu herrschen und die diese Herrschaft über die breite Masse rücksichtslos aufrecht erhält und sichert.«[37] Daß der hier offen bekannte Nihilismus die eigentliche Meinung Hitlers darstellt, ist um so weniger zu bezweifeln, als er – nach der nicht veröffentlichen Druckschrift zu schließen, die Dr. Ley vor einiger Zeit unter dem Titel *»Der Weg zur Ordensburg. Sonderdruck des Reichsorganisationsleiters der NSDAP für das Führerkorps der Partei, ihrer Gliederungen und der angeschlossenen Verbände«*[38] hat erscheinen lassen – die Richtschnur zur Erziehung der künftigen »politischen Leiter« der Partei abgibt. »Wir wollen wissen«, heißt es in dem Sonderdruck, »ob diese Männer den Willen zum Führen in sich tragen, zum Herr sein, mit einem Wort: zum Herrschen. [...]. Wir wollen herrschen, wir haben Freude am Herrschen, nicht um ein Despot zu sein oder um einer sadistischen Tyrannei zu huldigen, sondern weil wir felsenfest daran glauben, daß in allen Dingen nur einer führen und auch nur einer die Verantwortung tragen kann. Diesem einen gehört auch die Macht. [...]. So werden diese Männer reiten lernen, nicht nur einem gesellschaftlichen Vorteil zu huldigen, sondern sie sollen reiten lernen, um das Gefühl zu haben, ein lebendes Wesen absolut beherrschen zu können.«[39] Diese Idealgestalt des nationalsozialistischen Führers erinnert nicht von ungefähr an den Übermenschen Nietzsches, wie es im übrigen kein Zufall ist, daß Nietzsche gerade im Krieg beim Anblick heranstürmender Reiterscharen, den Willen zur Macht als die Grundkraft des Lebens konzipiert. Allerdings ist nicht zu verkennen, daß er seine »prachtvolle nach Beute und Sieg lüstern schweifende blonde Bestie«[40] auch deshalb so preist, weil er sie dadurch

Kracauer zitiert laut Manuskript nach der Wochenzeitung *Neues Vorwärts* vom 27. Juni 1937.]

37 [Hitler im Gespräch mit Otto Strasser am 21. Mai 1930. In: Otto Strasser, *Hitler und Ich.* Leipzig: Johannes Asmus Verlag 1948, S. 137.]

38 [Robert Ley/NSDAP/Reichsorganisationsamt, *Der Weg zur Ordensburg: Sonderdruck des Reichsorganisationsleiters der NSDAP für das Führerkorps der Partei, ihrer Gliederungen und der angeschlossenen Verbände*, Verlag der Deutschen Arbeitsfront (o. O.) 1936.]

39 [Sonderdruck nicht mehr auffindbar. Die Textpassage des Zitats ist identisch mit der in einer anderen Veröffentlichung von Ley: *Wir alle helfen dem Führer. Deutschland braucht jeden Deutschen,* München: F. Eher 1939, S. 131 f.]

40 [Friedrich Nietzsche, *Werke.* Kritische Gesamtausgabe. Bd. 2: Jenseits von Gut und

aus allen Verstecken herauszuschmeicheln hofft. Sein Lob ist eine Kriegslist, die das Ungeheuer zur Demaskierung nötigen soll, damit es sich hinterher gängeln läßt. [...].

Nihilistischer Machtwille, so zeigt sich also, ist der entscheidende Impuls, dem die faschistischen und nationalsozialistischen Cliquen gehorchen. Dieser Impuls, das steht ferner fest, läßt sich nicht ohne weiteres als Ideologie überhaupt oder Derivat gesellschaftlicher Kräfte begreifen und muß daher einstweilen in seiner Verschlossenheit hingenommen werden.

B. [Der Charakter der totalen Propaganda]

I.

Der Krieg steht auch am Ursprung jener Propaganda, um die es hier geht. Ich bemerke voraus, daß trotz der grundsätzlichen Übereinstimmung der Propaganda-Praxis in Deutschland und in Italien die Theorie der totalitären Propaganda hauptsächlich aus den deutschen Verhältnissen abgeleitet werden muß. Das rührt schon allein daher, daß der Nationalsozialismus auf dem Weg zur Macht größeren Schwierigkeiten als der Faschismus begegnet. Schwierigkeiten, die nur propagandistisch zu bezwingen sind; um davon zu schweigen, daß der deutsche Hang nach weltanschaulicher Motivierung des Handelns ein stärkeres Aufgebot von Propagandamitteln notwendig macht.

Wer zur Macht will, muß die Massen für sich gewinnen. Genügt hierzu pure Gewalt? Hitler lernt gerade aus dem Krieg, daß nicht einmal die bewaffnete Macht sich mit Gewalt allein behaupten kann, sondern mindestens ebensosehr auf die seelische Beeinflussung der von ihr zu lenkenden Massen angewiesen ist. Nachdem er in »*Mein Kampf*« den Teil der Presse abgekritzelt hat, der während des Krieges den Siegestaumel etwas zu dämpfen versucht, fährt er fort: »Man hatte keine blasse Ahnung, daß die Begeisterung, erst einmal geknickt, nicht mehr nach Bedarf zu erwecken ist. Sie ist ein Rausch und ist in diesem Zustande weiter zu erhalten. Wie aber sollte man ohne diese Macht der Begeisterung einen Kampf bestehen, der nach menschlichem Ermessen die ungeheuersten

Böse. Zur Genealogie der Moral (1886-1887). Hrsg. von Giorgio Colli und Mazzino Montinari, Berlin: de Gruyter 1996, S. 289.]

Anforderungen an die seelischen Eigenschaften der Nation stellen würde?«[41] Da Hitler nicht nur indifferente, sondern sozialistisch gestimmte Massen zu erobern hat, Massen also, die sich bereits im Bann einer Lehre befinden, erscheint ihm das Mittel der bloßen Gewalt um so abwegiger. Auf Grund politischer Überlegungen, die von seinem Instinkt für Macht und Machtgewinnung zeugen, gelangt er zu dem Schluß: »Vorstellungen und Ideen sowie Bewegungen mit bestimmter geistiger Grundlage, *mag diese nun falsch sein oder wahr*, können von einem gewissen Zeitpunkt ihres Werdens an mit Machtmitteln technischer Art nur mehr dann gebrochen werden, wenn diese körperlichen Waffen zugleich selber Träger eines neuen zündenden Gedankens, einer Idee oder Weltanschauung sind.«[42]

»[...] mag diese nun falsch sein oder wahr [...]« – nichts aufschlußreicher als dieser Zwischensatz, den Mussolini unterschrieben hätte. Er dokumentiert den ganzen Nihilismus seines Urhebers; er beweist bündig, daß es nicht Hitlers Ziel ist, die Massen von einer unrichtigen Meinung abzuziehen und einer richtigen zuzuführen, sondern daß es ihm lediglich darauf ankommt, die Massen überhaupt seelisch an sich zu fesseln. Das ist durchaus konsequent, denn wird die Macht an sich begehrt, so spielt der Wahrheitsgehalt der Lehre, für die man sich im Interesse dieses Begehrens einsetzt, nicht die geringste Rolle. Gewiß, man muß eine Idee zu propagieren scheinen, um Herrschaft über die Massen zu erlangen. Aber wichtig ist nicht, daß sich die Propaganda in den Dienst der Ideen stellt, die als wahr erkannt sind. Wichtig ist, daß sich die Propaganda darauf versteht, sich irgendwelcher Ideen zu bedienen. Die zündende Idee ist eines der Instrumente der Propaganda, und nicht umgekehrt diese das Instrument seiner Idee. Nachdruck liegt für Hitler von vornherein auf der Technik der Propaganda, unabhängig vom Inhalt des zu Propagierenden; das heißt auf der Technik der Massenbeeinflussung als solcher.

Aus dem Krieg bringt Hitler nicht nur die Erfahrung von der Notwendigkeit solcher Beeinflussung, sondern auch ein Vorbild mit: die Kriegspropaganda der Entente: »An dieser feindlichen Kriegspropaganda habe auch ich unendlich gelernt«,[43] bekennt er zu Beginn eines ihrer Analyse gewidmeten Kapitels, einer wahrhaft fachmännischen Analyse, deren Ergebnisse er in der eigenen Praxis anwendet. Der Frieden ist für ihn die Fortsetzung des Kriegs mit anderen Mitteln. Hitler führt die deutsche

41 [Hitler, *Mein Kampf.* Bd. 1, S. 183.]

42 [Hitler, *Mein Kampf.* Bd. 1, S. 186 f.]

43 [Ebd. Bd. 1, S. 193.]

Niederlage auf die gewaltige Überlegenheit der englischen und amerikanischen Propaganda zurück; wobei er besonders die Fähigkeit bewundert, das Unwahrscheinliche als Wahrheit erscheinen zu lassen. »Sie war im Anfang scheinbar verrückt in der Frechheit ihrer Behauptungen, wurde später unangenehm und ward endlich geglaubt.«[44] Daß Hitler nicht den Inhalt der Propaganda nachfragt, sondern sie lediglich als ein Mittel auffaßt, dessen Gebrauch Macht verheißt, geht auch aus der rein ästhetischen Art hervor, in der er die sozialdemokratische Propaganda würdigt. Ohne zu berücksichtigen, daß sie die Auswirkung einer bestimmten Lehre ist – »mag diese nun falsch sein oder wahr«[45] –, löst er sie von der durch sie vertretenen Sache ab und studiert an dem so herauspräparierten Modell die besten Methoden des Menschenfangs. »Was dem Marxismus die Millionen von Arbeitern gewonnen hat, ist weniger die Schreibart marxistischer Kirchenväter als vielmehr die unermüdliche und wahrhaft gewaltige Propagandaarbeit von Zehntausenden unermüdlichen Agitatoren, angefangen vom großen Hetzapostel bis herunter zum kleinen Gewerkschaftsbeamten und zum Vertrauensmann und Diskussionsredner; das sind die Hundertausende von Versammlungen, bei denen in qualmiger Wirtsstube auf dem Tisch stehend diese Volksredner auf die Massen einhämmerten und so eine fabelhafte Kenntnis dieses Menschenmaterials zu gewinnen wußten, was sie erst recht in die Lage versetzte, die wichtigsten Angriffswaffen auf die Burg der öffentlichen Meinung zu wählen. Und das waren weiter die gigantischen Massendemonstrationen.«[46]

Kurz, die Geburt der totalitären Propaganda vollzieht sich aus dem Willen zur Macht der Nachkriegs-Clique. Alle Definitionen dieser Propaganda sehen sie als Verfahren an, das es ihren Benutzern ermöglicht, sich der Menschen zu bemächtigen. »Die Propaganda [...]«, sagt Goebbels einmal, »hat nur ein Ziel: und zwar heißt dieses Ziel in der Politik immer Eroberung der Masse.«[47] Daher das leidenschaftliche Interesse Hitlers für Propaganda. In der Nacht des mißglückten Münchner Putschs fand ein Kriegsrat unter Beteiligung Ludendorffs, Görings und anderer statt, und während der Beratung rief Hitler fortwährend: »Propaganda, Propaganda, es kommt jetzt nur auf Propaganda an!«[48]

44 [Ebd. Bd. 1, S. 203.]
45 [Siehe oben S. 37 f.]
46 [Hitler, *Mein Kampf.* Bd. 1, S. 429 f.]
47 [Goebbels, *Kampf um Berlin.* Bd. 1. Der Anfang. München: F. Eher 1935, S. 18.]
48 [Von Heiden erinnertes Zitat, in: Ders., *Adolf Hitler.* Bd. 1, S. 109.]

II.

Aufgabe jeder Propaganda ist nicht zuletzt die Wegräumung der Widerstände, die sich dem Glauben an das zu propagierende Ziel entgegenstellen. Und von der Art dieses Widerspruchs hängt die Ausgestaltung der Propaganda selber ab. Die Nationalsozialisten, von denen hier exemplifiziert sei, begehren die Macht in Form der Herrschaft über einen kriegsmäßig organisierten Machtapparat, dessen Grundvoraussetzung die nationale Einheit bildet. Welches Bild aber bietet ihnen die Situation? Das der Klassengegensätze, der Zerklüftung in viele Parteien. Kein Zweifel, daß die Nationalsozialisten, gleich den Faschisten, im Bolschewismus wie überhaupt in den »marxistischen« Parteien ihren Hauptgegner erblicken und mit den sogenannten nationalen Parteien gewisse Beziehungen unterhalten. Diese inhaltliche Differenzierung schwankt jedoch je nach den Umständen, die zum Beispiel das Zentrum zu einem schlimmeren Feind als die SPD stempeln können, und darf nicht darüber hinwegtäuschen, daß der nach Macht strebenden Clique die Tatsache des Vorhandenseins von Parteien an sich als das eigentliche Übel erscheint. Die Deutschnationale Volkspartei ist in dieser Hinsicht nicht besser dran als die Kommunistische Partei.

Das Parteiensystem erschwert nicht nur die straffe Zusammenfassung der nationalen Kräfte, es verhindert vor allem die Propagierung der hierauf gerichteten Tendenz.

Warum wenden sich die nationalsozialistischen und faschistischen Cliquen von Anfang an gegen das Parteiensystem als solches? Nicht nur deshalb, weil es die straffe Zusammenfassung der nationalen Kräfte erschwert, sondern mehr noch deshalb, weil seine Existenz der Propagierung des Machtanspruchs dieser Cliquen im Wege steht. Die nationalsozialistische Boheme muß sich eingestehen, daß bereits größtenteils in den Parteien Beschlagnehmer sind. Das Zentrum hält die Katholiken am Zügel; die proletarischen Organisationen verfügen über die Arbeiterschaft und können kraft ihres Schwergewichts immer als Magnet auf die Erwerbslosen und die proletarisierten Schichten wirken; die bürgerlichen Parteien haben ebenfalls einen nicht unwichtigen Anhang. Gibt es überhaupt Massen, die disponibel wären? »Überall ertönt das Kampfgeschrei, die Katholiken, Protestanten, die Bayern, die Preußen, die Bürger, die Proletarier«, so ruft Goebbels noch am 31. Juli 1932 in einer Münchner Wahlrede aus: »Man muß ja zur Meinung kommen, es leben in Deutschland keine Deutschen mehr. – Sie haben sich auf unseren

blutenden Rücken eingerichtet, die Nation verbraucht ihre Kraft im Innern und ist nicht mehr gewillt und nicht mehr fähig, Kraft nach außen einzusetzen. Das ist die Folge der verruchten Parteipolitik.«[49]
Hinzu kommt, daß die Parteien im Besitz der Ideen sind, von denen die Massen erregt werden. Die nationalsozialistische Clique ist aber auf solche zündenden Ideen doppelt angewiesen; denn der nihilistische Machtwille, der ihren entscheidenden Antrieb bildet, läßt sich nicht plakatieren. Gewiß hat sie sich von Haus aus zur Hüterin der nationalen Idee erklärt, die immerhin Teile der Masse mitreißt; diese jedoch ist indessen nicht ihr Eigentum, sondern gehört zum ererbten Bestand der Rechten. Und was die Idee des Sozialismus betrifft, so kann sie in jenen Jahren, in denen sich die nationalsozialistische Propaganda entwickelt, nicht gut bestreiten, daß sie, wenn nicht von der SPD, so doch von der Kommunistischen Partei verfochten wird. Zu den organisatorischen Bindungen der für die nationalsozialistische Propaganda brauchbaren Ideen gesellen sich Bindungen in der ideellen Sphäre, die oft mit den organisatorischen zusammenfallen. Der Nationalismus gebärdet sich auf eine Weise, die das Zugmittel des Sozialismus ausschließt; der Sozialismus geht stets eine Liaison mit dem Pazifismus ein oder unterminiert durch seine blanke Internationalität den Begriff der Nation. Ähnliche Verknüpfungen vollziehen sich in den Annexen/Kolonialgebieten der großen Werbeideen. So ist die Familie der Hort der Nation und der Religion zugleich. Und die Religion ihrerseits pflegt zwar den Appell des Nationalen zu stützen, weist aber über die Idee der Nation hinaus.
Doch die größte Schwierigkeit für eine nationalsozialistische oder faschistische Propaganda besteht nicht einmal in den genannten parteimäßigen und ideellen Bindungen; sie besteht vielmehr darin, daß die massenerregenden Ideen in Interessen wurzeln. In der Tat, diese Ideen sind nicht nur nicht frei, sondern sind die Derivate bzw. die ideologischen Hüllen vitaler Interessen, die sich eben in Gestalt von Parteien organisieren und bekämpfen. Kapitalistische Interessen nehmen die nationale Idee ins Schlepptau, und der Sozialismus ist das Interesse derer, die dem feinen Modell der marx.[istischen] Urschrift standhalten müssen. Vorausgesetzt, daß auf die Dauer Interessen der stärkste Hebel sind, erklärt sich also die Zündkraft der hier gemeinten Ideen weniger aus ihrem rein ideellen Gehalt als aus ihrer Verankerung in Interessen. Verhält

49 [Goebbels, Wahlkampfrede vom 31. Juli 1932 in München. In: Ders., *Revolution der Deutschen, 14 Jahre Nationalsozialismus*. Oldenburg: Stalling 1933, S. 101.]

es sich aber so, dann scheint eine Einflußnahme auf Massen nur dadurch möglich, daß man die Interessen der betreffenden Massen vertritt; dann muß man infolge der Interessenkonflikte zwischen den Massen immer einen Teil der Massen gegen sich haben, wenn man den anderen zu gewinnen strebte. Dann ist nicht einzusehen, wie sonst man den Klassenkampf tilgen und die Massen unter einen Hut bringen sollte, als mittels des chirurgischen Eingriffs in die Interessensphären.

III.

Den Notwendigkeiten, die hier offenbar vorliegen, gehorchen die Parteien – starre Gebilde, die sich bestimmten Interessen verschrieben haben und deren Propaganda im Dienst ihrer jeweiligen Interessen steht. Hitler dagegen, dessen Instinkt auf die Konstruktion und Beherrschung des nationalen Machtapparats abzielt, will von vornherein die Massen als solche erobern. Das heißt, er muß die parteimäßig organisierten, einander widerstreitenden Interessen der Massen zu mobilisieren suchen. Er kann nicht die Absicht haben, sich zur Partei irgendwelcher einseitiger Interessen und damit den Nationalsozialismus zu einer Partei neben den übrigen zu machen. Der Ausspruch Hitlers: »Propaganda, Propaganda, es kommt nur noch auf Propaganda an!«[50] besagt eben, daß es ihm nicht auf die Verteidigung der Interessen, sondern auf die Beeinflussung der Massen, unabhängig von ihren Interessen, ankommt. Statt also in die Interessensphäre zu dringen und sich etwa um die faktische Aufhebung der Klassengegensätze zu bemühen, läßt er die Ursachen der Klassengegensätze auf sich beruhen und nimmt diese als ein Phänomen hin, das als Phänomen zu überwinden ist. Daher sind ihm Sozialismus und Kapitalismus, Arbeiter und Unternehmer Faktoren, mit denen er in gleicher Weise rechnet. Er bewegt sich in der Sphäre des Scheins und Widerscheins der realen gesellschaftlichen Kräfte, und das Symptombild ist ihm die letzte Gegebenheit – eine Gegebenheit, die ihn jedenfalls mehr belastet als der Ursprung des Bildes. Auf diese Tatsache deutet Ortega y Gasset hin, wenn er, der ja das bürgerliche Denken vom Standpunkt des überzeugten Demokraten [aus betrachtet], den faschistischen »Massenmenschen« wie folgt charakterisiert: »Was er macht, macht er ›als ob‹, wie der Familiensohn seine Dummheiten. Aller Eifer, mit dem man bestrebt ist, in jeder Lebenslage tragische, letzte, schicksalsschwere

50 [Siehe oben S. 39.]

Haltungen einzunehmen, ist leerer Schein. Man spielt Tragödie, weil man die wirkliche Tragödie in unserer zivilisierten Welt für unwahrscheinlich hält.«[51]

Wie sehr Hitler und den Seinen daran gelegen ist, die Rolle der Interessen zu verkleinern, geht aus allen ihren Äußerungen hervor: »Die Eingliederung der [...] breiten Masse unseres Volkes in eine nationale Volksgemeinschaft«, erklärt Hitler, »bedeutet keinen Verzicht auf die Vertretung berechtigter Standesinteressen. Auseinandergehende Standes- und Berufsinteressen sind nicht gleichbedeutend mit Klassenspaltung.«[52] Wichtig ist ihm vor allem die Entwicklung der Interessen zugunsten der Ideen. Er behauptet etwa auf Kosten der Realität: »Solange das deutsche Volk im Jahre 1914 noch für Ideale zu fechten glaubte, hielt es stand; sowie man es nur mehr um das tägliche Brot kämpfen ließ, gab es das Spiel lieber auf. Unsere geistvollen ›Staatsmänner‹ aber staunten über diesen Wechsel der Gesinnung. Es wurde ihnen niemals klar, daß ein Mensch von dem Augenblick an, in dem er für ein wirtschaftliches Interesse ficht, den Tod möglichst meidet, da dieser ihn um den Genuß des Lohnes seines Kampfes auf immer bringen würde.«[53] Auch Goebbels gibt die Interessen der Verachtung preis, wenn er es nicht gerade vorzieht, ihnen zu schmeicheln. »Sie haben die Interessenten gegeneinander mobilisiert«, sagt er in der erwähnten Münchner Wahlrede von den Parteien, »sie haben die niederen Instinkte wachgerufen.«[54] Ähnlich äußert sich Göring am 9. April 1933: »So wie der Sozialismus vom Marxismus [herab]degradiert [war] zu einer öden Lohn- und Magenfrage, so hat die bürgerliche Parteienwelt den Nationalismus degradiert zu dem öden Hurra-Patriotismus, dessen Wurzeln der Alkohol und das Portemonnaie gewesen sind.«[55] Sehr lehrreich ist in diesem Zusammenhang die Kritik, die Gregor Strasser in den Jahren der Dollaranleihen und der Schauprozesse an den politischen Parteien vornimmt – eine Kritik, der es darum zu tun ist, die Abhängigkeit der Ideen von den Interessen auf-

51 [José Ortega y Gasset, *Der Aufstand der Massen.* Stuttgart: Deutsche Verlags-Anstalt 1930, S. 77.]

52 [Hitler, *Mein Kampf.* Bd. 1, S. 372.]

53 [Ebd., S. 168.]

54 [Goebbels, Wahlkampfrede am 31. Juli 1932 in München. In: Ders., *Revolution der Deutschen*, S. 101.]

55 [Hermann Göring, »Nationalismus und Sozialismus«. Rede am 9. 4.1933 anläßlich des großen Appells der SA im Berliner Sportpalast. In: Ders./Erich Gritzbach (Hrsg.), *Reden und Aufsätze.* München: F. Eher 1938, S. 37-50, Zitat S. 38.]

zudecken. »Die Industrie und gerade die Schwerindustrie«, heißt es bei ihm in einer Betrachtung über die Deutsche Volkspartei, »ist gebunden an den Raum, an den Boden, der national ist; ist in einem wechselseitigen Abhängigkeitsverhältnis zu ihrer Arbeiterschaft, woraus sich ergibt, daß die politische Vertretung, die Deutsche Volkspartei, Interesse und Verständnis für die Erfordernisse einer nationalen Politik hat und Interesse und Verständnis für eine weitgehende Sozialpolitik [...]. Das darf nicht hindern zu erkennen, daß die Wirtschaft [...] die nationalen Erfordernisse nur bis zu dem Punkt vertritt, bis zu dem ihre eigenen [....] wirtschaftlichen Interessen parallel damit gehen! Und daß sie die sozialen Forderungen sofort bekämpft, wenn sie an das Gewinnstreben stoßen.«[56] Eine solche Analyse entspricht annähernd der marxistischen, mit dem Unterschied, daß der Marxist durch ihre Vornahme die Entzauberung pseudo-ideeller Gehalte bezweckt, während Strasser die Analyse leistet, um zu zeigen, daß die Zauberkraft der Ideen leider von Parteiinteressen gehandicapt wird. »Ihre Hingabe an die nationale Idee ist (...) echt«[57], bemerkt er von den Deutschnationalen, »aber auch die Deutschnationale Volkspartei ist dem kapitalistischen Wirtschaftssystem verfallen.«[58] Und da er nicht leugnen kann, daß das Interesse der Arbeiterparteien die zu bejahende Idee des Sozialismus ist, wirft er ihnen vor, sie erniedrigten diese Idee zum internationalen Klasseninteresse; um davon zu schweigen, daß er die SPD der Verbürgerlichung und des Verrats an der Idee bezichtigt.

Aber alle Anstrengungen, die Interessen zu desavouieren, vermögen die Tatsache nicht aus der Welt zu schaffen, daß diese unter normalen Umständen von Interessen regiert wird. Danach bleibt Hitler keine andere Wahl, als rein durch Propaganda die Massen an sich heranzuziehen; leitet ihn doch ein Interesse, das sich jedenfalls mit wesentlichen gesellschaftlichen Interessen nicht deckt. Hieraus erwächst der nationalsozialistischen (und faschistischen) Propaganda eine Aufgabe, die unerfüllbar, ja phantastisch scheint: Die Aufgabe, die *propagandistisch verwertbaren fascinierenden Ideen freizusetzen, um sie nach Belieben manipulieren zu können.* Das heißt, diese Ideen müssen aus der Verkopplung mit gegnerischen Ideen befreit und vor allem von den Interessen losge-

56 [Strasser, »Die Deutsche Volkspartei«. In: Ders., *Kampf um Deutschland*, S. 206-213, Zitat S. 209.]

57 [Strasser, »Wir und die Anderen«. In: Ders., *Kampf um Deutschland*, S. 62-72, Zitat S. 67.]

58 [Ebd., S. 68.]

rissen werden, in denen sie fest verwurzeln. Man mag demgegenüber einwenden, der Nationalsozialismus komme den Massen faktisch dadurch bei, daß er den verschiedenen Bevölkerungsgruppen gleichzeitig oder nacheinander die Befriedigung ihrer verschiedenen Interessen verspricht, [ein verwegener Täuschungsversuch, der gewiß gemacht wird], indessen nur dann Chancen hat, wenn propagandistisch bereits für die Lockerung der Bande zwischen Interessen und Ideen gesorgt ist. Wäre das nicht der Fall, so müßte die Täuschung auch als Täuschung durchschaut werden und wirkungslos verpuffen.

Was hier als die Aufgabe der Propaganda definiert wird, Gregor Strasser drückt es einmal mit nicht zu überbietender Anschaulichkeit aus: »So entstand allmählich eine [...]«, meint er von den deutschen Nachkriegsparteien, »jener doppelt falschen Fronten: Nationalismus plus Kapitalismus gegen Internationalismus plus Sozialismus. Beiden gilt gleichmäßig der Freiheitskampf des deutschen Volkes. Gerade weil in beiden die Hälfte richtig [...] ist, gerade deshalb sind in beiden Heerlagern ja auch gleichmäßig vertreten Hingabe, Opferwilligkeit, Kampfwille und Siegeszuversicht! Es gilt daher von ›rechts‹ den Nationalismus zu lösen aus der unheilvollen Verbindung mit dem Kapitalismus; von ›links‹ den Sozialismus zu lösen aus der verhängnisvollen Verbindung mit dem Internationalismus.«[59]

Da die Losungen als die Ideologien der Parteien an die von den Parteien vertretenen Interessen fixiert sind, so daß jede durch die Interessen bedingte Richtungsänderung in entscheidender Weise einen Wandel der ideellen Einstellung nach sich zieht, kann man die nationalsozialistische und faschistische Propaganda auch allgemein als ein Unterfangen begreifen, das auf die *Dynamisierung des starren Systems* abzielt, in dessen Rahmen sie entsteht. Nur dadurch, daß sie dieses System aus den Angeln hebt, sein stabiles Gerüst zerstückelt und die Trümmer durcheinanderwirbelt, erhält sie überhaupt erst von sich aus die Möglichkeit, sich auszuweisen und Einfluß zu gewinnen. »Hitler, Schüttler, Seelenrüttler / Unseres Volkstums wahrer Mittler«[60], reimt während Hitlers Gefangenschaft in Landsberg einer seiner Anhänger. Und Ernst Krieck bemerkt vom Nationalsozialismus: »Als Massenbewegung setzt er voraus, die Kunst der Massenerregung: Masse muß flüssig werden, wenn sie gestal-

59 [Strasser, »Nationalsozialismus und Geschichte«. Rede am 1. 1. 1929 im Berliner Reichstag. In: Ders., *Kampf um Deutschland,* S. 225-229, Zitat S. 225.]

60 [Heiden, *Adolf Hitler.* Bd. 1, S. 209.]

tet sein soll.«[61] Die Verflüssigung des festen Komplexes, zu dem der ideelle Oberbau und seine Fundamente zusammengeschweißt sind, oder, anders ausgedrückt, die Überleitung statischer gesellschaftlicher Verhältnisse in dynamische – dies genau ist die Aufgabe, die von der nationalsozialistischen und faschistischen Propaganda zu bewältigen ist. Sie hat das Unbewegliche in Bewegung zu versetzen; weshalb sich auch Nationalsozialismus und Faschismus mit Recht »Bewegung« nennen. »Darum ist Nationalsozialismus auch nicht Partei und Programm«, sagt Krieck in seiner so glatten wie geschwollenen Art, »sondern flüssige und flüssigmachende Bewegung, die wohl einst mit dem Sieg in neue Form, Ordnung, Ratio einmünden wird, die sich aber als reine Bewegung so lange in Fluß halten muß, bis sie das Ganze unseres völkischen Lebensraumes ergriffen und durchdrungen hat.«[62] Als dann Mussolini sich mit den Agrariern einzulassen begann, erklärte er bei jeder Gelegenheit, »daß der Faschismus keine neue Partei, sondern die *Bewegung* einer antibolschewistischen Einheitsfront darstelle.«[63] Hitler seinerseits formuliert geradezu: »Führen heißt: Massen bewegen können«[64] und ist darauf bedacht, die Partei auch nach der Machtergreifung als das bewegende Element zu erhalten. In seiner vorzüglichen Studie »*Le Parti nationale-socialiste et ses rapports avec l'état*« über die Beziehungen zwischen der nationalsozialistischen Partei und dem Staat formuliert denn auch Robert Pelloux ausgerückter Passus, »daß die Partei nicht dem Staat unterstellt wird, sondern ihm den notwendigen Impuls, die notwendige Dynamik verleiht.«[65]

Diese Bewegung, die der Entrümpelung der Ideen zum Zweck ihrer Umorientierung dient, ist voraussetzungsgemäß kaum Bewegung der bestehenden realen Interessen. Das hindert gewiß nicht, daß sie sich, dem Zwang der Verhältnisse gehorchend, im Sinne des gefährdeten Kapitalismus entwickelt. Der Umstand, daß sie ihn »rettet«, kennzeichnet sie jedoch nicht als eine eigens zur Vertretung kapitalistischer Interessen geschaffene Bewegung, sondern besagt lediglich, daß sie sich ihrer bedient, um die Macht zu erobern und zu beherrschen. Vielleicht hat der bedrohte Kapitalismus in Deutschland und Italien nur durch eine nicht

61 [Ernst Krieck, *Nationalpolitische Erziehung*. Leipzig: Armanen-Verlag 1937, S. 36.]

62 [Ebd., S. 38.]

63 [Silone, *Der Fascismus*, S. 85.]

64 [Hitler, *Mein Kampf*. Bd. 2, S. 650.]

65 [Robert Pelloux, *Le Parti national-socialiste et ses rapports avec l'état*. Hrsg. v. Centre d'études de politique étrangère. Paris: Paul Hartmann 1936, S. 82.]

von ihm kreierte Ordnung erhalten werden können. Vielleicht wird auch dem Kapitalismus zum Teil eingeredet, er sei gefährdet. Tatsache ist jedenfalls, daß diese nicht die Struktur einer Interessenspartei aufweist. Sie benutzt die Kapitalisten und läßt sich von ihnen benutzen, ohne deren Exponent zu sein. Daß sie zwischendrin mit ihnen verschmelzen muß, ist eine andere Sache, die sie ungeachtet der Art ihrer Spekulation auf diese Interessen führt. Wenn das aber zutrifft, vollzieht sie sich nicht in der Interessenssphäre. Wenn sie sich aber nicht in der Interessensphäre vollzieht, verlangt das Vorhaben der Propaganda noch eine nähere Bestimmung. Es kann nur unter der Bedingung zum Ziele führen, daß die Propaganda Mittel und Wege findet, um den von ihr erzeugten Prozeß der Dynamisierung als einen effektiven auszugeben. Daß sie sich eine solche Leistung zuzumuten hat, erhellt sich aus der Konfrontierung zweier Aussprüche, die entgegengesetzten Himmelsrichtungen entstammen. Während der Antifaschist Silone, der seine Analyse auf die gesellschaftlichen Interessen gründet, die Folge der faschistischen Ideologien als den Versuch bezeichnet, »die nicht zu unterdrückende Sprache der Tatsachen in einem Schwall von Worten zu ersticken«,[66] erblickt Goebbels, von allen Interessen schweigend, die Mission der Propaganda darin, »Menschen für eine Idee zu gewinnen, so innerlich, so lebendig, daß sie am Ende ihr verfallen sind und nicht mehr davon loskommen.«[67] Die nationalsozialistische und die faschistische Propaganda hat also dahin zu streben, daß die Menschen am Ende nicht den Tatsachen, sondern »einem Schwall von Worten« verfallen; daß der durch sie vom Interessenfundament losgerissene ideelle Oberbau in ihrer Bearbeitung wie ein Fundament wirkt, das Interessen unterbaut; daß die Illusion als Wirklichkeit, der Schein als das Sein selber erscheint. »Wir wären keine Sozialisten, wenn wir nicht gegen die Klassenherrschaft des kapitalistischen Systems kämpfen würden [...] und wir wären keine Nationalisten, wenn wir nicht mit gleicher Leidenschaft jeden hassvollen Gegenversuch zurückweisen würden, daß eine brutale Masse bisher benachteiligter Staatsbürger dieses Spiel einfach umkehrt [...]! Das gerade ist unser tiefstes Erkennen: daß der wahrhafte Sozialismus identisch ist mit dem wahrhaften Nationalismus und ebenso Todfeind ist der Klassenherrschaft [eines bevorrechtigten Bürgertums

66 [Silone, *Der Fascismus,* S. 252.]

67 [Goebbels, Rede an die deutschen Theaterleiter am 8.5. 1933 in Hamburg. In: Erwin Leiser, *»Deutschland erwache!«* Propaganda im Film des Dritten Reichs. Erweiterte Neuausgabe. Reinbek: Rowohlt 1978, S. 46.]

wie der Klassenherrschaft des Proletariats.]«[68] – Ideelle Montagen wie diese, in denen Gregor Strasser, nicht er allein, unerschöpflich ist, müssen kraft besonderer Vorkehrungen der Propaganda mit derartigem Gewicht aufkeimen, daß die »brutale Masse« nicht weiß, wie ihr geschieht.

»Propaganda ist eine Kunst«[69] sagt Goebbels. Durch welche Kunstgriffe strebt die nationalsozialistische und faschistische Propaganda danach, das anscheinend Unmögliche zu vollbringen und nicht nur die Ideen von den Interessen zu trennen, sondern auch mitten im Schwung der von ihr inszenierten Bewegung die jeweils zündende Idee oder Ideenmischung zum Hauptinteresse zu stempeln, demgegenüber die eigentlichen Interessen verblassen? Die Antwort lautet: Da sie nicht in einem gesellschaftlichen Interesse selber aufgeht, bleibt ihr nichts anderes übrig als die Veränderung der *psycho-physischen Struktur der Menschen*. Doch ehe die Methoden untersucht werden, nach denen sie diese Veränderung vorzunehmen sich bemüht, ist der Aufweis der Charakterzüge geboten, die ihr auf Grund der Art eignen, in der sie angesetzt wird.

C. [Die Methode der totalitären Propaganda]

I.

Der Machtwille, der sich im Nationalsozialismus und im Faschismus verkörpert, nötigt beide Bewegungen dazu, auf den Abbruch einer Entwicklung hinzuarbeiten, die zum Parteienstaat geführt hat und, wie es ihnen auf Grund des Symptombilds scheinen muß, lediglich nationale Ohnmacht zeitigt. Die Forderung dieser Cliquen gilt der Liquidierung der Demokratie und der Aufrichtung einer Herrschaftsform nach dem Modell des Krieges, in dem sämtliche nationalen Kräfte diktatorisch zusammengefaßt sind. Auch der Kommunismus erstrebt die Beseitigung der Demokratie, doch er ist ihr historisches Produkt und müßte sie revolutionär »aufheben«. Durch den Gegensatz, in den sich Nationalsozialismus und Faschismus als Kriegsgeschöpfe zu ihr stellen, wird vollends

68 [Strasser, »Bürger oder Proletarier«. In: Ders., *Kampf um Deutschland*, S. 162-166, Zitat S. 165.]

69 [Goebbels, Rede während des Reichsparteitags auf der Tagung der Gau- und Propagandaleiter am 16. 9. 1935 in Nürnberg. In: Helmut Heiber (Hrsg.), *Goebbels-Reden*. Bd. 1: 1932-1939. Düsseldorf: Droste 1971, S. 219-228, Zitat S. 232.]

deutlich, daß sie unter dem Abbruch der Demokratie ein Zurückgreifen hinter die Demokratie verstehen. Sie wollen diese nicht überwinden, sie wollen sie ungeschehen machen. Ein solches Verlangen kann um so leichter Resonanz finden, als sich weder auf Deutschland noch auf Italien – um von den kleineren faschistisierten Nationen zu schweigen – jene Worte anwenden ließen, die Winston Churchill jüngst über England formulierte: »Der gesunde Menschenverstand der großen Masse des Landes, das als einziges neben den Vereinigten Staaten eine in Jahrhunderten eingespielte Demokratie darstellt, hat eine weite, ausschlaggebende mittlere Zone geschaffen, innerhalb derer der Klassenausgleich der Nation ausgefochten werden kann und von der die Extremisten auf beiden Seiten ausgeschlossen sind.«[70] Anders als in den echten Demokratien, zu denen auch Frankreich gehört, ist in Deutschland und Italien die Demokratie nie wirklich rezipiert worden; wovon die Farce des italienischen Parlamentarismus und die Kläglichkeit des deutschen liberalen Bürgertums zur Genüge zeugen. So hat sich in diesen Ländern nicht die von Churchill gemeinte »mittlere Zone« mit ihrer verhältnismäßig krisenfesten demokratischen Mentalität zu entfalten vermocht, die sich u. a. durch eine bestimmte Beziehung zur Autorität auszeichnet. Autorität wird von ihr, wie Erich Fromm richtig darlegt, nicht verabsolutiert, sondern als ein im Prinzip für jedermann erreichbares Vorbild aufgefaßt, das die Frucht überdurchschnittlicher Leistungen ist. Die geringe Ausbildung einer derartigen Mentalität ist aber gleichbedeutend mit dem Mangel an Puffern gegen diktatorische Gelüste und gestattet ferner mühelos das Zurückweichen auf einen Standpunkt, von dem aus der Marxismus als die Endphase eines mit dem Liberalismus anhebenden Geschichtsprozesses erscheint.

Der regressive Charakter des Nationalsozialismus und des Faschismus überträgt sich auf ihre Propaganda. Diese verleugnet die Geschichte: sei es, daß sie wie die italienische sich zum Aktualismus bekennt, der die »Tat« und die Gegenwart schlechthin vergöttert, um Tat und Gegenwart nicht historisch legitimieren zu müssen; sei es, daß sie wie die deutsche, als Parasit der Romantik Nahrung saugend, über die Aufklärung und ihre Konsequenzen den Stab bricht. Mit einer Klarheit, die nicht zu übertreffen ist, ergreifen die führenden Nationalsozialisten immer wieder Partei gegen das 19. Jahrhundert. Gregor Strasser formuliert: »Revolution in unserem Sinne ist der unumstößliche Wille, die französische

70 *Neue Zürcher Zeitung* vom 18. 07. 1937.

Revolution zu liquidieren, weil wir an ihr sonst zugrunde gehen.«[71] »Der Faschismus«, so definiert Goebbels, »ist der erste machtpolitische Prozeß gegen den Liberalismus, jene geistige Vorstellungswelt, die 1789 mit dem Sturm auf die Bastille begann und in schweren revolutionären Zuckungen ein Land nach dem anderen eroberte und am Ende die Völker in Marxismus, Demokratie, Anarchie und Klassenwahn versinken ließ.«[72] Wie schon dieses Aperçu zeigt, versteift sich die nationalsozialistische Propaganda besonders darauf, das lebendige Wissen um die Gegensätzlichkeiten zwischen Sozialismus und Kapitalismus durch die systematische Erzeugung des Bewußtseins ihrer historischen Zusammengehörigkeit zu verwandeln. Hitler erklärt bei der Begründung des Ermächtigungsgesetzes (23. März 1933): »Ausgehend vom Liberalismus des vergangenen Jahrhunderts findet diese Entwicklung naturgesetzlich ihr Ende im kommunistischen Chaos.«[73] Und Goebbels bringt die ganze Geschichte auf die schlagende Formel: »Die Arbeiterbewegung ist nicht der Antipode, sondern der letzte Ausläufer des verfaulenden Bürgertums«.[74] Um den Fortschritt zu verdächtigen und den Rückschritt mit der Gloriole des Aufschwungs zu umgeben, wird selbstverständlich die Vorzeit vergoldet – eine Tendenz, der nach Horkheimers glänzender Beobachtung auch alle bürgerlichen Revolutionen huldigten, da sie stets nur so weit für die Freiheit kämpften, als es sich mit ihren eigenen bürgerlichen Interessen vertrug, und folglich gezwungen waren, die Hoffnungen der leer ausgehenden Massen von der Zukunft abzuwenden. Der Faschismus kreiert den Mythos der »Romanita«, »indem er sich den Massen als den auferstandenen römischen Ruhm präsentiert«[75] (Silone), der Nationalsozialismus holt die alten Germanen aus der Versenkung.

Der Entwertung des Geschichtsprozesses muß eine der Ratio entsprechen, die seit der Aufklärung seinen Verlauf immer stärker zu bestimmen trachtet; sie hat bei den bürgerlichen Revolutionen entscheidend mitgewirkt, obwohl diese ihr, wie Horkheimer ebenfalls feststellt, auch feindlich gesinnt sind und aus denselben Gründen, aus denen sie sich

71 [Strasser, »Der letzte Abwehrkampf des Systems«. In: Ders., *Kampf um Deutschland*, S. 317- 335, Zitat S. 330.]

72 [Goebbels, *Der Faschismus und seine praktischen Ergebnisse*, S. 22.]

73 [Hitler, Rede zum Ermächtigungsgesetz am 23. 3. 1933 im Berliner Reichstag. In: Feder (Hrsg.), *Die Reden Hitlers als Kanzler*, S. 13-25, Zitat S. 15.]

74 [Goebbels, *Revolution der Deutschen*, S. 33.]

75 [Silone, *Der Fascismus*, S. 265.]

auf die Vorzeit berufen, an die irrationalen Kräfte im Menschen appellieren. Sie sucht durch die sozialistische Revolution die Vernunftwidrigkeit der gesellschaftlichen Verhältnisse vollends zu tilgen. Daher geht mit der Rückwendung des Nationalsozialismus und des Faschismus in der Zeit ihr Rückfall in die emotionalen und irrationalen Schichten Hand in Hand. Dieser Regressus, den Hitler aus seiner Nützlichkeit für die Propaganda ableitet – »je mehr sie ausschließlich auf das Fühlen der Masse Rücksicht nimmt, um so durchschlagender der Erfolg«[76] –, wird vor allem von der nationalsozialistischen Propaganda in viel zu affektbetonter Weise gefordert, um einer traditionellen romantischen Abneigung gegen Intellekt und Zivilisation zu entspringen. Viel eher hat er seine Wurzeln im Krieg, der die Wucherungen der elementaren Instinkte notwendig macht. »Das rationale Denken«, ruft Gregor Strasser, »frisst die Grundlage des Lebens selber an, zerstört das Blut, zerstört die heilige Ordnung, die im Abstand gegründet ist, den die Ungleichheit der Menschen schafft.«[77] Woraus zu ersehen ist, daß der Geniekult hier nicht um des Genies willen betrieben wird, das ja auch die Vernunft preisen könnte, sondern lediglich dem Zweck dient, die Ratio abzuschütteln und unantastbare irrationale Respektspersonen zu gewinnen. Daß die Nationalsozialisten tatsächlich den Rückzug aus der liberalen Mentalität in die primitive betreiben, wird von dem ihnen nahestehenden Schrifttum selber bezeugt und zugleich ideologisch verklärt. Nachdem der erwähnte Ernst Krieck jenen Intellekt, der in der Demokratie und im Parlamentarismus eine wichtige Rolle spielt, als eine »negative auflösende Lebensmacht«[78] angeprangert hat, fährt er fort: »Gewiß mußte demgegenüber die revolutionäre Volksbewegung den Acheron der Unterwelt heraufrufen, wenn es auch liberalen Bürgern wie Thomas Mann durchaus mißfällt [...] Die seelische Unterwelt ist so wenig böse wie die kosmische, sie ist vielmehr Hort und Mutterschoß aller zeugenden und gebärenden Kräfte, aller formlosen, aber jeder Form zum Gehalt dienenden Mächte, aller schicksalhaften Bewegungen.«[79] Der *Rassenwahn* und der *Judenhaß* sind die Feuerlilien, die in diesem Urschlamm erblühen. Mit Kritik visionär: »Bolschewismus und Faschismus sind einer wie der andere falsche Morgenröten; sie führen keinen

76 [Hitler, *Mein Kampf.* Bd. 1, S. 198.]

77 [Strasser, »Der letzte Abwehrkampf des Systems«. In: Ders., *Kampf um Deutschland,* S. 317-335, Zitat S. 133.]

78 [Krieck, *Nationalpolitische Erziehung,* S. 37.]

79 [Ebd.]

neuen Morgen herauf, sondern den Morgen eines archaischen Tages, der schon allzu oft aufging; sie sind Rückfälle in die Barbarei.«[80]

Dieser Zug zur Regression, dem die nationalsozialistische und faschistische Propaganda gehorcht, deckt sich genau mit dem Interesse des Monopolkapitalismus; ist doch die Existenz der »notleidenden« deutschen Schwerindustriellen und Großgrundbesitzer ebenso wie die der italienischen Agrarier und Industriellen, die der Wirtschaftskrise und des Rohstoffmangels wegen keine andere Ausweichmöglichkeiten als den Druck auf die Arbeitslöhne haben, an die Ausschaltung der liberalen Wirtschaft und der politischen Demokratie gebunden. Mit ihnen treffen, durch die ihnen gemeinsamen ideellen bzw. ideologischen Bestände ihrerseits aufgewiesenen, Bewegungen zusammen, die den Bolschewismus bekämpfen, aber ihn doch preisgeben, sobald er versagt, und sich im eigensten Machtinteresse die Abschaffung des Liberalismus zum Ziel setzen. Ihr Verlangen nach Liquidierung des demokratischen Systems, in dem sie keine Chancen hätten, steht unter den Bedürfnissen einer Großbourgeoisie, die sich zu schwach weiß, um sich im Rahmen der liberalen Wirtschaft zu behaupten, und sich daher durch die Diktatur die für sie unerläßliche Monopolstellung sichern will. Kommt aber die Errichtung der deutschen und italienischen Diktatur lediglich solchen Mächten entgegen, die jeden gesellschaftlichen Fortschritt ruinierten, so scheint der Vergleich erschöpfend zu sein, den Horkheimer zwischen den modernen und den vergangenen revolutionären Erhebungen zieht: »In der Gegenwart wird der Verlauf dieser bürgerlichen Bewegungen wiederholt, die Form ist jedoch grotesk verzerrt, weil die fortschrittliche Funktion, die jene vergangenen Bestrebungen erfüllten, angesichts der möglichen Überwindung des herrschenden widerspruchsvollen Zustandes der Gesellschaft heute mit der Aktivität des Bürgertums nicht mehr verbunden und an von ihm beherrschte Gruppen übergegangen ist.«[81]

Danach bleibt die Frage offen, ob der Regressus nur retardierend wirkt; ob nicht die Order, der Nationalsozialisten und Faschisten Folge leisten, auch Anweisungen enthält, die, auch diesen Bewegungen selber unbekannt, im Interesse historisch fälliger Notwendigkeiten ausgeführt zu werden verlangen. Um davon zu schweigen, daß der Faschismus tatsächlich den rückständigen italienischen Kapitalismus eine Zeitlang vor-

80 [Ortega y Gasset, *Der Aufstand der Massen*, S. 68.]

81 [Max Horkheimer, »Egoismus und Freiheitsbewegung. Zur Anthropologie des bürgerlichen Zeitalters«. In: *Zeitschrift für Sozialforschung*, Bd. 5 (1937), S. 161-235, Zitat S. 174.]

wärts (getrieben hat). – Es gibt Rückzüge, die Versäumtes nachholen, aber Anläufe sind. Die deutschen und italienischen Arbeiterparteien scheiterten zweifellos auch deshalb, weil sie bestrebt sind, die deutsche Natur im Sinne des Sozialismus zu verändern, [und] die bündnisfähigen Kräfte der Natur unterschätzten, was sich daran zeigt, daß sie dem Willen nicht genügend Spielraum gaben und einen zu geringen Instinkt für die Macht und ihre Möglichkeiten entwickelten. Revoltiert im Nationalsozialismus und Faschismus die mißachtete Natur? Indem sich die überantworteten dumpfen Triebe gewalttätig gegen den Geist erheben, bringen sie ihm drastisch bei, daß er die Natur nicht sich selber überlassen darf, sondern mitnehmen muß. Der Geist, der nicht mit der bündnisfähigen Natur wider die meuternde zu paktieren versteht, ist ein denaturierter Geist, aber kein reiner. – Ferner konnte durch die Umwandlung von Ländern wie Deutschland und Italien in Machtapparate faschistischen Gepräges eine Phase des Geschichtsprozesses nachgetragen werden, die sich nicht überspringen läßt. In dem vor der Machtergreifung Hitlers geschriebenen lesenswerten Buch von Heinrich Regius: »*Dämmerung. Notizen in Deutschland*« findet sich der Satz: »Heute sinkt der Begriff der Nation, welcher ursprünglich den Sinn für das Leben der Allgemeinheit einschloß, zum ideologischen Machtmittel in den Händen der verbündeten Schlotbarone, Junker und ihres Anhangs herab.«[82] Dieser Satz gehört zu den Kurzschlüssen, die daraus, daß ein Begriff kapitalistisch ausgebeutet wird, sofort folgern, er sei ein Derivat des Kapitalismus und ihn dann hurtig wegwerfen, ohne sich um die verschiedenen Bedeutungen zu kümmern, die vielleicht noch außerdem in ihm stecken. Behutsamer als Regius verfährt Silone. Obwohl er den Sieg des Faschismus dem des Finanzkapitals gleichsetzt, das nur die Wahl hat, die Hegemonie zu erobern oder aufgerieben zu werden, glaubt er doch damit den Begriff des Nationalen nicht ausgeschöpft; gibt ihm vielmehr insofern das Seine, als er die nationale Leidenschaft der Faschisten aus der *Staatskrise* ableitet, die durch den Widerspruch zwischen den nach dem Krieg neu heraufgekommenen sozialen Kräften und der bisherigen Staatsform entstand. »Seine Aufgabe war«, sagt er vom Faschismus, »[...] den durch den Krieg aus den Fugen geratenen Staat neu zu gestalten, ein neues soziales Gleichgewicht an Stelle des durch den Krieg zerstörten Giolittischen Gleichgewichts zu schaffen.«[83] Den Begriffen des

82 [Max Horkheimer (Heinrich Regius), *Dämmerung.* Notizen in Deutschland. Zürich: Oprecht & Helbing 1934, S. 69.]

83 [Silone, *Der Fascismus,* S. 137.]

Staates und der Nation unabhängig vom Klassencharakter dieser Gebilde ihren eigenen Inhalt zu wahren, ist aber doppelt notwendig seit jenem Tage, von dem an in der Sowjetunion die Parole: »*Sozialismus in einem Lande*« triumphiert hat. Die Wahrscheinlichkeit spricht dafür, daß aus denselben schwachen Gründen, aus denen die Sowjetunion sich im nationalen Maßstab organisiert, auch andernorts vom Prinzip der Internationalität auf das der Nation zurückgegangen werden muß und dieses noch nicht am Ende seiner Mission angelangt ist. Vielleicht bleibt einigen kapitalistischen Ländern das Experiment vorbehalten, dem Beispiel Rußlands auf ihre Art Folge zu leisten und ihre Wirtschaft in irgendeiner Form zu nationalisieren – ein Experiment, das nicht zuletzt durch die Weltkrise und die wachsenden Absatzschwierigkeiten bedingt sein mag. »Europa hat nicht mehr die unbestrittene Vorherrschaft in der Weltwirtschaft«, argumentiert der italienische Großindustrielle Benni Ende 1933 vor dem Korporationenrat im Anschluß an Erklärungen, die dem »wirtschaftlichen Nationalismus«[84] das Wort reden, »neue Konkurrenten drängen nach vorn, neue Produzentenländer suchen ihren Platz auf den Weltmärkten. Wir gehen einer neuen Systematisierung der Beziehungen zwischen den verschiedenen nationalen Wirtschaften entgegen. Bei dieser Bewegung werden sicher jene wirtschaftlichen Kräfte überwiegen, die sich am geschicktesten, am kriegstüchtigsten und vor allem am diszipliniertesten und sozialsten zeigen.«[85] Gleichviel, ob die nationalisierte Wirtschaft eine Abart der Kriegswirtschaft darstellt oder, wie Mussolini meint, als »*Staatskapitalismus*« zu bezeichnen ist: Die Vermutung, daß sich in ihr auch eine »List der Vernunft« manifestiert, läßt sich nicht abweisen. Tatsächlich wäre es durchaus denkbar, daß die vom Nationalsozialismus und Faschismus zwangsweise betriebene Nationalisierung der gegebenen Wirtschaftskräfte zur Bildung ökonomisch-sozialer Strukturen führte, die erst nach dem Sturz dieser Regime ihren eigentlichen Sinn enthüllten. Ein äußeres Zeichen für den dialektischen Charakter des in Deutschland und Italien veranstalteten Regressus ist die zweifache Bedeutung der Geste des römischen bzw. deutschen Grußes. Diese Geste stimmt mit jener überein, die einer macht, um einen Wagen anzuhalten, der auf ihn zukommt, und besagt sowohl »stop«

84 [Antonio Stefano Benni am 13. 11. 1933 vor dem Landesrat der Korporationen (Consiglio Nazionale delle Corporazioni) in Rom. Zit. in: Tageszeitung *Corriere della Sera* vom 14. 11. 1933.] Kracauer zit. n.: Silone, *Der Fascism*us, S. 224.

85 [Ebd., bei Silone S. 224 f.]

oder »zurück«, drückt gleichzeitig aber auch das Verlangen aus, den Körper mitzureißen – irgendwohin.

II.

Die nationalsozialistische Propaganda beansprucht aber die faschistische *Totalität*. Entweder sie erreicht die totale Mobilisierung der Massen, oder sie erreicht überhaupt nichts.

Der totalitäre Charakter, den die vom Machtwillen erfüllten Cliquen ihrer Propaganda verleihen, scheint dem der kommunistischen Propaganda analog zu sein. Mag sich aber auch diese Analogie durch die Faschisierung des Sowjetregimes heute mehr und mehr inhaltlich bewahrheiten: im Prinzip ist sie nur formaler Art schon allein deshalb, weil die kommunistische Propaganda eine Lehre verbreitet, die als wahr unterstellt wird; ferner deshalb, weil die propagierte Lehre in die Interessensphäre selber eingreift und durch die Emanzipation des Proletariats den Klassenkampf real aufheben will; schließlich deshalb, weil sie damit auf die Vollendung der Demokratie abzielt. Bezeichnend für ihre von der Demokratie übernommenen Züge: daß sie in der Diktatur (des Proletariats) lediglich ein Übergangsstadium erblickt und jede Autorität ablehnt, die sich nicht in ihrem Forum zu legitimieren weiß. Bei einem Vergleich zwischen Faschismus und Bolschewismus stellt denn auch Erwin von Beckerath 1927 fest: »In der Sowjetunion wird das Prinzip der faktischen Diktatur mit verschiedenen Elementen verschmolzen, die oft den Forderungen des modernen Demokratismus entsprechen.«[86] Im faschistischen Staat dagegen tritt die Diktatur, begründet auf die antidemokratische dynamische Staatstheorie und die Auffassung von der Suprematie der politischen Gewalt gegenüber der Wirtschaft, offen zutage.

Leitet sich das Verlangen der kommunistischen Propaganda nach absoluter Geltung aus dem Glauben an den Wahrheitsgehalt der kommunistischen Theorie ab – einer Theorie, die das Prinzip der Demokratie auf höherer Stufe zu realisieren beabsichtigt, als [es] von fortschrittlicher Gesinnung getragen ist –, so ist genau umgekehrt der Totalitätsanspruch der nationalsozialistischen und faschistischen Propaganda die notwendige Folge des von ihr betriebenen Rückzugs aus der Demokratie. Dieser Regressus läßt sich nur durchführen, wenn die spezifisch demokratischen Rechte und Freiheiten außer Kraft gesetzt sind. Das wich-

86 [Beckerath, *Wesen und Werden des fascistischen Staates*, S. 149.]

tigste der für die Demokratie konstitutiven Rechte ist aber das des Individuums, seine Interessen und seine Meinungen in Freiheit zu vertreten. Aus ebendieser Freiheit, deren Einräumung vom Vertrauen der Aufklärung in die den Geschichtsprozeß durchwaltende Vernunft zeugt – der Kampf der Meinungen wird die Vernunft schon an den Tag bringen –, hat auch der Marxismus Nutzen zu ziehen vermocht. Wie könnten Nationalsozialismus und Faschismus die Demokratie zu liquidieren hoffen, ohne der individuellen Meinungsfreiheit auf den Leib zu rücken? Als sie ihr kriegerischer Machtwille von der Interessensphäre abstrahieren und mit dem ideologisch stummen Großkapital zusammengehen heißt, sind sie propagandistisch zu doppelter Belastung des ideellen Oberbaus gezwungen, und so wäre es für sie bereits lebensgefährlich, wenn sie auch nur die Möglichkeit freier Meinungsbildung duldeten. Denn ihre Gewährung erweckte sofort wieder die gesellschaftlichen Interessen, und die Demokratie mit ihren Parteien bzw. der Kommunismus erschienen von neuem auf dem Plan. Aus diesem Grunde wenden sich Nationalsozialismus und Faschismus gegen das Individuum als den Träger von Meinungen. »Das Wesentliche dieser revolutionären Entwicklung ist«, befindet Goebbels, »daß der Individualismus zerschlagen wird und an die Stelle des Einzelmenschen und seiner Vergottung das Volk tritt.«[87] Gregor Strasser erklärt: »Das Gift, das die *schrankenlose Freiheit des Individuums* zerstörte [...], das Fundament preußisch-deutscher Art: die Gebundenheit an Familie, Volk, Staat.«[88] Mussolini sucht die Selbständigkeit des Individuums nicht minder tödlich zu treffen: »Der Faschismus geht von der Voraussetzung aus,« beteuert er 1928, »daß die Gesellschaft das Ziel und der Einzelne nur ein Mittel ist, und daß die Funktion der Gesellschaft darin besteht, den Einzelnen zu zwingen, zum Werkzeug der sozialen Ziele zu werden.«[89] Mit der Verdammung des Individuums verbindet sich die der Argumentation und der Diskussion; das alles in der Absicht, den Meinungskampf zu perhorreszieren.

Wenn es nun zutrifft, daß, den Köpfen der Hydraschlange gleich, im-

87 [Goebbels, »Erobert die Seele der Nation. Rede über die Aufgaben des deutschen Theaters« vom 8. Mai 1933 im Berliner Hotel Kaiserhof. In: Ders. (Hrsg.), *Goebbels spricht.* Reden aus Kampf und Sieg. Oldenburg: Stalling 1933, S. 65-89, Zitat S. 69.]

88 [Strasser, »Das Wesen des Zentrums«. Rede am 1. 1. 1928 auf dem Parteitag der Bayerischen Volkspartei in München. In: Ders., *Kampf um Deutschland*, S. 198-206, Zitat S. 198.]

89 [Mussolini, Leitartikel in der Tageszeitung *Il Popolo d'Italia* vom 6. 4. 1920.]

mer neue Meinungen nachwachsen, sobald die alten erledigt sind, muß die nationalsozialistische und faschistische Propaganda allgegenwärtig sein, um diesen Wucherungen zuvorkommen zu können. Ihr totalitärer Charakter ist mit ihrem Bestreben identisch, den Prozeß der Meinungsbildung zu hintertreiben. Die oben gewonnene Definition dieser Propaganda, derzufolge sie die Technik der Massenbeeinflussung als solcher darstellt, läßt sich jedoch dahin ergänzen, daß sie die Technik der *totalen Meinungsbeeinflussung*, aber nicht der totalen Tilgung von Meinungen ist. Sie ist daher auch als totalitäre Propaganda zu bezeichnen. Der Totalitätsanspruch, den sie erhebt, unterscheidet sich von dem der ursprünglichen kommunistischen Propaganda darin, daß sie nicht die Durchdringung der Menschen mit einer als wahr erkannten Lehre, sondern die Abwehr von Lehren überhaupt bezweckt – wobei natürlich nicht versäumt wird, die eigenen Vorstellungen der Lehre mitzugeben, da sie einem im Krieg vorgeformten Machtwillen entspringt, nicht aber dem Bedürfnis, ein wesentliches gesellschaftliches Interesse zu realisieren; daß sie sich der historischen Entwicklung entgegenstemmt, statt ihre Weiterführung zu bewirken. Vom Standpunkt des Demokraten aus bemerkt Ortega y Gasset durchaus folgerichtig über den faschistischen Staat: »Das ist die größte Gefahr, die heute die Zivilisation bedroht: die Verstaatlichung des Lebens, die Einmischung des Staates in alles, die Absorption jedes spontanen Antriebes durch den Staat: das heißt die Unterdrückung der historischen Spontaneität, die letzten Endes das Schicksal der Menschheit trägt, nährt und vorwärtstreibt.«[90]

Mit welcher Zwangsläufigkeit die nationalsozialistische und faschistische Propaganda nach totaler Ausdehnung strebt, verrät besonders deutlich den Wunsch ihrer Veranstalter, sie so zu gestalten, daß sie noch die dicksten Gehirnwände durchschlägt. Goebbels spricht vom »kleinsten Mann«[91], der sie verstehen müsse, und Hitler sagt: »Doch Propaganda hat [...] ihr geistiges Niveau einzustellen, nach der Aufnahmefähigkeit des Beschränktesten unter denen, an die sie sich zu richten gedenkt.«[92] Aus dieser Forderung destilliert Hitler folgendes Rezept für »wirkungsvolle« Propaganda: Sie hat sich »auf nur sehr wenige Punkte zu beschränken und diese schlagwortartig so lange zu verwerten, bis auch bestimmt der Letzte unter einem solchen Worte das Gewollte sich [be-

90 [Ortega y Gasset, *Der Aufstand der Massen*, S. 89.]

91 [Goebbels, *Kampf um Berlin*, S. 212.]

92 [Hitler, *Mein Kampf*. Bd. 1, S. 197.]

stimmt] vorzustellen vermag.«[93] Derselbe fanatische Expansionsdrang, dem solche psychologische Einsichten entsprießen, veranlaßt auch die Regisseure der Propaganda dazu, jedes beliebige Geschehen, von dem sie sich einen positiven Effekt versprechen, der Gesamtheit der Propaganda-Empfänger aufzuoktroyieren. »Ich halte es für unmöglich«, erklärt eine Autorität wie Goebbels, »daß ein nationales Ereignis wie beispielsweise die Eröffnung des neuen Reichstages oder der Dankgottesdienst in den Potsdamer Kirchen oder die Parade eines Potsdamer Regiments vor dem Herrn Reichspräsidenten sich nur vor 10- oder 15.000 Menschen abspielt. Das ist ganz unmodern [...]. Im Gegenteil halte ich es für notwendig, daß die ganze Nation – denn dazu haben wir heute die technischen Hilfsmittel – an solchen Vorgängen unmittelbar Anteil nimmt und mithört. Wenn das Fernsehen einmal erfunden sein wird, dann soll auch die ganze Nation mitschauen können, wie sich diese Ereignisse abspielen.«[94] Eine Äußerung, die zugleich den engen Zusammenhang zwischen der totalitären Propaganda und dem aktuellen Stand der Technik anzeigt. Es scheint, als beschwöre jeder neue technische Fortschritt auch das Risiko eines neuen humanen Rückschritts herauf, als eröffneten die Siege der Menschheit über die Natur dieser die Gelegenheit ungeahnter Siege über die Menschheit; als sei das Wachstum der Glückschancen unweigerlich an das des Verhängnisses gebunden.

Der Zug der nationalsozialistischen und faschistischen Propaganda zur lokalen Ausdehnung erfüllt sich durch die totale Besetzung der Zone der Spontaneität; jener Zone, in der sich die Meinungen bilden. Niemand weiß besser als Hitler, daß Totalität hier gleichbedeutend mit Beharrlichkeit ist; daß gerade das spontane Aufkommen von Meinungen ihre permanente Unterdrückung erfordert. »Sobald man ihnen gegenüber die geringste Nachsicht übt«, erklärt er einmal, »wird nicht nur die zu unterdrückende Lehre sich immer wieder erholen, sondern sie wird sogar aus jeder Verfolgung neue Werte zu ziehen in der Lage sein, indem nach Abflauen einer solchen Welle des Druckes die Empörung über das erduldete Leid der alten Lehre neue Anhänger zuführt, die vorhandenen aber mit größerem Trotz und tieferem Haß als vordem an ihr hängen werden.«[95] Auch Dr. Ley, der Führer der Arbeitsfront, macht keinen Hehl daraus, daß der Totalitätsanspruch der Propaganda auf die totale Okkupation des individuellen Eigenlebens hinausläuft. »Während der

93 [Ebd.]

94 [Goebbels, *Revolution der Deutschen*, S. 144.]

95 [Hitler, *Mein Kampf.* Bd. 1, S. 188.]

alte Staat ein Nachtwächterstaat war«, heißt es in seinem Aufsatz »Vom Wesen des ständischen Aufbaus« (1933), »ist unser Staat ein Erziehungsstaat, ein Pädagoge, ein väterlicher Freund. Er läßt den Menschen nicht los, von der Wiege bis zum Grabe. Und so fangen wir schon beim Kinde von drei Jahren an, sobald es anfängt zu denken, bekommt es schon ein Fähnchen zu tragen. Alsdann folgt die Schule, die Hitlerjugend, die SA, der Wehrdienst.«[96]

»Wir lassen den Menschen nicht los, und wenn alles vorbei ist, kommt die Arbeitsfront und nimmt die Menschen immer wieder auf und läßt sie nicht los bis zum Grabe, mögen sie sich dagegen auch erwehren.«[97]

Die Freiheit der Meinung setzt die der Frage voraus. Um die Quelle der Meinungsbildung zu verstopfen, muß also die totalitäre Propaganda die Frage zum Verschwinden bringen; was sie dadurch zu bewerkstelligen trachtet, daß sie bewußt den Kult des Führers und den des Gehorsams inszeniert. Jener Kult verleiht dem Machthaber mythische Weihe – »der Glaube an den Führer ist innerhalb der NS-Gefolgschaft [...] von einer geheimnisvollen und rätselhaften Mystik umgeben«,[98] sagt Goebbels, dem freilich als einem der Urheber der Führermystik ihr Fabrikationsgeheimnis nicht unbekannt ist; dieser Kult vergötzt die Unterordnung schlechthin. Beide ergänzen einander in der Schaffung einer Mentalität, der bereits die Frage als Frevel zu gelten hat.

Rudolf Heß vereidigt (am 25. Febr. 1934) die Politischen Leiter mit den Worten: »Nicht allein Treue in der Tat, auch Treue in der Gesinnung wird von euch gefordert [...]. Treue in der Gesinnung bedeutet unbedingten Gehorsam, der nicht fragt nach dem Nutzen des Befehls, der nicht fragt nach den Gründen des Befehls, sondern *gehorcht um des Gehorchens willen*. Der Gehorsam wird dann zum Ausdruck heldischer Gesinnung, wenn die Befolgung des Befehls dem Gehorchenden zum persönlichen Nachteil zu gereichen oder dessen Überzeugung zu widersprechen scheint.«[99] Auf welch fruchtbaren Boden diese Worte fallen, verraten die Verse im nationalsozialistischen »Lied der Kämpfer«:

96 [Ley, »Vom Wesen des ständischen Aufbaues«. In: NSDAP (Hrsg.), *Nationalsozialistische Monatshefte*, Jg. 3 (1933), Heft 42, S. 388-398, Zitat S. 397.] Kracauer zit. n.: Münzenberg, *Propaganda als Waffe*, S. 252 f.]

97 [Ebd.]

98 [Goebbels, *Kampf um Berlin*. Bd. 1, S. 39.]

99 [Rudolf Heß, »Treu bis zur Selbstaufgabe«. Rundfunkrede vom 25. 02. 1934. In: Ders., *Reden*. München: F. Eher 1938, S. 9-18, Zitat S. 11.]

»Doch wir, die wir marschiern in erznen Haufen,
Wir fragen nicht. Wir sind des Führers Faust.«[100]

Wer aber darf nicht fragen noch eine Meinung haben? Der Soldat. Die natürliche Basis des Totalitätsanspruchs der nationalsozialistischen und faschistischen Propaganda bildet eine mit unbeschränkten Vollmachten ausgestattete Autorität, die über kriegerischen Einheiten waltet und, nebenbei bemerkt, dem Großkapital erst die Monopolstellung garantiert. Sie schwebt den von Machthunger verzehrten Cliquen instinktiv vor, und es ist zuletzt dieser Instinkt, der sie dazu treibt, im Interesse der psychischen Verankerung einer solchen kriegsmäßigen Autorität ihrer Propaganda den totalitären Charakter zu verleihen.

Mit dem Verlangen nach Totalität ist automatisch das nach Autarkie gegeben, denn nur innerhalb eines Gebietes, das sich selbst genügt, sich also hermetisch von der Außenwelt abschließen läßt, kann grundsätzlich die Meinungssperre vollkommen durchgeführt werden; um davon zu schweigen, daß lediglich unter der Bedingung einer idealen Autarkie der nationale Machtapparat auf den schmalen Stand seiner – und das gelang – Einheit gelangt. Daher verbindet sich gewöhnlich die Hymne auf das künftige Reich wie selbstverständlich mit dem Hinweis auf seine autarke Beschaffenheit. Gregor Strasser beschwört 1931 die Arbeiter doch zu bedenken, »daß ein neuer, freier, starker, autarker Staat allein nur die wirtschaftliche Möglichkeit zur Lösung der sozialen Probleme bietet«.[101] In der Tat brächte die Autarkie zugleich den Vorteil mit sich, daß sie die Illusion der Klassenversöhnung dauernd aufrechtzuerhalten erlaubte. Die Verabsolutierung der Tendenz zur Autarkie wird aber dadurch behindert, daß sie Interessen widerstreitet, die nicht geringere Berücksichtigung verdienen wie diese Tendenz. Sieht man selbst von den rein ökonomischen Bedürfnissen ab, so sind rohstoffarme Länder wie Deutschland und Italien gerade infolge ihres Dranges zu ausgiebiger Kriegsvorbereitung auf den weltwirtschaftlichen Verkehr angewiesen. Unmittelbarer Verwirklichung nicht fähig, steigert der verdrängte Traum von der Autarkie die Begierde der totalitären Diktaturen nach Weltherrschaft. Auch das Imperium und erst recht das Imperium ist eine Autarkie.

100 [Gerhard Schumann, »Lied der Kämpfer« (1936). In: Paul Gerhardt Dippel, *Künder und Kämpfer*. München: F. Eher 1942, S. 194.]

101 [Strasser, »Die politische Lage«. In: Ders., *Kampf um Deutschland*, S. 282-289, Zitat S. 286.]

III.

Der Nihilismus, der die nationalsozialistischen und faschistischen Cliquen erfüllt, überträgt sich auf ihre Propaganda. Zu dem regressiven und totalitären Charakter dieser Propaganda kommt der nihilistische hinzu. Das notwendig subjektive Verhalten politischer Propaganda unterstreichend, zieht H[itler] einen Vergleich zwischen ihr und der Reklame: »Am allerschlechtesten [...] begriff man die allererste Voraussetzung jeder propagandistischen Tätigkeit überhaupt: nämlich die grundsätzlich subjektive Stellungnahme derselben zu jeder von ihr erarbeiteten Frage.«[102] Was würde man zum Beispiel über ein Plakat sagen, das eine neue Seife anpreisen soll, dabei jedoch auch andere Seifen als »gut« bezeichnet? Man würde darüber nur den Kopf schütteln. Genauso verhält es sich aber auch mit politischer Reklame.

Für welche Seife schlägt Hitler die Reklametrommel? Da die Vision des gigantischen Machtapparats kriegerischen Gepräges propagandistisch unverwertbar ist, kann er jedenfalls die Leute nicht mit der Seife selber einseifen, die sein eigentliches Produkt darstellt. Außer ihr führt er aber keinen Artikel, der von der Propaganda ständig zu berücksichtigen wäre – es sei denn den Begriff des Eigentums, den anzupreisen ihn in die intime Beziehung zum Monopolkapital zwingt. »Der Gedanke des Privateigentums«, formuliert er unter anderem, »ist unzertrennlich verbunden mit der Überzeugung einer verschiedenartigen und verschiedenwertigen Leistungsfähigkeit der Menschen und damit wieder der Verschiedenartigkeit und -wertigkeit der Menschen selbst.«[103] Man kennt diesen Montageeffekt, der dadurch entsteht, daß das Bild der »Persönlichkeit« auf das des Unternehmers geblendet wird; man kennt auch die Unterscheidung zwischen »raffendem« und »schaffendem« Kapital.

Von der historisch notwendig gewordenen Fixierung ans Eigentum abgesehen, geht totalitäre Propaganda tatsächlich weitere Engagements irgendwelchen Werten, Ideen, autonomen Inhalten gegenüber nicht ein. Im Gegenteil, sie entzieht sich prinzipiell allen Verpflichtungen; könnte doch jede gelegentlich die im Machtinteresse gebotene Aktionsfreiheit beeinträchtigen. Diese Propaganda stellt Programme nur auf, um sie

102 [Hitler, *Mein Kampf.* Bd. 1, S. 200.]

103 [Hitler, Rede zum Reichsparteitag des Sieges am 3. 09. 1933 in Nürnberg. In: Christian Dube, *Religiöse Sprache in Reden Adolf Hitlers.* Analysiert an Hand ausgewählter Reden aus den Jahren 1933-1945 (Dissertation). Norderstedt: Books on Demand 2005, S. 202.]

brüsk zu desavouieren – wie Mussolini verfährt. Der Mussolini Anfang der zwanziger Jahre, dem Silone nachsagt: »Mussolini besaß eine grundlegende politische Fähigkeit in vollendeter Form (...): immer nach zwei verschiedenen Richtungen zu arbeiten, sich nie in eine Sackgasse treiben zu lassen und sich immer einen zweiten Ausweg offen zu halten.«[104] Oder das Programm wird zwar thematisch beibehalten, aber als ein derzeit noch nicht einlösbarer Wechsel auf die Zukunft ausgegeben. Ebensowenig wie vom eigenen Programm läßt sich die Propaganda von der Moral begrenzen: versucht diese zu nörgeln, so wird sie erst recht aber unterdrückt. »In dem totalitären Denken der Gegenwart, wo das gesamte geistige Leben ausschließlich unter dem Gesichtspunkt der Lenkung von Massen begriffen wird«, so hebt Horkheimer mit Recht hervor, »sind die weitergehenden und humanistischen Elemente der Moral bewußt abgestreift.«[105] Eine Einsicht, die Schott in seinem »*Volksbuch vom Hitler*« durch die Bemerkung bekräftigt, man müsse sich bei der Beeinflussung der Massen »von peinlichen ideellen Forderungen und Bedenklichkeiten frei machen«.[106] Besser als um die Moral scheint es um die Religion zu stehen, deren Geltung – wenn auch nur aus Zweckmäßigkeitsgründen – von der Propaganda anerkannt wird. »Für die Masse ist der Glaube häufig die einzige Grundlage einer sittlichen Weltanschauung überhaupt«,[107] argumentiert Hitler, dem sittliche Skrupel im engeren Sinn unter allen Umständen hinderlich wären. »Die verschiedenen Ersatzmittel haben sich im Erfolg nicht so zweckmäßig erwiesen, als daß man in ihnen eine nützliche Ablösung der bisherigen religiösen Bekenntnisse zu erblicken vermöchte. [...] Der Angriff gegen die Dogmen gleicht [...] sehr stark dem Kampf gegen die allgemeinen gesetzlichen Grundlagen des Staates.«[108] Es wird sich aber noch zeigen, daß diese den religiösen Bekenntnissen gewährte Garantie keineswegs unverbrüchlich ist, sondern sofort gekündigt wird, wenn eine Unabdingbarkeit der Dogmen mit dem Totalitätsanspruch der Propaganda in Widerspruch gerät. Und wie verhält es sich mit den paar Begriffen, die wirklich zum festen Inventar der Propaganda gehören und von ihr als eigenmächtige Ideen präsentiert werden? Sie sind Seifenpackungen, hohle Attrappen. Statt mit dem Gewicht seines vollen Inhalts aufzutreten, dient der Be-

104 [Silone, *Der Fascismus,* S. 86.]
105 [Horkheimer, »Egoismus und Freiheitsbewegung«, S. 196.]
106 [Georg Schott, *Das Volksbuch vom Hitler*. München: F. Eher 1924, S. 23.]
107 [Hitler, *Mein Kampf.* Bd. 1, S. 293.]
108 [Hitler/Werner Siebarth, *Hitlers Wollen*. München: F. Eher 1937, S. 251.]

griff der Nation lediglich dazu, die Nation als kriegerische Einheit zu illuminieren, und die Persönlichkeit ist sich so wenig Selbstzweck, daß ausschließlich die »Führer« Persönlichkeit heißen, sie, deren Beruf es ist, das persönliche Leben der Geführten auszurotten. Man bringt bedeutende Begriffe um den Rest ihrer Substanz, schlüpft in die entleerten Gehäuse und macht mit dem Schimmer Reklame, der ihnen dank ihrer einstigen Substanz anhaftet. Wie sehr sich die Selbständigkeit dieser Begriffe verflüchtigt hat, zeigt gerade einer, dem die nationalsozialistische Propaganda den obersten Rang in der Hierarchie zubilligt: der Begriff des Volkes, auf dessen Irrealität oben schon hingewiesen worden ist. »Wir wollen die Diktatur nicht, um eine Willkürherrschaft aufzurichten«, erklärt Goebbels, »sondern um dem Willen des Volkes zu dienen.«[109] Und auch Hitler selber versichert immer wieder, daß Führen Dienst am Volk sei und der Wille des Führers den des Volkes ausdrücke. Zu diesem Kult, den die nationalsozialistische Clique mit dem Volk treibt, steht ihre Verachtung der Masse in auffälligem Gegensatz. Bezeichnend das Wort von Goebbels, daß die Masse »eine schwache, faule, feige Mehrheit von Menschen«[110] sei. Goebbels nennt sie auch »ungeformten Stoff«[111] und spricht, durchaus im Einklang hiermit, ihren Regungen jede gestaltende Kraft ab. »Die öffentliche Meinung«, sagt er kurz nach der Machtergreifung, »bildet sich nicht allein aus Stimmung und Ressentiment. Sie ist zum größten Teil das Ergebnis einer willensmäßigen Beeinflussung, die sich im Guten sowohl als im Bösen auswirken kann. Öffentliche Meinung wird gemacht.«[112] Eine solche Auffassung der Masse brauchte der Verherrlichung des Volkes nicht zu widerstreiten, wenn der Nationalsozialismus romantisch dächte und das Volk zum Unterschied von der Masse als den Wurzelgrund allen Meinens und Wollens begriffe. Statt dessen läßt die nationalsozialistische Propaganda das Volk aus der Masse hervorgehen, und da die Masse voraussehungsgemäß pures Objekt ist, erfolgt ihre Verwandlung nicht selbsttätig, sondern durch den Führer. »Erst in der Hand des Staatskünstlers«, meint Goebbels, auf diesem Gebiet der sicherste Gewährsmann, »wird aus der Masse Volk und aus dem Volk Nation.«[113] Und ein

109 [Goebbels, *Revolution der Deutschen*, S. 120.]

110 [Goebbels, *Kampf um Berlin*. Bd. 1, München: F. Eher 1939, S. 40.]

111 [Ebd.]

112 [Goebbels, Rede vor der auswärtigen Presse am 6. 4. 1933 in Berlin. In: Ders. (Hrsg.), *Signale der neuen Zeit*, S. 127-136, Zitat S. 128.]

113 [Goebbels, *Kampf um Berlin*. Bd. 1, S. 40.]

andermal: »Der Staatsmann aber formt die Masse, gibt ihr Gesetz und Gerippe, haucht ihr Form und Leben ein, so daß aus ihr ein Volk entsteht.«[114] Belastete Wendungen, die keinen Zweifel daran aufkommen lassen, daß das Volk vom Nationalsozialismus geformte Masse ist, vom Führer geformte Masse. Durch denselben mystischen Zeugungsakt, durch den der Führer aus dem unheiligen Konglomerat der Masse das heilige Gebilde des Volkes erschafft, müßte er nun auch seinem Geschöpf einen eigenen Willen einhauchen; denn gelänge ihm das nicht, so wäre die Behauptung gegenstandslos, er diene dem Volk. Sie dürfte in der Tat kaum zu halten sein, verdammt doch Goebbels im Interesse des Autoritätsprinzips das Volk zu nicht minderer Passivität wie die Masse: »Das Volk will sich gar nicht selbst regieren [...]. Das Volk verlangt aber, daß es anständig regiert wird. Erst dann, wenn das Volk erkennt, daß die Autoritäten, die ihm übergeordnet sind, keine sittliche Berechtigung mehr haben, wird es sich aufmachen, diese zu beseitigen. Das Volk will auch nicht dieses oder jenes auf kulturellem, wirtschaftlichem oder politischem Gebiet, es will auch keine Wünsche äußern, solange es weiß, daß die Autoritäten, denen es unterstellt ist, bereit sind, nur dem Volk und sonst niemandem zu dienen.«[115] Danach wäre das Volk ein unmündiges Wesen, und die Schlußfloskel von den Autoritäten, die ihm zu dienen bereit seien, ein euphemistischer Ausdruck dafür, daß sie bereit sind, es zu bevormunden. Allerdings weiß Goebbels, daß sich in den Volksmassen dauernd Interessen und Meinungen entwickeln, die nur durch eine ständige Beeinflussung der Massen gebannt zu werden vermögen; er weiß auch, daß eine derartige Einflußnahme an die Vorbedingung engster Tuchfühlung mit jenen Interessen und Meinungen geknüpft ist. Aus diesem Grunde – aus ihm allein – sieht er sich dazu genötigt, dem Volk doch wieder in gewissem Umfang ein unabhängiges Dasein zuzugestehen und den Propagandisten mit dessen Erforschung zu betrauen. »Der Propagandist muß nicht nur die Seele des Volkes allgemein kennen, sondern muß auch die geheimen Schwingungen der Volksseele nach dieser oder jener Seite hin verstehen.«[116] Mit anderen Worten: Die Unabhängigkeit der Volksseele wird lediglich zum Zweck ihrer besseren Unterdrückung durch die totalitäre Propaganda aner-

114 [Goebbels, »Der Nationalcharakter als Grundlage der Nationalkultur«, Rundfunkansprache am 18. 7. 1932. In: Helmut Heiber (Hrsg.), *Goebbels-Reden*. Bd. 1, S. 51-55, Zitat S. 52.]

115 [Goebbels, *Revolution der Deutschen*, S. 66.]

116 [Ebd., S. 138.]

kannt. – Das eine Mal gilt also der nationalsozialistischen Clique der Wille des Volks als die höchste Instanz; das andere Mal spricht sie dem Volk unverblümt den Willen ab und stempelt es zum Aufnahmeorgan des Führerwillens. Der Widerspruch könnte nicht krasser sein. Wie aussichtslos der Versuch ist, ihn zu beseitigen, veranschaulicht das Bemühen Hubers, der in seinem Buch »*Verfassung*« den Widerspruch bei den Hörnern greift und unverzüglich von ihm aufgespießt wird. »Der einheitliche, klare und entschiedene völkische Wille kann nicht durch die Summe der jeweils lebenden Volksgenossen, sondern nur durch den Führer vermittelt werden. [...] Das deutsche Reich ist [...] ein völkischer Führerstaat, in dem das Volk die Substanz der politische Einheit ist, während der Volkswille durch den Führer hervorgehoben wird. Das völkische Reich beruht auf dem Führerwillen, nicht – wie die Demokratie – auf der volonté générale. Aber trotzdem ist das Führertum keine selbstherrliche, sondern eine dienende Macht, der Führer dient, indem er den Willen der Gemeinschaft bildet, dem Volk. Die Autorität des Führers, sein verbindliches Ansehen, seine bezwingende Macht, beruhen nicht auf der äußeren Gewalt, sondern sie gehen aus dem Dienst an der Art und Sendung des Volkes hervor. Das Führertum hat seine Grundlage darin, daß der Führer das Wesen des Volkes schützt und entfaltet und die geschichtliche Aufgabe des Volkes, der er verpflichtet ist, erfüllt.«[117] Galimatias. In Wahrheit ist der Widerspuch, den die nationalsozialistische Konzeption des Volkswesens füllt, prinzipiell unaufhebbar. Die Propaganda der Nationalsozialisten muß ihres Totalitätsanspruchs wegen das reale Volk entmündigen und ihm ihre eigenen Direktiven aufzwingen; aber sie muß auch gleichzeitig der Vorstellung vom realen Volk die Illusion eines Volkes unterschieben, das göttlicher Ehren würdig ist, weil sie nur dadurch, daß sie dem Phantom eines Volkes auserwählter Rasse zu dienen vorgibt, den Machtwillen verlangen kann, von dem sie kreiert wird. Dieser Machtwille vergottet den Willen eines imaginären Volkes, damit das reale Volk nicht merkt, daß er sich selber vergottet. Der nationalsozialistische Begriff des Volkes ist eine Kapsel ohne Inhalt. Und wenn die nationalsozialistische Propaganda ihn fortwährend ins Feld führt, geschieht das keineswegs, um das reale Volk zu seiner Scheinhöhe emporzuheben; sie beabsichtigt vielmehr umgekehrt, dieses Volk darüber hinwegzutäuschen, daß es eine Nivellie-

117 [Ernst Rudolf Huber, *Verfassung*. Hamburg: Hanseatische Verlagsanstalt 1937, S. 104.]

rung erleidet – die Nivellierung zu einer Masse, die sich von den Machthabern manipulieren läßt.

Bedürfte es noch eines Beweises für den nihilistischen Zug der totalitären Propaganda, so ist er durch die Tatsache erbracht, daß der Erfolg als solcher ihr einziges Kriterium bildet. Ihre Veranstalter geben offen zu, daß die Technik der Massenbeeinflussung keinem anderen Gebot untersteht als dem, die Massenwirklichkeit total zu beeinflussen. Hitler sagt von der Propaganda, ihre Richtigkeit sei »ausschließlich zu messen an ihrem wirksamen Erfolg«[118], und Goebbels prägt im Anschluß an die bereits zitierte Erklärung, daß die Propaganda nur das Ziel der Masseneroberung habe, die drastischen Sätze: »Jedes Mittel, das zum Ziel bringt, ist gut. Und jedes Mittel, das an diesem Ziel vorbeigeht, ist schlecht.«[119] Unzweideutiger ließe sich nicht aussprechen, daß diese Propaganda sämtliche Verpflichtungen abstreift; daß sie das Instrument eines nihilistischen Machtwillens ist. Sie weiß außer ihm nichts über sich; so daß es sinnlos wäre, bei ihr von Übergriffen zu reden – eine Bezeichnung, die ihre volle Berechtigung hat, wenn sie auf die Auswucherungen der wirtschaftlichen und politischen Reklame in demokratischen Ländern angewandt wird. Diese Reklame organisiert sich innerhalb eines dem demokratischen Charakter gemäßen Rahmens, während die Reklame der totalitären Bewegungen jede Grenze verleugnet und folglich nur die Sünde begehen kann, nicht erfolgreich zu sein. Eben ihre Hemmungslosigkeit zeigt an, daß sie dem Monopolkapitalismus zugeordnet ist. Vermag sich der Kapitalismus nur unter der Bedingung zu halten, daß er eine Monopolstellung bezieht, so kommt er nicht mehr mit einer Reklame aus, die sich nach den von der liberalen Wirtschaft oft gespielten Spielregeln richtet. Indem er die direkte Gewalt zur Norm erhebt, annuliert er alle bisher gültigen Normen; daher ist er auf eine Reklame angewiesen, die wie er, ohne Rücksicht auf die in der Demokratie anerkannten Verbindlichkeiten verfährt. Als Maßstab bleibt ihr tatsächlich nur noch der Erfolg übrig.

118 [Hitler, *Mein Kampf.* Bd. 1, S. 376.]
119 [Goebbels, *Kampf um Berlin.* Bd. 1, S. 18.]

IV.

Der nihilistische Charakter dieser Propaganda zeigt ihren Zynismus; es wird später noch zu belegen sein, daß sie sich zynisch widerspricht. Nicht das ist entscheidend, daß sie sich überhaupt in Widersprüche verwickelt – mit Widersprüchen muß jedes Regime fertig werden, das die gesellschaftlichen Antagonismen fortbestehen läßt –, entscheidend ist, daß ihr Widersprüche gleichgültig sind, daß sie die gestern gültige Losung heute durch die gegenteilige verdrängt, ohne den Umschlag ängstlich zu vertuschen. Statt dem Widerspruch aus dem Weg zu gehen, trägt sie ihn unbedenklich zur Schau. Dieses Verfahren, dessen erfolgreiche Anwendung allerdings bereits eine Erschütterung des zivilisierten Daseins durch die Krise und die Methoden der totalitären Propaganda selber voraussetzt, hat den Zweck, die Ratio vor den Kopf zu stoßen und sie derart noch mehr ins Wanken zu bringen. Indem die Propaganda den Widerspruch zur Alltäglichkeit stempelt, spielt sie, von ihrer Kraft durchdrungen, bewußt die Absurdität wider den Common sense, das Unfaßbare wider das Faßliche aus. Je greller der hingenommene Widerspruch ist, desto mehr bestätigt die Macht als solche ihre Macht über den Geist. Ist nach Errichtung der Diktatur die Propaganda zum Monopol geworden, so macht sie aus der Notwendigkeit, sich innerhalb des Monopolgebiets immer häufiger widersprechen zu müssen, erst recht eine Tugend. Sie benutzt dann den unbeschönigten Widerspruch als eine Sonde, mit deren Hilfe sie sich fortlaufend darüber vergewissert, ob die Massen ihr wirklich vollkommen unterworfen sind. So nennt man einen Schläfer laut beim Namen, um sich von der Tiefe seines Schlafes zu überzeugen.

Die für das demokratische System konstitutive Lüge ist die Ideologie, und nichts bedroht seine Existenz mehr als deren Entlarvung, denn abgesehen vom Kapital ist die Lüge der Demokratie so schädlich, daß diese der Wahrheit sprengende Gewalt zubilligen muß. Da die faschistische und nationalsozialistische Propaganda im Dienste des nihilistischen Machtwillens die totale Lenkung der Meinungen erstrebt, galt ihr Interesse nicht wie das der demokratischen Politik einer Scheidung zwischen Lüge und Wahrheit, sondern einer Mentalität, der Lüge und Wahrheit gleich unerheblich sind. Zur Herbeiführung dieses Ziels wird die Lüge in einer spezifischen Form verwandt. Man legt die Wahrheit nicht aus, verdreht sie vielmehr dadurch total, daß man den Gegner genau der Handlungen und Machinationen (bezichtigt), die auf der eigenen Linie liegen – ein vielbeobachtetes Manöver, das »Spiegelreflex« getauft worden ist. Es ist deshalb nicht identisch mit dem des flüchtenden Diebes, der »Haltet den Dieb!« ruft, weil es auch der Vorbereitung von Aktionen dient. Hitler sagt von der Sozialdemokratie: »Ich begriff den infamen geistigen Terror, den diese Bewegung vor allem auf das solchen Angriffen weder moralisch noch seelisch gewachsene Bürgertum ausübt, indem sie auf ein gegebenes Zeichen immer ein förmliches Trommelfeuer von Lügen und Verleumdungen gegen den ihr am gefährlichsten erscheinenden Gegner losprasseln läßt.«[120] Und in einer Rede zum »Ermächtigungsgesetz« am 23. März 1933 findet sich die Reflexion, die teilweise auch ein Reflex ist: »Angefangen von Plünderungen, Brandstiftungen, Eisenbahnentgleisungen, Attentaten und so fort erhält alles in der kommunistischen Idee seine moralische Sanktion. Allein die Methode des individuellen Massenterrors hat die nationalsozialistische Bewegung im Lauf weniger Jahre über 300 Tote und Zehntausende von Verletzten gekostet.«[121] Nicht anders verfährt Goebbels bei seiner Apologie des SA-Mannes, zu dessen wesentlichen Pflichten er die zählt, »die Bewegung, wenn sie auf Brachialgewalt stößt, zu beschützen und den gegen sie angesetzten Terror zu brechen.«[122] An fremden Orten erscheint, was aufs eigene Konto zu setzen wäre. Strasser behauptet nicht etwa von der eigenen Bewegung, sondern von der Sozialdemokratie vor dem Krieg, sie habe die »Parole der Sozialdemokratie« dazu benutzt, »um dunkle Masseninstinkte gegen alle Säulen eines starken Staates aufzuhetzen«,[123] und brandmarkt den Opportunismus des Zentrums in wirtschaftlichen Dingen mit Worten, die ebensosehr das Vorgehen der nationalsozialistischen Partei während eines gewissen Stadiums zu charakterisieren vermöchten: »Schwieriger wird ihm (dem Zentrum A. d. V.) die Haltung zur Frage der Wirtschaftsreform. Hier war die wirtschaftliche Ungleichheit seiner Mitglieder ebenso ein Hemmnis wie eine Begünstigung; ein Hemmnis insofern, als keinerlei ausgesprochene Stellungnahme für oder gegen möglich war, ohne weite Kreise der Parteimitglieder in ihrem Lebensnerv zu treffen [...], eine Förderung auf der

120 [Hitler, *Mein Kampf.* Bd. 1, S. 45.]

121 [Hitler, Rede zum Ermächtigungsgesetz im Reichstag am 23. 3. 1933 in Berlin. In: Max Domarus (Hrsg.), *Hitler.* Reden und Proklamationen. 1932-1945. Bd. 1, Wien/Leipzig: Löwit 1973, S. 230.]

122 [Goebbels, *Kampf um Berlin.* Bd. 1, S. 86.]

123 [Strasser, »Die Sozialdemokratie«, In: Ders., *Kampf um Deutschland,* S. 191-198, Zitat S. 193.]

anderen Seite dadurch, daß es dem Zentrum leicht fiel, unter geschickter Prälatenführung jeweils den der Tagesströmung angepaßtesten Flügel in den Vordergrund treten zu lassen!«[124] Auch die Außenpolitik der totalitären Staaten ist voll von solchen Selbstenthüllungen in Spiegelschrift. Auf ihren Zweck erlaubt die folgende wichtige Betrachtung Hitlers zu schließen, die volksnah das Muster eines Spiegelreflexes darstellt: »Indem man Ludendorff zum Schuldigen am Verluste des Weltkrieges stempelte, nahm man dem einzigen gefährlichen Ankläger, der gegen die Verräter des Vaterlandes aufzustehen vermochte, die Waffe des moralischen Rechtes aus der Hand. Man ging dabei von dem sehr richtigen Grundsatz aus, daß in der Größe der Lüge immer ein gewisser Faktor des Geglaubtwerdens liegt, da die breite Masse eines Volkes im tiefsten Grund ihres Herzens leichter verdorben, als bewußt und absichtlich schlecht sein wird, mithin bei der primitiven Einfalt ihres Gemüts einer großen Lüge leichter zum Opfer fällt als einer kleinen. Da sie selbst ja wohl manchmal im Kleinen lügt, jedoch vor zu großen Lügen sich doch zu sehr schämen würde.«[125] Die Spekulation auf die Schamhaftigkeit der Menge erfolgte also rein zur moralischen Entwaffnung des Gegners. Obwohl die Prozedur der Spiegelung zwar selbst diese Funktion erfüllt, erschöpft sie sich nicht in ihr, denn sie vollzieht sich so regelmäßig und automatisch, daß schließlich auch der Schamhafteste argwöhnisch wird und seine Blicke zwischen dem moralischen Feind und dem Urheber der Prozedur hin- und hergehen läßt. Das aber ist gerade beabsichtigt. Hitler setzt die eben zitierten Sätze mit der Bemerkung fort, »die Masse werde an die Möglichkeit einer so ungeheuren Frechheit der infamsten Verdrehung auch bei anderen nicht glauben können, ja selbst bei Aufklärung darüber noch lange zweifeln und schwanken und wenigstens irgendeine Ursache doch noch als wahr annehmen; daher dann auch von der frechsten Lüge immer noch etwas über- und hängenbleiben wird.«[126] Eine Erkenntnis, die an die türkische Schnurre vom Lügenbold erinnert, der den Leuten auf dem Markt vorschwindelt, man habe im Hafen einen Hering von der Größe eines Walfisches gesichtet und der zum Hafen eilenden Menge im Ernst mit der Begründung nach-

124 [Strasser, »Das Wesen des Zentrums«. Rede am 1. 1. 1928 auf dem Parteitag der Bayerischen Volkspartei in München. In: Ders., *Kampf um Deutschland*, S. 198-206, Zitat S. 204.]

125 [Hitler, *Mein Kampf.* Zwei Bände in einem Band. Bd. 2: Die nationalsozialistische Bewegung. München: F. Eher 1934, S. 525.]

126 [Ebd., S. 525 f.]

läuft, daß die Geschichte vielleicht doch wahr sei. Wenn die totalitäre Propaganda Lügen aussprengt, in denen man zwar die Wahrheit, nur eben die gespiegelte Wahrheit hat, geschieht es nicht so sehr in der Erwartung, daß die Lügen geglaubt oder gar nicht geglaubt werden, als in der Absicht, jenes von Hitler erwähnte Zweifeln und Schwanken zu erreichen. Die ständig vorgenommene totale Verdrehung soll dank ihrer »ungeheuren Frechheit« als Wahrheit gelten, aber gleichzeitig sich auch als Lüge denunzieren. Ihre Mission ist es, eine Oszillation von Lüge und Wahrheit zu erzeugen, die deren Unterscheidung verwehrt, um so die Empfänger der Propaganda in dieselbe Verwirrung zu bringen, der die Besucher eines Spiegelkabinetts ausgesetzt sind. Das Schwindelgefühl, das die Massen befällt, zwingt diese dazu, die Augen zu schließen und die Frage der Richtigkeit irgendeiner propagandistischen These zurückzustellen.

Am 10. Febr. 1933 verkündete Hitler in einer den »nationalen Reichstagswahlen« gewidmeten Rede: »Und es erhebt sich nun eine Anzahl von großen Aufgaben vor uns. Die erste und damit erster Programmpunkt: Wir wollen nicht lügen und wollen nicht schwindeln!«[127]

Gleichviel ob dieser Programmpunkt verwirklicht worden ist oder nicht, Nationalsozialismus und Faschismus sagen nicht nur Gott, sondern sagen auch Kattun – mit einem Egoismus, der kaum ein Tabu kennt. Während die Demokratie infolge der in ihr herrschenden Meinungsfreiheit auf der Unantastbarkeit gewisser lebenswichtiger Ideologien beruht, ist für die totalitären Bewegungen außer ihrem Machtapparat nichts unantastbar. Sie können sich die durch sie entkräftete Wahrheit leisten und sind auch tatsächlich in einer Weise aufrichtig, die sich dem Rahmen der Demokratie verböte. Ohne Bedenken geben die Drahtzieher sämtliche Fabrikationsgeheimnisse der von ihnen entfesselten Propaganda preis. Goebbels erzählt, vermittels welcher Methode es ihm geglückt ist, dem Polizeipräsidenten Weiss den Übernamen »Isidor« anzuhängen, und Hitler gehorcht geradezu ohne Zwang, wenn er unaufhörlich aus der Schule plaudert. Er bekennt etwa, »daß durch kluge und dauernde [Anwendung von] Propaganda einem Volk selbst der Himmel als Hölle vorgemacht werden kann und umgekehrt das elendeste Leben als Paradies.«[128] Und warum wählt er für Massenversammlungen immer die Abendstunden? »Morgens und selbst tagsüber«, heißt es

127 [Hitler, »Aufruf an das Deutsche Volk« am 10. Februar 1933 im Berliner Sportpalast. In: Domarus (Hrsg.), *Hitler.* Reden und Proklamationen, Bd. 1, S. 203-207, Zitat S. 204.]

128 [Hitler, *Mein Kampf.* Bd. 1, S. 302.]

in »*Mein Kampf*«, »scheinen die willensmäßigen Kräfte der Menschen sich noch in höchster Energie gegen den Versuch der Aufzwingung eines fremden Willens [...] zu sträuben. Abends dagegen unterliegen sie leichter der beherrschenden Kraft eines stärkeren Wollens [...] der überragenden Redekunst einer beherrschenden Apostelnatur wird es nun leichter gelingen, Menschen dem neuen Wollen zu gewinnen, die selbst bereits eine Schwächung ihrer Widerstandskraft in natürlichster Weise erfahren haben (...).«[129] Es ist, als erläutere ein Zauberkünstler mitten im Zaubern dem Publikum, wie er das Mädchen verschwinden läßt und dem Zylinderhut flatternd die Tauben entlockt. Statt der Warnung Leichtgläubiger dient diese Aufklärung aber umgekehrt – hierin der Technik des Widerspruchs unterstehend – dem Nachweis der Tiefe des Glaubens. Sie hat den Sinn der Stichprobe, der Triumphe. Die Zauberkünstler sind erst dann total, wenn sich ihnen wieder und wieder zeigt, daß selbst die zwanghafte Desillusionierung gegen die Gewalt der von ihnen erzeugten Illusionen nichts auszurichten vermag. Man speist der Masse Wahrheiten ein: Nicht um sie gegen Verblendung zu feien, sondern um sich des Stärkegrads ihrer Verblendung zu versichern.

Jener Satz von Goebbels über den Staatskünstler, der den ungeformten Stoff der Masse zu formen habe, steht nicht vereinzelt da. Auch Hitler spricht von der »Kunst der Volksführung« und erklärt in »*Mein Kampf*«: »Ich lernte [...] schon frühzeitig verstehen, daß die richtige Verwendung der Propaganda eine wirkliche Kunst darstellt, die den bürgerlichen Parteien fast so gut als unbekannt war und blieb.«[130] Daß der Begriff Kunst in diesem Zusammenhang mehr als eine Metapher ist, beweist ein anderes Wort von Goebbels, das E.[rich] Wernert in seiner vorzüglich dokumentierten Studie »*L'art dans le IIIe Reich*« zitiert: »Was ist die Propaganda wenn nicht eine Kunstform wie die anderen (...). Bedeutet es, die Kunst herabzusetzen, wenn man sie auf eine Stufe mit dem Sinn für das Volksempfinden stellt, das in Gestalt unserer Führer, Deutschland aus dem Chaos errettet hat?«[131] – »Man ist entweder Propagandist oder man ist es nicht«[132], sagt Goebbels auch – ein Ausspruch durch den er den erfolgreichen Propagandisten zum begnadeten Künstler stempelt.

129 [Ebd.]

130 [Ebd., S. 193.]

131 [Erich Wernert, *L'art dans le IIIe Reich.* Une tentative d'esthétique dirigée. Hrsg, v. Centre d'études de politique étrangère. Ausgabe 7. Paris: Paul Hartmann 1936, S. 31.]

132 [Goebbels, »Erkenntnis und Propaganda«, Rede am 9. 1. 1928 in Berlin. In: Ders., *Signale der neuen Zeit*, S. 28-53, Zitat S. 41.]

Und worin besteht nach ihm dessen Kunst? »Der Propagandist muß der beste Seelenkenner sein [...]. Der Propagandist wendet sich nicht nur an das Volk in seiner Gesamtheit, sondern auch an seine einzelne Teile, er spricht zum Arbeiter, zum Bauern, zum Bürger, zum Süddeutschen und zum Norddeutschen, er muß zu den verschiedenen Berufsständen und zu den verschiedenen Konfessionen reden können.«[133] Hieraus folgt, daß der Propagandist als Virtuose auf dem Instrument der Seele zu gelten hat. Diese Bestimmung weist aber nochmals auf die Herkunft der totalitären Propaganda und den nihilistischen Machtwillen zurück. Denn durch ihre Charakterisierung als Kunst wird die ästhetische Einstellung in einer Sphäre gefordert, in der die moralische Qualität vor der Fortschrittlichkeit der Gesinnung zu entscheiden hatte. Derselbe Nihilismus, der das zynische Verhalten der Propaganda bedingt, erzeugt auch den Ästhetizismus ihrer Urheber. Sie sind die modernen Vertreter des L'art-pour-l'art-Prinzips, und die Verstocktheit, mit der sie auf der Seele spielen, ist der Umschlag der Verzweiflung, aus der heraus die Fin-de-siècle-Künstler sich und das Ihre ins trunkene Schiff der Kunst wie in eine Arche retteten.

Das Ästhetentum der Propaganda-Virtuosen wirkt sich in ihren Schöpfungen aus. Viele Maßnahmen der totalitären Propaganda sind einzig und allein darauf berechnet, ästhetisch zu faszinieren. Im Abschnitt über die Massen wird zu zeigen sein, welche besonderen Vorkehrungen diese Propaganda trifft, um die Schaulust anzustacheln und zur Kontemplation zu verführen. Sie verwandelt unaufhörlich lösbare Probleme in unproblematische Bilder – man erinnere sich an jenes, das Marinetti vom Krieg entworfen hat – und schlägt aus fragwürdigen Situationen ornamentale Effekte, die zu schön sind, als daß die Situationen selber noch irgendeinen Effekt zu erzielen vermöchten. Das Ästhetisieren der Propaganda bezweckt die Anästhetisierung der Massen. Der Sturm der Bilder macht sie unempfindlich gegen die eigentliche Bedeutung des von den Bildern verstellten Geschehens; so daß in ihnen der Drang erlischt, diese Bilder zu stürmen. Anders ausgedrückt: indem die totalitäre Propaganda gewisse, der Analyse zugängliche Phänomene in Gegenstände der ästhetischen Betrachtung überführt, sorgt sie dafür, daß sich die betreffenden Phänomene verfestigen und vor der Analyse bewahrt bleiben. Faschistische oder nationalsozialistische Massenaufgebote sind Gestaltungen, von denen man den Blick nicht wenden kann.

133 [Goebbels, *Revolution der Deutschen*, S. 137 f.]

D. [Die totale Propaganda auf dem Weg zur Macht]

I.

Die totalitäre Propaganda muß auf die psycho-physische Struktur der Menschen einwirken, um der von ihr vorgenommenen Manipulation zündender Ideen Erfolg zu sichern. Sie erreicht dieses Ziel durch zwei Mittel. Das erste ist die Gewalt in der Form des Terrors – jene Gewalt, die sich nach einem Wort Ortega y Gassets nicht damit begnügt, die »ultima ratio« zu sein, sondern sich als »prima ratio«[134] setzt. Ihre von den totalitären Diktaturen durchgebildeten Spielarten sind unbegrenzt; sie erstrecken sich von der faktischen Ausübung des Terrors bis tief in die virtuelle Sphäre hinein, in der die undeutlichen Gerüchte hausen, die kaum noch etwas vom Bestand eines Terrors überhaupt zu melden wissen.

Für die im Krieg vermauerten nationalsozialistischen und faschistischen Cliquen bedeutet die Gewalt eine Selbstverständlichkeit. Beide Bewegungen arbeiten mit Stoßtrupps und ziehen eine Soldateska an, die kurzen Prozeß zu machen gewohnt ist. »Der Faschismus hat [...] eine Reihe von Gewalttaten vollbracht«, so schreibt ein Faschist, »indem er sich mit den Gegnern herumschlug, sie verwundete und tötete, indem er die Sitze der Gewerkschaften, die Klubs, die Fahnen zerstörte und niederbrannte, die aufrührerischen Propagandisten, Gemeinderäte und Abgeordneten demütigte.«[135] Wann immer Hitler über Propaganda theoretisiert, gedenkt er stets der Gewalt. Er bezeichnet die Propaganda als den Versuch, »eine Lehre dem ganzen Volk aufzuzwingen«,[136] und erklärt, daß in der »ewig gleichmäßigen Anwendung der Gewalt [allein] die allererste Voraussetzung zum Erfolge«[137] liege. Nichts pflegen auch die Nationalsozialisten häufiger zu spiegeln als gerade den eigenen Terror – und sei es, um ihn durch die Berufung auf das Spiegelbild zu begründen. »Der Terror auf der Arbeitsstätte, in der Fabrik, dem Versammlungslokal, und anläßlich der Massenkundgebung«, meint Hitler im Verlauf einer der Sozialdemokratie gewidmeten Erörterung, »wird immer von Erfolg begleitet sein, solange nicht ein gleich großer Terror entgegen-

134 [Ortega y Gasset, *Der Aufstand der Massen*, S. 49.]

135 [Dino Grandi/Rodolfo Mondolfo/Adolfo Zerboglio (Hrsg.), *Le origini e la missione del Fascismo*. Rom 1920, S. 9.] Kracauer zit. n.: Silone, *Der Fascismus*, S. 112.

136 [Hitler, *Mein Kampf*. Bd. 2, S. 654.]

137 [Ebd. Bd. 1, S. 188.]

tritt.«[138] Hitler kann sich die Welt so wenig ohne Terror denken, daß ihn bereits die auferzwungenen Gesinnungen des Gegners terrorisieren.

Im Gebrauch des Terrors drückt sich der regressive Charakter der totalitären Propaganda aus. Zur Vernichtung der Demokratie und ihrer Konsequenzen entfesselt, dringt der Terror aus den unterhalb der Zivilisationssphäre gelegenen Schichten empor – eine willentlich erzeugte Eruption der Grausamkeit, die Nietzsche »die große Festfreude der älteren Menschheit«[139] nennt. Als die NS-Partei in eine schwere Krise geriet, schrieb Goebbels, man müsse »wieder an die primitivsten Masseninstinkte appellieren.«[140] »Das Gesetz der Rache, barbarisch, anachronistisch, wild und unmenschlich, ein Überbleibsel des Mittelalters«, bemerkt ein ebenfalls von Silone zitierter faschistischer Schriftsteller, »beherrschte die Halbinsel durch den Willen der Faschisten.«[141] Durch die Veranstaltung solcher Festfreuden beweist sich die Macht als Macht; denn nirgends ist die Macht reiner Macht und nichts außerdem als dort, wo sie in Gestalt der rohen Natur triumphiert. Der Absicht des Machtbeweises entspricht die Tatsache, daß regelmäßig Individuen oder Gruppen vergewaltigt werden, die notorisch schwächer als ihre Angreifer sind. Heiden beschreibt die Praxis der SA. »Eine Schar von Männern zieht sich in vielfacher Kette durch den Versammlungssaal. Sie geben das Zeichen zum Beifall, sie bilden dem Führer die Gasse, sie stürzen sich mit Übermacht auf den Zwischenrufer und schlagen ihn zu Boden [...]. Ihr Grundsatz ist, immer in geschlossenen Trupps aufzutreten, um immer die Überlegenen zu sein. So errichten sie eine rohe und eindrucksvolle Herrschaft über die Straße.«[142] Außenseiter glauben dieses Verfahren damit abtun zu können, daß sie es als feig brandmarken. Aber Terrorakte sollen nicht den Mut erhärten, sondern die Macht, und diese muß stets Übermacht sein, weil sie keine Niederlage riskieren darf. Um davon zu schweigen, daß erst ein massenweises Auftreten die Hemmungen tilgt, die sich dem Durchbruch der primitiven Instinkte im Indivi-

138 [Ebd. Bd. 1, S. 46.]

139 [Friedrich Nietzsche, *Zur Genealogie der Moral*, S. 317.]

140 [Goebbels, *Vom Kaiserhof zur Reichskanzlei.* Eine historische Darstellung in Tagebuchblättern vom 1. Januar 1932 bis 1. Mai 1933. Nationalsozialistische Bibliothek. Bd. 26. München: F. Eher 1934, S. 157.]

141 [Pietro Gorgolini, *Il Fascismo nella vita italiana.* Vorwort von Benito Mussolini. Mailand: Edizione Italianissima 1922, S. 11.] Kracauer zit. n.: Silone, *Der Fascismus*, S. 112.

142 [Heiden, *Adolf Hitler.* Bd. 1, S. 149.]

duum widersetzen. Orgien sind Mengenprodukte. Ist der bedrohte Kapitalismus auf den Abbruch der Demokratie angewiesen, so kann er auch dem Terror seine Zustimmung nicht verweigern. Silone erwähnt, daß L. [uigi] Einaudi, der bekannteste liberale Wirtschaftler Italiens, »im Agrarfaschismus der Poebene den Retter der liberalen Wirtschaft, den Befreier der italienischen Landwirtschaft von der einem Monopol gleichkommenden Hegemonie der Arbeiterorganisationen«[143] begrüßte. Ein Spiegelreflex. Der Kapitalismus begehrt selber das Monopol, dessen Durchsetzung notwendigerweise ein Werk der Gewalt ist. Indem er diese bejaht, greift er nur auf sein Ursprungsprinzip zurück. Mit nackter Gewalt hat er die Demokratie geschaffen, in der die Gewalt lediglich den Verhältnissen zuzukommen scheint; mit nackter Gewalt verteidigt er seine Existenz wider die Demokratie.

Eben dadurch, daß der Terror die Gewalt in ihrer Selbstherrlichkeit darstellt, erfüllt er zugleich eine entlarvende Funktion, die noch dazu von seinen Regisseuren bewußt unterstrichen wird. Mussolini rechtfertigt seine Gewaltpolitik mit dem Hinweis auf die Entstehung des englischen Imperiums, und Hitler nimmt an der Friedenszeit, die seine Jugend beschattet, ein solches Ärgernis, daß er ihre Segnungen nicht genug kritisieren kann. »Die Wogen der geschichtlichen Ereignisse«, schrieb er in »*Mein Kampf*«, »schienen sich schon so gelegt zu haben, daß wirklich nur dem friedlichen Wettbewerb der Völker, das heißt also, seiner geruhsamen gegenseitigen Begaunerung unter Ausschaltung gewaltsamer Methoden der Abwehr, die Zukunft zu gehören scheint.«[144] Der Rückgang hinter die Aufklärung erhellt auch den früher durchmessenen Weg. Wenn aber der Terror den Sinn für das latente Vorhandensein der Gewalt in der Demokratie schärft, mag es ihm nicht zuletzt ungewollt gelingen, die blinden Naturgewalten ad absurdum zu führen.

II.

Der Terror in seiner krassesten Form zielt auf die leibliche Tilgung des Gegners ab und ist sich insofern Selbstzweck. Die bewaffneten faschistischen Expeditionen zu Beginn der zwanziger Jahre erstrebten die faktische Eroberung des Rathauses, die faktische Liquidierung der proletarischen Organisationen und des Zusammenhalts zwischen den Arbeitern.

143 [Silone, *Der Fascismus*, S. 112 f.]
144 [Hitler, *Mein Kampf.* Bd. 1, S. 172.]

»Dann mußte man ihre Führer umbringen«, schreibt Silone, »die Überlebenden terrorisieren und aus den Städten und Dörfern verbannen [...]. So verfuhr man in erster Linie mit Führern, die physisch mit der Arbeiterklasse verbunden waren, die mit ihr zusammenlebten, mit den Mitgliedern der Betriebsräte, mit den Mitgliedern der örtlichen Gewerkschaftsleitungen, der Genossenschaften, der Zirkel [...]. Alles das hat der Faschismus vollbracht, um dieses Proletariat [...] in eine unterschiedslose Menge zu verwandeln, damit es sich mit dem übrigen Rest der Bevölkerung vermenge.«[145] Aber wie bereits dargelegt worden ist, weiß gerade Hitler – er hat es aus dem Krieg gelernt –, daß die »körperlichen Waffen« nicht genügen. »Die Anwendung von Gewalt allein, ohne die Triebkraft einer geistigen Grundvorstellung als Voraussetzung, kann niemals zur Vernichtung einer Idee und deren Verbreitung führen, außer in Form einer restlosen Ausrottung aber auch des letzten Trägers und der Zerstörung der letzten Überlieferung.«[146] Hitlers Grunderfahrung ist, daß der Terror nur dann zur Macht verhilft, wenn er als Instrument irgendwelcher verführerischer Ideen gehandhabt wird, und um diese Überzeugung auch dem Gewalttätigsten einzuhämmern, beweist er ihnen auf höchst vertrackte Weise die Notwendigkeit solcher Ideen. Ohne sie, erklärte er, lasse sich der Terror gar nicht ständig durchführen, sondern müsse schnell erlahmen. »Jede Gewalt, die nicht einer festen geistigen Grundlage entsprießt, wird schwankend und unsicher sein. Ihr fehlt die Stabilität, die nur in einer fanatischen Weltanschauung zu ruhen vermag. Sie ist der Ausfluß der jeweiligen Energie und brutalen Entschlossenheit eines einzelnen, mithin aber eben dem Wechsel der Persönlichkeit und ihrer Wesensart und Stärke unterworfen.«[147] Kurz, der Terror ist nach Hitler nur unter der Bedingung wirksam, daß er im Dienst »einer« Weltanschauung, d.h. der nationalsozialistischen Propaganda steht. Aber wie (der bei Münzenberg zitierte) Hadamovsky sich ausdrückt: »Propaganda und Gewalt sind niemals absolute Gegenpole. Die Gewalt kann ein Teil der Propaganda sein.«[148]

Sie ist es. Und die erste der beiden Aufgaben, die sie als Mittel der totalitären Propaganda zu erfüllen hat, besteht darin, dem Trommelfeuer

145 [Silone, *Der Fascismus*, S.158.]

146 [Hitler, *Mein Kampf.* Bd.1, S.187.]

147 [Ebd., S.188.]

148 [Eugen Hadamovsky, *Propaganda und nationale Macht*. Die Organisation der öffentlichen Meinung für die nationale Politik. Oldenburg: Stalling 1935, S.39.] Kracauer zit. n.: Münzenberg, *Propaganda als Waffe*, S.16.

ähnlich, das die gegnerische Position sturmreif macht, *Angst zu erzeugen.* Nicht umsonst wendet Hitler in einer oben angeführten Stelle das Bild des Trommelfeuers auf die sozialdemokratische Propaganda an. Wenn die einschlägige Literatur dieses Trommelfeuers überhaupt gedenkt, begnügt sie sich meistens mit der allgemeinen Bemerkung, seine Absicht sei die der Demoralisierung. Aber die Angst hat im Rahmen der totalitären Propaganda eine ganz spezifische Bedeutung. Der hydraulische Druck, unter den sie die Menschen setzt, soll Zusammenhänge verflüssigen, die als die festesten gelten; sein Zweck ist, die Ideen vom Interessenfundament abzulösen und derart eine Dynamisierung und effektvolle Manipulation zu ermöglichen. Durch ihre »ewig gleichmäßige Anwendung« verleiht die Gewalt der Angst die Dauer, deren sie zur Durchführung dieser Leistung bedarf. Chronische Angst entwurzelt, hebt die gesamte psycho-physische Organisation aus den Angeln. Sie preßt dem Selbsterhaltungstrieb die Preisgabe vitaler Interessen ab; sie gründet einen in Hysterie übergehenden Zustand, in dem sich Sein und Schein, Lüge und Wahrheit, hoffnungslos vereinen. Dieser Zustand, den die Techniken des Spiegelreflexes und des Widerspruchs zu fixieren suchen, macht die von Terror Bedrohten für die jeweiligen Montagen der totalitären Propaganda unbegrenzt aufnahmebereit. Mittels der Angst bringt die Gewalt die Menschen so in ihre Gewalt, daß sie auf die Propaganda nicht mehr aus Angst hören, sondern deshalb, weil ihnen, eben infolge der Angst, alles ins Wanken gerät, wodurch sie tatsächlich glaubensfähig werden. Den Widerspruch zwischen Jubel und Polizeiherrschaft im heutigen III. Reich konstatierend, meint Heiden: »Der Widerspruch ist nicht damit abzutun, daß entweder der Jubel gefälscht oder die Polizei überflüssig sein müsse; nein, es wird wirklich gejubelt, und dadurch ist ein unbarmherziger Polizeidruck notwendig, soll das Ganze nicht in Jubel untergehen; und andererseits hemmt der Polizeidruck, wie schwer er auch auf dem Gemüte jedes Einzelnen lastet, die Begeisterung der Massen nicht.«[149] Es ist die Vorstellung des Fegefeuers, die dem Himmel seine Farbenpracht schenkt, die tief korrumpierende Wirkung der Angst wird von den totalitären Bewegungen systematisch durch direkte Korruption unterstützt.

Daß der Terror solche Angst hervorrufen und durchhalten kann, ist der Art seines Eingreifens zuzuschreiben. »Die angsterzeugende Wirkung

149 [Heiden, *Adolf Hitler.* Eine Biographie. Bd. 2: Ein Mann gegen Europa. Zürich: Europa Verlag 1937, S. 98.]

des Terrors«, erklärt Erich Fromm, »liegt nicht nur in der Strafe, sondern auch in ihrer Unberechenbarkeit. Während in der Strafjustiz das Individuum weiß, mit welcher Strafe es für dieses oder jenes Verbrechen zu rechnen hat, zeichnet sich der Terror dadurch aus, daß er infolge seiner mangelnden Rationalität, der Plötzlichkeit und Blitzartigkeit seines Vorgehens die Angst wesentlich erhöht.«[150] Das heißt, daß er nur aussetzt, um im Aggregatszustand der stets realisierbaren Drohung nie auszusetzen, sondern allgegenwärtig zu sein. Gestapo und faschistische Miliz verschmelzen nicht mit der offiziellen Polizei, bewahren vielmehr ihre Unabhängigkeit und unterdrücken eine etwaige Opposition inoffiziell mit Mitteln, die sich jeder Kontrolle entziehen. Gaetano Salvemini bemerkt in seinem Buch »*La Terreur fasciste*«: »Die Faschisten greifen gegen ihre Widersacher nicht nur auf alle legalen Mittel zurück, die im modernen Rechtsstaat zur Verfügung stehen, sondern verwenden auch systematisch eine noch stärkere Waffe: die illegale Gewalt. Die beiden Aufgaben der Miliz, die logisch wie moralisch inkompatibel zu sein scheinen, nämlich die Aufrechterhaltung der öffentlichen Ordnung und die illegale Unterwerfung der Gegner des Faschismus, sind in der Praxis nicht gegensätzlich, sondern komplementär.«[151]

Das zweideutige laszive Miteinander legaler und illegaler Gewalt stempelt aber diese erst zur Drohung; denn sie muß doppelt als Willkür erscheinen, wenn sie in der ständigen Begleitung einer Gewalt auftritt, die nach Rechtsgrundsätzen verfährt.

Gesteigert wird die Unheimlichkeit der Bedrohung durch die Tarnung des Terrors. Goebbels verteidigt die während der Zeit des Verbots der Partei begangenen Rohheitsakte ihrer Mitglieder mit Argumenten, die nicht nur eine Rücknahme des Verbots erreichen, sondern vor allem die Partei vom Vorwurf des Terrors entlasten sollen. »Die nationalsozialistische Bewegung ist, wie keine andere Partei, auf den Führergedanken eingestellt. [...] Es liegt in der Hand des Führers, die Partei in Disziplin zu erhalten oder sie in Anarchie versinken zu lassen. Nimmt man der Partei ihre Führer und zerstört damit den Fond von Autorität, der ihre Organisation aufrecht erhält, dann macht man die Massen kopflos, und Unbesonnenheiten sind dann immer die Folge. Wir konnten nicht mehr auf die Massen einwirken. Die Massen wurden rebellisch, und

150 [Erich Fromm, »Theoretische Entwürfe über Autorität und Familie: Sozialpsychologischer Teil«. In: *Studien über Autorität und Familie*. Forschungsberichte aus dem Institut für Sozialforschung. Paris: Librairie F. Alcan, S. 77-135, Zitat S. 128.]

151 [Salvemini, *La Terreur fasciste*, S. 59.]

man durfte sich dann am Ende nicht darüber beklagen, daß sie zu blutigen Exzessen schritten.«[152] In derselben Richtung einer Abschwächung des Faktors der Gewalt bewegt sich auch die Versicherung, zu der sich Rudolf Heß bei der Vereidigung der politischen Leiter versteht: »Es ist Adolf Hitlers Führerstärke, daß er in der Politischen Organisation fast stets durch die Kraft seiner Überzeugung wirkt und nur selten befiehlt.«[153] Man vergleiche hiermit die Warnung, die Dr. Ley in seiner erwähnten Schrift »Der Weg zur Ordensburg« den künftigen Politischen Leitern zuteil werden läßt: »Wer versagt oder gar die Partei und ihren Führer verrät, wer der Gemeinheit in sich selber nicht Herr zu werden vermag, den wird dieser Orden vernichten. Wem die Partei das Braunhemd auszieht [...] der wird auch persönlich mit seiner Familie, seiner Frau und seinen Kindern vernichtet sein.«[154] Der Kult, den die Nationalsozialisten mit der Tierliebe treiben, soll sie ebenfalls vom Verdacht reinigen, als quälten sie Menschen wie Tiere. Pierre Audiat stellt im *Paris Midi* vom 28. Sept. 1937[155] fest, daß die Deutsche Lufthansa Schwälbchen, deren Kräfte nicht mehr zum Flug über die Alpen reichen, im Herbst nach Venedig transportiert, um sie dort in Freiheit zu setzen, und vergleicht mit dieser Maßnahme die der Konzentrationslager, in denen Menschen schmachten, die unter dem rauhen Klima in Deutschland nicht weniger leiden als Schwälbchen. Meyrinks Raubmörder Bimini, der in seinen Mußestunden die Flöte spielt. Sehr richtig leitet Horkheimer derartige Demonstrationen humaner Gesinnung aus dem Bedürfnis ihrer Veranstalter ab, vor der Öffentlichkeit einen Alibibeweis zu erbringen. »Das Bekenntnis der Grausamkeit, das Eingeständnis, Freude an der Grausamkeit zu haben, die man begeht, widerspräche völlig der notwendigen Stimmung dieser Zeit. Eine Regierung, zu deren täglich angewandten wichtigsten Mitteln jener Terror im negativen Sinne gehört, die der nihilistischen Verfassung ihrer eigenen Gefolgschaft die furchtbarsten Opfer bringt und gegen ihre spontane Betätigung wohlüberlegte Nachsicht zeigt, würde sich selbst aufheben, wollte sie dies wirklich eingestehen. [...] Ja, es gehört seit langem gewissermaßen zum Handwerk des Terrors, ihn nach außen hin zu bagatellisieren oder ganz zu verleugnen.«[156] Seine Vertuschung ist aber nicht nur aus Rück-

152 [Goebbels, *Kampf um Berlin*. Bd. 1, S. 170 f.]

153 [Heß, *Reden*, S. 11.]

154 [Auch in: Ley, *Wir alle helfen dem Führer*, S. 157.]

155 Pierre Audiat, »Du midi à midi«. In der Zeitung *Paris Midi* vom 28. Sept. 1937.

156 [Horkheimer, »Egoismus und Freiheitsbewegung«, S. 228.]

sicht auf die Konventionen, also im propagandistischen Interesse geboten; sie dient auch dem Zweck, den Terror in Geheimnis zu hüllen. Fakten nehmen, Bäumen gleich, fürchterliche Formen an, wenn sich Nebel um sie breitet, und je drohender die des Terrors erscheinen, desto mehr wächst die Angst.

Die zweite Aufgabe, die dem Terror zufällt, besteht darin, die von der totalitären Propaganda unternommenen Montagen und Prozeduren so zu belasten, daß sie wie Realitäten wirken. Jene bereits gekennzeichnete Tatsache, daß Nationalsozialismus und Faschismus als Bewegungen, die auf die Konstruktion des größtmöglichen Machtapparats abzielen, nicht so sehr an der Aufhellung der Interessengegensätze als am Schein ihrer Verführung interessiert sind, verleiht ihnen den Charakter der Äußerlichkeit, des Unernstes. Unter Beibehaltung der herrschenden Klasse verrichten sie eine Tüncherarbeit, die statt der Verhältnisse das Symptombild ändert. Auf Grund dieser Einsicht darf Ortega y Gasset von faschistisch gestimmten »Massenmenschen« behaupten: »Man lebt possenhaft, und das um so mehr, je düsterer die Maske ist, die man sich vorhält [....]. Der Massenmensch haftet mit seinen Füßen nicht auf dem festen, dauernden Boden seines Schicksals; sein scheinhaftes Dasein hängt in der Luft.«[157] Auch Silone setzt den Fascismo einer Farce gleich. Er nennt den »Marsch auf Rom« ein »Possenspiel«,[158] weil Mussolini sich zuvor über die Haltung des Königs und des Generalstabs Sicherheit verschafft und den Papst beruhigt habe; er sagt ein andermal: »Der Faschismus ist [...] eine Faschingskomödie. [...]. Die wirkliche Narrheit im Stück dauert nicht lange, aber es ereignen sich inzwischen derartige Dinge, daß der Kranke, wieder zur Vernunft gekommen, sich nicht zurechtfinden kann. Er bleibt der Gefangene seines Irrsinns und ist gezwungen, [...] in seiner Fiktion zu verharren.«[159] Die Fiktion fort und fort zu nähren, ist eben die Verpflichtung der totalitären Propaganda. Mitunter geschieht es freilich, daß sie undicht wird und sich selber der Erzeugung des Scheins bezichtigt. So definiert Baldur von Schirach das Wesen der nationalsozialistischen Jugendbewegung wie folgt: »Sie ist heroisch. Und weil sie heroisch ist, ist sie die Erfüllung der Besten unserer Jugend. Wir meinen sein Heldentum, das mit der Waffe zu tun hat, und keiner mißversteht uns mehr als der, der von uns behauptet, wir führten diese Jugend zum kriegerischen Handwerk. Heroismus ist

157 [Ortega y Gasset, *Der Aufstand der Massen*, S. 77 f.]

158 [Silone, *Der Fascismus*, S. 150.]

159 [Ebd., S. 266.]

eine Haltung, und wir sind eine Jugend, die um diese Haltung ringt.«[160] Eine Erklärung, die nicht nur zur Einlullung der Öffentlichkeit bestimmt ist, sondern auch das unfreiwillige Bekenntnis enthält, daß der Heroismus gespielt wird und daß sich die Spieler der Scheinhaftigkeit ihres Handelns bewußt sind. Die Bedeutung des Terrors ist genau die: sowohl den HJ-Leuten wie dem unbeteiligten Publikum die Überzeugung beizubringen, daß das Spiel mehr als ein Spiel und der Irrsinn die Norm sei: »Man brennt Etwas ein«, schreibt Nietzsche in der »*Genealogie der Moral*«, »damit es im Gedächtnis bleibt: nur was nicht aufhört weh zu tun, bleibt im Gedächtnis.«[161] Aber man tut es auch noch, um etwas aus dem Gedächtnis zu verdrängen. Indem Faschismus und Nationalsozialismus den Terror anwenden, wollen sie die Realität vergessen machen und dem Schein verwandelnde Kraft schenken. Bis zu welchem Grade sie davon durchdrungen sind, daß sie auf der Bühne stehen und ein Volk verführen, veranschaulichen die Worte mit denen der Faschist D.[ino] Grandi das Treiben der faschistischen Banden entschuldigt: »Die Strafexpeditionen arteten da und dort unbewußt in theatralischer Übertreibung zu ungerechtfertigten Gewaltakten aus.«[162] Die Gewalttäter spielen sich auch noch in die Gewalt hinein, um die Wirklichkeit zu erzwingen, an die sie nicht glauben. Schreie der Qual sollen die Illusion wecken, es ginge hier nicht um Illusionen; die düstere Maske soll als das unverhüllte Antlitz des Schicksals erscheinen, und Ströme des Bluts sollen erhärten, daß die Farce Ernst ist, blutiger Ernst. Wenn die totalitären Bewegungen den Kriegsgefallenen und ihrem eigenen Klan kultische Anrufung bezeugen, verfolgen sie damit nicht zuletzt die Absicht, den atavistischen Glauben zu vertiefen, daß Blut die Wirklichkeit oder die Größe einer Sache garantiere. Das Blut dient ihnen als Wahrheitsbeweis, um davon abzusehen, daß das Blut die Komplizen zusammenkittet, die es vergießen. Die totalitäre Propaganda pflegt seine Beweiskraft dadurch auf die Probe zu stellen, daß sie bewußt ein Theater aufführt, das offenkundig Theater ist. Sie bestreitet eben den Terror oberflächlich, ohne ihn dabei sonderlich zu vertuschen, und sucht so dasselbe zu machen wie mit den bereits gekennzeichneten Techniken der Gegenprobe. Je schlagender die Behauptung, es sei kein Terrorakt begangen

160 [Baldur von Schirach, »Die nationalsozialistische Jugendbewegung«. Sonderbeitrag. In: Wilfrid Bade (Hrsg.), *Deutschland erwacht.* Werden, Kampf und Sieg der NSDAP. Altona und Bahrenfeld: Cigaretten-Bilderdienst 1933, S. 58-65, Zitat S. 58.]

161 [Friedrich Nietzsche, *Zur Genealogie der Moral,* S. 311.]

162 [Silone, *Der Fascismus,* S. 112.]

worden, durch das sichere Wissen um ihn widerlegt wird, desto sinnfälliger bestätigt die unter dem Druck des Terrors erfolgende Anerkennung, daß dieser die gewünschte Wirkung ausübt. In der gleichen Absicht baut auch die Propaganda nicht selten ihre Veranstaltungen mit einer Konsequenz aus, die zu grotesken oder lächerlichen Maßnahmen führt, und treibt dann, völlig humorlos, die betreffenden Maßnahmen tief in die Realität hinein. Die Rassenarithmetik ist ein Kabarettscherz, die arische Großmutter eine Witzblattfigur. Aber weit davon entfernt Entgleisungen zu sein, sind solche Lächerlichkeiten vorsätzliche Demonstrationen, die eine Versteifung der Propaganda bezwecken. Sie sollen nicht nur erhärten, daß der Terror sogar Gewalt über die Lachmuskeln hat, sondern diese Gewalt noch durchgreifender gestalten und ihrerseits die Intelligenz dämonisieren. Ein Witzblatt, das in Wirklichkeit umschlägt, muß den Geist mit Grauen erfüllen.

III.

Der Terror ist nicht nur ein Mittel der totalitären Propaganda, sondern selber Propaganda, denn er lockt unwiderstehlich jene Teile an, die zum ältesten Bestand der menschlichen Konstitution gehören und trotz aller Versuche, sie zu verdrängen oder zu sublimieren, mit unverminderter Kraft fortexistieren. Den dunklen, problematischen, unabsehbaren Auseinandersetzungen des Menschen mit der Natur entstammend, werden sie vom Terror, diesem Ausbruch der rohen, noch nicht humanisierten [Natur], nach oben und außen gerissen. »In autoritären Gesellschaftsformen«, so stellt Erich Fromm fest, »finden sowohl die masochistischen wie die sadistischen Strebungen ihre Befriedigung.«[163] Fromms interessante Abhandlung über die sozialpsychologischen Funktionen eines autoritären Regimes untersucht auch den Einfluß, den die jeweiligen ökonomischen Verhältnisse auf das Triebleben ausüben. Nach der Meinung des Autors verstärken sich die sadistischen und masochistischen Regungen in demselben Grade, in dem die Hilflosigkeit der Menschen zunimmt; das heißt, sie werden in Krisen und Katastrophenzeiten eine besondere Steigerung erfahren. »Die sadistischen Circenses mußten immer eine um so größere Rolle spielen, je knapper das Brot war [...].«[164] Und: »Je mehr umgekehrt die Widersprüche innerhalb der Gesellschaft

163 [Fromm, »Theoretische Entwürfe über Autorität und Familie«, S. 117.]
164 [Ebd.]

anwachsen, und je unlösbarer sie werden, je blinder und unkontrollierbarer die gesellschaftlichen Kräfte sind, je mehr Katastrophen wie Krieg und Arbeitslosigkeit als unabwendbare Schicksalsmächte das Leben des Individuums überschatten, desto stärker und allgemeiner wird die sadomasochistische Triebstruktur und damit die autoritäre Charakterstruktur, desto mehr wird Hingabe an das Schicksal zur obersten Tugend und zur Lust. Diese Lust macht es überhaupt erst möglich, daß die Menschen ein solches Leben gern und willig ertragen, und der Masochismus erweist sich als eine der wichtigsten psychischen Bedingungen des Funktionierens der Gesellschaft.«[165] In der Tat, wenn Not und Elend regieren, werden die Menschen und die Zivilisation in archaische Zustände verschlagen, und da der arme, schwache Geist dann abdanken zu müssen glaubt, gewinnen Lüste die Oberhand, die diesen Zuständen entsprechen: die sadistische Lust, es der blinden Natur gleichzutun, der man ausgeliefert ist, und die masochistische Lust, sich blindlings der Natur auszuliefern, von der man durchwaltet wird. Zwei Triebe, die kaum von einander ablösbar sind. Wer die Knute meistert, hat auch hündische Begierden. Und wer kuscht, träumt davon, Meister der Knute zu sein. Durch den Terror der Diktatoren, deren Heraufkunft selber an Krisenzeiten gebunden ist, in denen es den Anschein hat, als wenn allein die Naturkraft der Macht die Macht der Naturkräfte begrenzt, werden diese komplementären Triebe propagandistisch erfaßt und erhalten die unerhörte Chance, sich auszuleben.

»Leiden sehen tut wohl«, heißt es in der »*G[enealogie] d[er] M[oral]*«, »Leiden machen noch wohler – das ist ein harter Satz, aber ein alter, prächtiger menschlicher – allzu menschlicher Hauptsatz.«[166] Das größere oder geringere Maß an Gültigkeit mag auch von den gesellschaftlichen Verhältnissen abhängen. Die sozial ins Hintertreffen geratenen Schichten, denen der Genuß so sehr versagt ist, daß sie ihn unterdrükken müssen, um überhaupt die Existenz zu erlangen, und nicht einmal genießen könnten, wenn sie dazu in der Lage wären, verspüren doppelt das Bedürfnis, leiden zu machen. Wen? Die Glücklichen, deren Dasein sie die Kläglichkeit des ihren noch tiefer empfinden läßt. Das Wüten des Terrors während der Französischen Revolution erklärt sich nach Horkheimer nicht zuletzt aus der Feindschaft des kleinen Mannes gegen die Schwelgereien der Privilegierten in Sphären, zu denen »der kleine Mann«

165 [Ebd., S. 122.]
166 [Friedrich Nietzsche, *Zur Genealogie der Moral*, S. 318.]

keinen Zutritt hat. »Die Feindschaft ist um so tödlicher, als ihre Träger fühlen, daß diese verbotene Kraft ihres eigenen erstarrten Charakters, für sie selbst unwiederbringlich verloren ist. Kleinbürgerliches Ressentiment gegen den Adel und Judenhaß hat ähnliche seelische Funktionen. Hinter dem Haß gegen die Kurtisane, der Verachtung gegen die aristokratische Existenz, der Wut über die jüdische Unmoral, über Epikuräismus und Materialismus steckt ein tiefes erotisches Ressentiment, das den Tod ihrer Repräsentanten verlangt. Sie sind, möglichst unter Qualen, auszulöschen. Denn der Sinn der eigenen Existenz wird in jedem Augenblick durch die ihrige in Frage gestellt.«[167] Es sind vor allem die Kleinbürger, die Angehörigen der proletarischen Mittelschichten, die bei dem von den totalitären Bewegungen entfesselten Terror auf ihre Kosten kommen, und man wirft ihnen desto bereitwilliger immer neue Objekte zum Fraß hin, als man die ihnen gemachten Versprechungen substantiellerer Art nicht zu erfüllen vermag. Gleich unermüdlich sorgt die Propaganda dafür, daß die Wollust des Leidens und Erleidens ausgiebig Nahrung erhält. Sie ist die Seligkeit des Hilflosen, der sich nur dadurch zu helfen weiß, daß er die Erniedrigung und die Vernichtung, die ihm unabwendbar scheinen, brünstig begehrt. Er zieht aus der totalitären Diktatur den Lustgewinn, einem von Personen dargestellten Schicksal unterworfen zu sein, an dem sich seine Brunst wesentlich besser entzünden kann als am abstrakten Schicksal, das undurchschaubare Verhältnisse bereitet. Diese Personen verfügen über ihn und verschaffen seinem masochistischen Drang, gehorchen zu dürfen, erlesene Sensationen. Mit Recht äußert Fromm, es gehöre »die Befreiung von der selbständigen Entscheidung und damit vom Zweifeln zu den größten Befriedigungen, welche der autoritäre Staat seinen Untertanen zu bieten hat.«[168] Allerdings gilt es hierbei zu beachten, daß gerade das vom Befehl ausgeschaltete Zweifeln der Beherrschten ein wichtiges Mittel ist, die Herrschaft über sie zu behaupten, und daher durch die Drohung und andere propagandistische Vorkehrungen stets wieder eingeschaltet wird. Nicht von ungefähr nimmt im übrigen die Homosexualität einen gewissen Raum innerhalb der nationalsozialistischen Bewegung ein. Die Homosexualität ist – worauf Fromm ebenfalls aufmerksam macht[169] – ein Ausfluß derselben Angst, die auch den Komplex der sadistischen und masochistischen Triebe bedingt, mit denen sie aus diesem Grund in

167 [Horkheimer, »Egoismus und Freiheitsbewegung«, S. 221.]
168 [Fromm, »Theoretische Entwürfe über Autorität und Familie«, S. 127.]
169 [Vgl.: Ebd., S. 126.]

der Regel verbunden ist. Dem Verlangen der Hilflosen nach den Schauern der totalen Unterwerfung oder der totalen Vergeltung kommt die homosexuellen Beziehung entgegen, in der Seele und Körper ohne Erwartung, Hingabe oder Besitznahme spielen. Der Ohnmächtige rebelliert nicht nur nicht gegen die Gewalt, sondern erlöst sich durch die Liebe zum Überlegenen, und ebenso ist dieser auf eine lustbetonte Weise an den Liebenden fixiert. Eine wechselseitige Hörigkeit; sie entwickelt sich in einer von den Brisen der Drohungen ständig bewegten Atmosphäre zwischen Führern und Geführten, Befehlshabern und Gehorchenden. Scheiden sich überhaupt die Unteren streng von den Oberen? Da morgen liquidiert sein wird, wer heute die Gewalt hat, sind beide gleichmäßig die Beute jener Angst, die das sado-masochistische Schattenspiel begünstigt. Und wenn es der Angst noch nicht gelänge, einen Keil zwischen die Terrorisierten und ihre Interessen zu treiben, die Lust, die der systematisch abgestufte Terror in den Geängstigten und den verfolgten Verfolgern anfacht, brächte mit unfehlbarer Sicherheit diese Entfremdung zustande.

Der Terror erhält auch insofern einen propagandistischen Effekt, als er die ihm Unterworfenen zur Konfrontation mit der schrankenlosen Macht einigt, die ihn erzeugt. Macht aber, die nichts als Macht ist, fasziniert und ist um ihrer Selbstbehauptung willen angewiesen zu faszinieren, denn kann sie sich nicht begründen, so muß sie blenden. Die totalitären Diktaturen brauchen nicht umsonst ununterbrochen Veranstaltungen von imponierender Großartigkeit und wissen genau, warum sie den Begriffen des Imperiums und des Reichs, diesen Projekten und Projektilen ihres Machtwillens, einen betörenden Glanz verleihen. Der Glanz verschönert die Lumpen derer, die sich in ihm sonnen; so daß sie die Überzeugung gewinnen, sie trügen gar keine Lumpen, sondern bessere Kleider. Zum anderen rührt die Attraktionskraft der Macht daher, daß sie zwar vernichten, aber auch beschirmen kann. So gewiß die von ihr verbreitete Angst bestimmte Triebe reizt und wachrüttelt, die Lüsternheit schlüge in pures Entsetzen um, wenn nicht Verheißungen und Garantien die Drohungen des Terrors in der Schwebe erhielten – der Terror verführt nur unter der Bedingung die Sinne, daß er etwas vom Spiel bewahrt hat, wie riskant immer dieses auch sei. Einen solchen Charakter erlangt er dadurch, daß die totalitären Diktaturen mit seiner Ausübung die einer umfassenden Fürsorgetätigkeit verknüpfen. Das nationalsozialistische Winterhilfswerk ist ein Unternehmen dieser Art. Die Macht handelte wider ihr eigenstes Interesse, strebte sie nicht auch danach, den von ihr Beherrschten das Gefühl der Sicherheit einzuflößen. »Wenn wir hier [...] von der psychologischen Sicherheit sprechen, welche die Autorität gewährt«, sagt Fromm, »so ist dies nicht so gemeint, als ob die Sicherheit irreal sein müsse. In einer Gesellschaft, in der die Abhängigen tatsächlich durch Anlehnung an die Herrschenden auch real noch das größte Maß an Schutz und Sicherheit erhalten, entspricht dieser psychologischen Funktion der Autorität auch ihre ökonomische und gesellschaftliche. Erst wenn die Beherrschten tatsächlich bessere Lebensbedingungen und größere Lebenssicherheit gewinnen könnten, wird die psychische Funktion der Autorität irrational, um so mehr bedarf die Autorität dann der künstlichen psychologischen Stärkung. An Stelle der realen Funktion der Autoritäten im Produktionsprozeß müssen diese durch eine Reihe von ideologischen Prozeduren ihre eigene Sicherheit und Angstlosigkeit betonen.«[170] Indem die totalitären Diktaturen bald Schrecken einjagen, bald das Glück der Rute versprechen, also nach dem alten nie versagenden Hausrezept verfahren, das die Massen mit Zuckerbrot und Peitsche traktieren heißt, rufen sie auf einer neuen Ebene dieselbe Oszillation hervor, die von ihrer Propaganda durch den Spiegelreflex und ähnliche Maßnahmen produziert wird. Den Impulsen des Regimes preisgegeben, pendeln die Menschen immerfort zwischen Furcht und Hoffnung, Lust und Verlust, Haß und Liebe hin und her, und je mehr sie in die ewige Folge gegensätzlicher Emotionen hineingezerrt werden, desto unentrinnbarer verfallen sie der Macht, die sie in Schwingung versetzt. Erlischt die Hoffnung, so erwacht die Lust, die der Angst weicht, an deren Fersen sich wieder die Hoffnung heftet. Die einzige Möglichkeit, zur Ruhe zu kommen, ist die, in der Schwingung zu beharren; das allein erreichbare Gleichgewicht ist ebendieses Hin und Her zwischen den Affekten. Derart bildet sich eine seelische Verfassung heraus, die rein von Gnaden der totalitären Propaganda abhängt, und wenn sich erst, wie es nicht anders sein kann, der Organismus auf die Oszillation umgestellt hat, ist der Eindruck nicht abzuweisen, daß jeder in den Abgrund stürzen muß, der sich der von der Propaganda veranstalteten Pendelbewegung zu entziehen versucht. Diese Propaganda, die in Gestalt des Terrors, des Glanzes und der Fürsorge auftritt, versteht die von ihr vertretene Macht so in Szene zu setzen, daß diese dem Organismus unentbehrlich wird wie ein Rauschgift.

170 [Fromm, »Theoretische Entwürfe über Autorität und Familie«, S. 124.]

E. [Die Propaganda als Instrument der Macht]

I.

Wenn die totalitäre Propaganda die psycho-physische Struktur der Menschen verändern muß, um den jeweils von ihr angepriesenen Attrappen einige Anziehungskraft verleihen zu können, so ist sie dabei keineswegs auf den Terror allein angewiesen. Die psycho-physische Struktur findet sich bereits überall dort in einer den Bedürfnissen der Propaganda entgegenkommenden Weise verändert, wo die Deutschen nicht als Individuen, sondern als Masse auftreten. Das zweite Mittel, dessen sich die totalitäre Propaganda im Interesse ihrer Absichten bedient, ist daher die Ausnutzung der eigentümlichen Verfassung von Deutschen, die eine Masse bilden, und die fortwährende Erzeugung der Massen zu diesem Zweck.

So gewiß alle Massen – der Begriff Masse wird hier zur Bezeichnung großer Menschenansammlungen verwendet – bestimmte gemeinsame Züge aufweisen: nicht alle Massen sind dergestalt konstituiert. Neben den bunt zusammengewürfelten Massen existieren andere, die aus Individuen einer und derselben Bevölkerungsschicht bestehen. Die politisch wichtigste homogene Masse ist, summarisch gesprochen, das Proletariat, zu dem erst neuerdings die Massen der Angestellten, wie überhaupt die proletarischen Mittelschichten stoßen. Das Proletariat ist auch dann Masse zu nennen, wenn sich seine Angehörigen nicht zu einer Masse formieren. Im Zusammenhang mit der industriellen Entwicklung des vorigen Jahrhunderts und als eine ihrer Folgen heraufgekommen, stellt es schon rein quantitativ eine ungeheure Masse dar. Ferner gilt: daß die Arbeiter im Produktionsprozeß faktisch massenweise werken und, von den qualifizierten Kräften gesehen, austauschbar sind wie Massenpartikel. Der einzelne Arbeiter ist seiner sozialen Funktionen nach Element der Masse und fühlt sich als solches. Man ginge nicht fehl, wenn man das revolutionäre Interesse der Arbeiterklasse an einer Änderung der bestehenden Verhältnisse im Sinne des Sozialismus mit dem Interesse an der Beseitigung jenes Zustandes gleichsetzte, in dem sie nur Masse ist. Die Emanzipation des Proletariats ist die Aufhebung seiner Existenz in Form von Masse. An der Stelle bestätigt sich nochmals, daß der Kommunismus ursprünglich im Prinzip die Vollendung der Demokratie bezweckt. Er will die Masse nicht verewigen, sondern eine Gesellschaftsordnung schaffen, in der alle Menschen – also auch und gerade der bisher auf dem Niveau der Masse festgehaltene Proletarier – die Möglichkeit erlangen, sich nach Maßgabe ihrer individuellen Fähigkeiten zu entwickeln. Wie aber kann das bewußt gewordene Proletariat seine Forderungen realisieren? Nur dadurch, daß es sich massiert und sich kraft seines Gewichts als Masse Anerkennung zu erzwingen sucht. Die Art des revolutionären Interesses bedingt den spezifischen Charakter der revolutionären Masse. Sie ist nicht Ziel sondern Mittel; sie bedeutet keine Erfüllung, sondern eine kämpferische Notwendigkeit, von der das Proletariat auf Grund taktischer Überlegungen Gebrauch macht, die sich aus der theoretischen Beurteilung der aktuellen Situation ergeben. Daß das Ziel die Befreiung der Menschen aus dem Zustand des Massenpartikels und nicht ihre Massierung ist, zeigt sich aber an ihrem Verhältnis zur Theorie. Der Nachdruck liegt bei der revolutionären Arbeit nicht so sehr auf der Veranstaltung von Massen(szenen) als darauf, die Einzelnen in kleinen Zellen zu vereinigen und mit der Theorie zu durchdringen. Das heißt aber auch, daß sich die revolutionäre Masse bis zu einem gewissen Grade der psychischen Verfassung entzieht, die den Massen im allgemeinen eignet. Einmal enthält sie voraussetzungsgemäß zumindest eine Avantgarde thematisch geschulter Individuen. Zum anderen liegt es im revolutionären Interesse, das Bewußtsein dieser Masse selber so zu aktivieren, daß sie das Massenhafte erfolgreich zu bekämpfen vermag. Ihrer Konstitution widmet Walter Benjamin in einem noch unveröffentlichten Teil seiner Abhandlung »L'œuvre d'art à l'époque de sa reproduction mécanisée«[171] eine Betrachtung, die von großer Tragweite ist. Auch Horkheimer grenzt die revolutionäre Masse sorgfältig von den übrigen Massen ab. »Ziel des Redners ist [...]«, äußert er von ihr, »daß die Massen mit ihrem Bewußtsein die Situation erkennen; die Aktion ergibt sich als rationale Folge daraus [...]. Es kommt darauf an, daß erkannt wird [...], und die Person des Führers kann zurücktreten, weil sie nicht selbst als unmittelbarer Faktor der Beeinflussung wirken solle.«[172] Ebenso unterstreicht er den Umstand, daß für die noch nicht entartete revolutionäre Bewegung die Gruppenarbeit, die der Ausbreitung des individuellen Bewußtseins dient, keine geringere Bedeutung als das Massenaufgebot besitzt. Eine Aufzeichnung von Goebbels, die veranschaulicht, daß er ausschließlich zur Massenentfaltung hindrängt und der Gruppe, wenn sie schon unvermeidlich ist, höchstens insofern Wert bei-

171 [Walter Benjamin, »L'œuvre d'art à l'époque de sa reproduction mécanisée« (Exposé). In: *Zeitschrift für Sozialforschung*, Jg. 5 (1936), Heft 1, S. 40-63.]

172 [Horkheimer, »Egoismus und Freiheitsbewegung«, S. 195.]

mißt, als sie eine Gelegenheit zur Tilgung individueller Selbständigkeit bietet: »Noch konnten wir keine großen Kampfversammlungen veranstalten«, berichtet er über die Anfänge der Berliner Bewegung (1926), »weil die Organisation dazu nicht die innere Kraft hatte. Wir mußten sie darauf beschränken, die Parteigenossenschaft mit Sympathisierenden und Mitläufern in kleineren Sälen Woche um Woche zu versammeln und bei unseren Reden weniger auf die aktuellen Tagesfragen einzugehen, als vielmehr die programmatischen Grundlagen unserer Weltanschauung zu erörtern und sie so in die Köpfe der Parteigenossen hineinzuhämmern, daß sie sie gewissermaßen im Traum nachbeten konnten.«[173] (...)

Mussolini verkündet in den Anfängen seines Aufstiegs: »Es hebt jetzt in der Geschichte eine Periode an, die man als Periode der Politik der Massen definieren könnte.«[174] Und Goebbels bedauert: »Wir leben nun einmal in dem Zeitalter, wo die Massen hinter einer Politik stehen müssen.«[175] Beide nahezu gleichlautenden Erklärungen – das steht von vornherein fest – beziehen sich nicht auf die politisch verfasste revolutionäre Masse des Proletariats, an der die totalitäre Propaganda verhältnismäßig wirkungslos abgeprallt ist. Hitler macht seiner Enttäuschung darüber wiederholt Luft. »Die große Masse der Arbeiter«, sagt er zu Otto Strasser, »will nichts anderes als Brot und Spiele, die hat kein Verständnis für irgend welche Ideale.«[176] Ein andermal – in den ersten Tagen der Bewegung – versichert er Oberst Hierl, es komme erst einmal »darauf an, Massen zu gewinnen, wenn auch kleinbürgerliche Massen, dann würden die Arbeiter folgen.«[177] Diese zweite Aussage zeigt schon an, daß er weniger homogene Massen als Massen überhaupt begehrt. Gewiß muß er auf dem Weg zur Macht gleichzeitig oder nacheinander auch an Massen heranzukommen trachten, die jeweils durch gemeinsame Exi-

173 [Goebbels, *Kampf um Berlin*. Bd. 1, S. 32.]

174 [Mussolini in der Zeitung *Il Popolo d'Italia* vom 18. 03. 1919]. Kracauer zit. n.: Silone, *Der Fascismus*, S. 33.

175 [Goebbels, Rede vor der Presse über die Errichtung des Reichspropagandaministeriums am 15. März 1933 in Berlin. In: Heiber, *Goebbels-Reden*. Bd. 1, S. 217-221, Zitat S. 220.]

176 [Adolf Hitlers Gespräch mit Otto Strasser am 21. Mai 1930 wird geschildert in: Otto Strasser, *Hitler und Ich*, S. 137.] Kracauer zit. n.: Heiden, *Adolf Hitler*. Bd. 1, S. 273.

177 [Dieses überlieferte Zitat von Hitler findet sich nur in einem einschlägigen nationalsozialistischen Sammelwerk, in dem ein Briefwechsel zwischen Hierl und Hitler behauptet wird: Friedrich Christian zu Schaumburg-Lippe (Hrsg.), *Deutsche Sozialisten am Werk*. Berlin: Deutscher Verlag für Politik und Wirtschaft 1936, S. 17.] Kracauer zit. n.: Münzenberg, *Propaganda als Waffe*, S. 146.]

stenznöte und gemeinsame Interessen entstehen, aber das Ideal ist die uneinheitlich zusammengesetzte Masse, jene, deren Elemente verschiedenen Schichten entstammen. »Die Straße [...] ist [...] das Charakteristikum der modernen Politik«, sagt Goebbels. »Wer die Straße erobern kann, der kann auch die Massen erobern.«[178] Deutlicher kann man nicht ausdrücken, daß unter der idealen Masse die von der Straße geholte zu verstehen sei. Woher der ausgesprochene Hang der totalitären Propaganda zu dieser Art Masse rührt, die sich im übrigen nicht zufällig von der revolutionären darin unterscheidet, daß einer ihrer Bestandteile der Mob ist, geht aus der eben zitierten Behauptung Hitlers hervor, die große Masse der Arbeiter habe kein Verständnis für irgendwelche Ideale. Eine Kritik, die sich in Wirklichkeit gegen die feste Verbundenheit des Ideals der revolutionären Masse mit ihrem Interesse richtet. Indem Hitler nur dann die Macht zu gewinnen vermag, wenn er die werdenden Ideen so weit eingesetzt hat, daß sie sich unabhängig von den Interessen wirkungsvoll manipulieren lassen, muß er freilich der Arbeiterschaft, die sich seinen Ideen-Montagen gegenüber spröd zeigt, weil sie in ihnen nicht ihr Interesse erblickt, Verständnislosigkeit vorwerfen; wobei er begreiflicherweise ihre Unempfindlichkeit für solche Montagen mit ihrem geringen Organ für Höheres überhaupt verwechselt. Die totalitäre Propaganda steuert einer Masse zu, die gerade nicht von einem Interesse beherrscht und geführt wird. »Nimmt man der Masse ihre Führer oder auch ihre Verführer«, meint wieder Goebbels, »dann ist sie herrenlos und kann mit Leichtigkeit überwunden werden.«[179] Führer oder Verführer von Massen sind aber nicht nur Personen, sondern auch Interessen. Das genau ist der Grund, aus dem der Nationalsozialismus und der Faschismus Massen bevorzugen, die als Konglomerate »breit« heißen dürfen; in ihnen kreuzen sich so viele Interessen, daß sich diese gegenseitig schwächen. Der andere Vorteil von »herrenlosen« Massen ist der, daß sie allein dem Machtwillen der Cliquen genügen; denn als Mischmasch von Bevölkerungsgruppen scheinen sie das Volk zu repräsentieren.

Wenn eine Masse Masse als solche ist, so ist es die »herrenlose«; sie muß daher den Charakter, den mehr oder minder alle Massen aufweisen, in besonderer Reinheit verkörpern. Er stellt eine Rückbildung des Charakters dar, der durch die Zivilisation erarbeitet worden ist. Sobald der Mensch zum Massenelement wird, verkümmert sein Bewußtsein: das

178 [Goebbels, *Kampf um Berlin*. Bd. 1, S. 86.]
179 [Ebd. Bd. 1, S. 68.]

Individuum in der Masse ist kein Individuum mehr. Hitlers detaillierte Bemerkungen über dieses Thema, die von einer außerordentlichen Kennerschaft zeugen, rücken etwas von der ihm willkommenen Tatsache ins Licht, daß die »breite Masse« vorwiegend gefühlsmäßig reagiert. »Das geringe [abstrakte] Wissen, das sie besitzt, weist ihre Empfindungen mehr in die Welt des Gefühls.«[180] Und im Einklang hiermit heißt es von der Propaganda, ihr Wirken müsse »immer mehr auf das Gefühl gerichtet sein und nur sehr bedingt auf den sogenannten Verstand.«[181] Der Abbau des Bewußtseins, den das zum Massenpartikel reduzierte Individuum erleidet, wird auch durch die Beobachtungen belegt, daß die Masse nicht nach Objektivität verlangt und daß sie sich mehr durch eine Lehre angezogen fühle, »die keine andere neben sich duldet, als durch die Genehmigung liberaler Freiheit.«[182] Besonders oft verweilt Hitler bei der – für die Propaganda wichtigen – Undifferenziertheit ihrer Empfindungen. »Diese Empfindung [...] ist nicht kompliziert, sondern sehr einfach und geschlossen. Es gibt hierbei nicht viel Differenzierungen, sondern ein Positiv oder ein Negativ, Liebe oder Haß, Recht oder Unrecht, Wahrheit oder Lüge, niemals aber halb so und halb so oder teilweise usw.«[183] Und: »die Psyche der breiten Masse ist nicht empfänglich für alles Halbe und Schwache.«[184] Durch sein Versinken in der Masse wird also das Individuum automatisch zu demselben Regressus gezwungen, den die totalitäre Propaganda bewußt vollzieht, eine Verwandlung, die es mit einem Schlag in längst verschollene Stadien der Entwicklung versetzt. Ortega y Gasset sagt dem »Massenmenschen« nicht nur nach, daß seine Psyche die eines »verwöhnten Kindes«[185] sei, sondern bezeichnet ihn als einen Primitiven. »Der Massenmensch unserer Zeit ist in der Tat ein Primitiver, der durch die Kulissen auf die alte Szene der Zivilisation geschlüpft ist.«[186] Ersteht in der Masse die ältere Menschheit, so muß sie, die Masse, deren »große Festfreude«, die Grausamkeit, lieben. »Wenn die Masse selbständig handelt«, meint dann auch folgerichtig und einseitig der spanische Philosoph, »tut sie es nur auf eine Art: sie lyncht.«[187]

180 [Hitler, *Mein Kampf.* Bd. 1, S. 227.]
181 [Ebd., S. 197.]
182 [Ebd., S. 44.]
183 [Ebd., S. 201.]
184 [Ebd., S. 44.]
185 [Ortega y Gasset, *Der Aufstand der Massen*, S. 41.]
186 [Ebd., S. 59.]
187 [Ortega y Gasset, *Der Aufstand der Massen*, S. 86.]

Woraus er ohne Mühe (erklärt), daß heute, »da die Massen triumphieren, die Gewalt triumphiert und zur unica ratio, zur einzigen Logik gemacht wird«.[188] Tiefer als diese Bestimmungen reicht die Hitlers: »Die breite Masse ist nur ein Stück [der] Natur.«[189] Als Stück der Natur ist sie passiv und aktiv, Wachs und Sturzflut. Hitler durchschaut ihre hermaphroditische Beschaffenheit: er weiß um die »gewaltige Kraft der Masse«,[190] die ihrer Teilhabe am männlichen Prinzip entspringt, und geht vor allem auf ihre weibliche Empfänglichkeit ein, an der er stärker interessiert ist. »Das Volk ist in seiner überwiegenden Mehrheit [...] feminin veranlagt und eingestellt.«[191] Ferner: »Gleich dem Weibe, dessen seelisches Empfinden weniger durch Gründe abstrakter Vernunft bestimmt wird als durch solche einer undefinierbaren, gefühlsmäßigen Sehnsucht nach ergänzender Kraft, [...] liebt auch die Masse mehr den Herrscher als den Bittenden [...].«[192]

II.

Wie um ein Weib buhlt Hitler um die Masse. »Wer die breite Masse gewinnen will, muß den Schlüssel kennen, der das Tor zu ihrem Herzen öffnet. Er heißt [...] Wille und Kraft.«[193] Im Grunde genommen heißt er Suggestion, und außerdem ist er kein gewöhnlicher Schlüssel, sondern ein Dietrich, der je nach Bedarf die verschiedensten Tore öffnet oder verschließt.

Sicherlich erfolgt auch in der revolutionären Masse eine Herabminderung des Bewußtseins. Aber dieser Schwund hat insofern positive Funktion, als er das gegen die Ausschweifungen des Individualismus gerichtete revolutionäre Interesse bis zu einem gewissen Grad unterstützt, und wird im übrigen durch die theoretische Einzelausbildung wieder wettzumachen gesucht. Jedenfalls schlägt man im Prinzip auf revolutionärer Seite aus der psycho-physischen Struktur des Massenpartikels kein Kapital, während die Propaganda der totalitären Bewegungen die Bereitschaft der breiten Masse, sich beeinflussen zu lassen, rücksichtslos ausbeutet. Infolge der ihm widerfahrenen Bewußtseinsreduktion befindet

188 [Ebd., S. 86.]

189 [Hitler, *Mein Kampf.* Bd. 1, S. 371.]

190 [Ebd., S. 201.]

191 [Ebd.]

192 [Ebd., S. 44.]

193 [Ebd., S. 371.]

sich der »Massenmensch« in einem Zustand, der an Hypnose grenzt oder doch die Hypnose sehr begünstigt: Die totalitäre Propaganda weckt ihn nicht nur nicht auf, sondern schläfert ihn erst recht ein und erteilt ihm dann die Suggestionen; wozu sie auch deshalb hervorragend befähigt ist, weil ihre vom Machtwillen besessenen Regisseure Anspruch auf unbedingte Autorität erheben. »Der gesellschaftlich wichtigste Teil hypnoseähnlicher Beziehungen zwischen Menschen«, schreibt Fromm, »ist das Verhältnis zur Autorität überhaupt. Wie der Hypnotiseur imponiert sie dem ihr Unterworfenen.«[194] Die Gewalthalter selber machen gar keinen Hehl aus der Methode, mit der sie von den seelischen Dispositionen der Masse profitieren. Hitler baut darauf, daß jeder, der an einer Massenkundgebung teilnimmt, die »gewaltige Kraft des suggestiven Rausches«[195] verspüre. Goebbels betont die »Suggestion einer wirkungsvollen Rede«[196] und rühmt mit berechtigtem Künstlerstolz den von ihm am 4. März 1933 inszenierten Tag der erwachenden Nation als ein Musterbeispiel der Massenhypnose: »Es wird niemand [...] bezweifeln können, daß dieser Tag die größte propagandistische Leistung war, die in Deutschland seit Menschengedenken vollbracht wurde. Diese Leistung war aber auch nur dadurch zu erreichen, daß wir uns eine ganze Woche lang jeder anderen Arbeit enthielten und das Auge des Volkes rein hypnotisch gebannt auf dieses eine Ereignis richteten. Dann allerdings haben wir auch den ganz großen Erfolg zu verzeichnen gehabt.«[197] Gute Medien von ihren Interessen abzulenken und im Hinblick auf ein beliebiges Ziel leidenschaftlich zu erregen, ist in der Tat einem geschickten Hypnotiseur nicht unmöglich. »Die Triebkraft zu den gewaltigsten Umwälzungen auf dieser Erde«, sagt Hitler, »lag zu allen Zeiten weniger in einer die Masse beherrschenden, wissenschaftlichen Erkenntnis als in einem sie beseelenden Fanatismus und manchmal in einer sie vorwärts jagenden Hysterie.«[198] Benimmt sich der Hysteriker nicht launenhaft? Die Masse in ihrem Wankelmut wird von Antonius leicht umgestimmt. Danach gedenkt Hitler hauptsächlich ihrer Ausdauer. »Ihre gefühlsmäßige Einstellung [...] bedingt zugleich ihre Stabilität. Der Glaube ist schwerer zu erschüttern als das Wissen. Liebe unterliegt weniger dem

194 [Fromm, »Theoretische Entwürfe über Autorität und Familie«, S. 107.]
195 [Hitler, *Mein Kampf.* Bd. 1, S. 535.]
196 [Goebbels, *Kampf um Berlin.* Bd. 1, S. 19.]
197 [Goebbels, *Revolution der Deutschen,* S. 147 f.]
198 [Hitler, *Mein Kampf.* Bd. 1, S. 371.]

Wechsel als Achtung. Haß ist dauerhafter als Abneigung.«[199] Diese Feststellung ist so formal gemeint; sie gilt der Unerschütterlichkeit, mit der die Masse den ihr gegebenen Direktiven gehorcht. Faktisch ziehen die Hypnotiseure sämtliche Register und benutzen ihre Macht sowohl zur Fanatisierung der Masse wie zur Ausrottung ihres Gedächtnisses.

Der ganze Stil der nationalsozialistischen und faschistischen Massenkundgebung erklärt sich aus der Absicht, die schon präparierte Masse vollends in hypnotischen Schlaf zu versetzen. Daher entwickelt sich diese Kundgebung zum Unterschied von der revolutionären Massenversammlung, da sie nicht Verzauberung, sondern Entlarvung ist, Grundzüge eines nüchternen, unzeremoniellen Charakters trägt, in einer magischen Atmosphäre, deren Funktion die weitere Dämpfung des Bewußtseins ist. Mit der Gewissenhaftigkeit eines Zauberkünstlers, der alle seine Vorbereitungen so trifft, daß die Illusionskraft der Zuschauer erhöht wird, sucht Hitler eine solche Atmosphäre zu erzeugen. Er wählt, einer oben zitierten Äußerung zufolge,[200] für seine Versammlungen die Abendstunden, weil die Menschen am Abend der Vergewaltigung durch einen fremden Willen geringeren Widerstand leisten; er achtet auf den Raum genau so sorgfältig wie auf die Zeit. »Es gibt Räume, die auch kalt lassen aus Gründen, die man nur schwer erkennt (...).«[201] Und wenn er der versammelten Masse zumutet, stundenlang auf ihn zu warten, geschieht das nicht minder in der Absicht, sie zu ermüden und damit in eine Verfassung zu bringen, die es ihm gestattet, »gefühlsmäßige Vorurteile, Stimmungen, Empfindungen usw. umzustoßen und durch andere zu ersetzen.«[202] Zur Unterstützung dieser Vorkehrungen werden die hypnotischen Kräfte der Autorität herangezogen. »Jede Versammlung, die ihren Schutz ausschließlich durch die Polizei erhält«, sagt Hitler an einer der SA gewidmeten Stelle, »diskreditiert die Veranstalter in den Augen der breiten Masse«[203]; das heißt, die Veranstalter erscheinen dann nicht im Besitz jener Autorität, die der Masse Bestimmung wird. Hitler deutet selber an, warum er die Demonstration der Macht begehrt. »Es war gleich von Beginn an wichtig, in unseren Versammlungen blinde Disziplin einzuführen und die Autorität der Versammlungsleitung unbedingt sicherzustellen. [Das,] was wir redeten, war [...] durch Inhalt und Form

199 [Ebd.]
200 [Siehe oben S. 73.]
201 [Hitler, *Mein Kampf.* Bd. 2, S. 541.]
202 [Ebd., S. 280.]
203 [Hitler, *Mein Kampf.* Bd. 2, S. 546.]

geeignet, den Gegner zur Entgegnung zu reizen. Und Gegner waren in unseren Versammlungen!«[204] Anders ausgedrückt: Die Anwendung von Autorität soll jede eigene Bewußtseinsregung der Masse ersticken, so daß diese noch willenloser, noch schlaftrunkener wird. Der Effekt bleibt nicht aus: »bald wagte sich kein Zwischenrufer, kein Diskussionsredner mehr hervor«, berichtet Heiden aus der Münchener Frühzeit des Nationalsozialismus, »mit einem Zauberschlag wurde die Stimmung in Hitlers Versammlungen einheitlicher, einfacher, gläubiger.«[205] Tagtäglich hilft der Zauberschlag jenen, die des Führers Faust sind, Wunder eines Glaubens erzeugen, der den unsinnigsten Einflüsterungen Gehör schenkt. – Hypnotiseure pflegen so zu verfahren, daß sie ihr (Objekt) einen glänzenden Gegenstand anstarren lassen. Der glänzende Gegenstand, den die totalitäre Propaganda verwendet, ist das Symbol, das bei allen von ihr arrangierten Massenaufgeboten eine entscheidende Rolle spielt. Nicht so, als ob die revolutionäre Masse der Symbole entriete oder auch nur zu entraten vermöchte, aber da Symbole immer im Sinn des mit ihnen Gemeinten wirken, tragen sie im Falle dieser Masse prinzipiell dazu bei, das fortschrittliche Bewußtsein wachzuhalten und vor der einbeziehenden Macht des Bestehenden zu bewahren. Die von der totalitären Propaganda inthronisierten Symbole dagegen meinen gar nichts außerhalb der Propaganda selber Gelegenes, sondern erschöpfen ihren Sinn darin, deren Instrumente zu sein. »Im Rot«, so interpretiert Hitler die nationalsozialistische Fahne, »sehen wir den sozialen Gedanken der Bewegung, im Weiß den rationalistischen, im Hakenkreuz die Mission des Kampfes, den Sieg des arischen Menschen und zugleich mit ihm auch den Sieg des Gedankens der schaffenden Arbeit, die selbst ewig antisemitisch war und antisemitisch bleiben wird.«[206] Bildzeichen zündender Werbeideen sollen diesen Symbolen die Manipulierung der Massen erleichtern, die Gefügigkeit damit erhöhen, mit der die Masse den Suggestionen des Machtwillens gehorcht. Horkheimer bemerkt zutreffend, es ergäbe sich »die eminente Bedeutung von Symbolen, sowohl Zeremonien, Sinnbildern, Trachten wie auch vieldeutigen großen Worten, die ähnliche Heiligkeit erlangen wie Fahnen und Wappenschilder [...] aus der Notwendigkeit einer irrationalen Bindung der Massen an eine Politik, die nicht ihre eigene ist.«[207] Und, diese Bemerkung weiter-

204 [Ebd., S. 541.]
205 [Heiden, *Adolf Hitler.* Bd. 1, S. 113.]
206 [Hitler, *Mein Kampf.* Bd. 2, S. 554.]
207 [Horkheimer, »Egoismus und Freiheitsbewegung«, S. 177.]

führend, verrät ein Satz Kriecks, wie sehr die nationalsozialistischen Symbole dazu bestimmt sind, das Triebleben aufzurühren. Krieck preist die von den Nationalsozialisten meisterlich geübte »Kunst der Beherrschung, der Erregung und Lenkung von Massenversammlungen«, und fährt fort: »Aus demselben Instinkt heraus arbeitet der Nationalsozialismus auch lieber mit dem Symbol und seiner eindringlichen Anschaubarkeit als mit dem rationalen Begriff. Hakenkreuz, Grußformen, Drittes Reich haben die unmittelbare, dem Unterirdischen verwandte Bewegungskraft [alles] Symbolischen.« Die totalitäre Propaganda weiß im übrigen, aus welchem Grunde sie die Symbole häuft. Je dichter der Fahnen-Urwald, in den sie die Masse lockt, desto willfähriger folgt diese der Stimme, die im Dunkel ertönt.

»Die Macht [...], die die großen historischen Lawinen religiöser und politischer Art ins Rollen brachte«, sagt Hitler, »[war] seit urewig nur die Zauberkraft des gesprochenen Wortes.«[208] Eine Einsicht, an die sich unmittelbar die andere reiht: »die breite Masse eines Volkes vor allem unterliegt immer nur der Gewalt einer Rede.«[209] Aber nicht genug damit: Um die ausschlaggebende politische Bedeutung der Massenrede noch zu unterstreichen, pflegen Hitler und die Seinen sie gegen das politische Schrifttum auszuspielen, das nach Kräften herabgesetzt wird. In einem bereits zitierten Passus spricht Hitler, den Zusammenhang zwischen Theorie und Praxis verkennend, mit Geringschätzung von der »Schreibart marxistischer Kirchenväter«,[210] die zur Eroberung der Arbeitermassen viel weniger beigetragen hätten als die Zehntausende von Propagandisten und Agitatoren. Und will Goebbels ausdrücken, wie viel der Nationalsozialismus seinen Rednern verdanke, so kleidet er diese Feststellung in die Form: »die nationalsozialistische Bewegung ist durch ihre Redner, nicht durch ihre Journalisten groß geworden.«[211] Kurz, die totalitäre Propaganda bemüht sich mit einem auffälligen Eifer darum, das gedruckte Wort dem gesprochenen Wort unterzuordnen. Zweifellos stammt der Eifer daher, daß sie jenes als ein Werkzeug der Aufklärung betrachtet, dessen richtiger Gebrauch ihr die Massen entfremden könnte, und in diesem das Hauptmittel der Massenbeeinflussung erblickt. Goebbels wägt beide Arten gegeneinander ab: »Wenn auch der Redner meistenfalls [...] nur einige Tausend mit seinem Wort erreichen kann –

208 [Hitler, *Mein Kampf.* Bd. 1, S. 116.]
209 [Ebd.]
210 [Siehe oben S. 39.]
211 [Goebbels, *Kampf um Berlin.* Bd. 1, S. 19.]

wogegen der Schriftsteller manchmal Zehn- und Hunderttausende Leser findet –, das gesprochene Wort beeinflußt in der Tat nicht nur den, der es unmittelbar hört, es wird von ihm hundert- und tausendfach weitergegeben und fortgetragen.«[212] So wäre die Resonanz der zwei Mitteilungsformen in quantitativer Hinsicht annähernd dieselbe? Doch da nicht das individuelle Bewußtsein erregt, sondern die bewußtlos gemachte Masse dirigiert werden soll, muß Goebbels freilich die Rede bevorzugen und zum Ergebnis gelangen, es stehe »die Suggestion einer wirkungsvollen Rede [...] immer noch turmhoch über der papierenen Suggestion eines Leitartikels.«[213] Ja, aus diesem Bedürfnis heraus, Suggestionen zu erteilen, fordert er vom Schreiber, daß er die Illusion der Rede anwende: »Der politische Leitaufsatz war bei uns (d. h. im *Angriff* A. d. V.) ein geschriebenes Plakat, oder besser noch gesagt, eine zu Papier gebrachte Straßenansprache. [...]. Er setzte bewußt das, wovon er den Leser eigentlich überzeugen wollte, einfach als bekannt voraus und zog daraus unerbittlich seine Schlüsse. Der Leser sollte den Eindruck gewinnen, als sei der Schreiber des Leitaufsatzes eigentlich ein Redner, der neben ihm stünde und ihn mit einfachen und zwingenden Gedankengängen zu seiner Meinung bekehren wollte.«[214]

»Zauberkraft des gesprochenen Wortes.«[215] Die von der totalitären Propaganda entwickelte Massenrede bewährt ihre Zauberkraft dadurch, daß sie den hypnotischen Schlaf zum Tiefenschlaf steigert und sich in ihm des Unbewußten bemächtigt. Hitler beschreibt (plastisch) den Rapport, den der Redner mit den von der im doppelten Sinne des Wortes manipulierten Seelen zu unterhalten hat. »Er wird sich von der breiten Masse immer so tragen lassen, daß ihm daraus gefühlsmäßig gerade die Worte flüssig werden, die er braucht, um seinen jeweiligen Zuhörern zu Herzen zu gehen. Irrt er sich aber noch so leise, so hat er die lebendige Korrektur stets vor sich.«[216] Und im Anschluß hieran versäumt Hitler nicht, die Funktion der Massenrede herauszustellen und zu motivieren: »Dabei handelt es sich nicht selten bei den Menschen um die Überwindung von Voreingenommenheiten, die nicht in ihrem Verstand begründet, sondern meist unbewußt nur durch das Gefühl gestützt sind. [...] Falsche Begriffe und schlechtes Wissen können durch Belehrung besei-

212 [Ebd.]
213 [Ebd.]
214 [Ebd., S. 200.]
215 [Siehe oben S. 100.]
216 [Hitler, *Mein Kampf.* Bd. 1, S. 527.]

tigt werden, Widerstände des Gefühls niemals. Einzig ein Appell an diese geheimnisvollen Kräfte selbst kann hier wirken; und das kann kaum je der Schriftsteller, sondern einzig nur der Redner.«[217]

Wie gelingt dem Redner ein solcher Appell? Was die formale Struktur der Rede betrifft, so ist er auf zwei rhetorische Mittel angewiesen: die Wiederholung und die apodiktische Behauptung. »Die Masse«, erklärt Hitler, »werde nur einer tausendfachen Wiederholung einfachster Begriffe [...] endlich ihr Gedächtnis schenken.«[218] Unermüdlich wiederholt er diese Überzeugung, der er einmal die prägnante Fassung gibt: »alle Genialität der Aufmachung der Propaganda wird zu keinem Erfolge führen, wenn nicht ein fundamentaler Grundsatz immer gleich scharf berücksichtigt wird. Sie hat sich auf wenig zu beschränken und dieses ewig zu wiederholen. Die Beharrlichkeit ist hier wie bei so vielem auf der Welt die erste und wichtigste Voraussetzung zum Erfolg.«[219] Und die Erfahrung Hitlers bekräftigend, schließt Goebbels eine Rede im Berliner Sportpalast mit dem dithyrambischen Vierzeiler:

»Wer stets dasselbe will und immer nur dasselbe
Der bricht vom Himmel das Gewölbe
Dem müssen selbst die Götter sich verneigen
Und sagen: komme und nimm. Du eignest dein Eigen!«[220]

Die Wiederholung wird vom Kind begehrt, dem die Mutter Märchen erzählt, die es nicht nur sinngemäß wiederholt, sondern immer mit den gleichen Worten wiederholt zu wissen wünscht. Dem Kind, die Holzgitterstäbe seines Bettchens umhegend, rufen diese vertrauten Klänge magisch den Schlaf herbei und werden im Schlaf zum Baumaterial von Träumen. Indem der Redner das Prinzip der Wiederholung anwendet, scheucht er die Masse auf die Stufe des Kindes und die zum Kind Gewordenen in einen Zustand hinein, in dem sie nichts anderes mehr aufnehmen als das beharrlich von ihm Wiederholte. Stereotype Formeln erhalten beschwörende Kraft, und durch sie gehend, identifiziert sich die Masse mit ihnen. Sie ist, was die Worte sagen, die monoton niedertropfen – vorausgesetzt natürlich, daß ihr der Stoff, aus dem sie nach Willen der totalitären Propaganda bestehen soll, im Ton absoluter Gewißheit

217 [Ebd. Bd. 2, S. 525.]

218 [Ebd. Bd. 1, S. 203.] Kracauer zit. n.: Heiden, *Adolf Hitler.* Bd. 1, S. 120.

219 [Hitler, *Mein Kampf.* Bd. 1, S. 201 f.]

220 [Goebbels, Rede am 10. 2. 1933 im Berliner Sportpalast. In: Wilfrid Bade, *Joseph Goebbels.* Deutsches Volk und deutsche Männer. Bd. 5. Lübeck: Charles Coleman 1933, S. 70.]

übermittelt wird. Denn da jeder Zweifel an das schlummernde Bewußte rührt, müßte schon die Möglichkeit eines Zweifels den Zauber vernichten. »Das [...] Niveau der nationalsozialistischen Versammlungsreden«, so legt Wilhelm Stapel in seiner Schrift: »*Christentum und Nationalsozialismus*« dar, »zeichnet sich [...] durch sehr geschickte Maßnahmen aus, mit der Idee der Massenindividuen zu operieren und sachliche Argumente tunlichst zu vermeiden.«[221] Ebenso Krieck: »Aus einem revolutionären Instinkt heraus arbeitet die nationalsozialistische Agitation vorwiegend nicht mit intellektuellen Beweisen und Argumenten, sondern mit der Urkraft des Rhythmus.«[222] Der Verzicht auf Argumente erfolgt also auch im Interesse einer Vertiefung der hypnotischen Wirkung.

Alles hängt für die totalitäre Propaganda davon ab, daß die inhaltlichen Suggestionen der Massenrede – zündende Ideen-Arrangements, Anweisungen, die das Verhalten betreffen, posthypnotische Aufträge usw. – wirklich die »geheimnisvollen Kräfte« zu erfassen vermögen, die in der Region des Unbewußten walten. Hierzu ist zweierlei erforderlich. Erstens muß der Redner »die Sprache sprechen, die die Masse versteht«,[223] wie Goebbels erklärt, der über die Begründung dieser Sprache noch einige genauere Auskünfte liefert. Die Kunst bestehe darin, meint er, »durch Abstoßen aller Arabesken, jeden Beiwerks, die Gedanken in ihrer Primitivität dem Volk klarzumachen, dann aber auch diese Gedanken mit [...] Wucht und Durchschlagskraft in die Öffentlichkeit zu tragen.«[224] Ein Rezept, das vom Bestreben der Massenrede zeugt, die Tendenz der »breiten« Masse zum Rückfall ins Stadium der Primitivität zu verstärken und bedenkenlos auszuschlachten. Zweitens muß der Redner die von ihm angesprochenen primitiven Instinkte und Gefühle so in Umlauf versetzen, daß sie sich sämtliche bisherigen Engagements im Stich lassend uneingeschränkt seinen Suggestionen unterwerfen. Einer Angabe zufolge, die Münzenberg dem Buche von Goebbels »*Moderne politische Propaganda*«[225] entnimmt, bestimmte die »Reichspropaganda-Abteilung der NSDAP« in ihren Anweisungen für Versammlungsthemen, daß als Themen »sensationelle Tagesereignisse, Skandale jüdischer oder mar-

221 Wilhelm Reich, *Die Massenpsychologie des Faschimus.* Köln: Kiepenhauer & Witsch 1986, S. 54.

222 [Krieck, *Nationalpolitische Erziehung*, S. 38.]

223 [Goebbels, *Kampf um Berlin.* Bd. 1, S. 46.]

224 [Goebbels, *Revolution der Deutschen*, S. 147.]

225 [Goebbels (Hrsg.), *Moderne politische Propaganda.* München: F. Eher 1930.]

xistischer Art«[226] zu wählen seien, um die »Neugierde, die Wut, die Hoffnung, eine Sensation zu erfahren«[227] zu reizen. Tatsächlich ist die Massenrede totalitären Gepräges der Kolportage darin verwandt, daß sie Vorstellungen des Grauens und des Glücks produziert. Bald malt der Redner in den düstersten Tinten das teuflische Treiben echter oder eingebildeter Feinde aus, bald schwelgt er in messianischen Verheißungen, in der Anschauung des »großen Endziels«, das Hitler der Masse wieder und wieder verheißt. Er predigt den sicheren Untergang und verspricht im selben Atemzug die sichere Rettung – den mittelalterlichen Scharlatanen gleich, die unter Musikbegleitung auftreten und in prächtigen Gewändern der Jahrmarktsmenge ihr Elixier anpreisen. »Kommt herbei! Das heilt alle Leiden, die Quetschungen, die Zahnschmerzen, die Tollwut und die Krätze [...].«[228] Obwohl die Apotheose selbstverständlich den Beschluß bildet, wird doch der dunkle Abgrund nicht allein deshalb geöffnet, damit sie noch strahlender erscheine; vielmehr dient umgekehrt der Enthusiasmus auch der Steigerung des Entsetzens. Enthusiasmus verfliegt, und die Massenrede fände schnell keinen Widerhall mehr, wenn sie nur an die leicht zu entwickelnde Hoffnung appellierte. Ihre Absicht ist gerade, außer der Hoffnung die Neugier oder die Wut zu mobilisieren und wie andere Veranstaltungen der totalitären Propaganda eine Oszillation der (elementaren) Seelenbewegungen zu bewirken. Denn erst dadurch, daß sie in der Tiefenschicht eine solche Schwingung erzeugt, kann sie das ganze System der »geheimnisvollen Kräfte« an sich reißen und unter den Einfluß ihrer Suggestionen bringen. Die Massenseele wird sich aber den jeweiligen Suggestionen um so blinder verschreiben, als die Rede auch dafür sorgt, daß an die Stelle des verdrängten individuellen Bewußtseins der Massenpartikel ein Pseudobewußtsein tritt, dessen Kontrolle sie selber übernimmt. »Der Jude«, ruft Goebbels aus, »ist für ein Volk dasselbe wie ein Tuberkelbazillus für eine Lunge. Der Tuberkelbazillus wird erst gefährlich, wenn er auf eine schwache Lunge trifft. Gefährlich wird der Jude erst [dann], wenn er auf ein schwaches Volk trifft.«[229] Tausendfach finden sich in nationalsoziali-

226 [Auch in: Reichspropaganda-Leitung der NSDAP (Hrsg.), *Kampfschrift* (Broschürenreihe), Heft 1: Arbeiterverrat. München: F. Eher 1932, S. 19.]

227 [Ebd.]

228 [Laut Manuskript zitiert Kracauer nach Roger Mauduit. Das Zitat war nicht eindeutig nachweisbar.]

229 [Goebbels, »Um die deutsche Scholle«, Rede am 11. 5. 1930 in München. In: Ders., *Revolution der Deutschen*, S. 27-34, Zitat S. 31.]

stischen Reden Formulierungen wie diese, deren so messerscharfe wie primitive Logik an die von Kinderzeichnungen gemahnt. Sie gebärden sich nicht anders, als ob sie mit dem Intellekt der Masse rechneten. In Wahrheit baut sich jedoch der von ihnen beanspruchte Intellekt auf einer bereits manipulierten Psyche auf und wird der Masse lediglich zu dem Zwecke aufsuggeriert, um sie vergessen zu machen, daß sie des eigenen Intellekts verlustig gegangen ist. Macht verhindert das individuelle Bewußtsein gründlicher daran nachzuwachsen, als dieses dem Massenmenschen künstlich aufgepfropft [ist].

Im Verein mit den übrigen der Hypnotisierung dienenden Maßnahmen, die gewöhnlich noch durch die elementaren Rhythmen von Militärmärschen unterstützt werden, gelingt es der Massenrede, die totalitäre Meinungsbeeinflussung zu erzielen. Der Mechanismus der totalitären Propaganda funktioniert so wunderbar, daß er, wenn er erst eingespielt ist, gar nicht mehr zu funktionieren braucht. Weder bedarf es der Verwendung sämtlicher Propagandamittel, noch liegt es daran, daß die Rede verstanden wird. Eine flüchtige Andeutung der Inszenierungskunst genügt, und schon hypnotisiert die Masse sich selber.

III.

Obwohl die totalitäre Propaganda faktisch die breite Masse zu gewinnen sucht, kann sie doch, wie sich erwiesen hat, nicht genug beteuern, daß sie diese verachte; und als wolle sie der Verachtung noch mehr Nachdruck verleihen, versäumt sie keine Gelegenheit, um die »Persönlichkeit« auf Kosten der Masse zu preisen. Hitler befiehlt der Partei, »die Achtung ihrer Person mit allen Mitteln zu fördern«,[230] und kommentiert seinen Wunsch mit den Worten: »Die Organisation darf [...] das Heraustreten der Köpfe aus der Masse nicht nur nicht verhindern, sondern sie muß im Gegenteil durch die Art ihres eigenen Wesens dies im höchsten Grad ermöglichen und erleichtern. Sie hat dabei von dem Grundsatz auszugehen, daß für die Menschheit der Segen nie in der Masse lag, sondern in deren schöpferischen Köpfen ruhte.«[231] Sämtliche Anstrengungen scheinen darauf gerichtet, statt der Masse die Person in die Mitte zu rücken. »Die größten Umwälzungen und Errungenschaften dieser Erde, [...] die unsterblichen Taten auf dem Gebiet der Staats-

230 [Hitler, *Mein Kampf.* Bd. 1, S. 387.]
231 [Ebd. Bd. 2, S. 496 f.]

kunst überhaupt«, sagt wieder Hitler, »sie sind so unzertrennbar verknüpft mit einem Namen und werden durch ihn repräsentiert.«[232] Es versteht sich von selbst, daß dieses Bemühen, die Geltung der Person zu überhöhen, in die kultische Verehrung Hitlers und Mussolinis einmünden muß. Ihr Leben wird zum Mythos, um ihre Namen spinnen sich Legenden.

Auf der einen Seite drängt also die totalitäre Propaganda gewaltsam zur Masse hin, auf der anderen trachtet sie danach, dieselbe Masse zu bagatellisieren und zu entwerten. Liegt hier ein Widerspruch vor? Zunächst ist an die bereits gemachte Feststellung anzuknüpfen, daß der vom Nationalsozialismus gegen die Masse gezielte Begriff der Persönlichkeit sein spezifisches Gepräge durch den Machtwillen erhält, der die Bewegung vorantreibt. Der Führer, in dem sich dieser Machtwille verkörpert, beherrscht den von ihm gegründeten Apparat vermittels einer Hierarchie von Verführern, deren Autorität seiner absoluten Autorität entfließt und sie zeitgleich innerhalb eines mehr oder weniger begrenzten Machtbereichs repräsentiert. Wenn nun Hitler verlangt, »der Staat muß in seiner Organisation bei der kleinsten Zelle, der Gemeinde, angefangen bis zur obersten Leitung des gesamten Reiches, das Persönlichkeitsprinzip verankert haben«,[233] gibt er damit klar zu erkennen, daß er unter Persönlichkeit den Repräsentanten der Macht versteht. Die Persönlichkeit, die er meint, kann keinen anderen Charakter aufweisen als den nihilistischen des Nationalsozialismus selber. Folglich äußert sie sich im Streben nach der Macht als solcher und ragt über die Masse durch die Fähigkeit heraus, Herrschaftsfunktionen zu versehen. Noch einmal und deutlicher als bisher zeigt sich, daß der Propaganda Persönlichkeit jene Spezies des Herrenmenschen heißt, die dem totalitären Regime im Interesse seiner Machtzwecke unentbehrlich ist. Es zeigt sich aber auch, daß sich der nationalsozialistische Persönlichkeitsbegriff und der historisch überlieferte nicht auf einen Nenner bringen lassen. Horkheimer kommt wiederholt darauf zurück, daß sich die Führer der vergangenen bürgerlichen Revolutionen nicht minder mit einer Gloriole umgaben wie die modernen Diktatoren – eine Tatsache, die sich ihm aus der Notwendigkeit erklärt, die Massen zu verzaubern, um damit von gewissen sozialen Forderungen abzulenken, denen die Revolutionen eben als bürgerliche nicht zu entsprechen vermochten. Heiligung der irrationalen Persön-

232 [Ebd. Bd. 1, S. 387.]
233 [Ebd. Bd. 2, S. 501.]

lichkeit damals wie heute. Das Bild, das man sich von der Person macht, hat sich gründlich verändert, und dieser Wandel verrät den der ökonomischen und gesellschaftlichen Verhältnisse. Als Frucht der bürgerlichen Revolutionen baut sich die Demokratie des 19. Jahrhunderts mit ihrem Parlamentarismus und liberalen Kapitalismus auf den Glauben an die Vernunft auf, der natürlich so weit eingeschränkt wird, daß er den Belangen der Bourgeoisie nicht zuwiderläuft, und da die Durchbruchstelle der Vernunft das individuelle Bewußtsein ist, huldigt jene Ära der Überzeugung, daß sich Wirtschaft und Politik durch die freie Konkurrenz aufgeklärter Individuen regulieren. Die Demokratie wird vom Individuum gebraucht; so muß sie in der Persönlichkeit das vervollkommnete Individuum erblicken. Nicht umsonst ist Persönlichkeit im Goetheschen Sinne der Einzelne, der seine Anlagen harmonisch und allseitig entwickelt hat. Dieses der Demokratie zugeordnete Persönlichkeitsideal zeichnet sich dadurch aus, daß es sich gegen die Bildung von Massen richtet. Der Führer wird im Rahmen des bürgerlich-demokratischen Regimes nicht als Herr der Massen gefeiert, sondern als ein Vorbild, dem jedermann nacheifern sollte. Und je mehr sich die Massen in Individuen auflösen und die Individuen zu Persönlichkeiten reifen, desto besser geraten nach demokratischer Anschauung Wirtschaft, Fortschritt, Gesittung. Während der Sozialismus diese Einschätzung des Individuums so vorbehaltlos bejaht, daß er ihm die allgemeine Anerkennung verschaffen will, bedient sich die nationalsozialistische Bewegung gerade des Begriffs der Persönlichkeit, um dem Individuum den Garaus zu machen. Sie verwendet ihn aber in einer Weise, die sich von seinem ursprünglichen Gebrauch nur so unterscheidet wie der Monopolkapitalismus vom liberalen Kapitalismus; wodurch sie aufs neue ihr Bündnis mit den kapitalistischen Mächten dokumentiert. Das Interesse des in die Verteidigungsposition gedrängten und auf die Mittel der Gewalt angewiesenen Großkapitals ist nicht der Meinungskampf, in dem es unterläge, sondern der Meinungstod; nicht das Verschwinden der Masse, sondern ihre Beherrschung; nicht die Ausbildung des Individuums zur Persönlichkeit, sondern die »Persönlichkeit«, die eine Masse zu bändigen weiß. Gleichviel, ob die totalitären Diktaturen zur Rettung des gefährdeten Kapitalismus berufen sind oder ihn nur im eigenen Machtinteresse benutzen – jedenfalls züchten sie einen Typus, ohne den der Kapitalismus kapitulieren müßte: den Typus des Machtmenschen, des Massenhypnotiseurs. Statt der Entstehung von Massen entgegenzuwirken, zwingt die Persönlichkeit dieses Stils Massen herauf. Sie ist der eine

Pol des totalitären Regimes; die Masse der andere. Beide bedingen sich wechselseitig. Die von der nationalsozialistischen Propaganda geforderte Persönlichkeit setzt die Masse und wird nur von der Masse gesetzt. »Ein Führer«, sagt Goebbels, »entsteht nicht irgendwie [...]. Er wird mit der Masse groß und je größer diese wird, desto mehr wächst der wahre Führer über die Masse hinaus.«[234]

Und dennoch verachtet die totalitäre Propaganda die Masse? Kein Zweifel, Verachtung ist wirklich das Gefühl, das sich des Herrschenden einem ihm hörigen Wesen gegenüber bemächtigt. Aber mag sie ehrlich gemeint oder vorgetäuscht sein: zur Schau getragen wird sie unter allen Umständen in propagandistischer Absicht. Das eine Mal – sublim verfolgt – dürfte ihre Kundgabe Zynismen, denen oben gedacht worden ist, erfüllen. Sie soll die Tiefe des hypnotischen Schlafs der Masse erproben und im übrigen der schlafenden Masse den Glauben einimpfen, daß sie im Vergleich mit der Persönlichkeit nichts bedeute. Das andere Mal erfolgt die Verdammung der Masse zum Zweck einer wirkungsvollen Polemik gegen die Arbeiterparteien, die wie die totalitären Bewegungen mit Massenaufgeboten gewinnen müssen. Immer wieder sucht sich die nationalsozialistische Propaganda dieser lästigen Konkurrenz dadurch zu erwehren, daß sie behauptet, die revolutionäre Linke treibe einen schändlichen Götzendienst mit der Masse, die erst vom Nationalsozialismus nach Gebühr behandelt werde. »Die nationalsozialistische Bewegung«, versichert Goebbels, »betet nicht wie die demokratisch-marxistischen Parteien blind die Masse und die Zahl an.«[235] Und Hitler begründet auf dem am 10. Mai 1933 zu Berlin tagenden Kongreß der Arbeitsfront die Liquidierung des Marxismus und der Gewerkschaftsorganisationen mit den Worten: »Denn wir wissen sehr genau, was das letzte Ziel dieser ganzen Entwicklung, nein, dieses Kampfes zwischen Faust und Stirn, zwischen Masse, d.h. Zahl und Qualität ist: Vernichtung der Qualität der Stirn. Das bedeutet aber nicht nur Segen für die Zahl oder eben das Emporsteigen des Arbeiters, sondern das bedeutet Elend, Jammer und Not [...].«[236] Typische Spiegelreflexe, die beweisen, daß nicht die proletarische Bewegung, sondern die totalitäre auf die Masse zusteuert. Zum Überfluß versteigt sich Hitler einmal dazu, statt des Spiegelbil-

234 [Goebbels, »Hitler über Deutschland«. Rundfunkbericht aus den Siemenswerken in Berlin zur Feierstunde der Nation am 10. 11. 1933. In: Ders., *Signale der neuen Zeit*, S. 317-323, Zitat S. 318.]

235 [Goebbels, *Kampf um Berlin*. Bd. 1, S. 40.]

236 [Feder (Hrsg.), *Die Reden Hitlers als Kanzler*, S. 46.]

des der Wahrheit ihr Urbild vorzuführen. »Die Massenversammlung ist auch schon deshalb notwendig«, heißt es in »*Mein Kampf*«, »weil in ihr der einzelne, der sich zunächst als werdender Anhänger einer jungen Bewegung vereinsamt fühlt und leicht der Angst verfällt, zum ersten Mal das Bild einer größeren Gemeinschaft erhält, was bei den meisten Menschen kräftigend und ermutigend wirkt [...]. Im Rudel fühlt er sich immer noch geborgen und [...], wenn der sichtbare Erfolg und die Zustimmung von Tausenden ihm die Richtigkeit der neuen Lehre bestätigen und zum ersten Mal die Zweifel an der Wahrheit seiner bisherigen Überzeugung erwachen – dann unterliegt er erst dem zauberhaften Einfluß dessen, das wir mit dem Wort Massensuggestion bezeichnen.«[237] Danach hat die von der totalitären Propaganda im doppelten Sinn des Wortes »massierte« Masse als eine Art Heimat zu gelten; während die revolutionäre Masse immer nur die Passage zur Heimat ist. Es stellt sich heraus, daß die Verachtung der Masse dem Bedürfnis nach ihr keineswegs widersteht. Indem der Nationalsozialismus demonstrativ die Masse zugunsten der Persönlichkeit verwirft, drückt er lediglich seinen Hang zur Masse aus; denn die Persönlichkeit, um die es ihm geht, fühlt sich erst durch das Vorhandensein großer Massen.

Wenn die totalitäre Propaganda von der revolutionären Massendemonstration die Formen des Aufmarsches, der Sprechchöre usw. übernimmt, geschieht es einmal nicht nur, um ihre eigene Massenveranstaltung als revolutionäre erscheinen zu lassen, sondern vor allem deshalb, weil die zur Aktivierung der revolutionären Masse entwickelten Methoden der Verfestigung von Massen überhaupt zu dienen vermögen. Zweifellos bewirken auch die verschiedenen Aktionen der revolutionären Masse den Nebeneffekt einer solchen Verfestigung, aber ihre entscheidende Aufgabe ist doch die: jenen Willen zu manifestieren, der die homogene proletarische Masse beseelt, noch ehe sie sich zur Masse zusammenschließt. Sobald die totalitäre Propaganda die auf revolutionärer Seite angewandten Prozeduren ausbeutet, verändert sich deren Funktion, und der Nebeneffekt wird zum Haupteffekt. Dieselben Handlungen und Evolutionen, die dort auf das revolutionäre Ziel ausgerichtet sind, verlieren hier jeden der Masse transzendenten Sinn und haben nur mehr den Zweck, diese in ein zähes, fest in sich gefügtes Gebilde zu verwandeln. Sie reduzieren sich zu Vorkehrungen, die der Masse Struktur verleihen. Indem die Masse auf das Geheiß der faschistischen und nationalsozialistischen

237 [Hitler, *Mein Kampf*. Bd. 2, S. 536.]

Propaganda hin fortwährend an-, auf- und oben erscheint, verstrickt sie sich in eine ständige Bewegung, die alle ihre Elemente so beschlagnahmt, daß ihnen die Bewegung selber schon zum Inhalt wird. Das Massenhafte konsolidiert sich durch die ununterbrochene Tätigkeit der Massenpartikel. Aus der Art dieser Tätigkeit geht hervor, daß mit ihr wirklich nichts anderes als die Durchgestaltung der Masse beabsichtigt ist. Weisen die Aktionen der revolutionären Masse Spontaneität auf, die davon zeugt, daß sie weniger die Masse versteifen als vielmehr ein gemeinsames Interesse darstellen, so werden die Aktionen der nationalsozialistischen und faschistischen Massen von oben her dirigiert und zum Ritual ausgeformt. Sie erhalten aber einen rituellen Charakter, damit die Illusion entsteht, als lege die Masse kultische Verrichtungen ab, wodurch sie an Unzerstörbarkeit gewinnt. Gleich den Symbolen häuft die totalitäre Propaganda auch die Riten [an], denn je mehr die Masse zu leisten hat, desto straffer wird sie angespannt, desto besser ist (folglich) ihr Zusammenhalt verbürgt. Die ihr aufgebürdeten zeremoniellen Pflichten sind ferner so beschaffen, daß sie mit der Stabilität der Masse deren Gebrauchsfähigkeit erhöhen. Eine Bestimmung, die nochmals beweist, daß die Bedeutung dieser Pflichten nicht über die Masse hinausreicht. Wesentlich ist nicht der Inhalt der Massenaktionen, sondern der Rhythmus ihres Vollzugs. Krieck bemerkt im Anschluß an eine bereits zitierte Stelle,[238] die nationalsozialistische Agitation arbeite »mit allem, was dem Rhythmus verwandt ist und seine erregende Kraft ausströmt. Der Sprechchor ist dieser Art.«[239] Das heißt, der Sprechchor und andere der Masse zugemutete Tätigkeiten zielen darauf ab, dem Propagandisten das Handwerk zu erleichtern. Ihrer manche führen, wie oben wiedergegebene Schilderung Silones veranschaulicht, unfehlbar die Selbsthypnose herbei.

Auf die breite Masse angewiesen, strebt die totalitäre Propaganda unablässig danach, die breite Masse künstlich zu erzeugen. Jene Prophezeiung Mussolinis, daß jetzt in der Geschichte eine Periode anhebe, die man als Periode der Politik der Massen definieren könne[240], ist weniger eine Prophezeiung als ein Programm gewesen: um ihrer eigenen Machtpolitik willen produzieren Faschisten und Nationalsozialisten faktisch die Massen. »So wie wir früher in zehntausend, in hunderttausend einzelnen Kundgebungen vor das Volk getreten sind [...]«, versichert Hitler

238 [Siehe oben S. 103.]

239 [Krieck, *Nationalpolitische Erziehung*, S. 38.]

240 [Siehe oben S. 93.]

ein Jahr nach der Machtergreifung der »Alten Garde« in München, »so müssen wir auch in Zukunft diesen Kampf fortführen in zehntausend und hunderttausend Kundgebungen und Versammlungen, um jedes Jahr wenigstens einmal einen Appell an die ganze Nation zu richten. Geht der Appell schlecht aus, dann soll keiner sagen: das Volk ist schuld, sondern er soll sagen: die Bewegung ist träge geworden. Die Bewegung kämpft nicht mehr richtig, die Bewegung hat die Fühlung mit dem Volk verloren. Und dann wird man daraus erneut lernen können, wieder in das Volk hineinzugehen. Darin liegt unsere Kraft.«[241] Das ideologische Vokabular dieser Sätze verschleiert nur notdürftig die eigentliche Meinung Hitlers, derzufolge die nationalsozialistische Bewegung ihre Aufgabe verfehle, wenn es ihr nicht gelänge, durch die immer neue Formierung von Massen die jeweils gebotenen Suggestionen so wirkungsvoll an den Mann zu bringen, daß man sich im Falle eines Appells an die Nation auf ihre Ausführung verlassen darf. Bisher ist der Versammlungsbesuch obligatorisch, daher wird das massenweise Auftreten zur Regel gemacht. Die totalitären Diktaturen berufen die Massen nicht ein, wenn in Wirklichkeit ein Anlaß dazu gegeben ist, sie schaffen vielmehr künstliche Anlässe, die als Vorwand zum Arrangement von Massenaufgeboten dienen können. Nur der Outsider wird diese zahllosen Manifestationen, die wieder und wieder den Arbeitsprozeß unterbrechen und das ganze Land in Mitleidenschaft ziehen, als ein überflüssiges und unproduktives Gepräge mißverstehen; in Wahrheit sind sie wie der Terror Grundvoraussetzung des Systems. Sie sind es so sehr, daß auch dort, wo die Massenbildung gelegentlich eines an sich politisch wichtigen Ereignisses zustande kommt, immer noch die Frage offenbleibt, ob nicht das betreffende Ereignis trotz seiner Bedeutung lediglich zu dem Zweck heraufbeschworen worden ist, um die Massenbildung hinreichend zu motivieren. Innerhalb der Machtsphäre des totalitären Regimes ist nicht bloß die Propaganda ein Instrument der Politik, sondern die Politik auch ein Instrument der Propaganda. Daß die Erfindungskraft der nationalsozialistischen und faschistischen Propaganda keine Grenzen kennt, wenn es Massen aus dem Nichts zu zaubern gilt, beweist nicht zuletzt die erwähnte Erklärung von Goebbels, der dem Rundfunk vorschreibt, alle möglichen Vorgänge nationalen Charakters der Nation zuzutragen. In der Tat ist gerade der deutsche Rundfunk systematisch als ein Mittel der

241 [Hitler, Rede auf die »alte Garde« der Partei in München am 19. März 1934. In: Domarus (Hrsg.), *Hitler.* Reden und Proklamationen. Bd. 1, S. 367.]

Massenerzeugung und der unabsehbaren Vergrößerung der Masse ausgebaut worden. Fritz Morstein Marx betont in seiner vorzüglichen Studie »State Propaganda in Germany« den propagandistischen Wert des unter nationalsozialistischer Ägide gegründeten »Volksempfängers«.[242] Dieser vom Rundfunk gemachte Gebrauch zeigt an, daß die nationalsozialistische Propaganda nicht etwa ihre häufig bekundete Absicht zu realisieren sucht und die Verwandlung der Masse in Volk betreibt, sondern umgekehrt im Interesse der totalen Meinungsbeeinflussung das Volk in eine einzige suggestionsfähige Masse zu verwandeln [sucht]. Das Ideal sei erreicht, wenn sich das ganze Volk als Massenversammlung in Permanenz konstituierte, oder wenn sich zumindest alle Einzelnen dauernd im Zustand von Massenpartikeln befänden. Eine Zielsetzung, die zweifellos der Tendenz des Regimes zur Hochhaltung der Familie zuwiderläuft, aber man wird noch sehen, daß sich die Propaganda eben ihres Totalitätsanspruchs wegen im Laufe der Zeit in Antinomien verwickelt und dadurch gezwungen wird, immer mehr die Inhalte abzustreifen und immer nackter den Machtwillen herauszukehren, dem sie entstammt. Mit der von ihr weitgehend durchgeführten Reduktion der Einzelnen zu Massenpartikeln verband sie im übrigen auch im progressiven Sinne Volksangehörige. Sie stellt den Schein einer Einheit der Schichten oder Klassen fest, die ungeachtet ihrer von anderen abweichenden Interessen, unter der Herrschaft des MK nicht nur scheinbar zusammengehören; denn indem der MK bisher privilegierte Bevölkerungsgruppen ebenfalls in den Stand der Abhängigkeit versetzt, verringert er gerade die Gewalt der vorhandenen Differenzen. Die künstliche Massenerzeugung, die es der totalitären Propaganda ermöglichen soll, die Menschen auch gegen ihre Interessen zu beeinflussen, entspricht gleichzeitig – freilich auf eine verquere Weise – einem gemeinsamen Interesse, das sich früher oder später erweisen mag. Zur Aufrechterhaltung des Scheins unternommen, untergräbt sie mittelbar die gesellschaftliche Realität.

242 [Vgl.: Fritz Morstein Marx, »State Propaganda in Germany«. In: Harwood Lawrence Childs (Hrsg.), *Propaganda and Dictatorship.* A Collection of Papers. Princeton, NJ: Princeton University Press 1936, S. 11-35.]

IV.

Wie der Terror, ist auch die von den totalitären Bewegungen angesprochene Masse nicht nur ein Mittel der Propaganda, sondern selber Propaganda. Sie verführt zunächst dadurch, daß sie, hierin mit dem Terror übereinstimmend, die Macht repräsentiert. »Die wirksamste Kraft der Massenkundgebung«, erkennt Hadamovsky [in seinem Buch] »*Propaganda und nationale Macht*«, »ist jede sinnfällig werdende Form von Machtäußerung, also zunächst die Zahl der Teilnehmer, der Umfang der Kundgebung, darüber hinaus, alles, was als Macht in die Erscheinung tritt, Bewaffnete, Uniformierte, Waffen jeder Form.«[243] Schon allein das anziehende Wesen, das die Masse als solche besitzt, sichert der Masse einen Effekt; hinzu kommt, daß sich die Macht, die auf diese Art Masse spekuliert, nicht mit der ihr innewohnenden Attraktionskraft begnügt. Ihres nihilistischen Charakters wegen einer Begründung unfähig, legt sie es doppelt darauf an zu blenden. Die totalitären Diktaturen wissen genau, warum sie ununterbrochen Maßnahmen von imponierender Großartigkeit treffen und den Begriffen des Imperiums und des Reichs, diesen Projekten und Projektilen ihres Machtwillens, einen betörenden Glanz verleihen. Der Glanz verschönert die Lumpen derer, die sich in ihm sonnen, so daß sie die Überzeugung gewinnen, sie trügen gar keine Lumpen, sondern festliche Kleider. Eine hervorragende Gelegenheit zu blenden bietet aber die Masse selber; vorausgesetzt, daß man die Kupplerdienste einer Kunst in Anspruch nimmt, die sich am ehesten als Massenbildkunst bezeichnen läßt. Diese von der faschistischen und nationalsozialistischen Propaganda systematisch angeleitete Kunst besteht darin, das Ensemble der Masse so durchzukomponieren, daß es einen ästhetischen Reiz ausübt. Indem die totalitäre Propaganda die Massendemonstration aus der politischen oder sozialen Dimension in die ästhetische des Monumentalschauspiels überführt, das gleich der nihilistischen Parade die Sinne fesselt, erhöht sie nicht nur die Festigkeit der Masse, sondern erstickt auch, worauf bereits hingewiesen worden ist, jede Frage nach dem Zweck des Massenhaften im Keim.

Ein französischer Beobachter schildert, wie die Werke der nationalsozialistischen Massenbildkunst produziert werden und welche Empfindungen sie in den Zuschauern erwecken: »Und (...) in gleicher Weise wie

243 [Hadamovsky, *Propaganda und nationale Macht*, S. 52.] Kracauer zit. n.: Münzenberg, *Propaganda als Waffe*, S. 179.

der Führer sich zum Organisator der willfährigen Massen gemacht hat,« heißt es in der Studie von E.[rich] Wernert *»L'art dans le Troisième Reich«*, »hat er sich auch (...) zum Organisator derjenigen in Bewegung gesetzten Massen, der Menschenmassen gemacht (...) oder jener Massen, die nichts Menschliches mehr haben und sich gründen und neu bilden in einem bezwingenden Rhythmus.«[244] Die Massen haben nichts Menschliches mehr – aber in der Absicht, den Maßstab des Menschlichen außer Kraft zu setzen, verwirklichen die totalitären Diktaturen in unmenschlichem Material das ästhetisch Grandiose. Es ist die überwältigende Erscheinung der Macht, und seine Funktion ist es, die Menschen aus der Interessensphäre heraus in eine Sphäre zu reißen, in der sie sich über sich hinausgehoben zu sein wähnen und an der Herrlichkeit, die sich ihnen darstellt oder die sie selber darstellen, teilzuhaben glauben.

Als den Inbegriff der Macht und ihrer Herrlichkeit preist die totalitäre Propaganda das Volk. Um den Zauber, der von der Massenkomposition ausstrahlt, vollends unwiderstehlich zu machen, sucht der Nationalsozialismus daher mit allen Mitteln die Illusion zu erzeugen, als ob er die Masse zum Volk gestalte. Nicht von ungefähr trommelt die Propaganda bei der Mehrzahl ihrer Fußmärsche nur sogen.[annte] Deputationen aus den verschiedensten Teilen des Landes zusammen: Je mehr sie die Bevölkerung durchrüttelt, desto mehr verstärkt sich der Eindruck der Identität von Volk und Masse. Es entspricht nur dieser Tendenz, wenn sich Dreßler-Andreß, der Präsident der Reichsrundfunkkammer, zur Aussage versteigt: »Der Rundfunk [...] ist [...] das Sprechrohr des gesamten Volkes«,[245] obwohl der nationalsozialistische Rundfunk faktisch das Sprachrohr der Machthaber zur Bearbeitung der breiten Masse ist. Seiner Beteuerung reiht Dr.[eßler-]A.[ndreß] die andere an: »der Rundfunk wird so zum Bahnbrecher einer wahren Volkskultur und Volkskunst.«[246] In der Tat, die Behauptung der nationalsozialistischen Propaganda, daß Manifestationen das Volk heraufbeschwörten, sei bündig beweisen, wenn das Volk seine angebliche Auferstehung durch kulturelle und künstlerische Leistungen offenbarte. Immer wieder reden die nationalsozialistischen Propagandisten von der Notwendigkeit oder gar

244 [Wernert, *L'art dans le IIIe Reich*, S. 7 f.]

245 [Dreßler-Andreß, »Volkstum und Heimat«. In: Walther Gehl (Hrsg.), *Der nationalsozialistische Staat: Grundlagen und Gestaltung. Urkunden des Aufbaus. Reden und Vorträge (bis zum 12. November 1933)*. Breslau: Hirt 1933, S. 221- 226, Zitat S. 221.]

246 [Ebd.]

dem Vorhandensein einer Kunst, die im Volk wurzelt, und zielen so gegen die ihrer Ansicht nach entartete Kunst von heutzutage, der sie Individualisierung, Intellektualismus und Internationalismus vorwerfen. »Eine Kunst wird um so größeren internationalen Rang besitzen, je tiefer sie aus dem Volkstum steigt«,[247] sagt Goebbels. Wobei er nur die wirklich aus dem Volkstum steigende Kunst mit der von ihm propagierten »Volkskunst« verwechselt. Was dem Nationalsozialismus als Kunst gilt, ist aber nicht jene, an deren Ursprung das Volk steht, sondern eine, die das Volk zum Ziel hat; wichtiger: eine Kunst, die der breiten Masse die Impression verstellen soll, daß sie Volk sei. Indem die totalitäre Propaganda der Kunst diese Marschroute vorschreibt, unterbindet sie aber die Kunst. Denn die Kunst, die diesen Namen verdient, kann gerade deshalb nicht kommentiert werden, weil sie, der Formulierung von Goebbels zufolge, aus der Tiefe des Volkstums steigt. Ob sie sich im übrigen populär oder esoterisch gibt, das Volk glorifiziert oder nicht glorifiziert, hat nichts mit ihrer Herkunft zu tun. [Es] hängt vielmehr von den jeweiligen künstlerischen Intentionen und den gesellschaftlichen Verhältnissen ab. Unstrittig ist ein Künstler wie Picasso enger dem Volk verbunden als ein beliebiger Maler, der auf Geheiß [das] Volk pinselt. Und auch die Kunst, die das Volk zu ihrem Thema macht, deckt sich, sofern sie nur echt ist, keineswegs mit den nationalsozialistischen Begriffen. Statt sich irgendeiner Doktrin zu versklaven, zeigt sie die Wirklichkeit des Volkes, die über solche Doktrin hinausreicht; noch dazu über eine so eindeutig zweckbestimmte wie die des totalitären Regimes. Chesterton sagt in seinem wunderbaren Buch über Dickens von diesem: »Er ist selber das Volk. Als einziger in unserer Literatur ist er nicht nur die Stimme der unteren sozialen Schichten, sondern das unbewußte Leben dieser Schichten. Er gibt dem geheimen Zorn des kleingemachten Mannes Stimme.«[248] Goebbels weiß natürlich, daß sich die Kunst unter einem Diktat nicht zu entfalten vermag, und stellt daher die Situation so hin, als ob das totalitäre Regime, von den schlechterdings notwenigen Einschränkungen [ab]gesehen, der Kunst völlige Freiheit gewähre. In seinen Ausführungen vor den Filmschaffenden betont er, »daß die nationale Regierung nicht beabsichtige, Filme mit einheitlichen Klischees laufen zu lassen. Das gehe deshalb nicht, weil die Kunst frei sei und bleiben solle. Allerdings mit einem Vorbehalt. Sie müsse sich an bestimmte

247 [Goebbels, *Revolution der Deutschen*, S. 191.]
248 [Gilbert Keith Chesterton, *Charles Dickens*. London: Dodd Mead & Co. 1936, S. 77.]

politische, sittliche und weltanschauliche Normen gebunden fühlen, die nun einmal gegeben sind und ohne die ein nationales Zusammenleben unmöglich erscheint.«[249] Aber diese Argumentation ist eine Spiegelfechterei, da die betreffenden Vorbehalte auch nicht einfach die unerläßliche Bedingung nationalen Zusammenlebens sahen, sondern als Ausfluß der totalitären Propaganda, die das Recht auf die Frage und die individuelle Meinungsfreiheit beseitigt, der Kunst tatsächlich die Luft zum Atmen rauben. »Die ästhetische Doktrin des Dritten Reichs«, bemerkt Wernert, »insistiert auf der Existenz jenes immer wieder neu einsetzenden Kreislaufs: Volk, Künstler, Volk, etc. Für sie ist es das Wesen selbst des künstlerischen Prozesses. Wenn das Volk als Ziel aller Dinge und auch der Kunst ist, so hat der Künstler eine gewichtige Verantwortung (...). Diese Verantwortung umfaßt drei Bereiche von Pflichten: Zuallererst muß der Künstler der Rasse, der Nation, dem Ideal der germanischen Schönheit Ausdruck verleihen; weiterhin muß er sorgfältig aus seiner Kunst all jene Elemente verbannen, die die Volksseele beschädigen könnten; und schließlich muß er diese Volksseele unterrichten und ihr das Bewußtsein ihrer Einheit und ihrer Stärke geben.«[250] Wernert sieht auch, daß sich aus der Art dieser Forderungen von selber die Begünstigung derjenigen Künste ergibt, die, gleich der Massenbildkunst, dazu geeignet sind, auch Volksmassen im gewünschten Sinn zu beeinflussen. »Um diesen totalitären und vereinheitlichenden Geist zu verherrlichen, ist es dem Regime gelungen, gewissen Kunstformen Ausdruck und Kraft zu verleihen, die sich besser als alle anderen für diese kollektive Aktion eigneten: so etwa die Musik, das Theater, die Architektur, die Zeremonie. Durch den Volkschor, das Thingspiel und die gigantischen Bauwerke, das es errichtet hat, durch die großen Nationalversammlungen, die es meisterhaft abhält, ist es ihm gelungen, die Masse zu sich zu ziehen.«[251] Zeuge künstlerischer Ereignisse, stellt Wernert fest, daß sich die von der nationalsozialistischen Doktrin bevorzugten Künste ihrer Pflichten mit Erfolg entledigen. In einem Thingspiel sangen die Chöre, daß sie marschieren und daß ganz Deutschland mitmarschiert: »Man wird also einer verworrenen deutschen Masse gewahr, die sich aber überall ausbreitet: auf den Rängen, auf der Bühne und auch jenseits des Bühnenbildes; man ist beruhigt, glücklich über jene Bestä-

249 [Vgl.: Willi Krause, *Reichminister Dr. Goebbels*. Berlin: Verlag Deutsche Kultur-Wacht 1933, S. 55.]

250 [Wernert, *L'art dans le IIIe Reich*, S. 28.]

251 [Ebd., S. 120.]

tigung, daß ganz Deutschland marschiert und daß Deutschland man selbst und all die anderen ist; das alte und romantische Beben des Germanischen in seinem Stamm durchläuft jeden der Besucher in der Masse; das Wunder geschieht: einige Sekunden lang ist die ›Volksgemeinschaft‹ eine lebendige Wirklichkeit.«[252] Zugegeben, daß die nationalsozialistische Kunst solche psychologische Wirkung erzielt, ist sie damit des »wahren Volkes Kultur und Volkskunst«[253] gleichzusetzen, die von Dreßler-Andreß vorausgesagt wird? Wäre sie es, so müßte der Gehalt ihrer Schöpfungen die Existenz des Volkes bestätigen »Kurzum, was kann man zur deutschen Gegenwartskunst sagen? Nur dies: Sie ist einzig eine Form der politischen Propaganda, geführt wie die Wirtschaft, militarisiert und mobilisiert wie ein Großteil des nationalen Aktivitäten.«[254] Volkskunst? Gebrauchskunst. Erst deformieren Nationalsozialisten und Faschisten das Volk zur manipulierbaren Masse, dann bedienen sie sich der Arrangements, der Plakate und Dekorationen, in denen sich die Gebrauchskunst erschöpft, um der Masse vorzutäuschen, daß sie diese Werte verbürgen. So befiehlt das totalitäre Regime der Masse Dauer; aber auf ihrer Reproduktion beruht seine Herrschaft.

V.

Die Analyse der Prinzipien, nach denen die totalitäre Propaganda verfährt, läßt sich nicht besser als mit den folgenden Worten Goebbels' beschließen:

Mag sich der letzte Satz als eine propagandistische Übertreibung erweisen – der nihilistische Machtwille, der die faschistischen und nationalsozialistischen Cliquen beseelt und sie dem Monopolkapitalismus zuführt, hat sich in dieser Propaganda, die mit den kombinierten Methoden des Terrors und der Massenbildung arbeitet, ein Instrument von unvergleichlicher Stoßkraft geschaffen.

252 [Ebd., S. 100.]
253 [Siehe oben S. 116.]
254 [Ebd., S. 121.]

F.

I.

Die totalitäre Propaganda entfaltet sich nicht im leeren Raum, sondern unter bestimmten ökonomischen, sozialen und gesellschaftlichen Voraussetzungen, die ihr entgegenkommen. Wäre nicht die Gesellschaft, auf die sie stößt, für ihre Aufnahme empfänglich gewesen, so hätte sie niemals Werbekraft zu erlangen vermocht. Daß es die Nachkriegskrise ist, die ihr den Weg bahnt, läßt sich an den Verhältnissen experimentell nachweisen. Dem Abbruch der Inflation folgen die paar Jahre der fremden Anleihen und der allgemeinen Entspannung, eine kurze Epoche künstlicher Prosperität, die Arthur Rosenberg in seinem von einem ausgeprägten Sinn für gesellschaftliche Realitäten durchwalteten Buch »*Geschichte der deutschen Republik*« mit den Worten kennzeichnet: »Im Jahre 1924 brachte die Dollarsonne, die über Deutschland aufging, zunächst und überraschend Befestigung der verfassungsmäßigen Republik. Ein Land, in dem Bürgerkrieg, Terror und Diktatur herrschten, wäre der New Yorker Börse nicht kreditwürdig erschienen. So mußten die deutschen Kapitalisten im Frühjahr 1924, in der Zeit, als der Dawesbericht erschien, wieder auf das Ermächtigungsgesetz und den militärischen Ausnahmezustand verzichten. Auch die Generäle mußten dem Dollar weichen und der Reichstag übte wieder die Rechte aus, die ihm die Weimarer Verfassung gewährte. Die beiden maßgebenden Parteien des deutschen Kapitalismus, die Deutsche Volkspartei und die Deutschnationalen, stellten sich auf den Boden der neuen Tatsachen.«[255] Während dieses rauschhaften Zwischenspiels aber, in dem die Krise verschollen scheint, geht die völkische Bewegung und mit ihr der nationalsozialistische Einfluß zurück. »Die Freikorpsleute«, so stellt Rosenberg fest, »hatten schlechte Zeiten, denn es herrschte Ruhe und Ordnung und die maßgebenden Geldgeber brauchten diese gewalttätigen Helfer nicht. Die herrschende Klasse ist in den Jahren der Stabilisierung davon überzeugt, daß die Zeit der Freikorps vorüber sei. So hat die deutsche Justiz es sogar gewagt, in diesen Jahren gegen die Fememörder Prozesse einzuleiten [...]. Die Männer der Schwarzen Reichswehr kommen ins Gefängnis.«[256] Das dauert so lange, bis sich die Pause ihrem Ende zuneigt.

255 [Rosenberg, *Geschichte der deutschen Republik.* Karlsbad: Graphia 1935, S. 194 f.]
256 [Ebd., S. 196.]

Mit dem ersten Signal, das den Wiederbeginn der Krise ankündigt, erfreut sich die nationalsozialistische Propaganda von neuem der Resonanz, und diesmal kennt die Bereitschaft für sie, dem Stärkegrad der inzwischen ausgereiften Krise entsprechend, kaum noch eine Grenze. Ungeachtet aller Verschiedenheiten zwischen der italienischen und der deutschen Nachkriegsentwicklung weist die Krise in beiden Ländern doch wesentliche Gemeinsamkeiten auf. Sie wird nicht nur hier und dort durch den Rohstoffmangel und die Absatzschwierigkeiten verschärft, sondern befindet sich in Wechselwirkung mit einer ausgesprochenen Konzentrationsbewegung des Kapitals. Was den Ablauf indes betrifft, so benutzt die Großindustrie die gemachte Inflation, die von Rosenberg »eine Art Revanche, vollzogen von den alten deutschen Oberschichten, den Großkapitalisten und Großgrundbesitzern, an den Massen des Volks«[257] genannt [wird, in] Deutschland zu Kartellbildungen und gigantischen Verkrustungen. Ein Prozeß, der in den Jahren 1924, 1925, 1928 stetig fortschreitet und dem Drang zum Monopol entspringt, das die Erzeugung künstlicher Nachfrage und eine Regulierung der Preise verlangt. Es ist die Zeit der riesigen Berliner Verwaltungsgebäude und der Mammutbetriebe, deren Struktur die der Gesellschaft ins Wanken bringt und auch das Bürgertum zu Reflexionen über den Begriff des Eigentums zwingt. Hand in Hand mit den Fusionierungen geht in diesen Jahren die ebenfalls auf fremde Kosten bewerkstelligte Durchorganisierung des gesamten deutschen Produktionsapparats, die sich dem Allgemeinbewußtsein als Rationalisierung eingeprägt hat. Derartige Maßnahmen steigern die Bedeutung des Finanzkapitals, in dessen Gefolge die Spekulation wächst, ab 1924 ins Uferlose ausartet. Überdimensionierte Konstruktionen. Aber sie sind die notwendige Konsequenz der kapitalistischen Entwicklung und bedingen den Charakter der Krise, die in dem Augenblick anbricht, in dem ihnen das ohnehin unsolide Fundament entzogen wird. Kalkuliert man die tiefe Rückständigkeit Italiens ein, so bietet sich hier ein ähnliches Bild. Auch die italienische Industrie verfügt seit dem Krieg, durch den die Maschinen laufen, über einen zu großen Produktionsapparat und strebt im Interesse von Profit und Rente danach, sich eine Monopolstellung zu sichern. Auch in Italien hat nach Silone »die Macht des Finanzkapitals [...] eine gewaltige Stärkung erfahren.«[258]

257 [Ebd., S. 125.]
258 [Silone, *Der Fascismus*, S. 40.]

Diese Vorgänge zeitigen eine soziale Wandlung, die der Nachkriegskrise ihr spezifisches Gepräge verleiht. Sie mobilisieren die Mittelschichten. Die Inflation bringt den deutschen Mittelstand um seine Renten; die Konzentrationsbewegung des Kapitals setzt in Verbindung mit der Krise, der auch die Bauern zum Opfer fallen, die kleinen selbständig Wirtschaftenden außer Kurs und führt durch den Ausbau der Großbetriebe und der überbetrieblichen Zusammenfügungen zur Heraufkunft einer Verwaltungsmaschinerie, die eines Heeres von Angestellten bedarf, das sich nun zur Hauptsache aus den verelendeten mittleren Schichten rekrutiert. »Im modernen Produktionsprozeß«, bemerkt R.[osi] Karfiol, »werden [...] die Angestellten zu einer Massenschicht«;[259] tatsächlich nimmt ihre Zahl zu, während sich die der Arbeiterschaft verringert. Das entscheidende Merkmal dieser Angestelltenmassen aber besteht darin, daß sie, wie S.[iegfried] Kracauer – im Einklang mit Emil Lederer – in seiner 1930 erschienenen Schrift »*Die Angestellten. Aus dem neuesten Deutschland*«[260] dargetan hat, proletarischen Existenzbedingungen unterliegen. Angehörige des Mittelstandes werden so dem Proletariat beigesellt. Kurz: Die deutschen Mittelschichten, die bisher nie eine eigene gesellschaftliche Rolle gespielt haben, erleiden in der Nachkriegskrise das Schicksal der Degradierung, Deklassierung und Proletarisierung und ballen sich, dem Druck der Not nachgebend, zu politisch aktiven Massen zusammen – neue Gebilde, die das vorhandene soziale Gefüge erschüttern. In Italien ist diese Erschütterung bereits eine Folge des Kriegs. Als ihre wichtigste Ursache muß auch hier die vom Gang der ökonomischen Ereignisse heraufbeschworene Erregung der Mittelschichten gelten. Silone spricht von »gewissen breiten Schichten der Kleinbourgeoisie, die aus der durch den Krieg ausgelösten Umschichtung entstanden waren«,[261] und stellt fest, daß sich in den ersten faschistischen Mannschaften enttäuschte Arbeiter mit dem »durch die Krise des Kapitalismus dem Untergang geweihten Mittelstand«[262] mischten. So auch ist die Schilderung, die E.[rwin] von Beckerath von den ländlichen und städtischen Mittelschichten entwirft: »Es bestand einmal der Gegensatz zwischen den Landarbeitern und den Kleineigentümern und

259 [Rosi Karfiol, »Mittelstandsprobleme«. Erschienen in: *Kölner Sozialpolitische Studien.* Hrsg. Von Benedict Schmittmann. Köln: Reich und Heimat-Verlag 1932, S. 38.]

260 [Siegfried Kracauer, *Die Angestellten.* Aus dem neuesten Deutschland (1929). Siehe *Werke,* Bd. 1.]

261 [Silone, *Der Fascismus,* S. 137.]

262 [Ebd., S. 280.]

Pächtern [...]«, heißt es bei E.[rwin] von Beckerath. »Es bildete sich weiter in allen Kategorien ländlichen Eigentums ein Haß gegen den Terrorismus der Tagelöhner-Organisationen [...]. Dazu kam, daß unter dem Einfluß der durch Geldentwertung steigenden Preise und der Verängstigung des grundbesitzenden, aber nicht selber wirtschaftenden Bürgertums ein starker Besitzwechsel [...] um sich griff: zahlreiche Landarbeiter wurden Kleineigentümer und Teilpächter. [...]. Die seelische Haltung der Mittelklasse in den Städten, der auf dem platten Lande ähnlich. Die Inflation hatte ihre Einkünfte stark reduziert; das galt besonders von den Kleinrentnern, den Festbesoldeten, den auf Honorare angewiesenen Rechtsanwälten und Ärzten.«[263] Betroffen von der Unfähigkeit der Mittelschichten, sich über ihre Situation wirklich Rechenschaft abzulegen, läßt von Beckerath seine Analyse in den erhellenden Satz einmünden: »Eigentümlicherweise erkannte man nicht die Beziehung, welche zwischen der eigenen Notlage und der Industrialisierung des Landes bestand, sondern konzentrierte den Haß ausschließlich auf das [industrielle] Proletariat.«[264] – Erheblich verschärft wird die soziale Nachkriegskrise durch die Arbeitslosigkeit. Ist sie schon in Italien ein nicht zu unterschätzender Massenfaktor, so erreicht sie 1929 in Deutschland, das erst in einer späteren Phase des von beiden Ländern durchlaufenen ökonomischen Prozesses zur Diktatur kommt, einen Umfang, der genau mit der Aufgeblähtheit der Betriebe übereinstimmt. Millionen von Menschen werden binnen kürzester Frist freigesetzt – Massen, die gleich den Mittelschichten plötzlich auftauchen und wie diese den alten sozialen und politischen Kräfteverband sprengen; desto gründlicher, als zur Armee von Erwerbslosen nicht eben nur die Arbeiter zählen, sondern auch und vor allem die Mittelschichten selber, mit ihren Angestellten, Technikern und freien Berufen, und die akademische Jugend wächst im Zeichen der Hoffnungslosigkeit heran.

Da dieser Durchbruch neuer sozialer Schichten Störungen bewirkt, die den ganzen gesellschaftlichen Organismus gefährden, erheischt er gebieterisch Lösungen in nationalem Maßstab. Die Krise ist nach der bereits zitierten Formulierung Silones »Staatskrise«.[265] Nicht zufällig betont der Neoliberale Alexander Rüstow 1932 während der Dresdner Verhandlungen des Vereins für Sozialpolitik, daß der Liberalismus von jeher einen gefestigten Staat benötigt habe: »Die historische Situation war die,

263 [Beckerath, *Wesen und Werden des faschistischen Staates*, S. 14 f.]

264 [Ebd., S. 15.]

265 [Silone, *Der Fascismus*, S. 40.]

daß der alte Liberalismus einem außerordentlich starken Staat gegenüberstand, und daß er von diesem Staat nicht Schwäche verlangte, sondern Freigabe des Entfaltungsraumes für sich selber unter dem Schutz dieses gegebenen starken Staates [...]. Der neue Liberalismus jedenfalls [...] fordert einen starken Staat, einen Staat oberhalb der Wirtschaft, oberhalb der Interessenten, da, wo er hingehört.«[266] »Wir können also behaupten«, erklärt Silone selber, »daß die Nachkriegskrise des italienischen Staates im Wesentlichen der Ausdruck des bestehenden Widerspruchs zwischen den alten Formen der Staatsorganisation und den neuen sozialen Kräften gewesen ist. Die Krise gestattete nur zwei Lösungen: Die Reorganisierung des Staates mit dem Finanzkapital als Mittelpunkt auf Kosten der Entzweiung und Zertrümmerung der Volkskräfte oder die Gründung eines neuen Staates durch die Werktätigen.«[267] Das Entweder-Oder, um das es hier geht – Silone: »Man kann heute die revolutionäre Arbeiterbewegung nicht bekämpfen, ohne der Hochfinanz zu verfallen.«[268] –, scheint aber durch den Druck des Proletariats vollends unausweichlich. Sowohl in Italien wie in Deutschland ist die sozialistische Lösung der Staatskrise von höchster Aktualität. Die Arbeiterparteien haben trotz aller Niederlagen in beiden Ländern gewisse Machtpositionen erobert, die, im Prinzip, desto ausbaufähiger sind, als der Sozialismus den Interessen der von der Krise betroffenen Massen zu entsprechen vermöchte. Die deutschen Mittelschichten verhalten sich zwar wie die italienischen den revolutionären Organisationen gegenüber ablehnend, sind aber zugleich antikapitalistisch eingestellt. Es ist nicht zuletzt für die Krise bezeichnend, daß in den ihr Unterworfenen die Hoffnung oder die Angst vorherrscht, der Sozialismus könne sich realisieren. An sich ist es keineswegs undenkbar, daß eine von den Massen getragene Demokratie die Kräfte zur Behebung einer Staatskrise aus sich entwickelt. Sogar in Italien und Deutschland bringt die Demokratie eine erstaunliche Zähigkeit auf. Nach der Eroberung des flachen Landes betreibt Mussolini ganz im Sinne Giolittis die von der Industrie gewünschte Versöhnung zwischen Faschisten und Sozialdemokraten. Eine Annäherungspolitik, die letztlich an der Opposition der Extremi-

266 [Alexander Rüstow, zitiert im Protokoll der »Verhandlungen des Vereins für Sozialpolitik in Dresden 1932. Erstes Teilthema: Industrialisierung und Arbeitslosigkeit«. In: Schriften des Vereins für Sozialpolitik, Bd. 187: Deutschland und die Weltkrise. Berlin: Dunker & Humblot 1932, S. 15-109, S. 69.]

267 [Silone, *Der Fascismus,* S. 41.]

268 [Ebd., S. 284.]

sten auf beiden Seiten scheitert. Und auch die Diktatur Brünings ist durchaus als ein eventuell demokratischer Lösungsversuch aufzufassen. Wenn in beiden Ländern das demokratische Regime zusammenbricht, sind hierfür jedenfalls nicht ohne weiteres die Schwächen der Demokratie als solche verantwortlich zu machen. Die Schuld liegt mindestens ebensosehr daran, daß sich beide Länder erst in jüngster Zeit zu Nationalstaaten durchgekämpft haben und daher, wie schon festgestellt worden ist, demokratischer Traditionen ermangeln. Noch schimmert die Gewalt durch, der diese Demokratien ihre Errichtung verdanken, und der Zug zum Ganzen bedeutet ihnen alles andere eher als Selbstverständlichkeit; um so weniger kann es ihnen gelingen, mit eigenen Mitteln wirtschaftlicher und sozialer Erschütterungen Herr zu werden, die den Zusammenhalt des Ganzen bedrohen. Gerade deshalb, weil Deutschland und Italien keine echten Demokratien sind, spitzt sich in ihnen die Staatskrise zur politischen Systemkrise zu.

II.

Die so beschaffene Krise verhilft der faschistischen und nationalsozialistischen Bewegung zunächst dadurch zu Resonanz, daß sie für eine gründliche Bloßstellung der vorhandenen Parteien sorgt. Das Parteiwesen in Deutschland und Italien versagt faktisch der Krise gegenüber; woraus zwangsläufig eine Entwertung der Parteien folgt, die den Bedürfnissen der totalitären Propaganda zuvorkommt. Entscheidend ist das Unvermögen der Arbeiterparteien, die sozialistische Lösung zu verwirklichen oder auch nur das Vorletzte zu leisten. Statt die revolutionäre Doktrin auf den Stand der durch die Krise hervorgerufenen sozialen Wandlungen zu bringen, halten die politischen Organisationen des Proletariats an überholten Analysen fest und fallen damit einer theoretischen Erstarrung anheim, die verhängnisvoll auf die Praxis zurückwirkt. Rosenberg erklärt einmal: »Marx, Engels und Lassalle hatten sich im Geiste der revolutionären Demokratie von 1848 stets für die ganze deutsche Nation verantwortlich gefühlt. Sie hatten sich in der entschlossenen Vertretung des deutschen Volkes von keiner anderen Tendenz übertreffen lassen.«[269] Mag die Behauptung Rosenbergs in dieser Verallgemeinerung auch gewagt sein: sie entspringt der sachlich gerechtfertigten Überzeugung, daß die Arbeiterparteien während der Krise mit dem

269 [Rosenberg, *Geschichte der Deutschen Republik*, S. 107.]

ursprünglich visierten Ganzen der Gesellschaft nichts anzufangen wissen; obwohl sie doch gerade durch den Einbruch neuer Massen auf das Ganze hingelenkt werden müßten. Es fehlt ihnen das, was Silone an einer wichtigen, der Kritik des italienischen Sozialismus gewidmeten Stelle seines Buches die »totale Vision der Gesellschaft« nennt: »Darin liegt das verborgene Laster des ganzen zeitgenössischen Sozialismus, sei es von links oder von rechts: in der Unfähigkeit zu einer totalen Vision der Gesellschaft zu gelangen, in der Unfähigkeit, die Allgemeinheit der eigenen Funktion in die tägliche politische Tat umzusetzen. Gewiß, der Wert der Arbeiterklasse steigt vor allem in dem Maße, in dem sie selber bewußt wird und sich als eigene Klasse organisiert und sich der kapitalistischen Gesellschaft entgegenstellt und sie zurückweist und verneint; aber wir sind in eine Situation geraten, in der die Arbeiterbewegung, um das kapitalistische Regime zu überwinden, ihre eigenen Klassengrenzen und ihren eigenen Klassenegoismus überwinden und [...] das ganze Volk um sich herum zusammenrufen und die ganze Nation neu organisieren muß. In dem Fehlen einer solchen politischen Reife ist die Hauptursache für die Niederlage des italienischen Nachkriegssozialismus zu suchen.«[270] Das von Silone gekennzeichnete Grundgebrechen bedingt alle Versäumnisse im einzelnen. Um bei den deutschen Verhältnissen zu bleiben, so gibt es [kein] erschütternderes Zeugnis für die Schwäche der Sozialdemokratie zu einer Zeit, in der sie noch die volle Macht besaß, als jenes Bekenntnis, das der Sozialdemokrat Wissell, damals noch Reichswirtschaftsminister, am 14. Juni 1919 auf dem sozialdemokratischen Parteitag in Weimar ablegt: »Trotz der Revolution sieht sich das Volk in seinen Erwartungen getäuscht [...]. Wir haben die formale politische Demokratie weiter ausgebaut, aber wir haben doch nichts anderes getan, als das Programm fortgeführt, das von der Kaiserlich Deutschen Regierung des Prinzen Max von Baden schon begonnen worden war. Wir haben die Verfassung fertiggestellt, ohne tiefere Anteilnahme der Bevölkerung. Wir konnten den dumpfen Groll, der in den Massen steckt, nicht befriedigen, weil wir kein richtiges Programm hatten [...]. Ich glaube, die Geschichte wird, wie über die Nationalversammlung, auch über uns in der Regierung hart und bitter urteilen.«[271]

270 [Silone, *Der Fascismus*, S. 47.]

271 [Rudolf Wissell, Rede auf dem Parteitag der Sozialdemokraten in Weimar am 14. Juni 1919. In: Rudolf Wissell/Ernst Schraepler (Hrsg.), *Aus meinen Lebensjahren*, S. 254-263, Zitat 257.] Kracauer zitiert laut Manuskript nach: Rosenberg, *Geschichte der Deutschen Republik*, S. 105.

In der Tat, der Revisionismus, dem die Macht in den Schoß fällt, versteht sie nicht zu gebrauchen; genauer: er versteht sich überhaupt nicht auf Macht. Er vergißt, den Justiz- und Militärapparat in die Hand zu nehmen, scheut vor Eingriffen in der Wirtschaft zurück, unterläßt die Realisierung des deutschen Einheitsstaates, ergibt sich, die akute Kriegsmüdigkeit der Massen fälschlich verabsolutierend, möchte abstrakten Pazifismus, der ihn die Bedeutung des Nationalen verkennen heißt und ihm – wie auch den ähnlich gesinnten Parteien der Weimarer Republik – die Mittelschichten noch mehr entfremdet, und beruhigt sich bei einseitigen sozialpolitischen Aktionen, die seinen Möglichkeiten längst nicht entsprechen. Von diesen »friedensbedürftigen Sozialpolitikern«,[272] wie Rosenberg formuliert, spalten sich in Italien und Deutschland radikal-sozialistische Gruppen [ab]; aber allzu sehr darauf bedacht, die eigene Keuschheit zu retten – der Ausdruck stammt von Silone –, dringen auch sie nicht zu der durch die Nachkriegskrise geforderten »totale[n] Vision der Gesellschaft«[273] vor. Der deutsche Kommunismus ist an Moskau orientiert, erschöpft sich in der Bekämpfung der Sozialdemokratie und entwickelt im Bann einer stark reparaturbedürftigen Terminologie nicht das geringste Verständnis für die herabgesunkenen Mittelschichten. Kaum anders in Italien. Daher rührt es, daß hier und dort im Augenblick des höchsten Druckes die proletarischen Parteien das Feld räumen und dem Gegner die Ausnutzung revolutionsreifer Situationen überlassen. »Die Mittelschichten Italiens«, schreibt Historikus, »hatten 1919 und 1920 die sozialistische Revolution erwartet. Diese ist ausgeblieben, dafür wuchsen die Wirtschaftskrise und das Elend.«[274] Hiermit stimmt die Schilderung überein, die Rosenberg von der inneren Lage Deutschlands gegen Ende der Inflation entwirft. »Nicht allein die gesamte Arbeitnehmerschaft [emp]fand [...], daß dieses ganze System ein Ende mit Schrecken nehmen müsse, auch der durch die Inflation ausgeraubte Mittelstand war von revolutionärer Gärung erfüllt [...]. Die revolutionäre Stimmung des deutschen Volks fand jedoch bei den politischen Parteien keinen Widerhall. Weder die SPD noch die KPD zeigten den [...] Willen, [...] die Macht zu übernehmen.«[275] Ein Bankrott, der die sozialistischen Parteien um die Chance der Initiative und um jeden Kredit bei den erregten Nachkriegsmassen bringt. In

272 [Rosenberg, *Geschichte der Deutschen Republik*, S. 44.]

273 [Siehe oben S. 126.]

274 [Rosenberg, *Der Faschismus als Massenbewegung*, S. 35.]

275 [Rosenberg, *Geschichte der Deutschen Republik*, S. 135.]

Deutschland zieht sich das Spiel noch ein knappes Jahrzehnt hin, ohne daß sich an dieser Bilanz etwas änderte; im Gegenteil, während des letzten Aktes der Krise findet sich die Ohnmacht der proletarischen Bewegung schlagend bestätigt. Die Sozialdemokratie, die – eine Konsequenz ihrer früheren Haltung – in Preußen an der Regierung bleibt, wird immer mehr dazu gedrängt, gegenrevolutionäre Maßnahmen gutzuheißen und die Mitverantwortung für sie zu tragen. »Sie verstanden wohl alle Schwierigkeiten und Nöte des Augenblicks, aber sie übersahen die mächtige revolutionäre Welle, die durchs Land ging«[276] – so Rosenberg über die sozialistischen Funktionäre. Und von den Kommunisten heißt es bei ihm: »Die KPD betrieb seit 1928 eine lärmende Agitation, die ganz auf die Bedürfnisse utopisch-radikaler Erwerbsloser eingerichtet war. Den Arbeitern im Betrieb, die doch immerhin auch noch existierten, den Angestellten, den Intellektuellen und Mittelschichten bot die Partei nichts [...]. Aber das ist keine Grundlage, auf der eine Revolution durchgekämpft [...] werden kann.«[277]
Auch die bürgerlichen Parteien Italiens und Deutschlands ruinierten sich während der Krise. Denn da sie in diesen Pseudodemokratien nur einen geringen Zug zu dem von ihnen nicht geschaffenen Ganzen verspüren, sind sie außerstande, der sozialen Umwälzung Rechnung zu tragen. Sie beharren auf den Positionen, die der inzwischen zerstörten Schichtung entsprechen, so daß ein parlamentarisches Getriebe entsteht, das den durch die Krise neu akklamierten Massen nichts zu bedeuten vermag. Weder das wurzellose, von der staatlichen Bürokratie korrumpierte italienische Parteiensystem, noch auch das deutsche versteht sich auf die Lösung irgendeines der Probleme, die mit dem Aufruhr der Mittelschichten gegeben sind. Die Diskreditierung des Parteiapparats der Bourgeoisie vollendet sich dadurch, daß die Krise das Großkapital vor die Notwendigkeit stellt, seine unpopulären Forderungen sowohl gegen die sozialistische Opposition wie gegen einen Teil der bürgerlichen Parteien selber durchzusetzen – gegen jene, deren Interessen den großkapitalistischen zuwiderlaufen. Wenn aber das Großkapital nicht einmal auf die Unterstützung aller bürgerlichen Fraktionen zählen kann und zudem noch weiß, daß seine massenfeindlichen Interessen auf die revolutionären Massen außerhalb des Parlaments schwerlich eine Attraktionskraft ausüben dürften, muß es zur Verneinung des parlamenta-

276 [Ebd., S. 229.]
277 [Ebd., S. 227.]

rischen Regimes gelangen. »Die deutschen Kapitalisten und Großgrundsbesitzer«, schreibt Rosenberg, »hatten seit 1929 wieder den demokratischen Mantel abgelegt, den ihnen Stresemann aufgedrängt hatte, und sie bekannten sich unbedingt zur Diktatur. Man könnte fragen, warum [...]. Wie die Dinge lagen, hatten die SPD und KPD keine Aussicht eine Mehrheit im Reichstag zu erhalten. [...] In einem Lande wie Deutschland, in dem fast drei Viertel aller Wähler zu den Arbeitnehmern gehören, ist eine bürgerliche Parlamentsmehrheit nur möglich, wenn die kapitalistischen Parteien volkstümlich auftreten und den armen Massen alle möglichen Versprechungen machen. Hätte man im Reichstag mit den Mitteln der legalen Demokratie eine extrem kapitalistische Gesetzgebung durchführen wollen, dann hätte die Regierung nicht nur die Opposition der SPD und KPD gegen sich gehabt: auch Abgeordnete aus den bürgerlichen Parteien hätten Bedenken getragen, eine offen volksfeindliche Gesetzgebung vor den Wählern zu vertreten. Die Diktatur war in Deutschland notwendig.«[278] Indem die Rechtsparteien ihr zutreiben, untergraben sie zugleich ihre eigene Existenz.

Verringert sich die Geltung der Parteien – sei es deshalb, weil sie ihre Interessen ungenügend erkennen und vertreten, sei es infolge des Auftauchens neuer Interessen, die eine andere Gruppierung der Kräfte erforderten –, so hört die Beziehung zwischen den vorhandenen Interessen-Organisationen und den ihnen zugeordneten ideellen Gehalten auf, eine Selbstverständlichkeit zu sein. Das heißt, der Verfall des Parteiwesens lockert bereits von selber zwar vorübergehend Zusammenhänge, auf deren Vernichtung die totalitäre Propaganda angewiesen ist; er arbeitet dieser Propaganda dadurch vor, daß er eine Lücke erzeugt, in die sie einspringen kann. Je mehr etwa die deutschen Arbeiterparteien versagen, desto leichter fällt es der nationalsozialistischen Propaganda, die von der Krise produzierten Massen mittels der Idee des Sozialismus an sich zu locken und dabei die dem Sozialismus zugrundeliegenden Interessen zu unterschlagen. Das Ausbleiben der realen Revolution macht die proletarisierten Mittelschichten für eine fiktive Lösung empfänglich.

278 [Ebd., S. 232 f.]

III.

Die Krise steigert noch diese Empfänglichkeit auf eine Art, die jenen Methoden den Weg bahnt, derer sich die totalitäre Propaganda zur Veränderung der psycho-physischen Struktur der Menschen bedient. Zunächst werden die verelendeten Schichten durch den Umstand, daß jeder »normale« Ausweg aus der Krise versperrt scheint, unter den Druck eines gleichsam naturgegebenen Terrors gesetzt, der die Zwecke des vom Faschismus und Nationalsozialismus bewußt Verwandten fördert. Der Hunger, dem keine Befriedigung winkt, der sich mit der Angst paart, ewig unbefriedigt zu bleiben, ist nicht nur der beste Koch, sondern auch der beste Illusionist. Individuen, Massen oder Völker, die von Panik ergriffen sind, pflegen sich an phantastische Versprechungen zu klammern und nicht viel danach zu fragen, durch welche Mittel die Rettung aus der Augenblicksnot bewerkstelligt werden soll. Der von den gesellschaftlichen Verhältnissen hervorgebrachte Terror mehrt die Bereitschaft, Illusionen für Realitäten zu halten.
Ferner weisen die durch die Nachkriegskrise angetriebenen Massen – das gilt besonders für Deutschland – schon von Haus aus Dispositionen auf, die sie zur bequemen Beute der totalitären Propaganda werden lassen. Ihr wesentliches Merkmal ist: daß sie hinsichtlich ihrer Klassenzugehörigkeit unsicher sind oder überhaupt kein ausgeprägtes Klassenbewußtsein besitzen. In dieser Lage verändern sich vor allem jene Teile der deutschen Mittelschichten, die dank der Krise neu heraufkommen, aber sich doch zum ersten Mal in ihrer Existenz bedroht fühlen, also die proletarisierten Angestellten, die ausgepowerten Kleinrentner, die ruinierten Selbständigen, die ehemaligen Offiziere, die Vertreter der überfüllten freien Berufe, die Akademiker, die Intellektuellen. Zum Unterschied von den ebenfalls in Bewegung geratenen Gruppen der Bauern, Beamten sind sie die eigentlichen Krisenprodukte. Breite Massen Deklassierter; sie bilden das erregende Ferment der Mittelschichten.
Wo sollen diese Massen hin? Was ihre Einstellung in Deutschland betrifft, so besteht kein Zweifel daran, daß sie sich zu einer antibürgerlichen Haltung bekennen. Gewiß stammen sie aus der Bourgeoisie, aber die Bourgeoisie hat sie über Bord geworfen. Ohne die ökonomischen Vorgänge zu durchschauen, denen ihre Notlage faktisch zuzuschreiben ist, verwerfen sie, die Symptome belastend, den Kapitalismus im allgemeinen, die Demonstrationen eines Reichtums, von dem sie ausgeschlossen sind, den Klassenkampf der Kapitalisten und die Republik,

die, wie ihnen dünkt, alles tatenlos geschehen läßt. »So kamen die Mittelschichten«, äußert sich Rosenberg schon über das Deutschland der Inflation, »zu der Überzeugung, daß die Republik an der Verwirrung schuld sei: die Republik erzeuge die Verarmung, das Schiebertum, die Korruption und die Zwietracht.«[279] Wie wenig sich diese exilierten Massen von der Bourgeoisie versprechen, beweist die Tatsache, daß ab 1930 die bürgerlichen Rechtsparteien trotz ihrer Feindschaft gegen die Demokratie immer mehr Wähler verlieren, die sich den Nationalsozialisten anschließen. Die Mittelschichten wissen sich im übrigen nicht nur ökonomisch und sozial von der Bourgeoisie preisgegeben, die ihnen selbst in Gestalt der Brüning-Diktatur keine Besserung bringt, sie sind auch geistig desillusioniert. Je schlechter das Großkapital seine Monopolansprüche ideologisch zu rechtfertigen vermag – die nationale Idee wird von ihm so strapaziert, daß sie kaum noch die nackten, materiellen Interessen deckt –, desto mehr verödet das Leben der herrschenden Schichten. Man fürchtet den Geist, der gleichbedeutend mit Kritik wäre; so weicht der Geist von den alten sozialen Höhenregionen und ihren Annexen zurück. Auf diesen Schwund des ideellen Prestiges der deutschen Bourgeoisie zielt Heidens Bemerkung hin, daß »der jungen bürgerlichen Intelligenz mit einem Mal die bürgerliche Welt fragwürdig, feindlich und hoffnungslos wird.«[280]

Verliefe die geschichtliche Entwicklung nach den Gesetzen der Logik, so wäre es eine Selbstverständlichkeit, daß sich die neuen Massen mit dem Proletariat vereinigen, dem sie durch ihre Verarmung, durch die Art ihrer Existenzbedingungen und durch die Unmöglichkeit eines sozialen Wiedereinstiegs faktisch zuzurechnen sind. Sie weigern sich aber deshalb, diesen Schluß aus den gegebenen Prämissen zu ziehen, weil die Arbeiterparteien ihrerseits, wie man gesehen hat, nichts versäumen, um das fällig gewordene Bündnis mit den Mittelschichten zu hintertreiben. »Es wäre aber ein Irrtum zu denken«, erklärt Silone, »daß das Kleinbürgertum historisch dazu verurteilt sei, immer gegen die arbeitenden Klassen anzugehen, und daß es nicht ein Verbündeter der sozialistischen Bewegung werden könne. Dieser Irrtum ist 1919 in Italien begangen worden [...]. Von allen Irrtümern ist das derjenige, der dem Faschismus am meisten zum Erfolg verholfen hat.«[281] Er wird auch in Deutschland begangen und verhindert hier die Führung des Proletariats daran, sich

279 [Ebd., S. 107.]

280 [Heiden, *Adolf Hitler.* Bd. 1, S. 66.]

281 [Silone, *Der Fascismus,* S. 283.]

rechtzeitig der neoproletarischen Massen anzunehmen, so daß man es diesen schwerlich verargen kann, wenn sie selber ihre Schicksalsgemeinschaft mit der Arbeiterschaft nicht erkennen.
Einer solchen Erkenntnis widersetzt sich überdies die durch Vererbung zur zweiten Natur gewordene bürgerliche Mentalität, die zu verleugnen – und gar noch um einer Chance willen zu verleugnen – für die Mittelschichten ein (lebensgefährliches) Wagnis bedeutete. Bei Gelegenheit eines Exkurses über die chinesische und indische Kultur glossierte Horkheimer in aufschlußreicher Weise die Zähigkeit derartiger alteingesessener Gehalte und Lebensformen: »Die Resistenzfähigkeit jener Kulturen kommt nicht in dem für die große Mehrzahl verkehrten Bewußtsein aller ihrer Angehörigen zum Ausdruck, nach welchen die spezifisch chinesische oder indische Form der Produktion die vorteilhafteste wäre. Wenn große Massen trotz ihrer entgegenstehenden Interessen an ihr festgehalten haben, so spielt dabei die Angst, ja die Unfähigkeit eine Rolle, aus der in die Seele jedes Individuums eingesenkten alten Glaubens- und Vorstellungswelt hinauszutreten. Ihre bestimmte Art, die Welt zu erleben [...], ist im Laufe der Jahrhunderte zu einem notwendigen Moment des Lebens dieser Gesellschaft geworden, ohne das nicht bloß von Resistenzfähigkeit der Gesellschaft überhaupt, sondern nicht einmal vom ungestörten Ablauf der unerläßlichen alltäglichen Verrichtungen mehr die Rede sein konnte.[282] [...]. Das relativ feste System eingeschliffener Verhaltensweisen, das sich bei den Menschen einer bestimmten Epoche und Klasse findet, die Art, wie sie sich aufgrund bewußter und unbewußter psychischer Praktiken an ihre Lage anpassen, diese unendlich differenzierte und immer wieder neu ausbalancierte Struktur von Vorlieben, Glaubensakten, Wertungen und Phantasien, durch die sich die Deutschen einer befriedeten sozialen Schicht mit ihren materiellen Verhältnissen und den Grenzen ihrer realen Befriedigungen abfinden, diese innere Apparatur, die trotz ihrer Kompliziertheit meistens den Stempel der Notdurft an sich trägt, wird in vielen Fällen bloß deshalb so festgehalten, weil das Heraustreten aus der alten Lebensgestalt, der Übergang zu einer neuen, besonders wenn diese eine erhöhte rationale Tätigkeit verlangt, Kraft und Mut, kurz eine große seelische Leistung erfordert.«[283] Wie hoch immer man auch die Macht der Trägheit einschätzt, sie ist nicht allein dafür verantwortlich zu machen, daß das Heer

282 [Horkheimer, »Theoretische Entwürfe über Autorität und Familie«, S. 15.]
283 [Ebd., S. 21.]

der Deklassierten sich gegen diese Leistung sperrt und weiter auf bürgerliche Begriffe und Vorstellungen fixiert bleibt, obwohl ihre durch seine eigene Existenz drastisch entkräftet werden. Einmal sind die von der Bourgeoisie abgetriebenen Massen außerstande, die humanistische Tendenz zu ermessen, die der revolutionären Doktrin innewohnt. Sie können ihrer ganzen Herkunft nach nicht begreifen, daß der Kollektivismus des Proletariats ein Notstandsphänomen ist, und fühlen sich durch den oberflächlichen Eindruck, den sie von ihm gewinnen, erst recht auf die bürgerliche Mentalität zurückgedrängt. Zum anderen umfaßt diese Mentalität Bestände, die noch nicht ausgeschöpft sind, und in der Beharrlichkeit, mit der die Mittelschichten etwa dem Begriff der Nation die Treue wahren, gibt sich unstreitig auch eine List der Vernunft kund.

»In der heutigen fortschrittlichsten Gesellschaft«, so schreibt Marx an Anne[n]kow über Proudhon, »ist der Kleinbürger aus seiner Stellung heraus einerseits sozialistisch, andererseits wirtschaftlich eingestellt, das heißt, daß er einerseits durch die Machtentfaltung des Großbürgertums geblendet wird, andererseits an den Leiden des Volkes teilnimmt. Er ist Bourgeois und Volk zugleich.«[284] Diese Bestimmung trifft auch auf die neuen mittelständischen Massen zu und macht es noch verständlicher, daß sie sich trotz ihrer Proletarisierung der klassenmäßigen Zuordnung zu entziehen suchen; was ihnen um so eher möglich ist, als sie nicht in den eigentlichen Produktionsprozeß verstrickt sind, sondern sich vorwiegend in der Sphäre der Administration und der Distribution bewegen. »Im Grunde rühmt er sich parteilos zu sein«,[285] heißt es in jenem Brief von Marx über den Kleinbürger. Eine siegreiche Revolution hätte die von der Krise angeschwemmten Massen zum Bewußtsein ihre Lage gebracht; das faktische Verhalten des Proletariats dagegen, das zwangsläufig ihre Niederlage heraufbeschwört, verfestigt in ihnen nur die Illusion, daß sie klassenmäßig exterritorial seien. Auf dem Fundament dieser durch die gegebenen Verhältnisse selber genährten Illusion baut sich das soziale Wunschbild der Mittelschichten auf. Im Einklang mit ihrer vermeintlichen Parteilosigkeit und aus dem Bedürfnis heraus, von ihren einstigen Privilegien zu retten, was immer sich retten läßt, erstreben sie nicht die Revolution, d. h. die reale Aufhebung der Klassen, sondern träumen von einer Versöhnung zwischen den Klassen durch eine

284 [Brief von Karl Marx an Pawel Wassiljewitsch Annenkow vom 28. 12. 1846. In: Marx/Engels, *Briefwechsel Mai 1846 bis Dezember 1848*. MEGA. Berlin: Akademie Verlag 1979, S. 665.] Kracauer zit. n.: Silone, *Der Fascismus*, S. 282.

285 [Ebd.]

schiedsrichterlich über der Nation waltende Macht. Bezeichnend für diese Schichten, daß sie sich an der Macht zu berauschen lieben; nur die Macht als solche kann in der Tat der sozialen Illusion Leben einhauchen. »Die Mittelschicht [...]«, formuliert Karfiol, »will von sich aus keinen Umsturz, sondern dem Staat die Funktion erteilen, durch regelnde Ordnung das Zusammenleben der Menschen zu erleichtern. Autoritativ muß er Beziehungen des Gegeneinander unter seinen Bürgern in solche des Zueinander verwandeln.«[286] Eine Konzeption, die vielfach mit der Sehnsucht nach dem zertrümmerten Kaiserreich und der alten Armee verschmilzt und insofern höchst real ist, als sie auch dem Zug zum Ganzen entspringt, das von den Links- und Rechtsparteien vernachlässigt wird. Die Täuschung, der sich die Mittelschichten hingeben, besteht lediglich darin, daß sie eine Staatsmacht für möglich halten, die wirklich neutral verfährt. Allerdings wird diese Täuschung durch die Konzentrationsbewegung des Kapitals begünstigt, in deren Verlauf das Eigentum mehr und mehr seine ausschlaggebende Bedeutung einzubüßen scheint. »Als Ausdruck struktureller Veränderung«, bemerkt Karfiol, »ist die Lösung des Kapitals von der Person des Besitzers anzusehen. Er wird nicht mehr gefragt, ob er mit der Verwendung zufrieden ist, das Kapital arbeitet um seiner selbst willen. An die Stelle der Einzelunternehmungen sind die Gesellschaften getreten, an die Stelle der Einzelunternehmer leitende Beamte, die die Führung an sich gerissen haben und deren Streben in erster Linie auf Macht gerichtet ist.«[287] Der Funktionswandel des Eigentums verstärkt begreiflicherweise den Glauben der neuen Massen an ihre Fähigkeit, eine konstruktive Mittlerrolle zu spielen.

Anders geartet ist die Situation in Italien. Hier kommt es nicht wie in Deutschland zur Aussonderung mittelständischer Massen, die sich gleich sehr von der Bourgeoisie und vom Proletariat distanzieren und auf ihre Parteilosigkeit pochen; vielmehr werden die ländlichen und städtischen Mittelschichten Italiens durch die Fabrikbesetzungen und das ganze Vorgehen der Gewerkschaften, der Genossenschaften und sozialistischen Gemeindeverwaltungen von vornherein zur Abwehr des organisierten Sozialismus bestimmt. »Der Mittelstand hatte [...] nicht [...] das Gefühl«, schreibt Historikus, »daß er zusammen mit den Arbeitern gegen Kapitalisten und Schieber kämpfen müsse. Sondern er sah in

286 [Rosi Karfiol, »Mittelstandsprobleme«, S. 47.]
287 [Rosi Karfiol, »Mittelstandsprobleme«, S. 8.]

der organisierten Arbeiterschaft so etwas wie eine selbstsüchtige Oligarchie, die nur für sich selbst und ihre Führer immer höhere Löhne herauspressen will, und zwar auf Kosten der Allgemeinheit, des Steuerzahlers, vor allem des Mittelstandes selbst. So begann der italienische Intellektuelle, Kaufmann, Beamte, Handwerker allmählich daran zu glauben, daß die organisierten Sozialisten die Volksverräter seien. So entstand die Wut gegen die ›Bonzen‹ [...] und gegen die Streikspezialisten. So entstand in den Mittelschichten eine direkte Freude am Streikbruch und der Wille, sich an den Roten zu rächen.«[288] Die Mittelschichten Italiens kämpfen im bürgerlichen Lager. Ungeachtet dieser Stellungnahme, die überdies infolge der Entwicklungsfähigkeit des norditalienischen Industrialismus nicht durchaus rückschrittlich ist, stimmt zumindest die städtische Avantgarde der Mittelschichten Italiens mit den proletarisierten deutschen Massen in einem entscheidenden Punkte überein: sie sind klassenmäßig keineswegs sattelfest. In den Fasci findet sich eine auffällig große Zahl von Studenten, Akademikern und Intellektuellen. Sie alle beabsichtigen gewiß nicht, das Finanzkapital zu verteidigen, sondern sind wie die entsprechenden deutschen Gruppen an der Aufrichtung einer Macht interessiert, die den Klassenausgleich bewirkt. »Sehr fein bemerkt Luigi Salvatorelli«, so heißt es bei E.[rwin] von Beckerath, »die Mittelschicht [...] habe aus Mangel an Zusammenhalt ihren Klassenkampf so geführt, daß sie die Idee der Klasse verneinte und dafür den starken Staat forderte. Ein kräftiger patriarchalischer Staat sollte das kleine und mittlere Bürgertum vor Unternehmern und Kapitalisten, vor allem aber vor den Arbeitern schützen und als weiser und gerechter Richter dem sozialen Kampfe für immer ein Ende bereiten.«[289] Hauptsächlich die Schichten der Arbeitslosen und der Jugend, die sich in Deutschland herausbilden und hier einen kaum zu überschätzenden Einfluß erlangen, sind den Mittelschichten, aus denen sie sich zum größeren oder geringeren Teil rekrutieren, darin verwandt, daß sie jedes betonten Klassenbewußtseins ermangeln. Heinrich Regius widmet in seinem erwähnten Buch »*Dämmerung. Notizen in Deutschland*« dem Prozeß, der während der Krise zur Abtrennung des arbeitslosen Proletariats vom Klassenbewußtsein führt, eine interessante Betrachtung, die an die Feststellung anknüpft, daß sich früher die unbeschäftigten Arbeiter genauso als Vertreter ihrer Klasse fühlten wie die beschäftigten.

288 [Rosenberg, *Der Faschismus als Massenbewegung*, S. 35.]

289 [Beckerath, *Wesen und Werden des fascistischen Staates*, S. 35. Beckerath bezieht sich auf: Luigi Salvatorelli, *Nazionalfascismo*. Turin: Einaudi 1925, S. 19.]

»Heute paßt der Name des Proletariats als einer Klasse, welche die negative Seite der gegenwärtigen Ordnung [...] erfährt, so verschieden auf ihre Bestandteile, daß die Revolution leicht als [eine] partikulare Angelegenheit erscheint. Für die beschäftigten Arbeiter, deren Lohn und langjährige Zugehörigkeit zu Gewerkschaften und Verbänden eine gewisse, wenn auch geringe Sicherheit für die Zukunft ermöglicht, bedeuten alle politischen Aktionen die Gefahr eines ungeheuren Verlustes. Sie, die regulären ordentlichen Arbeiter, befinden sich im Gegensatz zu jenen, die auch noch heute nichts zu verlieren haben als ihre Ketten. Zwischen den in Arbeit stehenden und den nur ausnahmsweise oder vielmehr gar nicht Beschäftigten gibt es heute eine ähnliche Kluft wie früher zwischen der gesamten Arbeiterklasse und dem Lumpenproletariat. Heute ruht der eigentliche Druck des Elends immer eindeutiger auf einer sozialen Schicht, deren Mitglieder von der Gesellschaft zu völliger Hoffnungslosigkeit verdammt sind. Arbeit und Elend treten auseinander, sie werden auf verschiedene Träger verteilt [...] der Typus des tätigen Arbeiters ist nicht mehr kennzeichnend für die, welche am dringendsten einer Änderung bedürfen. Es vereinigt vielmehr eine bestimmte untere Schicht der Arbeiterklasse, ein Teil des Proletariats immer ausschließlicher das Übel und die Unruhe des Bestehenden in sich. Diese unmittelbar und am dringendsten an der Revolution interessierten Arbeitslosen besitzen aber nicht wie das Proletariat der Vorkriegszeit die Bildungsfähigkeit und Organisierbarkeit, das Klassenbewußtsein und die Zuverlässigkeit der in der Regel doch in den kapitalistischen Betrieb Eingegliederten. Diese Masse ist schwankend.«[290] Zum Pariadasein verurteilt, fluktuiert sie tatsächlich zwischen Kommunisten und Nationalsozialisten, die beide die besondere Anfälligkeit der Arbeitslosen für extreme Versprechungen zu nutzen wissen. Wenn die totalitären Bewegungen das Übergewicht erlangen, so ist ihr Sieg nicht zuletzt dem Umstand zuzuschreiben, daß sie den psycho-physischen Einwirkungen ihrer Propaganda durch materielle Hilfe einen größeren Nachdruck verleihen. Zahlreiche proletarische Arbeitslose schlagen sich deshalb zum Faschismus und Nationalsozialismus, weil sie als Schwarz- und Braunhemden ausgehalten werden. Hinter Mussolini stand nach Historikus »ein erheblicher Teil der Arbeitslosen, der in den Stoßtrupps Erwerb und Betätigung gefunden hatte.«[291] Und Goebbels versichert: »die S.A.

290 [Horkheimer (Heinrich Regius), *Dämmerung. Notizen in Deutschland*, S. 123.]
291 [Rosenberg, *Der Faschismus als Massenbewegung*, S. 38.]

setzte sich [...] in der Hauptsache aus proletarischen Elementen zusammen; und unter diesen stellten die Arbeitslosen das Hauptkontingent.«[292] Zu berücksichtigen ist ferner, daß sich in den Reihen der Arbeitslosen die verschiedensten Schichten zusammenfinden; die Arbeitslosen sind schon von Natur aus jene Straßenmassen, deren die totalitäre Propaganda zur Erzielung ihrer Effekte bedarf. »In der S. A.«, so hebt Rosenberg hervor, »trafen sich stellungslose Akademiker und erwerbslose Proletarier, darunter viele frühere utopisch-radikale Kommunisten, mit den alten Freikorpsführern. In der S. A. lebte der Geist der Schwarzen Reichswehr von 1923, verbunden mit gewissen unklaren sozialistischen Ideen.«[293] – Wird das Klassenbewußtsein der proletarischen Arbeitslosen dadurch geschwächt, daß sie zu lange aus dem Produktionsprozeß ausgeschaltet bleiben, so darf die Jugend aller Schichten nicht einmal hoffen, ihm je einverleibt zu werden; desto mehr distanziert sie sich von den gegebenen Klasseninteressen. Dieses erzwungene Outsidertum aber verwandelt sie in eine eigene soziale Schicht, drängt ihr das den deklassierten Mittelschichten gemäße Wunschbild der Klassenversöhnung durch eine übergeordnete Macht auf und sorgt schließlich dafür, daß sich die jugendliche Mentalität staut und verfestigt. Welche Eigenschaften sind für die Jugend charakteristisch? Illusionsfähigkeit, romantisches Schwärmen, Abenteuerlust, Verlangen nach Rebellion und Autorität zugleich, Opferbereitschaft, Aktivitätsdrang, der die Bewegung an sich bejaht und jedes wohldefinierte Ziel als unzulässige Begrenzung empfände [...]. Kurz: Man kann schlechterdings nicht verkennen, daß dank dieser von der Krise scharf herausgearbeiteten Mentalität die Jugend zum vorbestimmten Objekt der totalitären Propaganda gedeiht. Das Bedürfnis nach Regression treibt den Faschismus und den Nationalsozialismus von sich aus zur Jugend hin und heißt sie die Eigentümlichkeiten des jugendlichen Zustandes überhöhen; hieraus folgt, daß sich umgekehrt auch die Jugend im Faschismus und Nationalsozialismus wiederbegegnen muß. Im übrigen ist durch die Jugendbewegung die deutsche Jugend bereits in einer Weise vorgeformt worden, die der Hitler-Propaganda ihre Erfassung mehr als erleichtert.

292 [Goebbels, *Kampf um Berlin.* Bd. 1, S. 98.]
293 [Rosenberg, *Geschichte der Deutschen Republik*, S. 232.]

IV.

Die Nachkriegskrise schafft also von sich aus eine Reihe günstiger Vorbedingungen für das Eingreifen der totalitären Propaganda – Vorbedingungen, die deshalb unerläßlich sind, weil diese Propaganda, wie jede andere Propaganda auch, niemals verfangen könnte, wenn sie nicht wenigstens zu Beginn ihrer Werbetätigkeit an irgendeiner Stelle auf empfängliche Massen stieße. Um Terrain zu erobern, muß sie ein Terrain zum Starten haben.

Der Nationalsozialismus hat die Chance, Massen aufzufinden, die bereits ohne besondere propagandistische Bearbeitung zur Identifizierung ihres Wunschbildes mit seinen ursprünglichen Konzeptionen neigen. Von nihilistischem Machtwillen beseelt, erstrebt die dem Krieg entstammende nationalsozialistische Clique unter der Flagge der nationalen Idee die Herstellung des größtmöglichen Machtapparats, der die Vereinheitlichung der Nation, d. h. die Unterdrückung des Klassenkampfes zur Voraussetzung hat: Die deklassierten Mittelschichten und die Jugend, die sich klassenmäßig nicht einordnen lassen, bejahen in der Forderung des Klassenausgleichs den Zug zum Ganzen der Nation, auf deren Größe sie notwendig ihre Hoffnungen gründen. Nichts könnte ihnen mehr aus dem Herzen gesprochen sein als die Worte, die Hitler am 10. Mai 1933 auf dem Kongreß der Deutschen Arbeitsfront über den Klassenkampf formuliert: »In diesem Kampf werden manches Mal die einen siegen, manches Mal die anderen. In beiden Fällen wird die geformte Nation den Kampfpreis bezahlen [...].«[294] Diese neuen Massen, zu denen auch die Arbeitslosen zählen, fühlen sich nicht nur vom organisierten Proletariat, sondern auch von der besitzenden Bourgeoisie abgestoßen und sind daher auf ihre Weise revolutionär gestimmt: so glauben sie sich durch den Nationalsozialismus bestätigt, der im Interesse des Massenfangs mit der nationalen Parole die sozialistische verkoppelt. Gerade die Verknüpfung der zwei Begriffe entzündet die proletarisierten Schichten, denn sie scheint sowohl ihrer antikapitalistischen wie ihrer antimarxistischen Einstellung gerecht zu werden. Nationalsozialistischer Machtwille drängt zur Realisierung des Autoritätsprinzips: Die Mittelschichten wissen instinktiv, daß eine Klassenversöhnung im Rahmen des herrschenden Wirtschaftssystems allein durch unbeschränkte Autorität erzwungen und aufrechterhalten zu werden vermag. Kurz, die

294 [Feder (Hrsg.), *Die Reden Hitlers als Kanzler*, S. 39.]

nationalsozialistischen Tendenzen decken sich allem Anschein nach so vollständig mit den Vorstellungen der Mittelschichten, daß, wie Münzenberg erwähnt, »in gewissen sozialistischen Kreisen ernsthaft diskutiert wurde, ob der Nationalsozialismus die politische Bewegung des Kleinbürgertums sei.«[295] Es ist auch kein Zufall, daß Hitler zuerst und in der Hauptsache an die verschiedensten kleinbürgerlichen Gruppen gerät.

Die gesunkenen Mittelschichten bilden die natürliche Basis des Nationalsozialismus. Freilich sind sie damit noch nicht für ihn gewonnen. Ihre Eroberung hängt vielmehr davon ab, daß sie den Eindruck erhalten, der Nationalsozialismus beseitige ihre Nöte. Angestellte, Jugendliche, Erwerbslose – jede Gruppe stellt eigene Ansprüche, die von der nationalsozialistischen Propaganda berücksichtigt zu werden verlangen. Kann sich die Propaganda mit der Erfassung dieser ihr schon von selbst geöffneten Schichten begnügen? Sie bliebe hinter ihrer Mission zurück, wenn sie nicht zugleich die an das Parteiensystem gebundenen Massen und Kräfte zu kapern versuchte. Die Entwertung der Parteien und die von der Krise erzeugte Angst erleichtern ihr einen solchen Versuch insofern, als sie die starre Beziehung zwischen Interessen und Idee aufzuweichen beginnen. Aber mag sich die Propaganda noch so ausgiebig sämtlicher Methoden der Meinungsbeeinflussung bedienen, um auch die spröderen Massen zu meistern – ehe sie nicht über das Maß von Gewalt verfügt, das ihr die wirkliche Durchführung jener Methoden gestattet, muß sie den unabhängig von ihr bestehenden Meinungen Rechnung tragen. Im demokratischen Raum, den sie zunächst durchmißt, unterliegt sie dem Zwang, durch bestimmte Inhalte zu überzeugen. Da nun die totalitäre Propaganda nur die paar Bindungen eingeht, die im unmittelbaren Machtinteresse geboten sind, und sich im übrigen allen Inhalten gegenüber nur nihilistischer Indifferenz befleißigt, empfindet sie nicht die geringste Scheu, ihre Beutezüge in der Weise vorzunehmen, daß sie sich den Eigentümlichkeiten der jeweils von ihr bearbeiteten gesellschaftlichen Materie weitgehend anpaßt. »Ich kann keinen Menschen von der Notwendigkeit einer Sache überzeugen«, meint Goebbels, »wenn ich es nicht verstehe, auf der Harfe seiner Seele *die* Saite anzuschlagen, die zum Klingen gebracht werden muß.«[296] Oder er versichert anläßlich eines Rückblicks auf den *Angriff*: »Wir schrieben bewußt so,

295 [Münzenberg, *Propaganda als Waffe*, S. 33.]
296 [Goebbels, *Revolution der Deutschen*, S. 138.]

wie das Volk empfindet, nicht um dem Volk zu schmeicheln oder ihm nach dem Munde zu reden, sondern um es unter Gebrauch seines eigenen Jargons allmählich auf unsere Seite zu ziehen und dann systematisch von der Richtigkeit unserer Politik und Schädlichkeit der unserer Gegner zu überzeugen.«[297]
Bei den verarmten Mittelschichten bringt die nationalsozialistische Propaganda schlechterdings alle Saiten zum Klingen. Sie verheißt den Depossedierten in Punkt 16 des Programms die Schaffung und Erhaltung eines gesunden Mittelstands, die Kommunalisierung der Warenhäuser, die Vergebung staatlicher Aufträge an die kleinen Gewerbetreibenden.[298] Sie zollt dem Standesbewußtsein der Deklassierten ihren Tribut, feiert die Persönlichkeit auf eine Art, die schon halb für die verlorengegangene soziale Position entschädigt und bis in die Kreise der leitenden Beamten hinein Entzücken erregt, und wird nicht müde, sich als den Inbegriff bürgerlicher oder kleinbürgerlicher Mentalität zu gebärden. »Die Frau ist von Natur und Schicksal die Lebensgefährtin des Mannes«,[299] heißt es im Wahlaufruf der NSDAP zu den Präsidentenwahlen 1932. »Beide sind dadurch aber nicht nur Lebens-, sondern auch Arbeitsgenossen [...]. Über dem Zwang zur gemeinsamen Arbeit steht über Mann und Frau noch die Pflicht, den Menschen selbst zu erhalten [...] Es ist daher die höchste Aufgabe, den beiden Lebensgefährten und Arbeitsgenossen auf der Welt die Bildung der Familie zu ermöglichen. Ihre endgültige Zerstörung würde das Ende jedes höheren Menschentums bedeuten [...]. Sie ist die kleinste, aber wertvollste Einheit im Aufbau des ganzen Staatsgefüges.«[300] Hierher gehört auch der Kampf gegen die Abtreibung, der Hymnus auf die kinderreiche Familie, die Rechtfertigung des Eigentums. Gottfried Feder bemerkt in seiner Schrift: *»Das Programm der NSDAP«*, es wachse aus »dem richtig verstandenen Arbeitsbegriff notwendigerweise die Anerkennung des Privateigentums heraus.«[301] Das hindert ihn nicht, an einer anderen Stelle derselben

297 [Goebbels, *Kampf um Berlin*. Bd. 1, S. 200.]

298 [Vgl. das 25-Punkte-Programm der NSPAD vom 24. 2. 1920. In: Feder, *Das Programm der NSDAP und seine weltanschaulichen Grundgedanken*. München: F. Eher 1934, S. 17-21.]

299 [Hitler, NSPAD-Aufruf zur Wahl am 31. 7. 1932.] Kracauer zitiert laut Manuskript nach: Wilhelm Reich, *Die Massenpsychologie des Faschismus*. Köln: Kiepenhauer & Witsch 1986, S. 74.]

300 [Ebd.]

301 [Feder, *Das Programm der NSDAP und seine weltanschaulichen Grundgedanken*, S. 46.]

Schrift zu erklären: »Der Nationalsozialismus ist eine Weltanschauung, die in schärfster Opposition zu der heutigen Welt des Kapitalismus und seiner marxistischen und bürgerlichen Trabanten steht«,[302] denn auch der revolutionäre Drang der proletarisierten Mittelschichten, der Arbeitslosen und der Jugend muß befriedigt werden. Dieser Punkt 13 des Programms, der die Verstaatlichung aller bereits vergesellschafteten Betriebe fordert;[303] daher die Übernahme revolutionärer Melodien und die vielen anderen Anleihen bei der kommunistischen Agitation. »Aus Gesprächen mit nationalsozialistischen Parteigängern und Mitgliedern der S.A.«, schreibt Reich, »geht eindeutig hervor, daß die revolutionäre Einkleidung des Nationalsozialismus der entscheidende Faktor in der Gewinnung dieser Massen ist.«[304] Es versteht sich von selbst, daß auch die Jugend materialgerecht bearbeitet wird.

Obwohl die nationalsozialistische Propaganda das organisierte Proletariat kaum erreicht, läßt sie doch ihm gegenüber nicht locker. Gregor Strassers Anstrengungen in der Zeit der Scheinprosperität sind zum großen Teil darauf gerichtet, die Arbeiterschaft aus ihren Parteien herauszulösen. »Die Kommunistische Partei«, sagt er 1925, »ist die Partei des orthodoxen Marxismus; sie teilt als solche [...] alle Kennzeichen des Marxismus: seine Volksfeindlichkeit [...]; seine dogmatische Verranntheit des Kampfes gegen den Wert der Persönlichkeit und vor allem seine [...] Geschichtsauffassung. Dagegen soll zugegeben werden, daß jene deutschen Arbeiter, die dieser Partei anhängen, mit die wertvollsten Kräfte des deutschen Volkes darstellen, weil sie fähig und gewillt sind, für ihre Sache [...] Opfer zu bringen.«[305] Beteuerungen, die häufig in die plumpesten Schmeicheleien ausarten. Goebbels redet die Berliner Arbeiter mit den Worten an: »Steht auf, ihr jungen Aristokraten eines neuen Arbeitertums! Ihr seid der Adel des Dritten Reichs!«[306] Und auch Reinhold Muchow, der Gründer der nationalsozialistischen Gewerkschaftsbewegung, erhebt kurzerhand »die Arbeiter zur herrschenden Schicht des neuen Staates.«[307] Welche Verachtung im übrigen Muchow

302 [Ebd., S. 62.]

303 [Vgl. Feder, ebd., S. 19.]

304 [Reich, *Massenpsychologie des Faschismus*, S. 103.]

305 [Strasser, »Wir und die Agrarzölle«. In: Ders., *Kampf um Deutschland*, S. 49-72, Zitat S. 65.]

306 [Goebbels, *Der unbekannte S.A.-Mann.* Ein guter Kamerad der Hitler-Soldaten. München: F. Eher 1934, S. 31.]

307 Kracauer zitiert Muchow nach: Heiden, *Adolf Hitler*. Bd. 1, S. 253.

für die Arbeiter hegt, verraten die in seinem 1931 erschienenen Buch »*Propaganda im Betrieb*« enthaltenen Sätze: »Für die heutigen großen Schicksalsfragen des deutschen Volkes zeigt der Arbeiter in seiner großen Mehrheit kein Interesse. Dank einer langjährigen marxistischen Erziehung bewegt sich sein Denken lediglich um 4 Gegenstände: ›Arbeitszeit‹, ›Lohn‹, ›Nahrung‹ und ›Wohnung‹.«[308] – Das durch die Inflation entschuldete Bauerntum gerät seit dem Wiederbeginn der Krise in eine immer verzweifeltere Lage, die es zu Akten der Rebellion gegen das »System« treibt und wird so zu einem besonders dankbaren Objekt der nationalsozialistischen Propaganda. Sie verspricht ihm, was es begehrt: Sistierung der Zwangsversteigerungen, staatliche Mindestpreise, und lobt natürlich wie die Arbeiter so auch die Bauern über den Klee. In dem erwähnten Wahlaufruf zu den Präsidentenwahlen proklamiert Hitler: »Ich sehe [...] in der Erhaltung und Förderung eines gesunden Bauerntums den besten Schutz gegen soziale Erkrankungen sowohl als gegen das rassische Verkommen unseres Volkes.«[309] Und 1933 sagt er: »Das Bauerntum ist die Grundlage des Volkes. Das deutsche Volk kann ohne Städte leben; ohne Bauern kann es nicht leben.«[310]
Es bleiben die Kapitalisten, in deren Seelenharfe die nationalsozialistische Propaganda mit einem Ungestüm greift, zu dem sie Finanzierungsgründe zwingen. Hitler setzt alles daran, um die großkapitalistischen Kreise zurückzuerobern, die sich in den Jahren der ausländischen Anleihen von ihm [ab]gewandt haben. Er manifestiert gegen Lohnerhöhungen in der Absicht, die präsumptiven Geldgeber über sein positives Verhältnis zum Privateigentum aufzuklären, die unpopuläre Kampagne gegen die Fürstenenteignung und lädt die rheinischen und westfälischen Industriellen zu Vorträgen ein, in denen er unter anderem den Großunternehmer als den Typus preist, der Kraft seiner höheren Rasse zur Führung berufen sei. Dem Zauber dieser Vorkehrungen erliegt vor allem die bankrotte Schwerindustrie, die Staatsaufträge erhofft, im revolutionären Teil der Propaganda nichts weiter als einen Köder für die

308 [Reinhold Muchow/Die Deutsche Arbeitsfront Gau München-Oberbayern (Hrsg.), *Die politische Propaganda im Betrieb*. München 1940, S. 8.]

309 [Adolf Hitler, Aufruf zur Wahl vom 5. 4. 1932. In: *Reden, Schrifen, Anordnungen. Bd. 5: Februar 1925 bis Januar 1933*. Hrsg. vom Institut für Zeitgeschichte München. München: Saur 1996, S. 11.]

310 [Adolf Hitler, Rede am 5. 4. 1933 in Berlin.] Kracauer zitiert laut Manuskript nach: Heiden, *Adolf Hitler*. Bd. 1, S. 253.

Massen erblickt und von der zukünftigen Diktatur erwartet, daß sie die sozialistischen Tendenzen auch in den eigenen Reihen liquidiert.

Durch diese ungehemmte Anpassung an die Glaubensinhalte und Wunschträume der verschiedenen Bevölkerungsschichten verwickelt sich die nationalsozialistische Propaganda in eine Menge von Widersprüchen, deren einige sich scharf zuspitzen. Der zwischen ihrem revolutionären Gebaren und ihrer Bemühung um die finanzkräftige Oberschicht ist deshalb nur schwer tragbar, weil viele Anhänger der Partei von echter sozialistischer Gesinnung erfüllt sind; unter ihnen die Brüder Strasser, die von Hitler abgehalftert werden. Hitler weiß, was er tut. Der Nationalsozialismus erstrebt ja keineswegs die revolutionäre Lösung des Klassenkampfes; er will die Klassen tilgen, damit sich die Nation vereinheitlicht und zum brauchbaren Werkzeug seiner Machtbegierde wird. Und wenn er sich für die heterogensten Überzeugungen einsetzt, so können nur die von der einen oder anderen Meinung wirklich Überzeugten wähnen, daß er sich mit irgendeiner Überzeugung identifiziere; in Wahrheit soll sein Verhalten lediglich Massen aus allen Lagern anlokken. Selbstverständlich wächst der nationalsozialistischen Propaganda auch die Aufgabe zu, die unbequemen Folgen dieses Verhaltens nach Möglichkeit zu beseitigen; das heißt, sie muß die oft unvereinbaren Inhalte, denen sie sich verschreibt, auf einen Nenner zu bringen trachten, und die eklatanten Widersprüche, in die sie verfällt, aus dem Bewußtsein verdrängen. Von der Krise unterstützt, gelingt es ihr – wenn auch nicht immer und überall –, den hierfür erforderlichen Impulsen und Ideen-Montagen mittels der Methoden des Terrors und der künstlichen Massenerzeugung die nötige Suggestionskraft zu verleihen. Geboten ist die Überbelichtung des Gemeinsamen, Verbindenden: auf sie zielen jene bekannten Definitionen, die den Sozialismus als Dienst am Volk oder als »Verantwortungsbewußtsein der Nation gegenüber«[311] (Goebbels) hinstellen. Nicht minder direkt etwa die Anweisungen Muchows an seine Propagandisten. »Man dürfe nie vergessen«, erklärt Muchow, »daß über den täglichen Sorgen des Arbeiters viel Größeres steht: Beseitigung der Tribute, Raumfrage, völkischer Behauptungswille. Jede Propaganda also, die von der Magenfrage des Arbeiters ausgeht, muß unweigerlich in ein Bekenntnis dieser Schicksalsgemeinschaft aller im Volk und für das Volk ausmünden.«[312] Wie diese Vorschrift zeigt, verfährt die

311 [Goebbels, *Kampf um Berlin.* Bd. 1, S. 17.]

312 [Reinhold Muchow/Die Deutsche Arbeitsfront Gau München-Oberbayern (Hrsg.), *Die politische Propaganda im Betrieb*, S. 8.]

nationalsozialistische Propaganda auch so, daß sie alle Blicke auf Widersacher lenkt, die faktisch oder angeblich das Leben des Ganzen bedrohen. Nicht genug damit, daß sie den Versailler Vertrag, Locarno und den Dawesplan bekämpft, stempelt sie [auch] die Bolschewisten und Juden zu teuflischen Feinden. Eine unaufhörliche Hetze, deren Zweck darin besteht, elementare Leidenschaften zu erregen und diese gegen äußere Objekte zu richten. Je größer die an solche Objekte fixierte Wut ist, desto weniger sind die geblendeten Massen dazu imstande, die Widersprüche der Propaganda zu beachten, um ganz davon zu schweigen, daß sie durch die in ihnen gezüchtete Wut auch zusammengekittet werden. Der Rassenwahn, der den Judenhaß unterbaut, läßt ihnen die Zerklüftung als Décadence und die Einheit als naturgewollt erscheinen.
Da die Aggressivität der italienischen Arbeiter-Organisationen und der Stand der kapitalistischen Entwicklung in Italien von vornherein eine latent antisozialistische Haltung der italienischen Mittelschichten bewirken, kann Mussolini nicht wie Hitler nach zwei Seiten arbeiten, sondern ist dazu gezwungen, sukzessive-dynamisch vorzugehen. Die Ambivalenz der proletarisierten deutschen Massen gestattet es Hitler, *gleichzeitig* im revolutionären und im gegenrevolutionären Lager Fuß zu fassen; im Falle Mussolinis verwandelt sich die Gleichzeitigkeit in ein Nacheinander. Kaum hat er erkannt, daß sich das Proletariat auf dem Rückzug befindet und an einen Sieg der nationalistisch-syndikalistischen Arbeitergruppen, von denen aus er startet, nicht zu denken ist, so macht er gemeinsame Sache mit den Agrariern, die zur Liquidierung der bolschewistischen Bauernverbände auf die direkte Aktion angewiesen sind. Später verbreitert er dann noch die Bewegung durch sein Bündnis mit den städtischen Mittelschichten und der Industrie. Lauter unvermittelte Wendungen; ihrer Schroffheit entspricht die des Bruchs mit dem Parteiprogramm, das er nach dem Marsch auf Rom brüsk verleugnet. Während Hitler dem von seinem Machtwillen produzierten Begriff des Volks dadurch den Schein der Substanz verleihen kann, daß er auf breite Schichten geschwächten Klassenbewußtseins stößt, die gleichsam das Volk als solches darstellen oder doch ahnen lassen, hat Mussolini – abgesehen von einer nationalistisch gestimmten Avantgarde Intellektueller – derartige Schichten nicht zur Verfügung und enträt daher der Möglichkeit, seinen Traum vom totalen Staat sofort substantiell zu repräsentieren; woraus sich ergibt, daß er tatsächlich eine Schicht nach der anderen mitreißen muß, um sich schließlich alle zu unterwerfen. Die Bewegung selber ist bei ihm Substanz. Folgende Gegenüberstellung verdeutlicht den

durch die Verhältnisse bedingten Unterschied zwischen der deutschen und der italienischen Propaganda. Von jener sagt Reich: »Der Nationalsozialismus bediente sich gegenüber den verschiedenen Schichten verschiedener Mittel und machte, je nach der sozialen Schicht, die er gerade brauchte, verschiedene Versprechungen.«[313] Über den Faschismus dagegen heißt es bei Silone: »In jeder seiner Entwicklungsphasen hat er eine entsprechende Ideologie geschaffen.«[314] Genauso wie der nationalsozialistischen Propaganda [ob]liegt es natürlich der faschistischen, die Gegensätze und Widersprüche wegzuzaubern, die im Verlauf der sukzessiven Eroberung der Massen aufgewirbelt werden. Sie bewältigt, von Beckerath zufolge, das Problem, »trotz des Bündnisses mit der Mittelschicht, die Arbeiter bei der Stange zu halten«[315]; sie verhindert, worauf ebenfalls von Beckerath hinweist, die Spaltung der in sich ungleichartigen Mittelschichten selber durch die geflissentliche Verschwommenheit ihres politischen, sozialen und wirtschaftlichen Programms.

Ist auch die totalitäre Propaganda bis zur Machtergreifung noch an die Beschränktheiten der gesellschaftlichen Materie gebunden, so entfaltet sie sich doch schon immer unabhängig von den naturgegebenen Bedingungen, denn die nationalsozialistischen und die faschistischen Bewegungen wachsen sich in der Epoche des Kampfes zu mächtigen Gebilden aus, und von einer gewissen Schwelle ab beginnt diese Macht eine Attraktion auszuüben, die nun ihrerseits den vorhandenen Widerständen mehr und mehr entgegenarbeitet. Hitlers Wahlerfolge seit 1930 sind auch Zeugnisse seiner Macht.

G.

I.

Aus dem Gesetz, nach dem der Faschismus und Nationalsozialismus angetreten sind, folgt zwangsläufig, daß die von ihnen zur Eroberung der Macht inszenierte Propaganda nach der Machtergreifung nicht aufhören kann. Identifizierten sich die beiden Bewegungen mit einem realen gesellschaftlichen Interesse, so müßte ihr Sieg nicht so sehr die Fortführung als vielmehr den Abbau der Propaganda bewirken; denn die Befrie-

313 [Wilhelm Reich, *Massenpsychologie des Faschismus*, S. 53.]

314 [Silone, *Der Fascismus*, S. 252.]

315 [Beckerath, *Wesen und Werden des fascistischen Staates*, S. 23.]

digung eines solchen Interesses spräche für sich selber, und es bedürfte nicht der totalen Meinungsbeeinflussung, um ihnen Anerkennung zu verschaffen. Sollte die Propaganda Moskaus in der Sowjetunion totalitäre Formen angenommen haben, so wäre das ein Zeichen des Rückzugs des Regimes von seiner ursprünglichen Konzeption. Zweifellos können und werden die unweigerlich verkannten totalitären Bewegungen doch dem einen oder anderen gesellschaftliche Interesse Genüge leisten, das auf ihrem Weg liegt; aber ihr Handeln ist nicht durch derartige Interessen bedingt, sondern gründet sich voraussetzungsgemäß auf einen dem Krieg entstammenden nihilistischen Machtwillen, der sich mit keinem sozialen Interesse dauernd zu verbinden braucht. Da sich also die Machthaber immer wieder dazu genötigt sehen, vorhandene Interessen zu manipulieren und zu verleugnen, und da sie ferner ebenfalls voraussetzungsgemäß der im Krieg gemachten Erfahrung Rechnung tragen, daß sich Macht nicht allein durch Gewalt erkämpfen und behaupten läßt – Goebbels versichert 1933: »Die nationale Regierung hat nicht die Absicht auf den Bajonetten zu sitzen«[316] –, sind alle ihre Akte notwendigerweise von Propaganda begleitet, zugleich selber Propaganda. Die Propaganda ist nicht nur ein nur gelegentlich von den modernen Diktaturen benutztes Mittel, sie ist im Fundament dieser Diktaturen verankert.

Und statt nach der Machtergreifung an Gewicht einzubüßen, wird sie von diesem Zeitpunkt an effektiv totalitär. »Ich sehe in der Einrichtung des neuen Ministeriums, Volksaufklärung und Propaganda, insofern eine revolutionäre Regierungstat«, sagt Goebbels in seiner Rede vor der Presse am 16. März 1933, »als die neue Regierung nicht mehr die Absicht hat, das Volk sich selbst zu überlassen.«[317] Aber er äußert auch: »Wenn diese Regierung entschlossen ist, niemals zu weichen [...], dann wird sie auf die Dauer nicht damit zufrieden sein können, 52 Prozent hinter sich zu wissen, um damit die übrigbleibenden 48 Prozent zu terrorisieren, sondern sie wird ihre nächste Aufgabe darin sehen, die übriggebliebenen 48 Prozent für sich zu gewinnen.«[318]

Dem in sie eingepflanzten Impuls gehorchend, betreiben die Diktaturen

316 [Goebbels, *Revolution der Deutschen*, S. 140.]

317 [Goebbels, Presseerklärung zur Errichtung des Reichsministeriums für Volksaufklärung und Propaganda in Berlin vom 15. 3. 1933. In: Wolfgang Michalka (Hrsg.), *Deutsche Geschichte 1933-1945. Dokumente zur Innen- und Außenpolitik*. Frankfurt a. M.: Fischer 1992, S. 78 f.]

318 [Goebbels, *Revolution der Deutschen*, S. 136.]

nach der Machtergreifung die Herrichtung eines schlagfertigen nationalen Machtapparats, mit dessen Hilfe sie ihren Traum vom Imperium oder vom Reich zu verwirklichen gedenken. Diese Ziele bestimmen den Gang der nationalsozialistischen und faschistischen Außenpolitik. Um die Schwierigkeiten zu überwinden, die sich in der Domäne der Außenpolitik bieten, wird die Propaganda nach denselben – natürlich sinngemäß abgewandelten – Methoden verfahren müssen, derer sie sich im Inneren des Landes zur Eroberung der Macht bedient hat. Auch im Ausland sind gewisse Ideen-Montagen nicht wirkungslos, wenn ihnen der Terror hinreichend Nachdruck verleiht. Aber diese Untersuchung bezweckt nicht, die außenpolitische Verwertung bereits analysierter Propagandamethoden zu verfolgen, sondern aufzuweisen, wie sich die Propaganda weiterentwickelt, nachdem sie zum Monopol geworden ist. Es gilt, den Entwicklungsprozeß der effektiv totalitären Propaganda innerhalb ihres Herrschaftsgebiets nachzukonstruieren. In seinen Verlauf fällt freilich der Weltpropaganda eine immer entscheidendere Rolle zu, die am gegebenen Ort zu berücksichtigen sein wird.
Trotz aller Verschiedenheiten im einzelnen bewegt sich die faschistische Propaganda in der gleichen Richtung wie die nationalsozialistische fort. Wenn sich die folgende Darstellung mehr auf die deutschen Verhältnisse bezieht, so vorwiegend deshalb, weil sie dank der großen Bedeutung, die der Nationalsozialismus – hierin echt deutsch – der steten »weltanschaulichen« Legitimierung seiner Prozeduren beimißt, besonders aufschlußreich sind.

II.

Die Installierung der totalitären Propaganda ist an die des Terrors geknüpft. »Diese gesetzliche, fast absolute Herrschaft über Leben und Tod«, erklärt Heiden von den Zuständen nach 1933, »wurde Stück um Stück erweitert und verfeinert.«[319] Und Silone: »Der Faschismus hat auf die Anwendung des Terrors zwecks Beherrschung des Landes nie verzichtet.«[320] Die totalitären Diktaturen verzichten so wenig auf seine Anwendung, daß sie noch die paar Dämme beseitigen, die vor ihm schützen, und ein Recht einführen, das dem nationalsozialistischen Gesetz

319 [Heiden, *Adolf Hitler*. Bd. 2, S. 133.]
320 [Silone, *Der Fascismus*, S. 179.]

entspricht: »Recht ist, was dem deutschen Volke nützt.«[321] Da, wie sich gezeigt hat, der Begriff des Volkes im nationalsozialistischen Sprachgebrauch ein purer Deckbegriff ist, hinter dem sich nichts weiter als der Machtwille der herrschenden Clique verbirgt, muß dieser Satz dahin verstanden werden, daß Recht sei, was, nach einer Definition des Nationalsozialisten Huber, die »Schlagkraft der politischen Gewalt«[322] erhöht. »Freiheitsrechte, Institutsgarantien und institutionelle Garantien«, meint Huber, »fallen in der völkischen Verfassung dahin. Der tiefere Grund dafür ist der, daß in einer völkischen Verfassung das Prinzip der ›Garantie‹ überwunden worden ist. Die liberale Verfassung war ihrem Wesen nach ›Garantie‹; sie ist ein System von Sicherungen und Gewährleistungen gegen die Staatsgewalt. Die völkische Verfassung hat die Garantiefunktion nicht, sie soll im Gegenteil die Wirksamkeit und Schlagkraft der politischen Gewalt erhöhen. Sie soll nicht die Individuen und die Gruppen gegen das Ganze schützen, sondern sie dient der Einheit und Ganzheit des Wollens gegen alle individualistischen und gruppenmäßigen Zersetzungen.«[323] »Es gibt [...] Rechte der Arbeiter«, schreibt Silone unter Bezugnahme auf Alfredo Rocco, der die juristische Doktrin des Faschismus formuliert hat, »nur als [...] Zugeständnisse des Staates. Sie bestehen nur als reflektierte Rechte. Die Autorität der faschistischen Gewerkschaften ist eine reflektierte; sie ist gewährt von der staatlichen Autorität [...]. Diese staatliche Autorität ist die einzig ursprüngliche, nicht reflektierte Autorität, die Quelle allen Rechtes. [...]. Es gibt also keine faschistische Legalität, keinen geschriebenen Gesetzeskörper, aus dem eine oppositionelle Bewegung ihre Existenzberechtigung ableiten könnte. Das einzige Gesetz ist das des bürgerlichen Staates. Alle Konzessionen, die er machen kann, sind nichts als Konzessionen, vorübergehende Zugeständnisse.«[324] Zugeständnisse lassen sich widerrufen, und wirklich scheut das totalitäre Regime nicht davor zurück, die eigenen Gesetze zu desavouieren, sobald deren Durchführung seinen Totalitätsanspruch einzuschränken vermöchte. Die deutschen Betriebsratswahlen unterbleiben, die gesetzlich vorgesehene Symmetrie zwischen den Gewerkschaften der Arbeitgeber und der Arbeitnehmer in

321 [Hans Frank, *Nationalsozialistisches Handbuch für Recht und Gesetzgebung*, 2. Aufl. München: F. Eher 1935, S. 13.]

322 [Ernst Rudolf Huber, *Verfassungsrecht des Grossdeutschen Reiches*. Hamburg: Hanseatische Verlagsanstalt 1939, S. 360.]

323 [Ebd.]

324 [Silone, *Der Fascismus*, S. 271.]

Italien steht Silone zufolge nur auf dem Papier.[325] Das Recht, das in der Demokratie ungeachtet seines Klassencharakters immer noch die Macht begrenzt, verwandelt sich in ein reines Machtinstrument. Die von der Gestapo und den faschistischen Milizen ausgeübte illegale Gewalt, so ist oben erklärt,[326] muß doppelt als Willkür erscheinen, wenn sie in ständiger Begleitung der legalen auftritt; der Terroreffekt, den dieses Miteinander produziert, wird noch dadurch gesteigert, daß die legale Gewalt selber nur den Schein der Legalität wahrt. – Mit der Installierung des Terrors geht die der künstlichen Massenerzeugung Hand in Hand, und nachdem alle Maßnahmen in Kraft getreten sind, die eine Verrückung der psycho-physischen Struktur im gewünschten Sinn erzwingen, kann die totalitäre Propaganda effektiv werden. Sie funktioniert um so besser, als die Diktatur in der Lage ist, durch Vergebung von Stellungen, Ämtern und Pfründen breite Schichten zu korrumpieren.

Die Machtergreifung erlegt den totalitären Bewegungen die Verpflichtung auf, ihre propagandistischen Versprechungen einzulösen oder doch den Versuch ihrer Einlösung zu machen. Der NS-Staat vollbringt – gleichwie auf welche Weise – Leistungen, die Verheißenes faktisch erfüllen: Er fördert die politische Zentralisierung Deutschlands, die von der Sozialdemokratie nicht einmal in Angriff genommen worden ist; er schafft das Arbeitslosenproblem aus der Welt. Insofern er hierbei in der Richtung realer gesellschaftlicher Interessen wirkt, geschieht das aber aus Gründen, die unabhängig von diesen Interessen sind. Die Vereinheitlichung des Staatsapparats soll die Machtposition des Regimes stärken, und die Beseitigung der Arbeitslosigkeit erfolgt um des Prestigegewinns willen. Natürlich versäumt das Regime nicht, die Tatsache, daß einige seiner Realisierungen gesellschaftlichen Bedürfnissen Rechnung tragen, für die Zwecke der Propaganda auszuschlachten. Ja, man darf die Behauptung wagen, es seien nicht zuletzt propagandistische Notwendigkeiten, denen die eine oder die andere dieser Realisierungen entspringt. Autostraßen und ausgetrocknete Pontinische Sümpfe sind die Potemkinschen Dörfer der totalitären Diktaturen.

Das eigentliche Problem nach der Machtergreifung bildet jedoch nicht die Erfüllung des Erfüllbaren, sondern die Bewältigung desjenigen Teils der propagandistischen Verheißungen, dem die totalitären Bewegungen infolge ihres Ansatzes gar nicht gerecht werden können. Gemeint ist

325 [Ebd.]

326 [Siehe oben S. 81.]

die Herstellung des Klassenausgleichs, die im nationalsozialistischen Deutschland die der Volksgemeinschaft einschließt. Des Mißbrauchs gedenkend, den der Faschismus mit dem Begriff der Gewerkschaft treibt, führt Angelica Balabanoff aus: »Auch hier treffen wir das Kennzeichen des Faschismus: das Versprochene wird nicht eingehalten, kann nicht eingehalten werden, nichtsdestoweniger aber wird der Schein der Erfüllung geschaffen.«[327] Der Zwang, diesen Schein zu erzeugen, heißt die Diktatoren eine Reihe von Maßnahmen ergreifen, die von vornherein Propaganda-Akte sind. Ihre Funktion: den Eindruck zu erwecken, daß der Klassengegensatz liquidiert und das in sich einige Volk Wirklichkeit sei.

Unter diesen Propaganda-Akten sind zunächst die Gruppen derer hervorzuheben, die man als direkte bezeichnen mag, da sie sich so gebärden, als ob sie die Beziehung zwischen Arbeitnehmern und Arbeitgebern substantiell veränderten; sei es, daß sie wie das nationalsozialistische Arbeitsrecht und die Deutsche Arbeitsfront beide Klassen als symmetrische Gebilde behandeln, sei es, daß sie wie »Kraft durch Freude« bzw. das faschistische »Dopolavoro« den Arbeitnehmern besondere Vergünstigungen gewähren. Aber die Symmetrie erschöpft sich in Formalien, und die Vergünstigungen lassen die Stellung des Arbeitnehmers im Produktionsprozeß unberührt. Prozeduren, die lediglich das Symptombild betreffen und faktisch nicht der Bourgeoisie im allgemeinen, so doch dem Großkapital und vor allem der herrschenden Clique zugute kommen. Daß sie im Machtinteresse vorgenommen werden und rein auf die Belastung der Illusion des Klassenausgleichs abzielen, verraten die Argumente, mit denen Dr. Ley am 27. Nov. 1933 vor der Arbeitsfront die Organisation »KdF« [Kraft durch Freude] begründet.

»Über allem steht das vom Führer geprägte Wort: ›Wie erhalten wir dem Volke die Nerven, in der Erkenntnis, daß man nur mit einem nervenstarken Volk Politik treiben kann?‹«[328] – Ins Leben gerufen wird also diese Organisation weder um der Arbeitnehmerschaft noch auch um des Volkes willen, sondern als eine der Voraussetzungen für die Machtpolitik der totalitären Diktatur. »KdF« [Kraft durch Freude] dient dem Aufbau des nationalsozialistischen Machtapparats.

»Unerfüllte Sehnsucht«, so erklärt Dr. Ley ferner, »erzeugt Neid. –

327 [Angelica Balabanoff, *Wesen und Werdegang des italienischen Faschismus*, S. 62.]

328 [Robert Ley auf der Kundgebung der Deutschen Arbeitsfront anläßlich der Gründung des Kultur- und Freizeitwerkes »Kraft durch Freude« am 27. 11. 1933 in Berlin. In: Walther Gehl (Hrsg.), *Der nationalsozialistische Staat*, S. 90.]

Wenn der Deutsche aber selber an den Gütern des Lebens teilhaben darf, wird er nicht mehr von Neid und Haß erfüllt sein, sondern von Glück und Dankbarkeit. Daraus folgt das Zweite, was die Bewegung bringen soll [...]. Sie soll die Minderwertigkeitskomplexe im arbeitenden Volke töten.«[329] – Anders ausgedrückt: Die Institution »KdF« [Kraft durch Freude] hat die Bestimmung, das soziale Ressentiment dadurch unschädlich zu machen, daß sie den proletarischen und proletarisierten Schichten im Rahmen des Bestehenden ein paar Ersatzbefriedigungen vermittelt. Außerstande, die Ursachen der Minderwertigkeitskomplexe zu tilgen, tötet sie diese nicht in Wahrheit, sondern betäubt das »arbeitende Volk«, damit es seine Komplexe vergißt.

»Und als drittes soll diese Organisation die Langeweile des Menschen bannen. Aus der Langeweile entspringen dumme, hetzerische, ja letzten Endes verbrecherische Ideen und Gedanken. Dumpfer Stumpfsinn bringt den Menschen zum Grübeln, gibt ihm das Gefühl der Heimatlosigkeit, mit einem Wort das Gefühl der absoluten Überflüssigkeit. Nichts ist gefährlicher für einen Staat als das. – Deshalb werden wir in der Heide, in den Bergen, auf den Höhen des Rheines überall Lager bauen, in denen die Deutschen in Zucht und Kameradschaft ihre Urlaubszeit verbringen.«[330] – Der Freizeitgestaltung liegt folglich die Absicht zugrunde, den Zwangskonsumenten der Freude die freie Zeit zu entziehen, in der sie auf »verbrecherische Ideen und Gedanken« kommen, d. h. ihrem Klasseninteresse nachzugehen vermöchten. Vor einer solchen Mißlichkeit schützt ersichtlich nur die systematische Verstopfung der kleinsten Ferienlücke. In Lagern oder Schiffen ist es ein leichtes, die Urlauber unter dem dauernden Einfluß der Propaganda zu halten, und je großartiger die Naturstaffagen sind, desto mehr werden sie selber zum Propagandamittel.

»Das Amt für Unterricht und Ausbildung wird es jedem ermöglichen, sich unentgeltlich Wissen und Kenntnisse anzueignen. Wir werden jedoch diesen Drang nach Ausbildung nur bei den wirklich dafür geeigneten und befähigten Menschen befördern.«[331] Diese Sätze besagen, daß die Organisation Dr. Leys die individuelle Meinungsfreiheit, deren Spiel die Illusion des Klassenausgleichs sofort zerstören müßte, auch insofern unterbindet, als sie sich das Bildungsmonopol aneignet. Nicht genug damit, daß diese Organisation die Muße beschlagnahmt, fördert sie al-

329 [Ley, *Durchbruch der sozialen Ehre*. Berlin: Mehden-Verlag 1937, S. 34.]
330 [Ebd.]
331 [Ebd., S. 43.]

lein die Menschen ihrer Wahl. Wer nicht dem Nationalsozialismus huldigt, findet schwer einen Zugang zum Wissen, und das Wissen, das überhaupt in den Konsum eingeht, ist von Anfang an nationalsozialistischer Art. So wird der Erkenntnisdrang manipuliert, der den Bestand des totalitären Regimes gefährdet.

Zu den Maßnahmen, die eine direkte Bewältigung des Unerfüllbaren anstreben, gehören auch die auf die Volksgemeinschaft bezüglichen. Ihr Dasein wird von den Parteiführern zu erhärten gewünscht, die für das Winterhilfswerk auf der Straße sammeln; und im gleichen Sinne wie solche symbolischen Akte, müßten die Produktionen der Massenbildkunst und andere ästhetische Realisierungen wirken. Von der nationalsozialistischen Architektur meint Wernert: »Bei den architektonischen Monstrositäten, die für Volksversammlungen bestimmt sind, läßt ihre Gestalt bei dem, der sie betrachtet, keine Idee von Ausgewogenheit, von Maß und Rhythmus entstehen; sie drücken einzig jene unerbittliche, physische Gewalt aus, die Gewalt der Lawine, die unwiderstehliche lastende Gewalt; sie evozieren die Massen, die sie bevölkern, das deutsche Volk.«[332] Die von den Massen und für die Massen gestellten Bilder, deren Zweck es ist, die Existenz des Volkes vorzutäuschen, verwandeln sich dank ihrer Magie und aller möglichen propagandistischen Zutaten in Existenzbeweise selber.

Die direkten Propaganda-Akte werden durch indirekte ergänzt. Man entfesselt die Leidenschaften gegen irgendeinen außerhalb der Klassenkampf-Sphäre befindlichen Widersacher, dessen Vorhandensein oder Nichtvorhandensein im übrigen keine Rolle spielt, und schon verlieren die innerhalb dieser Sphäre bestehenden Differenzen ihr Gewicht. Der Antisemitismus vertieft mittelbar die Impression der Volkseinheit – eine Impression, für deren Entwertung die wirtschaftlichen Nutznießer der Judengesetze am allerwenigsten empfänglich sein dürften. Denselben indirekten Effekt erzeugt der Macht- und Führerkult; so scheint die Macht durch ihre Glorifizierung über die Klassen hinausgehoben, so wird die psychologische Bedeutung des Klasseninteresses automatisch gedämpft. Aus diesem Grund muß die Nürnberger Kongreßhalle die größte sein. Das Gigantische vergegenwärtigt die Macht, die sich verabsolutiert, und eben die sinnfällige Betonung ihrer Absolutheit ermöglicht es, die Vorstellung vom realen Volk durch die Fiktion der Volksgemeinschaft zu überwinden. Schließlich erfolgen noch Propaganda-Akte, die nur der

332 [Wernert, *L'art dans le IIIe Reich*, S. 112.]

Versteifung dienen. Der Faschismus ist um die Pünktlichkeit der Züge bemüht, der Nationalsozialismus treibt mit Hygiene Reklame und schätzt die Werbekraft schön angelegter Fabrikhöfe und Arbeitsplätze. Zur Beibehaltung des Scheins ist jedes Verführungsmittel recht. »Bei uns ist der Schein zum Sein geworden«[333] – mit diesem 1932 gefallenen Wort will Goebbels gewiß auch die Überzeugung ausdrücken, daß das nationalsozialistische Regime die Idee der Klassenversöhnung und der Volksgemeinschaft in die Realität zu überführen hoffe. In der Tat beschwören die nach der Machtergreifung vorgenommenen Propaganda-Akte dadurch eine neue Realität herauf, daß sie zahlreiche Institutionen und Organisationen schaffen und überhaupt das gesamte Verhalten der Menschen umlenken. Aber diese Realität ist deshalb in Klammer zu setzen, weil sie nur unter dem Druck des Terrors und der Massenerzeugung zustande kommt. Wie sehr sie auf die unablässige Nachhilfe der totalitären Propaganda angewiesen ist, verdeutlicht der Ausruf des SA-Gruppenführers Schöne gelegentlich einer Tagung in Ostpreußen: »Wir haben es immer noch nicht gelernt, alles vom Standpunkt der Propaganda aus zu sehen. Die Propaganda muß daher mehr eingeschaltet werden.«[334] Das Wissen um die Generalklausel, der die von den Diktaturen hervorgebrachte Realität untersteht, spricht auch aus der Glosse Silones über Mussolini: »Er ist dazu verdammt, bis ans Ende seines Lebens den Karnevals-Cäsar zu spielen, seine Gesichtszüge immer in der Gewalt zu haben [...].«[335] Die Realität im totalitären Staat ist eine Pseudo-Realität. Denn wenn Faschismus und Nationalsozialismus die Einheit des Volkes nicht realisieren können, sind sie freilich dazu gezwungen, eine künstliche Realität zu erstellen, in der die Einheit als Wirklichkeit anmutet. Der Satz von Goebbels lautete also richtiger: »Bei uns ist der Schein zum Schein des Seins geworden.« Diese Pseudo-Realität unterscheidet sich von der weitgehend durch sie ausgeschalteten eigentlichen Realität darin, daß sie ein Produkt des sich verabsolutierenden Machtwillens ist, dessen Aktionen sich gegebenenfalls über die gesellschaftlichen Erfordernisse hinwegsetzen. »Von einer gewissen Höhe an«, sagt Heiden, »hat die Macht gewissermaßen immer recht, weil sie ihre Behauptungen nicht mehr den Umständen anzupassen braucht, sondern

333 [Goebbels, *Revolution der Deutschen*, S. 119.]

334 [Diese Aussage Heinrich Schönes findet sich nur bei Münzenberg, *Propaganda als Waffe*, S. 273.]

335 [Silone, *Der Fascismus*, S. 266.]

die Umstände gemäß ihren Behauptungen verändern kann.«[336] Hieraus erklärt sich die Konsequenz, mit der sich die Welt der Pseudo-Realität entwickelt, was nicht stimmt, wird stimmig gemacht. Ein anderes Merkmal dieser Welt ist, daß sie sich bis tief in die Regionen des Absurden hinein erstreckt; wird doch die Absurdität dann zur Notwendigkeit, wenn das Unerfüllbare als erfüllt gelten muß. Infolge ihres konsequenten und zugleich absurden Charakters hat die Pseudo-Realität etwas von einer lebendig gewordenen Irrenzeichnung an sich.

Alles hängt für die totalitären Diktaturen von der Aufrechterhaltung der psycho-physischen Verfassung ab, in der die Pseudo-Realität als Realität wirkt. »Ist [...] eine marxistische Gefolgschaft einmal in ihrer Glaubensfähigkeit erschüttert [...], dann ist sie damit schon besiegt; denn sie gibt augenblicks ihre aktive Widerstandskraft auf.«[337] Diese Bemerkung von Goebbels klärt in Form eines Spiegelreflexes über die Struktur der nationalsozialistischen und faschistischen Herrschaft auf. Das totalitäre Regime, so läßt sich im Anschluß an Goebbels theoretisch zugespitzt formulieren, bräche sofort zusammen, wenn die totale Meinungsbeeinflussung nur eine Sekunde lang an irgendeinem Punkte aussetzte. Daher die Humorlosigkeit der modernen Diktaturen – Humor könnte das feine Propagandagewebe beschädigen; daher ihr Bestreben, die genannten Propaganda-Akte durch Vorkehrungen zu unterstützen, die ausschließlich das Entgleiten aus der Sphäre der Pseudo-Realität zu verhindern bezwecken. Ein solches Entgleiten wird aber desto weniger zu befürchten sein, je nachhaltiger dafür gesorgt ist, daß die Menschen dauernd in angespannter Bereitschaft der von oben her erteilten Direktiven harren. Die totalitäre Propaganda baut eigene Spannungserreger ein. Sie bringt dadurch, daß sie ein heroisches Leben dem glücklichen und die Volksgemeinschaft den individuellen Trägern der Volksgemeinschaft überordnet, psychische Zugkräfte zur Entfaltung, die das Zurücksinken des Einzelnen in seine Sonderexistenz hintertreiben; sie versucht die ihr Unterworfenen mittels zeitlich befristeter Pläne immer neu in Atem zu halten. »Mit an vorderster Stelle«, so äußert sich Hans E.[rich] Priester in seinem 1936 erschienenen Buch »*Das deutsche Wirtschaftswunder*« über den zweiten deutschen Vierjahresplan, »steht das Bedürfnis den ersten sogenannten Vierjahresplan nicht sang- und klanglos abrollen zu lassen, sondern etwas Neues an seine Stelle zu setzen. [...] Für den Mangel in

336 [Heiden, *Adolf Hitler.* Bd. 2, S. 212.]
337 [Goebbels, *Kampf um Berlin.* Bd. 1, S. 91.]

der Gegenwart will das Volk durch Wechsel auf die Zukunft entschädigt werden.«[338] Das heißt, die Vierjahrespläne, wie überhaupt alle an einen Termin gebundenen Projekte, dienen auch der Stabilisierung jenes Zustands, in dem sich der Leser von Kolportageromanen befindet: Er fiebert vor Spannung und will um keinen Preis seine Lektüre unterbrechen. Nicht zu unterschätzen ist ferner der Spannungseffekt, den die Drohung mit kriegerischen Konflikten ausübt – eine Drohung, die zugleich die der Propaganda unentbehrliche Oszillation entgegengesetzter Empfindungen und Überzeugungen hervorbringt. Ähnlich wie die Einkalkulierung des Krieges wirkt das Vorhandensein der Krise. Zwischen dem totalitären Regime und der Krise [ob]waltet eine durchaus dialektische Beziehung. Auf der einen Seite wünschen Faschisten und Nationalsozialisten ihre Verheißung besserer Zeiten durch die Überwindung der Krise zu erfüllen; auf der anderen Seite benötigen sie die Krise, um den Massen gegenüber die Diktatur zu rechtfertigen. Existierte die Krise nicht, sie hätte von den totalitären Bewegungen erfunden werden müssen. »Gibt es einen Ausweg aus der [...] schwierigen Lage?«, schreibt Priester. »Was Deutschland braucht, ist die Überleitung der Pseudo-Konjunktur in eine echte Konjunktur. [...] Das ist nicht unerreichbar. Allerdings, eine Voraussetzung muß erfüllt sein: die politische Verständigung des Dritten Reichs mit der Welt.«[339] Aber dieser Ausweg widerstreitet nicht nur dem Machtwillen des Nationalsozialismus, sondern ebensosehr seinem Bedürfnis nach einem Fortbestand der Krise, deren Nutzwert für ihn kaum hoch genug zu veranschlagen ist. Ihr Druck fundiert den des Terrors, und die von ihr ausgehenden Spannungen und Vibrationen verfestigen die Pseudo-Realität. Im übrigen macht die totalitäre Propaganda gern von der Möglichkeit Gebrauch, irgendwelche Maßnahmen, die ursprünglich gar keine propagandistische Bedeutung besitzen, rein durch die Art ihres Einsatzes in Spannungserreger zu verwandeln. Sie werden nicht selten für außenpolitische Akte dazu benutzt, um eine innenpolitische Erschlaffung zu beheben. Grundsätzlich kann also jeder beliebige Akt den Sinn eines Propaganda-Aktes erlangen.

Stichproben auf die der Pseudo-Realität zugeordnete psycho-physische Verfassung stellen die Plebiszite dar; um davon zu schweigen, daß mit ihrer Verbreitung ebenfalls die Produktion von Spannungen und mit ihrem Erfolg die Mehrung des Prestiges der Führung im In- und Ausland

338 [Hans Erich Priester, *Das deutsche Wirtschaftwunder.* Amsterdam: Querido 1936, S. 269.]

339 [Ebd., S. 323.]

beabsichtigt ist. Diese Plebiszite, deren positives Ergebnis nicht nur durch den Terror, sondern auch durch Fragen garantiert wird, die sich wohlweislich auf die nationale Existenz beziehen, sollen keineswegs die Meinung der Massen erforschen, sondern umgekehrt, drastisch erweisen, bis zu welchem Grade die Massen der Meinungsfreiheit beraubt worden sind. Aus einer Willenskundgabe des Volkes verkehren sie sich in die Kundgabe der Macht des Regimes über den Volkswillen. Was Silone von den Gewerkschaftswahlen sagte, gilt genauso für die Plebiszite: sie sind »das Mittel, das den Massen ermöglicht, ihren Anschluß an die Regierung zu bestätigen.«[340] Hitler selber bezeichnet es in einer bereits zitierten Wendung als den Zweck derartiger Abstimmungsmanöver, die Unverbrüchlichkeiten dieses »Anschlusses« zu demonstrieren und zu kontrollieren. »Geht der Appell schlecht aus, dann soll keiner sagen, das Volk wäre schuld, sondern soll sagen: die Bewegung ist träge geworden, die Bewegung kämpft nicht mehr richtig [...]. Und dann wird man daraus erneut lernen können, wieder in das Volk hineinzugehen.«[341] Wie das Plebiszit so ist auch der nationalsozialistische Reichstag eine Farce. Sein spukhaftes Unwesen macht mit einem Schlag das der ganzen Pseudo-Realität offenbar.

III.

Gleichzeitig mit dem Ausbau der Propaganda-Maschine vollzieht sich der des Machtapparats. Die herrschende Kaste installiert sich; sie betreibt die militärische Aufrüstung und sucht das Heer in ihr Instrument zu verwandeln; sie entwickelt, dem Zwang der Verhältnisse und der Logik des Machtwillens gehorchend, den organisierten Kapitalismus der Nachkriegszeit zu einer Art gesteuerter Wirtschaft – der sogenannten »Wehrwirtschaft«, die ihre Impulse von den imperialistischen Eroberungszielen des Regimes her empfängt und faktisch monopolkapitalistischen Interessen genügt, ohne sich freilich durchaus mit ihnen zu identifizieren ...

Aber hier ist nicht die Konstruktion des nationalsozialistischen und faschistischen Machtapparats, sondern der Werdegang der totalitären Propaganda gefragt. Im Besitz des Monopols reiht die Propaganda mit unumschränkter Autorität Akt an Akt, Setzung an Setzung: sind diese Akte

340 Silone, *Der Fascismus*, S. 204.

341 [Domarus (Hrsg.), *Hitler.* Reden und Proklamationen. Bd. 1, S. 367.]

und Setzungen so beschaffen, daß sie sich ohne besondere Veranstaltungen in einen geschlossenen Zusammenhang bringen lassen? Genau das Gegenteil trifft zu. Je mehr sich das Regime stabilisiert, desto mehr wird die Propaganda in die Zwangslage versetzt, ihre eigenen Behauptungen zu verleugnen und sich um den Ausgleich von Widersprüchen zu bemühen. Von einigen wenigen Inhalten abgesehen, gibt es tatsächlich keinen, auf den sie sich endgültig festzulegen vermöchte. Was nicht stimmt, so hieß es oben von der Pseudo-Realität, wird stimmig gemacht. Die Unstimmigkeit besteht eben in den Divergenzen, die sich auf propagandistischem Gebiet herausbilden.

Sie erklären sich zunächst daraus, daß die totalitären Diktaturen einer in sich widerspruchsvollen gesellschaftlichen Realität Rechnung tragen müssen. Um ganz von dem Interessengemenge zu schweigen, mit dem sich die Außenpolitik auseinanderzusetzen hat, so sind im Innern die Klassenunterschiede keineswegs aufgehoben und auch die Gruppen der Bauern, der Mittelschichten, der Kirchen usw. Daraus folgt: »In der ersten Begeisterung«, meint Heiden, »ist das soziale Problem betäubt, aber nicht gelöst. [...] Die sozialen Verhältnisse blieben, und die Klassengegensätze blieben; das ist der gesellschaftliche Tatbestand der nationalsozialistischen Diktatur von 1937.«[342] Hinzu kommt, daß diese Realität durch die Aktionen des Regimes ständig umgestaltet wird; neue Konfliktmöglichkeiten tauchen auf, neue Bedürfnisse melden sich an. Ein Gemix sich kreuzender Interessen und Tendenzen, das notwendigerweise heterogene Situationen zeitigt – Situationen, die innerhalb der Demokratie durch den Kampf der Parteien zu bewältigen wären. Da nun das totalitäre Regime voraussetzungsgemäß die Macht als solche erstrebt und zwecks ihrer Eroberung eine nihilistische Indifferenz gegen alle Inhalte bekundet, wird es ohne Bedenken seine Realisierungs-Überzeugungen je nach der aktuellen Situation ändern. Infolge der Zerklüftung der sozialen Materie muß es also die von der Propaganda eingegangenen Engagements fort und fort annulieren.

Der krasse Widerstreit zwischen den Akten der Diktaturen und ihrer propagandistischen Verheißungen beschwört sowohl in Italien wie in Deutschland Krisen herauf, die zum Einsturz der Pseudo-Realität zu führen drohen. Die Matteotti-Krise ist nach Silone »das Ergebnis des schreienden Widerspruchs zwischen der Regierungspolitik des Faschismus und den Interessen und Wünschen der Mehrheit der Bevölkerung,

342 [Heiden, *Adolf Hitler*. Bd. 2, S. 150.]

einschließlich der Faschisten.«[343] Und die nationalsozialistische Krise im Jahr 1934 entspringt der Enttäuschung des linken Parteiflügels darüber, daß die Regierung offensichtlich mit dem Großkapital zusammengeht, statt ihre Zusage einer sozialistischen Lösung zu erfüllen. Zu jener Zeit, da in Deutschland die »zweite Revolution« schwärt, häuft dieselbe Propaganda, die einst die Kommunalisierung der Warenhäuser und die Verstaatlichung der bereits vergesellschafteten Betriebe gefordert hat, Argument auf Argument, um den unzufriedenen Massen das programmwidrige Verhalten des Regimes begreiflich zu machen. »Man wird nicht eine Wirtschaft, von der man weiß, daß sie unter falschen Methoden geführt ist«, so erklärt Goebbels am 14. Mai 1934 auf einer Kundgebung gegen die »Miesmacher«, »auf ganz neue Methoden überleiten in einem Augenblick, wo diese Wirtschaft um ihr Leben ringt, sondern zunächst der Wirtschaft ein gewisses Maß von Gesundheit geben.«[344] Und am 25. Juni 1934 äußert er auf dem Gauparteitag in Essen: »Eine einzige ungeschickte Handlung könnte das ganze Wirtschaftsleben vernichten.«[345] Aber diese Sophismen verfangen bei der SA mit ihren links eingestellten alten Freikorpsführern nicht recht, und so werden sie nach weiteren fünf Tagen durch die Exekutions-Pelotons ersetzt, deren Überzeugungskraft freilich durchschlagend ist. Leichter zu manipulieren sind die Mittelschichten. Obwohl diese trotz ihrer ursprünglichen Verbundenheit mit der nationalsozialistischen und faschistischen Bewegung gleichfalls erfahren müssen, wie wenig von den Versprechungen der Propaganda zu halten ist, werden sie doch dadurch, daß das Regime ihren Kreisen Funktionäre entnimmt und einigen mittelständischen Illusionen ein Scheinleben einhaucht, immer neu über den monopolkapitalistischen Charakter der totalitären Diktaturen hinwegtäuschen. Benedict Schmittmann stellt in seiner 1934 erschienenen Untersuchung »*Das Mittelstandsproblem im Dritten Reich*« fest, »daß der Nationalsozialismus den gruppenegoistischen Hoffnungen des gewerblichen Mittelstandes« nicht entsprochen habe. Das sei indessen auch nicht nötig, fährt er fort, »da die Volksgemeinschaft der Klassenspaltung ein Ende

343 [Silone, *Der Fascismus*, S. 175.]

344 [Goebbels, Kundgebung im Berliner Sportpalast vom 11. 5. 1934. In: *Deutsches Reich 1933-1937*. Bd. 1: Die Verfolgung und Ermordung der europäischen Juden durch das nationalsozialistische Deutschland 1933-1945. Hrsg. vom Institut für Zeitgeschichte des Deutschen Bundesarchives. München: Oldenbourg 2008, S. 337.]

345 [Goebbels, Rede auf dem Gauparteitag in Essen am 25. 6. 1934. In: Walther Gehl (Hrsg.), *Der nationalsozialistische Staat*, S. 73.]

bereitet und an Stelle der Klassenschichtung die das Volk verkörpernde Bewegung als alles bestimmende und durch seine Führung die Interessen ausgleichende Schicht wirkt.«[346]

Ein Propaganda-Inhalt nach dem anderen fällt den Akten des Regimes zum Opfer. Der Begriff der Autarkie wird aus dem Verkehr gezogen, wenn die augenblicklichen Erfordernisse der nationalsozialistischen Wirtschaftspolitik zu seiner Preisgabe drängen, und ins Rampenlicht gerückt, wenn es für den zweiten Vierjahresplan zu werben gilt. Der gegen den Marxismus ausgespielte Begriff der Unternehmerpersönlichkeit verdunstet dank der ökonomischen Maßnahmen des Regimes vor aller Augen. »Gerade darin lag eben die Gefahr marxistischer Wirtschaftspolitik«, versichert Gottfried Feder noch Anfang Januar 1934 im *Völkischen Beobachter*, »daß sie den Staat herunterzerrte in die Produktionssphäre und am liebsten den Staat selbst zu einer riesenhaften Wirtschaftsmaschinerie gemacht hätte mit dem Ergebnis, daß dann allerdings jede schöpferische Persönlichkeit und jede Selbstverantwortung in der Wirtschaft zerstört worden wäre.«[347] Inzwischen hat sich erwiesen, daß faktisch der Nationalsozialismus selber die von ihm gepriesene Privatinitiative erstickt. Seine Propaganda gelobt die Familie zu heiligen und vor der Vernichtung durch den Marxismus zu schützen; sein Handeln wird vom Verlangen nach totaler Macht diktiert und muß daher ein Gebilde wie die Familie zersetzen. Die Ausmerzung des Individuums und die Beschlagnahmung der Jugend durch die Partei und den Staat laufen gleich sehr jenem Familienkult zuwider, der dem Nationalsozialismus die Kleinbürgermassen zugeführt hat, und überdies scheut das Regime keineswegs vor direkten Eingriffen in die Intimität des Heims zurück. Eine unlängst getroffene Entscheidung des Vormundschaftsgerichts Frankfurt-Höchst, die den Beifall der Zeitschrift *Deutsches Recht* erregt, spricht einer geschiedenen Mutter das Sorgerecht über ihre beiden Kinder ab, »weil sie den Sohn in einem Alumnat angemeldet hatte und die Tochter in Klösterliche Erziehung geben wollte.«[348] Ein anderes deutsches Gerichtsurteil jüngeren Datums stellt fest, »daß abfällige Bemerkungen über Parteiführer, die im Familienkreis geäußert werden, als öf-

346 [Benedict Schmittmann, Das Mittelstandsproblem im Dritten Reich. Ein Nachwort. In: Rosi Karifol, *Mittelstandsprobleme*, S. 123.]

347 [Gottfried Feder, am 4. 1. 1934 im *Völkischen Beobachter*. In: Walther Gehl (Hrsg.), *Der nationalsozialistische Staat*, S. 74-76, Zitat S. 75 f.]

348 *Kulturkampf. Berichte aus dem Dritten Reich* (1937), Nr. 75 vom 29. 11. 1937.

fentliche Beleidigungen zu betrachten sind.«[349] Bezeichnend ist auch der in der gleichen Nummer des *Kulturkampfes* erwähnte Versuch der SS-Zeitschrift *Das Schwarze Korps*, den männlichen Ehebruch unter Berufung auf biologische Fakten zu rechtfertigen. Die Ehe hört auf, ein Arcanum zu sein, und wer in seinen vier Wänden weilt, sitzt auf der Straße.

Das Eigenleben der gesellschaftlichen Realität bestimmt die Diktaturen nicht nur zur unablässigen Richtungsänderung ihrer Aktionen, sondern nötigt sie ebenso häufig dazu, ein und dieselbe Aktion auf stets verschiedene Weise propagandistisch zu bescheiden. Inhalte besagen nichts, und wenn die Propaganda mit dem einen Motiv nicht durchdringt, liefert sie an seiner Stelle ein zweites und drittes. »Selbstverständlich findet keine Debatte darüber statt«, so erläutert Goebbels in einem von der *Berliner Börsen-Zeitung* am 5. Dezember 1937 veröffentlichten Interview, »ob die Politik richtig oder falsch ist, die wir machen; wohl aber denken wir oft und ausgiebig darüber nach, ob die Argumente richtig und durchschlagend genug sind, die wir für unsere politischen Absichten geltend machen. Von der politischen Linie, die wir uns einmal gesteckt haben, weichen wir in keinem Fall ab. Aber wenn wir sehen, daß im Volke die von uns für richtig befundene Politik noch nicht genügend verwurzelt ist, so sorgen wir für eine Verbesserung der Argumente, die für diese Politik sprechen.«[350] Eine Methode, nach der im großen und kleinen verfahren wird. Um seine antikirchliche Politikpropaganda zu unterbauen, hat das nationalsozialistische Regime anfangs mit der Behauptung gearbeitet, daß die Kirchen konfessionellen Hader säten; seit die Kirchen eine gemeinsame Verteidigungsfront bilden, zielt die Propaganda wieder im Interesse der antikirchlichen Politik nur noch darauf, selber die Konfessionen gegeneinander zu hetzen. So wurden in einem der Oxforder Weltkirchenkonferenz gewidmeten Artikel der *Nationalsozialistischen Monatshefte* vom Juli 1937 die protestantischen Kirchen der Oekumene eindringlich beschworen, endlich die Gefahr zu erkennen, die ihnen von der katholischen Kirche drohe.[351] Jede Kampfphase bedingt einen Positionswechsel. Der Kölner Gauleiter Staatsrat Grohé erstattet im *West-*

349 Ebd., Nr. 74 vom 18. 11. 1937.

350 Ebd., Nr. 76 vom 8. 12. 1937. [Goebbels in einem Interview für die Berliner Börsenzeitung vom 5. 12. 1937.]

351 Ebd., Nr. 62 vom 19. 7. 1937.

deutschen Beobachter (No. 369, 1937)[352] Karl dem Großen, den die Propaganda bisher »Karl den Sachsenschlächter« zu nennen liebte, skrupellos das Attribut der Größe zurück, weil es im Augenblick nützlich ist, die Aachener Heiligtumsfahrt als politische Demonstration anzuprangern und Kaiser Karl als das eigentliche Oberhaupt der Christenheit erscheinen zu lassen.[353] Ja, die Propaganda begnügt sich nicht damit, fortwährend ihre Fixierungen zu verändern, sie preßt vielmehr der einzelnen Fixierung nochmals gegensätzliche Bedeutungen ab. Je nachdem [ob] das Sekuritätsbedürfnis zur Begründung der französischen oder der deutschen Aufrüstung dient, wird es bald als Produkt bürgerlicher Angst verächtlich gemacht, bald als Ausdruck des Selbsterhaltungswillens einer friedlichen Nation mit einem positiven Vorzeichen versehen.
Aber nimmt man sogar das Unmögliche an, die gesellschaftliche Realität sei in sich widerspruchslos und das totalitäre Regime brauchte folglich im Verlauf seiner Entfaltung keinen einzigen Propaganda-Inhalt preiszugeben, so hätte auch in diesem Falle die Propaganda, insoweit sie Inhalte setzt, das Spiel nicht gewonnen. Denn da der Machtwille, den die Diktaturen verdrängen, einer nihilistischen Gesinnung erwächst, muß er sich bei seiner Realisierung in Antinomien verstricken. Er strebt nach totaler Herrschaft und repräsentiert das Nichts: Die Konsequenz ist, daß er mit dem von ihm erzeugten Totalitätsanspruch selber in Widerspruch gerät. Im Interesse der Macht als solcher sind Faschismus und Nationalsozialismus einerseits darauf angewiesen, die geistige Spontaneität zu unterdrücken, deren ungehindertes Walten den Schein entlarvt, durch den sie bestehen; andererseits aber können sie ohne die Freigabe dieser Spontaneität die Macht als solche gar nicht erreichen. Ein unlösbares Dilemma: Die Diktaturen erheben den Anspruch auf absolute Macht, dessen Durchsetzung eben ihre Macht in Frage stellte. So sieht sich der Nihilismus ad absurdum geführt, wenn er sich in die Welt hineinbegibt; dem Teufel im Grimmschen Märchen gleich, der vom listigen Bäuerlein geprellt wird.
Auf allen Gebieten geistiger Spontaneität kommt der totalitären Diktatur ihr eigener Imperialismus in die Quere. Der Nationalsozialismus sucht die religiöse Glaubensfreiheit aus Machtgründen total zu drosseln, aus denselben Machtgründen muß er sie wiederum anerkennen. Läßt er die Kirchen nicht gewähren, so ruft er geistige Widerstandskräfte auf

352 [Josef Grohé, »Zur Aachner Heiligtumsfahrt«. In: *Westdeutscher Beobachter* vom 24. 7. 1937.]

353 *Kulturkampf* (1937), Nr. 63 vom 28. 7. 1937.

den Plan, die zumindest propagandistisch nicht zu bezwingen sind. Läßt er die Kirchen dagegen gewähren, so sichert er sich zwar ihre Unterstützung, ist aber zur Duldung einer seinem Einfluß entzogenen geistigen Sphäre genötigt, von der aus die Pseudo-Realität jederzeit gesprengt werden kann. Dieser Konflikt ist um so unaufhebbarer, als die einzige Möglichkeit, ihn zu beseitigen, darin bestünde, daß das Regime die Kirchen gleichsam in sich einsaugte – eine Lösung, die ihres Widersinns wegen ausscheidet. Daher die Ambivalenz der nationalsozialistischen Kirchenpolitik, deren Schwankungen sich selbstverständlich auf die Propaganda übertragen. Übrig bleibt dem Regime nur die Zuflucht zum Kompromiß, durch den jedoch die Absolutheit der Macht kompromittiert wird. – In der Domäne der Kunst, wie überhaupt der Kultur, wirkt sich dieselbe Antinomie als Störungsfaktor aus. Auf Grund des Totalitätsprinzips müssen die Diktaturen den künstlerischen und kulturellen Leistungen die Richtung vorschreiben; werden diese aber eine Variable purer Macht, so fallen die Voraussetzungen dahin, an die ihre Heraufkunft gegründet ist, und sie können höchstens noch innerhalb der Pseudo-Realität als solche Leistungen gelten. Gesteuerte Kunst ist hölzernes Eisen. »Der Schwachpunkt dieser allgemeinen Mobilmachung der Kunst und der künstlerischen Kräfte der Nation zugunsten des Volkes«, bemerkt Wernert, »ist den Herren der Stunde nicht entgangen. Sie haben gesehen, daß eine Antinomie zwischen den Pflichten bestand, die man dem Künstler auferlegte, und der Freiheit, die für jedes künstlerisches Schaffen notwendig ist, das seinen Namen verdient: Sie haben versucht, eine Lösung zu finden, zumeist indem sie schlicht bestritten, daß eine solche Antinomie existierte.«[354] Gerade Goebbels gedenkt der Antinomie, um sie zu verleugnen. »Wenn der Liberalismus vom Individuum ausging und den Einzelmenschen in das Zentrum aller Dinge stellte«, erklärt er im Einklang mit seinen oben zitierten Ausführungen vor den Filmschaffenden gelegentlich der Gründung der Reichskulturkammer am 15. November 1933, »so haben wir Individuum durch Volk und Einzelmenschen durch Gemeinschaft ersetzt. Freilich mußte dabei die Freiheit des Individuums insoweit eingegrenzt werden, als sie sich mit der Freiheit der Nation stieß oder in Widerspruch befand. Das ist keine Einengung des Freiheitsbegriffs an sich. Ihn für das Individuum überspitzen heißt die Freiheit des Volkes aufs Spiel setzen oder doch ernsthaft gefährden. Die Grenzen des individuellen Freiheitsbegriffes

354 [Wernert, *L'art dans le IIIe Reich*, S. 31 f.]

liegen deshalb an den Grenzen des völkischen Freiheitsbegriffes.«[355] Da indessen das Regime die individuelle Freiheit nicht so sehr eingrenzt als vielmehr abschafft – abschafft nicht etwa im Interesse der Freiheit des Volkes, sondern in dem des nationalsozialistischen Machtapparats –, vertuscht diese Argumentation lediglich den Widerstreit, statt ihn zu beseitigen. Auf derselben Linie bewegt sich die 1932 von Goebbels geprägte Antithese: »Die Kultur hat der Seele des Volkes zu dienen, nicht sie zu vergiften.«[356] Aber die Kultur ist eins mit dem Lebensprozeß des Volks, und indem Goebbels die Möglichkeit ins Auge faßt, dessen Seele könne durch die Kultur vergiftet werden, gibt er unzweideutig kund, daß er unter Kultur irgendwelche pseudo-kulturellen Veranstaltungen versteht, die der Aufrechterhaltung der nationalsozialistischen Fiktion des Volkes dienen. Die Herabminderung des künstlerischen und kulturellen Lebens in den Diktaturbräuchen bestätigt im übrigen schlagend die Einsicht, daß der Konflikt zwischen den Ansprüchen des Geistes und denen der Macht als solcher nicht zu lösen ist. – Verhängnisvoller für die Macht selber spitzt sich dieser Konflikt in der Sphäre des Erkennens zu. Von der wichtigen Überzeugung durchdrungen, daß die Freiheit der Forschung und die totalitäre Propaganda sich gegenseitig ausschließen, setzen die Diktaturen alles ins Werk, um sich Schule und Universität hörig zu machen. Reichsamtsleiter Staatsminister Schemm versichert am 5. August 1934 auf der Reichstagung des NSLB [Nationalsozialistischer Lehrerbund] in Frankfurt am Main: »[...] im heutigen deutschen Erziehungsleben gibt es keine Arbeit und keine Wissenschaft, kein Englisch, Französisch und Griechisch, keine Mathematik, Geographie und keine Geschichte, die nicht auf das eine Ziel eingestellt wäre, das Deutschland und seine Zukunft heißt.«[357] Je mehr Divergenzen sich aber zwischen den Propaganda-Inhalten bilden, desto mehr hat das Regime von spontanen Erkenntnisakten zu befürchten; der Druck auf die Wissenschaft muß also im Lauf der Zeit stetig wachsen. Erst in einer verhältnismäßig späten Entwicklungsphase ist durch ein Abkommen zwischen dem Reichsminister für Wissenschaft, Erziehung und Unterricht, Rust, und dem Vorsitzenden der Parteiamtlichen Prüfungskommission zum Schutze des nationalsozialistischen Schrifttums, Reichsleiter Bouhler, die

355 [Goebbels, Rede zur Eröffnung der Reichskulturkammer am 15. 11. 1933 in Berlin. In: Helmut Heiber (Hrsg.), *Goebbels-Reden*. Bd. 1, S. 133-141, Zitat S. 134.]

356 [Goebbels, *Revolution der Deutschen*, S. 120.]

357 [NSDAP/Nationalsozialistischer Lehrerbund (Hrsg.), *Hans Schemm spricht: Seine Reden und sein Werk*. Gauverlag Bayerische Ostmark 1941, S. 223.]

Überwachung der Wissenschaft auf eine Weise gesichert worden, die ihrer totalen Bevormundung gleichkommt; mit der amtlichen Begründung, es habe sich auf Grund der Erfahrung die Notwendigkeit herausgestellt, auch das wissenschaftliche Schrifttum, soweit in ihm politisch-weltanschauliche Fragen behandelt oder berührt werden, weitgehend in die ganze Linie der nationalsozialistischen Schrifttumspolitik einzufügen.[358] Dadurch jedoch, daß das totalitäre Regime Macht über die Wissenschaft erlangt, schwächt es seine Macht, denn die Forschung muß verkümmern, wenn sie sich nicht frei regen darf, und ihr Rückgang beeinträchtigt wiederum die angestrebte Vervollkommnung des Machtapparats. Schon heute wird von militärischer Seite Kritik an der Ausbildung des Nachwuchses geübt, der nicht nur in den humanistischen Fächern, sondern auch in den technischen zu wünschen übrig lasse. So geschieht es, daß neuerdings mitunter eine offizielle Stimme der Wissenschaft das Wort redet; das heißt, die Propaganda beginnt zwischen der Durchführung und der Unterdrückung ihres Totalitätsanspruchs hin- und herzupendeln. Wie den Kirchen gegenüber so ist auch der Wissenschaft gegenüber das Regime auf Kompromisse angewiesen.

Die fortschreitende Entwicklung des totalitären Systems zieht also die Dynamisierung der Propaganda-Inhalte nach sich. Überall entstehen Divergenzen, die verdrängt, Blößen, die zugedeckt zu werden verlangen, so daß sich die Aufgabe der Propaganda zusehends darin erschöpft, ad hoc mobilisierte Motivtruppen und Ideen-Montagen wie fliegende Geschwader bald hierhin, bald dorthin zu beordern. Man bemerkt während der Massenprozesse gegen katholische Priester, daß die Sittlichkeitsvergehen, derer sie beschuldigt werden, beim Publikum nicht genügend zünden, und verlegt sofort den Akzent auf die Anklage des Landesverrats. Es erweist sich im Zuge der Aufrüstung als notwendig, aus Mangel an Arbeitskräften wieder auf die früher verpönte Frauenarbeit zurückzugreifen, und man beteuert prompt, niemals dem Gretchenideal gehuldigt zu haben. Ein Überzeugungswechsel, der sich unaufhaltsam beschleunigt. Denn einmal wird durch die Ausgestaltung der Pseudo-Realität die eigentliche gesellschaftliche Realität nicht bewältigt, sondern viel eher in einen konfusen Mischmasch sich widerstreitender Interessen und Bedürfnisse verwandelt; zum anderen treten die Antinomien, in die sich der nihilistische Machtwille verwickelt, immer deutlicher hervor. Mehr und mehr gleicht das Bild, das die Propa-

358 Vgl.: *Kulturkampf* (1937), Nr. 62 vom 19. 7. 1937.

ganda bietet, dem des Fechters im Märchen, der, um die Regentropfen abzuwehren, blitzschnell den Degen über seinem Haupt schwingt. Der Vorwurf, den der Nationalsozialismus der Wissenschaft macht: daß sich diese zu einem schrankenlosen Relativismus bekenne, richtet sich daher mit größerem Recht gegen die entfaltete totalitäre Propaganda selber. Das Ergebnis ist, daß sich die Propaganda, insofern sie bestimmte Inhalte setzt, verschleißen muß. Die totalitäre Mobilmachung der Überzeugungen führt zum Totalausverkauf von Überzeugungen. Bis zu welchem Grade sich diese entwerten, geht aus dem Abschnitt hervor, den Silone seiner oben wiedergegebenen Schilderung[359] der Radio-Übertragung einer Mussolini-Rede folgen läßt: »Der Faschismus kann nicht diskutieren.«

IV.

Der Verschleiß der Propaganda-Inhalte bedingt keineswegs den der totalitären Propaganda überhaupt. Wenn sich, dank der zunehmenden Häufigkeit der Widersprüche zwischen den Akten des Regimes, zwischen seinen Akten und den Setzungen seiner Propaganda und zwischen diesen Setzungen selber die propagierten Überzeugungen so abgenutzt haben, daß sie trotz hemmungsloser Durchführung des Terrors und der künstlichen Massenbildung nicht mehr als Stützen der Pseudo-Realität zu dienen vermögen, nimmt die Propaganda eine Richtungsänderung vor, die es ihr erlaubt, die Massen doch noch bei der Stange zu halten. Unfähig, länger mittels bestimmter Inhalte zu wirken, zieht sie sich von den Inhalten zurück. Die materiale Propaganda geht in die formale über, die nicht das Inhaltliche, sondern die Art seiner Darbietung belastet. Auch beim Nationalsozialismus muß genausogut wie beim Faschismus die Bewegung selber Substanz werden. Einer bereits zitierten Äußerung Kriecks zufolge,[360] verleiten die nationalsozialistischen Agitatoren weniger mit intellektuellen Beweisen und Argumenten als vielmehr mit der »Urkraft des Rhythmus«.[361] Rhythmische Gestaltungen erlangen tatsächlich in demselben Maße die Vorherrschaft, in dem der ganze Schwarm bisheriger Verheißungen seinen Kurswert verliert. Man organisiert in beliebigem Material Schocks, um einem Nachlassen der Spannung zu begegnen, entsendet Propaganda-Wellen, die je nach Bedarf

359 [Bezug nicht eindeutig zu ermitteln.]

360 [Siehe oben S. 103.]

361 [Krieck, *Nationalpolitische Erziehung*, S. 38.]

stetig anschwellen oder rasch verebben, und sorgt in allen Fällen für die effektvolle Abstimmung der Tempi. Was diesen Ereignissen propagandistische Bedeutung verleiht, ist die rhythmische Beschaffenheit ihres Verlaufs: das kunstgerechte Aufeinander von Ruhe und Aktion, von Druck und Zug. Gab früher die Proklamierung inhaltlich lockender Ziele den Ausschlag, so wird jetzt die der Pseudo-Realität zugeordnete psycho-physische Verfassung vorwiegend durch die Form zu erreichen versucht, in der die Propaganda die jeweils erforderlichen Akte und Setzungen vollzieht. Je weiter dieser Prozeß fortschreitet, desto mehr offenbart sich natürlich der Nihilismus, mit dem die Propaganda alle Überzeugungen handhabt, desto unverhüllter bricht der Machtwille hervor, dessen Produkt sie ist. Die »Urkraft des Rhythmus« könnte allerdings auf die Dauer schwerlich für die Vernichtung der Propaganda-Inhalte entschädigen, gelänge es der Propaganda nicht auch, ihre Inhaltsleere dadurch in Vergessenheit zu bringen, daß sie den transparent gewordenen Machtwillen selber zum Inhalt stempelt. Während Nationalsozialismus und Faschismus am Anfang ihre Karriere in propagandistischem Interesse verbergen müssen, daß sie nichts als die Macht erstreben, sind sie nun umgekehrt, gleichfalls in propagandistischem Interesse, dazu gezwungen, die Macht an sich als den Inbegriff des Erstrebenswerten erscheinen zu lassen. Der Machtimpuls, der die totalitären Bewegungen erzeugt und zum Monopolkapitalismus hintreibt, wird in dieser Phase der Entwicklung nicht nur manifest, sondern übernimmt außerdem noch notgedrungen die Funktion seiner entwerteten Maskierungen. Die Idee des Klassenausgleichs hat sich verflüchtigt, die Vorstellung der Machtfülle bleibt als propagandistisches Hauptmotiv übrig. In Übereinstimmung mit dieser theoretischen Folgerung bemerkt Heiden: »Bestand [...] die Stärke der Diktatur seit ihrem Beginn wesentlich in der Zustimmung breiter und der Resignation ebenfalls breiter Volksschichten, so besteht Anfang 1937 ihre Stärke in der blanken Macht und dem Fehlen einer eigentlichen politischen Meinung.«[362] »Herrschaft an sich«, formuliert er auch, »ist der Inhalt der Diktatur. Wo diese sich scheinbar auf Argumentieren, auf Überreden oder gar auf Logik einläßt, ist es immer nur ein Versuch, mit einem scheinbar geistigen Mittel Herrschaft zu stützen. [...] Die Überzeugungskraft ihrer Kundgebungen fließt nicht aus der Schlüssigkeit des Gesagten, sondern aus der hypnotischen Zurschaustellung ihrer Macht in Gestalt des rechthaberischen Wor-

362 [Heiden, *Adolf Hitler.* Bd. 2, S. 148.]

tes.«[363] Zweifellos schöpft das totalitäre Regime alle Möglichkeiten einer Zurschaustellung der Macht aus, um durch die suggestive Wirkung solcher Veranstaltungen die erloschene seiner ideellen Montagen zu ersetzen. Wie die Propaganda den ästhetischen Zauber des durchorganisierten Machtapparats nutzt, so profitiert sie vom Glanz militärischen Gepränges. Nicht umsonst wird die Armee zu sämtlichen großen politischen Manifestationen herangezogen; Tank- und Flugzeugparaden sind Werbemittel, die dem lahmsten Argument auf die Beine helfen und noch das Nichts mit einem verführerischen Schimmer umweben. Aber mögen auch derartige Revuen wieder und wieder über die nihilistische Natur des totalitären Machtanspruchs hinwegtäuschen, sie schenken ihren Massen doch nicht jene Kreditwürdigkeit, die allein ihn dazu befähigte, an den Platz der verschlissenen Propaganda-Inhalte zu treten. Kredit wird dem nationalsozialistischen und faschistischen Machtanspruch von den der Propaganda direkt unterworfenen Massen höchstens noch unter der Bedingung eingeräumt, daß er sich nach außen hin Geltung verschafft. In der Tat werden gerade Nationen in der ökonomischen Lage Deutschlands und Italiens – Nationen überdies, deren Einigung erst in jüngerer Vergangenheit erfolgt ist – besonders bereitwillig funktionieren, wenn er mit dem Anspruch auf Wahrung und Mehrung nationaler Größe identisch zu sein scheint. Da sich nun gleichzeitig mit der organisationsmäßigen Konsolidierung der nationalsozialistischen und faschistischen Herrschaft ein Schrumpfungsprozeß der Propaganda vollzieht, der diese Konsolidierung wiederaufzuheben droht, steht es keineswegs im freien Belieben der Diktaturen, imperialistischen Zielen nachzustreben; die Diktaturen gingen vielmehr mit ihrer Propaganda zugrunde, lebte sich nicht ihr Machtwille in Form des Expansionsdranges aus. Im Interesse des eigenen Bestandes, von dem der des ganzen Regimes abhängt, muß die totalitäre Propaganda von einem bestimmte Zeitpunkt an das Gewicht immer nachdrücklicher auf die Außenpolitik legen.

Das heißt weder, daß die Propaganda nicht schon seit den Tagen der Machtergreifung die außenpolitische Materie bearbeitete, noch auch, daß sie davon abstände, mit zündenden Parolen für die nationalsozialistische und faschistische Eroberungspolitik zu werben. Dem Wort Mussolinis von den proletarischen Nationen entsprechen in propagandistischer Hinsicht jene Prägungen Hitlers, die sich gegen die Bolsche-

363 [Ebd., S. 62.]

wisierung Europas richten, aber im Namen der Rasse und des Blutes die Einverleibung der deutschstämmigen Minderheiten reklamieren. Setzungen, die in den verschiedensten Ländern sympathisierende Massen und Bürgerkriegsstimmung zu erwecken trachten und unstreitig einen Teil ihres Effekts dem Terror verdanken, den die Diktaturen durch die extreme Steigerung des Kriegspotentials auf die internationale öffentliche Meinung ausüben. Die deutsche Aufrüstung und der zweite Vierjahresplan sind nicht zuletzt Akte der Weltpropaganda. »Schließlich soll das autarkische Programm«, schreibt Priester, »die Situation in der Außenpolitik erleichtern und die zukünftigen Verhandlungspartner zu möglichst großen Zugeständnissen in der Kolonial- und Handelsfrage bewegen.«[364] Hinzu kommt die Verwendung sämtlicher übriger Propagandamittel im Interesse der Außenpolitik: Man versetzt das internationale Publikum in Vibrationen, die es an ausgegebene Losungen fixieren; man schafft ununterbrochen Erregungen, damit die tragische Wirkung dieser Losungen nicht nachläßt. Mit der Zeit durchläuft die Weltpropaganda denselben Prozeß wie die Binnenpropaganda. Sie muß nach und nach im Interesse des Expansionsdranges der Diktaturen die von ihr selber verkündeten Parolen umstoßen, weil anders sie nicht die heterogenen Situationen durchzustehen vermöchte, die durch das Eigenleben der außenpolitischen Realität heraufbeschworen werden. Divergenzen und Widersprüche sind die Folge. Taktische Anpassung? Aber wenn das strategische Ziel die Weltherrschaft als solche ist, fällt in den Bereich des Taktischen alles, was sonst als Gehalt zählt. Der Kurs der italienischen Außenpolitik erinnert an eine Fieberkurve. Und glaubt die nationalsozialistische Kolonialpropaganda, im Augenblick mit der These »Volk ohne Raum« nichts erreichen zu können, so schiebt sie an deren Stelle das Argument unter, daß man mehr Raum *und* mehr Menschen gebrauche. Die Propaganda-Montagen dynamisieren sich, vorausgesetzt, daß nicht die Konstanz der außenpolitischen Verhältnisse zu ihrer provisorischen Beibehaltung nötigt. Und sowohl durch ihren Verschleiß wie durch die Akte, in die sie einmünden, entschleiert sich immer unverkennbarer der Imperialismus, dem sie entstammen. Anschließend an die im Herbst 1936 von Deutschland und Italien ab[ge]setzte Erklärung, man werde die Entstehung eines bolschewistischen Zentrums in Spanien nicht dulden, spielen sich Ereignisse ab, die bündig bezeugen, daß der Antibolschewismus der Diktaturen nicht so sehr der Ausdruck einer

364 [Priester, *Das deutsche Wirtschaftswunder*, S. 269.]

platonischen Gesinnung ist, als vielmehr die propagandistische Rechtfertigung der bewaffneten Intervention darstellt. Auch der feierliche Verzicht Hitlers auf Südtirol beweist unzweideutig, daß das Dogma von der Zugehörigkeit aller Deutschen zum Volksganzen nur den nationalsozialistischen Eroberungswillen zu tarnen bezweckt. Das Dogma wird gestürzt, der Imperialismus bleibt zurück. Allmählich nimmt die Weltpropaganda einen formalen Charakter an; jedenfalls belastet sie in steigendem Maße die Notwendigkeit oder die Tatsache des Machtzuwachses an sich. Hitlers Königsberger Aufruf zum ersten großdeutschen Plebiszit vom 10. April 1938 klingt in die Sätze aus: »Ich werde an diesem Tage der Führer der größten Armee der Weltgeschichte sein, denn wenn ich an diesem 10. April meinen Stimmzettel in die Urne gebe, dann weiß ich: Hinter mir kommen 50 Millionen nach; auch sie alle kennen nur meine Parole: Ein Volk und ein Reich Deutschland!«[365]

Obwohl diese Sätze nicht die Assoziationen auszuwerten versäumen, die mit der Eroberung alten deutschen Reichsgebiets verknüpft sind, liegt doch der Ton bei ihnen durchaus auf dem Machtgewinn. Das wählende Volk als die größte Armee der Weltgeschichte – schlagender könnte nicht dargeboten werden, daß sich der Nationalsozialismus im Streben nach dem größtmöglichen Machtapparat erschöpft. Der Einsatz eines solchen Bildes an so ausgezeichneten Stellen verrät aber auch, daß faktisch der unverhohlene Imperialismus zum entscheidenden Propaganda-Inhalt wird. Die totalitäre Propaganda hat keine andere Wahl: sie muß von Eroberungen zehren, aber sie stirbt ab. Und ihre Kunst besteht mehr darin, sich durch die Injektion imperialistischer Motive neue Energien zuzuführen. Man hat den Krieg als die Ausflucht der Diktaturen bezeichnet, die im Inneren versagen. Der Krieg ist jedoch ein Grenzfall, und zumindest das totalitäre Regime verfügt angesichts innerer Schwierigkeiten über viele propagandistische Hilfsmittel außenpolitischer Art; mag es immerhin zum Krieg treiben und dieser seine ultima ratio sein. Die Weltpropaganda kann durch die rhythmische Abstufung ihrer Akte und Setzungen die Spannungsverluste wettmachen, die vom Schwund der bisherigen Binnenpropaganda herrühren, und ist, wenn psycho-physische Erschütterungen erforderlich sind, um Anlässe für Schocks nie verlegen; ganz zu schweigen davon, daß die geringste Erhö-

365 [Hitler, Rede in Königsberg am 25. 3. 1938 zur Reichstagswahl am 10. 4. 1938. In: Domarus (Hrsg.), *Hitler.* Reden und Proklamationen. Bd. 1, Zweiter Halbband, S. 837.] Kracauer zit. n.: *Berliner Tageblatt* vom 27.3. 1938, Nr. 145/146.

hung des äußeren Prestiges zur Verfestigung der Pseudo-Realität beiträgt, in der nichts so real wirkt wie eben das Prestige. Sicherlich versieht das nationalsozialistische Kolonialprogramm eine Reihe von propagandistischen Funktionen, die sich zunächst gar nicht auf die Kolonien beziehen. Indem die Diktaturen den Imperialismus in die Mitte rücken, schaffen sie natürlich nicht nur in Form der Weltpropaganda für die erlöschende heimische Propaganda Ersatz, sondern fachen auch diese direkt wieder an; denn die Expansionspolitik ihrerseits bedarf, wie sich gezeigt hat, ausgiebiger propagandistischer Vorbereitungen innerhalb des Machtbereichs der Diktaturen selber. Zuletzt greifen Welt- und Binnenpropaganda so lückenlos ineinander, daß jede außenpolitische Aktion zugleich innere Propaganda-Bedürfnisse befriedigt und jede innenpolitische Aktion den Zwecken der nach außen gerichteten Propaganda zu genügen sucht. Die völlig entsprechende totalitäre Propaganda ist notwendigerweise Propaganda im Weltmaßstab.

Man betrachte das Spiel dieser Propaganda: blindlings wirbelt sie alles umher, was niet- und nagelfest scheint, da sie nur noch durch die Verdrehung und Vertauschung der von ihr freigesetzten Gehalte die totale Meinungsbeeinflussung zu erzielen vermag, deren Realisierung die des totalen Machtanspruchs bedingt. Im ersten Stadium wird die totalitäre Propaganda zur Technik der Massenerregung als solcher, gleichviel mit welchen Mitteln. Unten ist oben, oben ist unten. Statt ihre kolonialen Forderungen nach bekannten Mustern ideologisch zu verklären, pflegt die nationalsozialistische Propaganda diese Forderungen auch mit dem offenen Hinweis auf wirtschaftliche Interessen zu begründen. Sie sagt Kattun und meint Gott[366] – den Gott, der Mussolini die Mittelmeervision und Hitler den Zug nach Südosten eingibt. Hinter dem Tumult der totalitären Propaganda taucht ein Totenkopf auf.

366 [Siehe oben S. 17.]

2. Anmerkungen zu *Totalitäre Propaganda*

Eine maschinenschriftliche Fassung von »Totalitäre Propaganda« hat, wie wir diversen brieflichen Zeugnissen entnehmen können, zwar existiert, ist aber leider nicht überliefert. Der vorliegende Text geht auf eine handschriftliche Fassung in drei durchgezählten Notizheften im DIN-A-5 Format (Cahiers) zurück, die sich in KN erhalten haben. Insgesamt umfassen sie 210 Seiten. Das komplette Konvolut umfaßt 463 Seiten. Das erste Heft ist mit »July – Dez. 1937« datiert. In diesem Heft findet sich neben dem ersten Teil der Reinschrift auch die nicht in diese Ausgabe aufgenommene Disposition, aus der wir die Überschriften der Langfassung übernommen haben, da in dieser nur die Zahlen bzw. Buchstaben der entsprechenden Abschnitte vermerkt sind. Kracauer hatte das Heft bereits vorher verwendet: In ihm findet sich weiterhin eine handschriftliche Fassung des Essays »Ernst Krenek: ›Über neue Musik‹«, der 1937 erschien (siehe *Werke*, Bd. 5.4., S. 535-540).

Der Text von »Totalitäre Propaganda« ist in Kracauers Handschrift überliefert, die eine Kombination aus lateinischer und deutscher Langschrift, Gabelsberger Stenographie sowie Mischformen dieser Schriften darstellt (vgl. Abb. 1-3). Das z. T. ohnehin extrem schwer zu entziffernde Manuskript weist zudem sehr starke Überarbeitungen auf, bei denen nicht durchweg entschieden werden konnte, welche Variante nun den Vorzug erhalten sollte. Angesichts der erheblichen Manuskriptschwierigkeiten kann bei dieser Edition daher nicht mit absoluter Sicherheit ein über jeden Zweifel erhabener Text vorgelegt werden. Viele Stellen können aufgrund der komplizierten Manuskriptlage und des faktischen Interpretationsspielraums der Kurzschrift auch etwas anders gedeutet bzw. transkribiert werden.

Neben diesen Notizheften hat Kracauer auf sehr zahlreichen kleinen Zetteln die von ihm verwendeten Bücher exzerpiert (vgl. hier Abb. 4-6). Diese Zettel folgen einem zweistelligen System, das jedem Buch eine Nummer und jedem Themengebiet wiederum eine eigene Zahl zuweist. Die Verweise in der Reinschrift sind daher fast durchweg zweistellig: 2/4 verweist auf Zettel 4 des Buchs 2. Gelegentlich referiert Kracauer nur auf das Buch als solches. Auf den Zetteln vermerkt Kracauer dann umgekehrt mögliche Plazierungen in seinem Aufsatz. Im Manuskript schließlich wird durch Zahlen am Rand auf einzelne Zettel verwiesen, auf denen sich die exzerpierten Zitate finden. Da auch diese Exzerpte nur handschriftlich überliefert und in sehr weiten Teilen ähnlich schwer zu lesen sind wie die Reinschrift, wurden sämtliche Zitate überprüft und soweit möglich mit direkten Quellen auch immer dann nachgewiesen, wenn Kracauer auf allgemeine Darstellungen oder mitunter sogar Zitatsammlungen zurückgreift. Nicht selten gibt Kracauer auch die Bücher insbesondere von Balabanoff, Heiden, Münzenberg und Silone als Quellen für Zitate von Hitler oder Mussolini oder andere Dokumente an. Auch hier haben wir versucht, die jeweiligen Texte zu identifizieren und mit entsprechenden bibliographischen Angaben zu belegen. Die Nachweise der Zitate finden sich als Fußnoten jeweils in eckigen Klammern in den Fußnoten. Bei stark abweichenden Quellen Kracauers, sprich Nachweisen aus allgemeinen Darstellungen, werden diese in den Anmerkungen angegeben. Alle Nachweise, die sich bereits ausgeschrieben in der Reinschrift finden, sind ohne eckige Klammern als Fußnoten angeführt.

An zahlreichen Stellen der Hefte vermerkt Kracauer auf der linken Seite der jeweiligen Doppelseite weiterhin zusätzliche Verweise auf einzelne Zettel. Mitunter entsprechen diese eingearbeiteten Zitaten, manchmal ist aber ihre Funktion nicht letztgültig zu ermitteln. Daher wurde im Rahmen dieser Ausgabe auf eine Aufschlüsselung und Dokumentation dieser Zettel verzichtet. Die einzelnen Notizzettel mit den Exzerpten tragen jeweils in der ersten Zeile einen Hinweis auf Themen, Motive, Gegenstände, Theoriekomplexe etc. der Bezugstexte (so etwa: »Fascismus, Massenlenkung, Moral«, »Kultivierung der Freude und bürgerlichen Gesellschaft«, »Die Rolle der Lust« etc.). Vielleicht hat Kracauer möglicherweise zu verwendende Zettel des jeweiligen Themenkomplexes vorab notiert oder aber diese für eine weitere Überarbeitungsstufe als zusätzliches Material notiert. Bei der Edition haben wir auf den Nachweis dieser Notate verzichtet, da diese ohne Lektüre und entsprechend ohne eine Transkription der Zettel nicht zu erschließen und zudem nicht in eindeutig zuweisbarer Weise mit dem Haupttext vernetzt sind.

Kracauer verzeichnet in seinen Notizen die Quellen, die im folgenden in der Reihenfolge wiedergegeben sind, wie sie von ihm durchgezählt wurden. Die entsprechende Zahl steht jeweils am Ende; vermerkt ist auch die Anzahl der Notizzettel der einzelnen Titel:

Max Horkheimer, »Egoismus und Freiheitsbewegung. Zur Anthropologie des bürgerlichen Zeitalters«. In: *Zeitschrift für Sozialforschung*, 5. Jg., 1936, Nr. 2, Librairie Félix Alcan, S. 161-231 (1) (33 Notizzettel)

Jean Stoelzel, *Psychologie de la réclame*, DEA-Schrift an der Faculté des Lettres de Paris bei Georges Dumas, 15. Mai 1934 (von Aron erhalten) (2) (2 Notizzettel)

Historikus [= Arthur Rosenberg], *Der Faschismus als Massenbewegung.* (= *Probleme des Sozialismus.* Sozialdemokratische Schriftenreihe No. XII). Karlsbad: Verlagsanstalt Graphia 1934 (3) (17 Notizzettel)

Wilhelm Reich, *Massenpsychologie des Faschismus. Zur Sexualökonomie der politischen Reaktion und zur proletarischen Sexualpolitik.* Kopenhagen, Prag und Zürich: Verlag für Sexualpolitik 1933 (4) (17 Notizzettel)

Roger Mauduit, *La Réclame. Étude de sociologie économique*, Paris: Librairie Félix Alcan 1933 (5) (8 Notizzettel)

Dr. Joseph Goebbels, *Kampf um Berlin. Der Anfang*, 4. Auflage, München: Eher Nachf. G. m. b.H. 1934 (6) (12 Notizzettel)

G.K. Chesterton, *Dickens* (= *Vie des hommes illustres*, Nr. 9), Paris: Librairie Delgrave – Librairie Gallimard 1927 (7) (5 Notizzettel)

Adolf Hitler, *Mein Kampf.* Ungekürzte Ausgabe. 164.-165. Auflage. München: Zentralverlag der NSDAP. Franz Eher Nachf. 1935 (8) (23 Notizzettel)

Das junge Deutschland will Arbeit und Frieden. Reden des Reichskanzlers Adolf Hitler des neuen Deutschlands Führer. Mit einem Vorwort von Dr. Joseph Goebbels, Berlin: Liebheit & Thiesen 1933 (9) (3 Notizzettel)

Die nationalsozialistische Weltanschauung. Ein Wegweiser durch die nationalsozialistische Literatur. 500 markante Zitate. Zusammengestellt und hrsg. von Univ. Prof. Dr. H. de Vries de Heekelingen (Allgemeine Zentralstelle für Erforschung politischer Bewegungen), Berlin: Pan-Verlagsgesellschaft 1932 (10) (4 Notizzettel)

Kölner Sozialpolitische Studien, hg. von Prof. Dr. jur. B. Schmittmann:
– R. Karfiol, *Mittelstandsprobleme* (11a) (6 Notizzettel)
– Benedict Schmittmann, *Das Mittelstandsproblem im Dritten Reich*, Köln: Reichs- und Heimat Verlag 1934 (11b) (1 Notizzettel)

Dr. Erwin von Beckerath, *Wesen und Werden des fascistischen Staates*, Berlin: Julius Springer 1927 (12) (11 Notizzettel)

Propaganda and Dictatorship. A Collection of Papers, hrsg. Harwood Lawrence Childs, Princeton/New Jersey: Princeton University Press 1936, darin:
a) Fritz Morstein Marx, »State Propaganda in Germany«, S. 13-31
b) Arnold J. Zurcher, »State Propaganda in Italy«, S. 35-57 (13) (3 Notizzettel)

Abhandlungen des Vereins Sozialpolitik in Dresden 1932, *Deutschland und die Weltkrise*, hrsg. Dr. Franz Boese, München und Leipzig: Duncker & Humblot 1932 (14) (2 Notizzettel)

Angelica Balabanoff, *Wesen und Werden des italienischen Fascismus*, Wien und Leipzig: Hess & Co. Verlag 1931 (15) (4 Notizzettel)

Willi Münzenberg, *Propaganda als Waffe*, [Paris]: Éditions du Carrefour 1937 (16) (23 Notizzettel)

José Ortega y Gasset, *Der Aufstand der Massen*, Stuttgart und Berlin: Deutsche Verlagsanstalt o. J. [1930] (11 Notizzettel)

E. Wernert, *L'Art dans le IIIe Reich*. Centre d'études de politique étrangère. Section d'information, Publication No. 7, Paris: Paul Hartmann Éditeur 1936 (18) (12 Notizzettel)

Robert Pelloux, *Le Parti National-Socialiste et ses rapports avec l'État*. Centre d'études de politique étrangère. Section d'information, Publication No. 6, Paris: Paul Hartmann Éditeur 1936 (19) (7 Notizzettel)

Ignazio Silone, *Der Fascismus*, Zürich: Europa-Verlag 1934 (20) (46 Notizzettel)

Hirth's Deutsche Sammlung Sachkundliche Abteilung: Geschichte & Staatsbürgerkunde:

– Gruppe II: *Ereignisse*, Bd. 6: *Die Nationalsozialistische Revolution*, hrsg. Dr. Walther Gehl (21a: 3 Notizzettel)

– Gruppe III: *Grundfragen*, Bd. 4: *Der nationalsozialistische Staat*, 2. Heft, *Vom 13. November 1933 bis 10. September 1934*. hrsg. Dr. Walther Gehl (21 b: 11 Notizzettel)

– Gruppe III: *Grundfragen*, Bd. 3: *Der nationalsozialistische Staat*, 1. Heft, *12. November 1933*, hrsg. Dr. Walther Gehl (21c: 2 Notizzettel)

Gregor Strasser, *Kampf um Deutschland. Reden und Aufsätze eines Nationalsozialisten*, München: Verlag Franz Eher Nachf. 1935 (22) (12 Notizzettel)

Arthur Rosenberg, *Geschichte der deutschen Republik*, Karlsbad: Verlagsanstalt Graphia 1935 (23) (36 Notizzettel)

Heinrich Regius, *Dämmerung. Notizen aus Deutschland*, Zürich: Oprecht & Helbling 1934 (24) (6 Notizzettel)

Ignazio Silone, *Brot und Wein*, Zürich: Oprecht o. J. [1936] (25) (4 Notizzettel)

Studien über Autorität und Familie. Forschungsberichte aus dem Institut für Sozialforschung, Paris: Librairie Félix Alcan 1936 (darin: Max Horkheimer, »Allgemeiner Teil«, S. 3-76 (26a: 9 Notizzettel) und Erich Fromm, »Sozialpsychologischer Teil«, S. 77-135) (26b: 13 Notizzettel)

Dr. Joseph Goebbels, *Revolution der Deutschen. 14 Jahre Nationalsozialismus. Goebbelsreden mit einleitenden Zeitbildern von Hein Schlecht*, Oldenburg: Gerhard Stalling 1933 (27) (7 Notizzettel)

Signale der neuen Zeit. 25 ausgewählte Reden von Dr. Joseph Goebbels, München: Zentralverlag der NSDAP, Franz Eher Nachf. 1934 (28) (5 Notizzettel)

Max Hermant, *Les paradoxes économiques de l'Allemagne moderne 1918-1931*, Paris: Librairie Armand Colin 1931 (29) (4 Notizzettel)

Ernst Krieck, *Nationalpolitische Erziehung*, Leipzig: Armanen-Verlag 1933 (30) (6 Notizzettel)

Friedrich Nietzsche, *Der Wille zur Macht*, sowie *Jenseits von Gut und Böse*, jeweils nach der Kröner-Ausgabe, Leipzig 1911 (31) (4 Notizzettel)

Hans E. Priester, *Das deutsche Wirtschaftswunder*, Amsterdam: Querido Verlag 1936 (32) (19 Notizzettel)

Konrad Heiden, *Adolf Hitler*, 2 Bde., Zürich: Europa-Verlag 1937 (33) (Bd. 1 und 2 jeweils 18 Notizzettel)

Gaetano Salvemini, *La terreur fasciste 1922-1926. Les Documents bleus, Notre Temps*, No. 4, Paris: Éditions Gallimard 1929 (34) (2 Notizzettel)

Dr. Ernst Rudolf Huber, »Verfassung« (= *Grundzüge der Rechts- und Wirtschaftswissenschaft*. Reihe A: *Rechtswissenschaft*, hrsg. v. G. Dahm), Hamburg: Hanseatische Verlagsanstalt 1937 (35) (2 Notizzettel)

11, 26-28 »*Wenn ein Engländer Gott sagt, meint er Kattun.*«] Bei Fontane heißt es: »Sie [die Engländer] sagen ›Christus‹ und meinen Kattun.« (Theodor Fontane, *Der Stechlin*, Große Brandenburger Ausgabe. Das Erzählerische Werk, Bd. 17, Berlin: Aufbau-Verlag 2001, S. 265).

11, 28 *Kattun*] Kattun ist die Bezeichnung für einen Baumwollstoff und bezieht sich auf die britische Baumwollindustrie.

12, 3-4 *Schrift von Historikus:* »Probleme des Sozialismus«] Kracauers Quellenangabe ist an dieser Stelle nicht korrekt. Er bezieht sich auf Arthur Rosenbergs Text *Der Faschismus als Massenbewegung*, der 1934 in der Sozialdemokratischen Schriftenreihe »Probleme des Sozialismus« erschien. Diese umfaßt insgesamt 13 Hefte, die zwischen 1933 und 1935 von Rudolf Hilferding im Exil herausgegeben wurden. (Vgl. Arthur Rosenberg, *Der Faschismus als Massenbewegung*. Sein Aufstieg und seine Zersetzung, [Sozialdemokratische Schriftenreihe: Probleme des Sozialismus, Heft 12], Karlsbad: Graphia 1934.)

12, 4 *Historikus*] Arthur Rosenberg (1889-1943) studierte Alte Geschichte und klassische Philologie, promovierte und wurde habilitiert. 1914 wurde er Privatdozent an der Philosophischen Fakultät der Friedrich-Wilhelms-Universität Berlin, 1920 trat er der Kommunistischen Partei Deutschlands (KPD) bei und wurde Stadtverordneter in Berlin. 1924 wurde er als Abgeordneter der KPD Mitglied des Reichstags, nach seinem Austritt aus der KPD war er 1927/28 parteiloser Abgeordneter. 1930 wurde er gegen den Willen der Fakultät zum außerordentlichen Professor für Alte Geschichte ernannt und lehrte dort, bis ihm als getauftem Sohn jüdischer Eltern 1933 die Lehrbefugnis entzogen wurde. 1934-37 lehrte er an der Universität von Liverpool, 1937-43 am Brooklyn College in New York. In seinem Hauptwerk *Die Entstehung der deutschen Republik* (1928) analysierte er die Verfassungsgeschichte des Kaiserreiches und kam zu dem Schluß, daß die Entwicklungen des Reiches unter Wilhelm II. und sein Zusammenbruch im Ersten Weltkrieg aus Defiziten der Verfassung und der Form der Reichsgründung durch Bismarck, insbesondere aus der Konzentration auf eine einzelne Person resultierten. Das Reich sei von einer Art »Geburtsfehler« geprägt gewesen, der sich in der mangelhaften Integration gesellschaftlicher und politischer Kräfte durch die Verfassung geäußert habe. (Vgl. Andreas Wirsching, »Politik und Zeitgeschichte. Arthur Rosenberg und die Berliner Philosophische Fakultät 1914-1933«. In: *Historische Zeitschrift* (1999), Bd. 269, H. 3, S. 561-602.)

12, 20 *hat Max Horkheimer nachgewiesen*] Kracauer bezieht sich auf Horkheimers Aufsatz »Egoismus und Freiheitsbewegung«, in dem dieser unter anderem die Rolle des individuellen Egoismus gegenüber den kollektiven Interessen in der bürgerlichen Gesellschaft untersucht. Horkheimer geht in seiner Analyse davon aus, daß eine Verinnerlichung von Trieben und Bedürfnissen der Masse stattfindet, so daß das Individuum seine eigenen Interessen verdrängt und sie, im Gegenteil, in den Interessen des Kollektivs vertreten sieht. (Vgl. Max Horkheimer, »Egoismus und Freiheitsbewegung [Zur Anthropologie des bürgerlichen Zeitalters]«. In: *Zeitschrift für Sozialforschung*, Bd. 5, 1937, S. 161-235. S. 182.)

13, 10-11 *Wieder ist es Horkheimer, der zeigt*] Horkheimer führt in seinem Aufsatz »Egoismus und Freiheitsbewegung« weiter aus, daß in bürgerlichen Revolutionen die äußere feudale Kontrolle abgelöst wird durch eine individuelle Verinnerlichung von Autorität. (Vgl. Max Horkheimer, »Egoismus und Freiheitsbewegung [Zur Anthropologie des bürgerlichen Zeitalters]«. In: *Zeitschrift für Sozialforschung*, Bd. 5, 1937, S. 161-235.)

13, 15 *Lebendig wirkende*] Im Manuskript ist über »wirkende« zusätzlich ein »wirksame« vermerkt.

13, 19 *nichts verkehrter, als die eigentümlichen Beschaffenheiten*] Im Manuskript ist über »verkehrter« zusätzlich »abwegiger« vermerkt.

14, 10 *daselbst starren*] Unsichere Lesart.

14, 11 Avanti!] *Avanti!* war 1896-1993 die Parteizeitung der Partito Socialista Italiano (PSI), die von 1912 bis zum 14. November 1914 von Benito Mussolini als Chefredakteur geleitet wurde, der nach seiner Entlassung seine eigene Zeitung *Il Popolo d'Italia* gründete.

14, 13-14 *erneuerte am 2[3]. März 1919 seine »Fasci di Combattimento«*] Die Gründung erfolgte am 23. März und nicht, wie in Kracauers Manuskript verzeichnet, am 2. März 1919.

14, 13-14 »*Fasci di Combattimento*«] Die Fasci di Combattimento waren faschistische Kampfverbände, die von Benito Mussolini zur Abwehr der vermeintlichen Bedrohung Italiens durch Sozialismus und Bolschewismus gegründet wurden und eine wesentliche Rolle beim Aufstieg des italienischen Faschismus spielten. Ausgehend von ca. 300 Gründungsmitgliedern wuchs die Organisation noch im Jahr 1919 auf 17.000 Mitglieder an. (Vgl. Walther L. Bernecker, *Handbuch der Geschichte Europas.* Bd. 9, *Europa zwischen den Weltkriegen 1914-1945.* Stuttgart: Ulmeer 2002, S. 101.)

15, 17-18 *die noch ganz vom Krieg erreicht*] Unsichere Lesart von »erreicht«.

15, 25 *Officiers à demi-soldo*] Nach Napoleons Niederlage und seiner Verbannung auf die Insel Elba hatte Frankreich ein Heer von rund 500.000 Mann, denen mit dem Wechsel in den Veteranenrang zu einem großen Teil der Sold halbiert wurde. Die Veteranen fühlten sich damit zusätzlich zu ihrer Ehre um ihren Lohn betrogen. Darüber hinaus wurden sie infolge ihres Einsatzes für den Kaiser mit Argwohn betrachtet. Die Bevölkerung, insbesondere aber das Heer mißbilligte die Regierung Louis' XVIII., und der Bonapartismus gewann an Bedeutung.

15, 29-33 »*Assez de beaux caractères [...] bataille*«] »Es werden aus den ›Szenen aus dem Militärleben‹ genügend schöne Charaktere, große und edle Selbstaufopferungen strahlen, so daß es mir hier gestattet sei aufzuzeigen, wie sehr Krieg und Streit bei gewissen Menschen Verderbtheit erzeugen, die im Privatleben zu handeln wagen wie auf dem Schlachtfeld.« (Honoré de Balzac, *Die Menschliche Komödie.* Die großen Romane und Erzählungen in zwanzig Bänden. Bd. 3, *Ein Junggesellenheim.* Roman. Übersetzung nach Felix Paul Greve. Frankfurt/Main, Leipzig: Insel 1996, S. 7 f.)

16, 1 *»Arditi«*] Ab 1917 italienische Sondereinheiten für den Stellungskrieg. 1919 wurden etwa 10.000 von ihnen Mitglieder der Associazione fra gli Arditi d'Italia, eines politischen Verbandes, der sich 1919/20 an der Gewalt gegen sozialistische Arbeiter beteiligte und in dem der Faschismus eine wichtige Basis fand. Die Arditi zeichneten sich durch eine Idealisierung gerade der brutalen und verbrecherischen Teile des Krieges sowie der Aussetzung der sonst geltenden gesellschaftlichen Regeln und Normen aus. (Vgl. Benjamin Ziemann, »Freikorps«. In: Gerhard Hirschfeld / Gerd Krumeich / Irina Renz (Hrsg.), *Enzyklopädie Erster Weltkrieg.* Aktual. u. erw. Studienausg. Paderborn, München, Wien, Zürich: F. Schöningh 2009, S. 503 ff., hier S. 504 f. Antonio Gibelli, »Faschismus in Italien«. In: Ebd., S. 988-992, hier S. 989.)

16, 5 *Freikorps*] Militärische Verbände, gebildet aus Freiwilligen vor allem aus alten Verbänden des Heeres, insbesondere aus ehemaligen Sturmbataillonen, die 1918-21 in Deutschland zur Niederschlagung von Aufständen sowie gegen Polen und Rußland eingesetzt wurden. Sie agierten, geprägt von antibolschewistischem, republik- und demokratiefeindlichem Denken, äußerst gewalttätig in Größenordnungen zwischen weniger als 100 bis zu 30- bis 40.000 Personen. Die Mitglieder einiger Gruppen entzogen sich den Bestimmungen des Versailler Vertrages und bildeten Wehrverbände, waren beispielsweise 1921 in Oberschlesien aktiv und wurden später teilweise zu SA- und NSDAP-Mitgliedern. (Vgl. Benjamin Ziemann, »Freikorps.« In: Gerhard Hirschfeld / Gerd Krumeich / Irina Renz (Hrsg.), *Enzyklopädie Erster Weltkrieg.* Aktual. u. erw. Studienausg. Paderborn, München, Wien, Zürich: F. Schöningh 2009, S. 503 f.)

17, 15 *Gregor Strasser*] Gregor Strasser (1892-1934) studierte Pharmazie, war nach Abschluß des Studiums zunächst Freiwilliger im Ersten Weltkrieg und wurde danach Apotheker. Er trat dem Freikorps Epp bei, organisierte das Sturmbataillon Niederbayern und wurde 1921 Mitglied der NSDAP. 1921-23 war er Gauleiter und SA-Führer von Niederbayern, 1923 nahm er am Hitler-Putsch teil, und ab 1924 arbeitete er am Aufbau der Parteiorganisation in Norddeutschland, der ihm am 11. März 1925 von Adolf Hitler offiziell übertragen wurde. Ebenfalls 1924 wurde er Mitglied des Bayerischen Landtages sowie des Reichstages. Er widmete sich der Konzeption eines politisch linken Nationalsozialismus. Nach der Bildung der Arbeitsgemeinschaft der nord- und westdeutschen Gaue 1925 kam es wegen eines 1926 unter Strassers Führung entstandenen Entwurfs für ein neues Parteiprogramm beinahe zur Spaltung der NSDAP. Ab 1925 gab er die *Nationalsozialistischen Briefe*, eine zweimal im Monat erscheinende parteiinterne theoretische Schrift, heraus, die sich recht offen gegen die Parteizentrale in München richtete. Strasser forderte die Einhaltung des Parteiprogramms, von dem sich der Münchener Flügel insbesondere bezüglich antikapitalistischer Inhalte immer weiter entfernte, scheiterte damit aber: Strasser verpflichtete sich Hitler gegenüber, die verteilten Exemplare seines Programms zurückzufordern. 1926 wurde er Reichspropagandaleiter, 1927 Reichsorganisationsleiter der NSDAP. Am 30. Juni 1934 wurde Strasser während des sogenannten Röhm-Putsches in Berlin erschossen. (Vgl. Reinhard Kühnl, »Zur Programmatik der nationalsozialistischen Linken: Das Strasser-Programm von 1925/26«. In: *Vierteljahrshefte für Zeitgeschichte*, 14. Jg. 1966, Heft 3, S. 317-333; Ernst Klee, *Personenlexikon zum Dritten Reich.* Wer war was vor und nach 1945? Frankfurt/Main: S. Fischer 2003, S. 606, s. v. »Strasser, Gregor«.)

18, 1 *Umberto Banchelli*] Ignazio Silone, aus dessen Buch Kracauer an dieser Stelle zitiert, macht aus Banchelli fälschlicherweise Bianchelli. (Vgl. Ignazio Silone, *Il fascismo.* Origini e sviluppo. Hrsg. von Mimmo Franzinelli. Milano: A. Mondadori 2002, S. 288.) Die Schreibung wird im folgenden stillschweigend korrigiert. Umberto F. Banchelli war als aktiver Squadrist und Squadrenführer der Fasci Florenz eine der zentralen Figuren des Squadrismus in der Toskana. Ausgehend von Florenz versuchte er den Faschismus in den Industriezentren und größeren Städten der Toskana zu verbreiten, wobei die Industriellenvereinigung AIT unter der Leitung Rosolino Orlandos als Geldgeber eine wichtige Rolle spielte. Am 21. 7. 1921 war Banchelli am Versuch von 400-500 Squadristen aus Florenz, Pisa, Carrara, Lucca und Viareggio beteiligt, zehn inhaftierte Kameraden in Sarzana zu befreien und gegen die örtlichen Kommunisten vorzugehen. Die Polizei stellte sich in diesem Fall jedoch gegen die Squadristen (aus diesem Kontext stammt das von Kracauer verwendete Zitat). 1922 wurde er aus der Partito Nazionale Fascista (PNF) ausgeschlossen und veröffentlichte seine Memoiren *Le memorie di un fascista (1919-1923).* (Vgl. Frank M. Snowden, *The Fascist Revolution in Tuscany, 1919-22.* Cambridge: Cambridge University Press 1989, S. 61,147 ff.; Sven Reichardt, *Faschistische Kampfbünde.* Gewalt und Gemeinschaft im italienischen Squadrismus und in der deutschen SA. Köln, Weimar: Böhlau 2009, S. 208 f.)

18, 1-3 *»konnte sich fortentwickeln [...] fand«*] Bei Silone lautet das Zitat: »konnte sich frei entwickeln, weil er unter der Sicherheitspolizei, den Offizieren der Carabinieri und andern [sic] bewaffneten Kräften italienische Herzen und Ideale fand.« (Silone, *Der Fascismus.* Seine Entstehung und seine Entwicklung. Zürich: Europa-Verlag 1934, S. 119)

18, 15 *Silone*] Ignazio (Secondino Tranquilli) Silone (1900-1978) begann, früh verwaist, bereits 1915 sich politisch zu betätigen. Er nahm an Kämpfen der Landarbeiter gegen Großgrundbesitzer teil und kam dabei in Kontakt mit sozialistischem Gedankengut. Ab 1917 schrieb er für *Avanti!*, trat dem regionalen Bauernbund bei und wurde Sekretär der Landarbeitergewerkschaft. In Rom wurde er Sekretär der sozialistischen Jugend und Direktor ihrer Wochenzeitung *L'Avanguardia*, trat in die Partito Comunista Italiano (PCI) ein und wurde Mitarbeiter von *Il Lavoratore.* 1921-27 war er Teil der Parteiführung. Nach der Machtübernahme durch die Faschisten schrieb er für die Parteizeitung *L'Unità*, unternahm für die Partei Auslandsreisen und nahm beispielsweise an Sitzungen der Komintern in Moskau teil. Um 1930 verließ er Italien und wanderte in die Schweiz aus, wo er mit dem Kommunismus brach und 1931 aus der Partei austrat (nach anderer Darstellung wurde er wegen Trotzkismus ausgeschlossen). In dieser Zeit schrieb er neben Romanen das Sachbuch *Der Faschismus – seine Entstehung und Entwicklung* (1934). Sowohl im Exil als auch in den ersten Jahren nach seiner Rückkehr nach Italien 1944 blieb er politisch aktiv, nun in der Partito Socialista Italiano (PSI). 1945 wurde er in die Leitung von *Avanti* berufen, 1947 leitete er die von ihm mitgegründete Zeitung *Europa Socialista.* 1952 übernahm er die Leitung der Zeitung *Tempo presente* und wurde Vorsitzender der proamerikanischen Associazione Italiana per la Libertà della Cultura. Nachdem 1967 bekannt wurde, daß *Tempo presente* durch die CIA mitfinanziert wurde, zog sich Silone weitgehend von ihr zurück. In jüngeren Biographien gilt als gesichert, daß Silone 1919-30 die Polizei Roms mit Informationen über die sozialistische Bewegung belieferte. (Vgl. Elisabeth Leake, *The Reinvention of Ignazio Silone.* Toronto: Toronto University Press 2003; Dario Biocca, *Ignazio Silone.* La doppia vita di un italiano. Mailand: Rizzoli 2005.) Vgl. die Rezension Kracauers von Silones *Brot und Wein*, in: *Werke*, Bd. 5.4, S. 532-535.

18, 20 *Sorel*] Georges Eugène Sorel (1847-1922) war nach naturwissenschaftlichem und technischem Studium zunächst 25 Jahre lang Ingenieur in französischem Verwaltungsdienst, betätigte sich ab 1892 schriftstellerisch und vertrat, teils mit Bezug auf Pierre-Joseph Proudhon, die These, Frankreich sei dekadent geworden. 1893 bekannte er sich zum Marxismus und setzte sich zudem mit den Theorien Giovanni Battista »Giambattista« Vicos und Henri-Louis Bergsons auseinander. Ab 1897 studierte er die syndikalistische Bewegung in Frankreich und Italien und wandte sich nach der Affäre um Alfred Dreyfus, dessen Verteidiger er zunächst unterstützte, vom parlamentarischen Sozialismus ab. In den Jahren 1903-10 forderte er Arbeiter in französischen und italienischen Zeitschriften (u. a. *Mouvement socialiste*, *Avanguardia socialista* und *Divenire sociale*) auf, ihre Ziele durch direkte, auch gewalttätige Aktionen zu verfolgen. In dieser Zeit erschien auch sein Buch *Réflexions sur la violence* (1908). Er legitimierte Gewalt insbesondere in Form des Streiks im Klassenkampf und sah in den Syndikaten eine Elite, der die Führungsrolle im Kampf zukomme. Die nachrevolutionäre Gesellschaft werde von einer neuen Moral gekennzeichnet sein, maschinenartig funktionieren und ohne einen Staatsapparat auskommen. Die Arbeiter beider Länder waren, obwohl Sorels Thesen gut aufgenommen wurden, allerdings vor allem an der Verbesserung ihrer Arbeits- und Lebensbedingungen interessiert und weniger am Aufbau einer neuen Gesellschaft. Daher sagte sich Sorel enttäuscht von ihnen los. Trotzdem hatte er starken Einfluß auf zahlreiche, vor allem italienische Arbeiterführer. Insbesondere berief sich der junge Benito Mussolini auf ihn als zentralen Theoretiker des Syndikalismus. (Vgl. Jack J. Roth, »Sorel und die totalitären Systeme«. In: *Vierteljahrshefte für Zeitgeschichte,* 6. Jg. 1958. Heft 1, S. 45-59; David D. Roberts, *The Syndicalist Tradition and Italian Fascism.* Chapel Hill: University of North Carolina Press 1979; James H. Meisel, »A Premature Fascist? Sorel and Mussolini«. In: *The Western Political Quarterly,* (1950) Bd. 3, Nr. 1, S. 14-27.)

18, 21 *Pareto*] Vilfredo Frederico (Wilfried Fritz) Pareto (1848-1923) wurde nach einem Ingenieursstudium zunächst Eisenbahnangestellter und Angestellter beziehungsweise Generaldirektor einer Eisenwarenfirma in Italien. 1893 wurde er Ökonomie-Professor an der Université de Lausanne. Pareto vertrat in seinem soziologischen Werk die These, Gesellschaften bestünden stets aus heterogenen Massen, die entsprechend sich wandelnden Kriterien durch Klassenbildung strukturiert würden. Die höchste Klasse bilde eine herrschende Elite, während sich in unterdrückten Klassen Energien sammelten, die letztlich dazu führten, daß eine neue Elite die alte absetze und die Macht ergreife – ein sich wiederholendes Geschehen, das er als »Zirkulation der Eliten« bezeichnete. Er formulierte dies insbesondere in seinem soziologischen Hauptwerk *Trattato di sociologia generale* (1916). Zentral erscheint dabei, daß stets Minderheiten herrschen und es nicht zur Annäherung an ein Gleichheitsideal kommt, weswegen eine demokratische Staatsordnung, eine Herrschaft des Volkes, nicht realistisch erscheint, ganz gleich, wie beharrlich eine neue Elite für »das Volk« zu kämpfen vorgibt. Davon ausgehend und unter dem Eindruck der politischen Situation Italiens richtete er sich gegen die parlamentarische Demokratie und befürwortete die Herstellung von Ordnung durch Benito Mussolini. Obwohl dieser ihn zum Senatore del Regno ernannte und sich selbst als seinen Schüler darstellte, versuchte Pareto sich der Vereinnahmung durch den Faschismus zu entziehen und trat für die Freiheit der Presse sowie der akademischen Lehre ein. (Vgl. Maurizio Bach, »Vilfredo Pareto (1848-1923)«. In: Dirk Kaesler (Hrsg.), *Klassiker der Soziologie: Von August Comte bis Alfred Schütz*, 4. Auflage, München: C. H. Beck 2003, S. 94-113; Joseph A. Schumpeter, »Vilfredo Pareto (1848-1923)«. In: *The Quarterly Journal of Economics* (1949), Bd. 63, Nr. 2, S. 147-173.)

18, 22 *Tripolis*] Nach Abschluß des französisch-italienischen Vertrags von 1902 unterstellte Italien Libyen 1911 per Dekret seiner Souveränität. In der Cyrenaica wurde dem italienischen Versuch, das Land militärisch zu besetzen, jedoch lange Zeit Widerstand geleistet. Italien war bis zur Machtergreifung des Faschismus allerdings weitgehend daran interessiert, den Konflikt nicht eskalieren zu lassen, insbesondere da der Erste Weltkrieg Ressourcen band und verbrauchte. 1917 erkannte Italien die Autonomie der Cyrenaica an, woraufhin 1919 ein Parlament zusammentrat. In Tripolitanien riefen Nationalisten 1918 die Republik aus, und Italien einigte sich mit Vertretern darauf, daß das Land wie die Cyrenaica zuvor ein Grundgesetz erhalten sollte, auf dessen Basis ein Parlament zusammentreten sollte. Nach der faschistischen Machtübernahme forcierte Italien die Kolonisierung: In beiden Ländern stieg der Anteil der italienischen Bevölkerung schnell an, und gegen Widerstandsgruppen wurde militärisch vorgegangen. Das Parlament in der Cyrenaica wurde aufgelöst, und die Republik Tripolitanien brach zusammen. (Vgl. Klaus Landfried / Abdelgadir A. Abdel Ghaffar, »Lybien«. In: Dolf Sternberger / Bernhard Vogel / Dieter Nohlen / Klaus Landfried, *Die Wahl der Parlamente und anderer Staatsorgane.* Ein Handbuch. Bd. 2: *Afrika.* Politische Organisation und Repräsentation in Afrika. Erster und zweiter Halbband. Hrsg. v. Franz Nuscheler und

Klaus Ziemer. Berlin/W., New York: de Gruyter 1978, S. 1123-1152, hier S. 1126-1130.)

18, 30 *Entente*] Nachdem Wilhelm II. (1859-1941) den deutsch-russischen Geheimvertrag nicht verlängert hatte und Bismarck zurückgetreten war, kam es ab 1891 zur schrittweisen Annäherung von Rußland und Frankreich. Nach einem englisch-französischen Konflikt im Sudan näherten sich auch diese beiden Staaten einander an, beseitigten koloniale Differenzen und schlossen 1904 die Entente cordiale. Insbesondere während der Konferenz von Algeciras unterstützte nun England Frankreich und stellte sich gegen Deutschland. 1907 gelang Frankreich zudem die Lösung der Spannungen zwischen England und Rußland – die Tripel-Entente entstand. Waren anfangs alle drei Staaten stark auf ihre Unabhängigkeit bedacht, verstärkte sich die Verbundenheit beispielsweise im Verlauf der 2. Marokkokrise 1911. (Vgl. Jean-Jacques Becker, »Entente«. In: Gerhard Hirschfeld / Gerd Krumeich / Irina Renz (Hrsg.), *Enzyklopädie Erster Weltkrieg*. Aktual. u. erw. Studienausg. Paderborn, München, Wien, Zürich: F. Schöningh 2009, S. 456 ff.)

19, 4 *Dolchstoßlegende*] Die Behauptung, Deutschland habe 1918 den Krieg verloren, weil beispielsweise die Friedensresolution von 1917 und der Munitionsarbeiterstreik von 1918 die Kraft der Armee zersetzt hätten, wurde vor allem durch Paul von Hindenburgs Aussage am 18. November 1919 vor dem Untersuchungsausschuß der Nationalversammlung gestützt, aber auch von Politikern anderer Parteien verbreitet.

19, 18 *Büchse der Pandora*] Die Büchse der Pandora ist Hesiods *Erga kai hemerai* (um 700 v. Chr., dt. *Werke und Tage*) zufolge ein Geschenk der Götter an die von Hephaistos auf Befehl Zeus' aus Erde erschaffene Pandora. Von den Göttern auf die Erde gesandt, heiratet Pandora Prometheus' Bruder Epimetheus und bringt in ihrer Büchse (je nach Übersetzung auch eine Dose oder ein Krug) Laster, Übel und Leid, aber auch Hoffnung in die Welt. Je nach Übersetzung öffnet sie das Gefäß selbst, oder es wird von Menschen geöffnet, und das Schlechte entweicht. Erst als es zum zweitenmal geöffnet wird, kann auch die Hoffnung in die Welt gelangen. (Zur Motivgeschichte vgl. Dora Panofsky und Erwin Panofsky, *Die Büchse der Pandora*. Bedeutungswandel eines mythischen Symbols. Frankfurt/Main u. a.: Campus 1992.)

19, 29 *Ludolf Haase*] Ludolf Haase (1898-1986) studierte zunächst Medizin, erhielt die Zulassung als Arzt und wurde Vorstand der Göttinger Ortsgruppe des Deutschvölkischen Schutz- und Trutzbundes (DVSTB). 1922 gründete er die NSDAP-Ortsgruppe Göttingen, 1925 wurde er Gauleiter des Gaues Hannover-Süd. 1928 trat er von der Leitung des Gaues zurück und stellte schrittweise die aktive Parteiarbeit ein. 1934 wurde er im Rahmen des sogenannten Röhm-Putsches festgenommen, kurz darauf aber wieder entlassen. Während des Zweiten Weltkrieges war Haase Mitarbeiter im Reichsministerium für Ernährung und Landwirtschaft, publizierte Schriften, die die Eroberungen im Osten legitimierten, sowie seine Dissertation *Über das Syndrom der Akrokephalosyndaktylie* (1942), in der er darstellte, daß »im Falle der Erblichkeit das Sterilisationsgesetz bei derartig schwer beeinträchtigten Kranken zur Anwendung kommen muß« (zitiert nach Ulrich Beushausen / Hans-Joachim Dahms / Thomas Koch / Almuth Massing / Konrad Obermann, »Die Medizinische Fakultät im Dritten Reich«. In: Heinrich Becker / Hans-Joachim Dahms / Cornelia Wegeler, *Die Universität Göttingen unter dem Nationalsozialismus*. 2., erw. Aufl. München: Saur 1998, S. 183-286, hier S. 187). Nach dem Krieg praktizierte er als Arzt. (Vgl. Ernst Klee, *Personenlexikon zum Dritten Reich*. Wer war was vor und nach 1945? Frankfurt/Main: S. Fischer 2003, S. 213 f., s. v. »Haase, Ludolf«.)

19, 29-30 *»Kein festes Land, keine Ehre, kein Familienleben [...]*] Kracauer hatte dazu folgende Quelle auf einem zusätzlichen Notizzettel festgehalten: *Die nationalsozialistische Weltanschauung*. Ein Wegweiser durch die nationalsozialistische Literatur. 500 markante Zitate, hrsg. Univ. Prof. Dr. H. de Vries de Heekelingen, Berlin 1932.

20, 17 *in beiden Ländern*] An dieser Stelle sind im Manuskript zwei Wörter unleserlich.

20, 34-35 *Nationalgefühl zu ihren geburtsverfluchten Erscheinungsformen*] Unsichere Lesart von »geburtsverflucht«.

22, 15-24 *»Die Bourgeoisie [...] nehmen.«*] Silone zitiert hier erneut Umberto Banchelli. Bei Silone lautet das Zitat: »Die Bourgeoisie ist den Fasci beigetreten mit der Absicht, dabei ihre eigenen Ziele zu verfolgen, wozu unter anderm [sic] die Ausübung ihrer Klassenjustiz und die Forderung von Repressalien gehörte und das nicht in ihrer Eigenschaft als Fascisten, sondern als Söhne von Rechtsanwälten, von Aerzten, von Kriegsgewinnlern usw. [...]. Wir sind bei unsern fascistischen Zusammenkünften den Raubvogelgesichtern der Kriegsgewinnler begegnet, die mit den unvermeidlichen Brillanten an den Fingern dasaßen, und wir waren auch gezwungen, ihr Geld zu nehmen.«

23, 3 *Ich frage also nochmals*] An dieser Stelle ist im Manuskript »(Besserer Übergang)« vermerkt.

23, 21 *Entschlüsselung der nationalsozialistischen Impulse*] An dieser Stelle ist im Manuskript »nationalistischen Impulses, der sich im übrigen seiner eigenen Beschaffenheit nach nicht in der auf die nationale Idee gerichteten Tendenz erschöpft« vermerkt, aber durchgestrichen.
23, 24 *Gaetano Salvemini*] Geatano Salvemini (1873-1957) war nach einem Philologiestudium und einer Tätigkeit als Lateinlehrer ab 1901 Dozent für Neuere Geschichte in Messina, Pisa und Florenz und schrieb ab 1897 für die Zeitschrift *Critica sociale*, veröffentlichte aber auch Artikel in *Avanti* und *La Voce*. Bis 1911 war er Mitglied der Partito Socialista Italiano (PSI), danach Unterstützer der meridionalistischen Lega democratica und ab 1919 Parlamentsabgeordneter. 1911 gründete er mit *L'Unità* eine eigene, der Lega democratica verbundene Zeitschrift, die er bis 1920 leitete. 1922 sprach er sich gegen Mussolini, 1924 gegen den Auszug der oppositionellen Abgeordneten aus dem Parlament aus. Ab 1925 war er Mitherausgeber von *Non Mollare*, im selben Jahr wurde er festgenommen und verurteilt und floh nach einer Amnestie nach Frankreich. 1929 war er Gründungsmitglied der Widerstandsbewegung Giustizia e Libertà, 1934 zog er in die USA, lehrte an der Harvard University italienische Geschichte, 1939 war er Gründungsmitglied der Mazzini Society und veröffentlichte beziehungsweise schrieb im Exil *The Fascist Dictatorship in Italy* (1927), *Under the Axe of Fascism* (1936) und *Prelude to World War II* (1953). 1947 kehrte er nach Italien zurück und setzte seine Lehrtätigkeit an der Universität Florenz sowie sein politisches Engagement fort.
23, 24-31 *»Er paßt sich den Notwendigkeiten [...] verraten«*] Im Original: »Il s'adapte aux nécessités du moment, insolent et loquace quand tout va bien, pusillanime et silencieux à l'heure du danger, passant en un clin d'œil de la bonhommie à la cruauté, de la témérité à la ruse. Matamore et Tartufe, impulsif et hypocrite, toujours prêt à dire et à rétracter, à répéter et à se contredire, à trahir aujourd'hui ses complices d'hier.« (Gaetano Salvemini, *La terreur fasciste*, 1922-1926. Notre Temps: Les documents bleus. Ausgabe 14. Paris: Gallimard, 1930, S. 163.)
23, 31 *Cesare Rossi*] Cesare Rossi (1887-1967) war zunächst Mitglied der Partito Socialista Italiano (PSI), Autor in syndikalistischen Zeitschriften und in der Leitung der *Voce Proletaria*. 1907 verließ er die PSI, ging zur Armee und wurde Mitglied der Unione Sindacale Italiana (USI). 1914 war er Mitgründer der Fasci Rivoluzionario d'Azione Internazionalista, deren von ihm mitunterzeichnetes Manifest am 10. Oktober 1914 in *Pagine libere* erschien. Noch im selben Jahr wurde er von Mussolini dazu eingeladen, bei *Popolo d'Italia* mitzuarbeiten, 1919 trat er den Fasci di

Combattimento bei, 1922 nahm er am Marsch auf Rom teil. 1924/25 war er Teil des Quattuorvirat, das die Partito Nazionale Fascista (PNF) zu dieser Zeit leitete. Bis er 1924 beschuldigt wurde, in den Mord an Giacomo Matteotti (Generalsekretär der Partito Socialista Unitario (PSU)) verwickelt zu sein, gehörte er zu Mussolinis wichtigsten Beratern. Er floh nach Frankreich und in die Schweiz und wurde dort zum Faschismuskritiker. 1928 kehrte er nach Italien zurück und wurde zu 30 Jahren Haft verurteilt. Nach dem Fall des Faschismus wurde er freigelassen und arbeitete als Journalist.
23, 33 *eine seiner Haupteigenschaften*] Woher Kracauer diese Beschreibung Cesare Rossis zieht, kann nicht eindeutig nachgewiesen werden. Rossi schildert jedoch in seinem Buch *Mussolini com'era* (*Mussolini wie er war*) über mehrere Kapitel, welche Beobachtungen er im Hinblick auf Mussolinis Charakter während der Jahre gemeinsamer Arbeit gemacht hat. Rossi charakterisiert ihn dabei vor allem als überheblich, launenhaft und neurotisch. (Vgl.: Cesare Rossi, *Mussolini com'era.* Radioscopia del ex-dittatore. Rom: Ruffolo 1947.)
24, 5 *Leutnant Scheringer*] Richard Scheringer (1904-1986) beteiligte sich 1923 an Aktionen gegen die französische Besatzungsmacht im Rheinland und floh nach Berlin, wo er in den Einflußkreis der Schwarzen Reichswehr gelangte, an deren Putsch er 1923 teilnahm. 1924 trat er der Reichswehr bei, wo er Hanns Ludin kennenlernte, mit dem zusammen er 1930 gemeinsam mit Hans Friedrich Wendt wegen nationalrevolutionärer Umtriebe im Offizierskorps der Reichswehr verhaftet wurde. Im Rahmen des folgenden sogenannten Ulmer Reichswehrprozesses schwor Hitler, er wolle die Macht im Rahmen der Verfassung erringen. Scheringer wurde zu eineinhalb Jahren Haft verurteilt und wandte sich, von Hitler enttäuscht, dem Kommunismus zu. In den folgenden Jahren wurde er mehrfach wegen antifaschistischer Handlungen verurteilt – dank der Fürsprache Ludins fielen die Strafen allerdings weniger schwer aus. 1939-45 war er Offizier der Wehrmacht im Zweiten Weltkrieg, danach war er kurzzeitig Kriegsgefangener. Er wurde Mitglied der Kommunistischen Partei Deutschlands (KPD), die er unter anderem im Verfassungsausschuß der Verfassunggebenden Landesversammlung von Bayern vertrat. Nach dem Verbot der KPD wurde er Mitglied der Deutschen Kommunistischen Partei (DKP) und veröffentlichte neben einer Lokalzeitung ökonomische und politische Bücher. (Vgl. Otto-Ernst Schüddekopf, *Nationalbolschewismus in Deutschland 1918-1933.* Frankfurt/Main, Berlin, Wien: Ullstein 1972, S. 285-307.)

24, 7-8 *Marsch auf Rom*] Am 27. Oktober 1922 versammelte Mussolini eine große Anzahl seiner Anhänger und kündigte den Marsch auf Rom an, um die Macht gegebenenfalls auch gewaltsam zu übernehmen. König Vittorio Emanuele III. (1869-1947) weigerte sich, das von der Regierung um Ministerpräsident Luigi Facta formulierte Notstandsdekret zu unterzeichnen, das den Einsatz des Militärs gegen die sich versammelnde Masse ermöglicht hätte, woraufhin Facta zurücktrat. Am 30. Oktober ernannte Vittorio Emanuele Mussolini zum Ministerpräsidenten und übertrug ihm das Innen- und das Außenministerium. Am 31. Oktober hielten die versammelten faschistischen Verbände in Rom eine Parade ab.

24, 16 *Hans Michael Müller*] Hans Michael Müller (1901-1989) promovierte 1925 an der Universität Jena in Theologie, erhielt 1928 die Lehrberechtigung und wurde Privatdozent am Lehrstuhl für Sozialethik. 1933 wurde er außerordentlicher Professor in Jena und zugleich Adjutant des späteren Reichsbischofs Ludwig Müller sowie Mitarbeiter im Stab des Kommissars für die evangelischen Landeskirchen Preußens August Jäger. Nachdem im selben Jahr Deutsche Christen und SA-Mannschaften den Evangelische Preßverband für Deutschland (EPD) besetzten, wurde er als Staatskommissar für diesen eingesetzt, mußte aber noch im selben Jahr die Leitung an den zuvor abgesetzten Direktor August Hinderer zurückgeben. 1934 wurde er ordentlicher Professor in Königsberg und veröffentlichte *Vom Staatsfeind*, 1939 gehörte er zu den Unterzeichnern des von Hermann Stahn herausgegebenen Flugblattes »An die Brüder im Amt!«, das eine »mit unserem deutschen Volk und seinem Führer zutiefst verbundene Volkskirche im Dritten Reich« propagierte, sowie der Godesberger Erklärung vom 26. März 1939. (Hermann Stahn (Hrsg.) »An die Brüder im Amt!«. Flugblatt vom 10. 1. 1939 im Nachlaß Wilhelm August Langenohls. Zitiert nach Vicco von Bülow, *Otto Weber* [1902-1966]. Reformierter Theologe und Kirchenpolitiker. Göttingen: Vandenhoeck & Ruprecht 1999, S 210.) 1945-57 unterrichtete er als Lehrer an Privatschulen. (Vgl. Ernst Klee, *Personenlexikon zum Dritten Reich.* Wer war was vor und nach 1945? Frankfurt/Main: S. Fischer 2003, S. 420, s. v. »Müller, Hans Michael«.)

26, 12 *»im Zentrum der Dinge«*] Im Text von Joseph Goebbels heißt es: »Der Nationalsozialist sieht das Zentrum aller Dinge nicht in sich selbst, sondern im größeren Format der Allgemeinheit, im Volk!« (Joseph Goebbels, *Revolution der Deutschen.* 14 Jahre Nationalsozialismus, Oldenburg: Stalling 1933, S. 67.)

26, 13 *der romantische Begriff des Volks*] Die Romantik setzte sich zunächst ab von der aufklärerischen Hinwendung zum Universellen, die sich in der Formulierung allgemeiner Menschenrechte spiegelte und die sich beispielsweise in Immanuel Kants Forderung äußerte, durch Vernunft den Nationalwahn zu überwinden, um neben Patriotismus zu Kosmopolitismus zu gelangen. Dabei wurde der Begriff des Volkes von Johann Gottfried von Herder zu dem »einer kollektiven, mit Sprache, Seele und Charakter begabten Individualität aufgewertet«. (Bernd Schönemann, »Volk, Nation, Nationalismus, Masse VI-XII. Frühe Neuzeit und 19. Jahrhundert«. In: Otto Brunner / Werner Conze / Reinhart Koselleck (Hrsg.): *Geschichtliche Grundbegriffe.* Historisches Lexikon zur politisch-sozialen Sprache in Deutschland. Bd. 7. Stuttgart: Klett 1992, S. 281-380, hier S. 283.) In der Französischen Revolution wurde nun ebendieses Kollektiv mit dem Begriff der Nation politisch gefaßt, wobei ihm die zuvor dem gottgewollten Monarchen zugeschriebene Souveränität zugesprochen wurde (beziehungsweise der dieses Kollektiv vertretenden Nationalversammlung). In Deutschland formte sich im Zuge des Kampfes gegen Napoleon ein neues Nationalbewußtsein, das sich beispielsweise in der Wehrpflicht manifestierte und durch diese fortpflanzte. Dabei trat der Begriff des Vaterlandes als das, wofür gekämpft wird, in den Vordergrund – anstelle des früheren Kampfes für einen Herrscher. Insbesondere in Preußen wurde die Kaserne zur Schule der Nation stilisiert. Dabei gewann der Begriff des Volkes eine Bedeutung, wie sie dem der Nation in Frankreich zugekommen war: Das Volk wurde zum Ort irdischer Aufopferung des einzelnen. Richtete sich Georg Wilhelm Friedrich Hegels Idealisierung eher auf den Staat, so fand sich bei Johann Gottlieb Fichte und Friedrich Wilhelm Joseph Schelling eine starke Betonung der Begriffe Volk und Vaterland. Fichte sah dabei in den Deutschen gar das Urvolk, das durch kollektive Erfahrung geeint in Analogie zum erwählten Volk der Bibel – Israel – eine wiederum universale Mission habe. Schlegel betonte ergänzend die natürliche Vaterlandsliebe im Gegensatz zu kurzlebigem nationalem Enthusiasmus. Darüber hinaus ging es der Romantik um die Ablehnung der Industrialisierung, die sich vor allem im angelsächsischen Raum durchsetzte. Sie setzte der Beschleunigung in der Modernisierung das Volkstum als Masse traditioneller Formen und Gebräuche entgegen, in denen sich der Volksgeist äußere. Das Volk habe eine Volksseele, die ihm zu Bewußtsein gebracht werden sollte. Die Diskussion war dabei geprägt von der Verklärung des Mittelalters einschließlich des Kaiserreichs und von der

Vorstellung eines organisch gewachsenen Reiches, was sich in der Abwendung vom Paradigma der Nation kontinuierlich äußerte. (Vgl. Reinhard Richter, *Nationales Denken im Katholizismus der Weimarer Republik.* Münster, Hamburg, London: Lit 2000, (Theologie 29), S. 12-15.)

26, 19-24 *»Der Krieg«, sagt Roehm »[...] niedergerissen.«*] Kracauer gibt auf einem zusätzlichen Notizzettel als Quelle an: Konrad Heiden, *Adolf Hitler.* Bd. 1, Zürich 1937 [S. 87].

26, 24-25 *Konzeptionen versteigt, ist nihilistischer Art.*] Kracauer hat an dieser Stelle die Anmerkung »Wird der müde Kapitalismus, zu dem er kommt, schon dies:« eingefügt.

26, 31 *das Wort Adriano Tilghers*] Adriano Tilgher (1887-1941) studierte zunächst Rechtswissenschaften und wandte sich danach dem Journalismus und Essayschreiben zu. 1915-25 arbeitete er als Theaterkritiker für unterschiedliche Tageszeitungen in Rom, 1919-21 setzte er sich mit der Frage nach dem Untergang des Kapitalismus auseinander und beeinflußte durch sein Werk maßgeblich die Rezeption Oswald Spenglers in Italien. Wichtige Werke sind diesbezüglich *La crisi mondiale* (1921), *Voci del tempo. Profili di letterati e filosofi contemporanei* (behandelt werden dort Barbusse, Belloc, Benavente, Bergson, Duhamel, H. Fabre, Geraldy, Lachelier, H. Mann, Missiroli, E. L. Morselli, Panzini, Pirandello, Ravaisson, Royce, Shaw, Spengler, Treitschke und Unamuno) (1921) und *Relativisti Contemporanei: Vaihinger – Einstein – Rougier – Spengler. L'idealismo attuale, relativismo e rivoluzione* (1922). Tilgher äußerte immer wieder Kritik an der Diktatur Mussolinis, die die Tatsache, daß sie eigentlich über keine intellektuellen und moralischen Handlungskriterien verfüge, gerade durch den im Zitat benannten Aktionismus zu kompensieren versuche. 1925 gehörte er zu den Unterzeichnern des »Manifesto degli intellettuali antifascisti«. (Vgl. Pierluca Azzaro, *Deutsche Geschichtsdenker um die Jahrhundertwende und ihr Einfluß in Italien.* Kurt Breysig, Walther Rathenau, Oswald Spengler. Bern u. a.: Lang 2005 [= Convergences 31], S. 606-609.)

27, 5-6 *»Alles für den Staat [...] Staates«*] Kracauer gibt auf einem zusätzlichen Notizzettel als Quelle an: Angelica Balabanoff, *Wesen und Werden des italienischen Fascismus,* Wien und Leipzig 1931 [S. 69].

27, 8-9 *»Das Losungswort und Programm aber heißt [...] Deutschland!«*] Kracauer gibt auf einem zusätzlichen Notizzettel als Quelle an: Gregor Strasser, *Kampf um Deutschland.* Reden und Aufsätze eines Nationalsozialisten, München 1935, S. 289 (Notizzettel 22/9).

27, 21 *Matthes Ziegler*] Matthes (vor 1933/nach 1945 Matthäus) Ziegler

(1911-1992) schloß sich bereits als Schüler dem völkischen Jugendbund Adler und Falken an, studierte ab 1930 zunächst Theologie, dann ab 1931 Volkskunde und wurde Mitglied des Nationalsozialistischen Deutschen Studentenbunds (NSDStB), der NSDAP sowie der SA, aus der er 1933 in die SS wechselt. Im selben Jahr veröffentlichte er *Kirche und Reich im Ringen der jungen Generation*, wurde Mitarbeiter des Landwirtschaftsministers Richard Walther Darré und 1934 Hauptamtsleiter in der Dienststelle des Beauftragten des Führers für die Überwachung der gesamten geistigen und weltanschaulichen Schulung und Erziehung der NSDAP Rosenberg (Amt Rosenberg) sowie Hauptschriftleiter der *Nationalsozialistischen Monatshefte*. 1936 wurde er promoviert, 1937 Reichsamtsleiter im Amt Rosenberg und Geschäftsführer der Arbeitsgemeinschaft für Deutsche Volkskunde. 1941 erschien die Soldatenfibel *Soldatenglaube – Soldatenehre. Ein deutsches Brevier für Hitler-Soldaten*, und 1944 wurde Ziegler Obersturmbannführer der SS. Nach Kriegsende war er zunächst in Kriegsgefangenschaft, beendete dann sein Theologiestudium und wurde Pfarrer. (Vgl. Ernst Klee, *Personenlexikon zum Dritten Reich*. Wer war was vor und nach 1945? Frankfurt/Main: S. Fischer 2003, S. 694, s. v. »Ziegler, Matthes (Matthäus)«.)

27, 21-22 *Wilhelm Stapel*] Wilhelm Stapel (1882-1954) studierte zunächst Kunstgeschichte, Philosophie und Volkswirtschaft und promovierte 1911 in Kunstgeschichte. Zunächst linksliberal eingestellt, schrieb er für den *Stuttgarter Beobachter* und war in der Redaktion von *Der Kunstwart* tätig. 1917-19 war er Geschäftsführer des *Hamburger Volksheims*. Nach dem Ersten Weltkrieg orientierte sich Stapel an deutschnationalen und antisemitischen Positionen und wurde 1919 Chefredakteur und Herausgeber des *Deutschen Volkstums*. 1942 veröffentlichte er *Volk. Untersuchungen über Volkheit und Volkstum*, eine überarbeitete Version seines Textes *Volksbürgerliche Erziehung* (1917), in dem er antisemitische Positionen formulierte, die in *Antisemitismus?* (1922) pointiert wurden. Seine Argumentation stützte sich dabei auf die Herleitung eines jüdischen und eines deutschen Volkes und die Formulierung eines grundlegenden Gegensatzes zwischen diesen. 1936 wurde er in die Forschungsabteilung Judenfrage des Reichsinstituts für Geschichte des Neuen Deutschlands berufen, geriet aber, weil er nicht Mitglied der NSDAP wurde, in die Kritik und zog sich 1938 als Herausgeber des *Deutschen Volkstums* zurück. In der Folge arbeitete er kaum noch publizistisch.

27, 30-28, 1 *Kurz, der Herrenmensch ist dieses Problem.*] Unsichere Lesart von »Problem«.

28, 1-2 *läßt sich Hitler zu dem Geständnis verleiten*] Otto Strasser behauptet in seinem Buch *Hitler und Ich*, sich an diese Aussage von Hitler im Gespräch zu erinnern. Im Originaltext lautet das Zitat: »Was wir brauchen, das ist eine Auslese: Männer, aus einer neuen Schicht von Herrenmenschen ausgewählt, die sich nicht von einer Mitleidsmoral treiben lassen. Diese Herrenschicht muß wissen, daß sie das Recht hat zu befehlen, und zwar eben auf Grund der Tatsache, daß sie einer höheren Rasse angehört. Sie muß dieses Recht verteidigen und rücksichtslos aufrechterhalten und sichern.« (Otto Strasser, *Hitler und Ich*, Leipzig: Johannes Asmus Verlag 1948, S. 137.)
28, 9 *Dr. Ley*] Robert Ley (1890-1945) studierte zunächst Chemie und promovierte 1914. Danach war er bis 1917 Freiwilliger im Ersten Weltkrieg und drei Jahre in Kriegsgefangenschaft. 1920-28 arbeitete er als Chemiker der I. G. Farben. 1923 trat er der NSDAP bei, 1925 wurde er Gauleiter des Gaus Rheinland-Süd. 1928 wurde er NSDAP-Abgeordneter im Preußischen Landtag und Mitbegründer des Parteiorgans *Westdeutscher Beobachter*, ab 1930 war er Mitglied des Reichstags. 1932 wurde er Reichsorganisationsleiter der NSDAP, 1933 Leiter des Aktionskomitees zum Schutz der deutschen Arbeit. Er leitete die Zerschlagung der Gewerkschaften, die Eingliederung in die Deutsche Arbeitsfront (DAF) sowie die Gründung der Organisation Kraft durch Freude (KdF). Darüber hinaus war er an der Umgestaltung des Bildungssektors unter Gesichtspunkten der Auslese nationalsozialistischer Führungskräfte und der Gründung der Ordensburgen sowie der Adolf-Hitler-Schulen beteiligt. 1940 wurde er Reichskommissar für den sozialen Wohnungsbau. 1945 wurde Ley verhaftet und erhängte sich im Nürnberger Gefängnis. (Vgl. Klee, Ernst: *Personenlexikon zum Dritten Reich*. Wer war was vor und nach 1945? Frankfurt/Main: S. Fischer 2003, S. 694, s. v. »Ley, Robert«.)
28, 13-23 *»Wir wollen wissen«, heißt es [...] können.«*] Im Text von Robert Ley heißt es: »Auf Vogelsang und Crössinsee sollen sie [die Männer] reiten lernen, aber nicht etwa deshalb, um auf guten Pferden gute Figur zu machen, sondern sie sollen beweisen, daß sie ein lebendes Wesen bis ins letzte beherrschen vermögen!« (Robert Ley, *Wir alle helfen dem Führer. Deutschland braucht jeden Deutschen*, München: Eher 1939, S. 131 f.) Kracauer gibt gemäß seinem Verweissystem auf einem zusätzlichen Notizzettel Heiden als Quelle an: Konrad Heiden, *Adolf Hitler* [Bd. 2], Zürich 1937 [S. 177].
28, 26-27 *den Willen zur Macht*] Der »Wille zur Macht« wird bei Nietz-

sche erstmals in »*Also sprach Zarathustra*« erwähnt. Nietzsche spricht in diesem Zusammenhang allerdings weder hier noch in anderen Werken von einer »Grundkraft des Lebens«. (Vgl.: *Also sprach Zarathustra: Ein Buch für Alle und Keinen.* (1883-1885). Kritische Gesamtausgabe, hrsg. von Giorgio Colli / Mazzino Montinari, Berlin: de Gruyter 1968, S. 143.)

30, 35-36 *Der Frieden ist für ihn die Fortsetzung des Kriegs mit anderen Mitteln.*] Kracauer bezieht sich auf ein berühmtes Postulat von Carl von Clausewitz: »Der Krieg ist eine bloße Fortsetzung der Politik unter Einbeziehung anderer Mittel.« (Werner Hahlweg (Hrsg.), *Vom Kriege.* Hinterlassenes Werk des Generals Carl von Clausewitz. Vollständige Ausgabe mit Urtext. Berlin: Dümmlers 1980, S. 98.)

31, 31 *In der Nacht des mißglückten Münchner Putschs*] Mit dem Hitlerputsch oder Hitler-Ludendorff-Putsch versuchten Hitler, Erich Ludendorff und andere am 8./9. November 1923 in München die Regierungsmacht an sich zu reißen. Der Putsch war zunächst für den 29. September geplant, wurde dann aber aufgeschoben, in der Hoffnung, die bayerische Regierung zum Sturz der Reichsregierung veranlassen zu können. Nachdem Hitler am 30. Oktober 1923 ohne Erfolg im Münchner Zirkus Krone zum Aufstand aufgerufen hatte, erwirkte er im vollbesetzten Bürgerbräukeller die Unterstützung prominenter Nationalisten für einen Aufmarsch am folgenden Tag. Allerdings widerrief Gustav Ritter von Kahr noch in der Nacht seine Zusage im Rundfunk und erklärte dabei die NSDAP für aufgelöst. Am nächsten Tag wurde der Aufmarsch niedergeschlagen, und Hitler selbst wurde im folgenden Frühjahr zu fünf Jahren Haft verurteilt.

32, 38-33, 3 *»Man muß ja zur Meinung kommen [...] Parteipolitik«*]. In der Mitte des Zitats fehlt an der Stelle des Gedankenstrichs der Satz: »Deutschland, innerlich zerrissen, ist zum Spielball der internationalen Mächte geworden.« (Joseph Goebbels, Wahlkampfrede vom 31. Juli 1932 in München. In: Ders., *Revolution der Deutschen.* 14 Jahre Nationalsozialismus, Oldenburg: Stalling 1933, S. 101.)

34, 32-33 *Ortega y Gasset*] José Ortega y Gasset (1883-1955) studierte ab 1897 Philosophie, promovierte 1904 und war 1905-09 zu Studienzwekken in Deutschland. Zurück in Spanien, erhielt er ab 1910 Professuren für Metaphysik, Logik und Ethik an der Universität Madrid und gründete die Zeitschriften *España* (1915) und *Revista de Occidente* (1923). Darüber hinaus arbeitete er bei *El Sol* und beteiligte sich 1931 am Entwurf der spanischen Verfassung. 1936 verließ er Spanien und lebte in Frankreich, Argentinien und Portugal, bis er letztlich nach Spanien zurückkehrte. In *Der Aufstand der Massen* (1929), seinem soziologischen Hauptwerk, beschrieb er den Weg der Massen aus der Aristokratie an die Macht. Erst vor dem Hintergrund der Vorstellung allgemeiner Gleichheit der Menschen sei die Entwicklung der Aggressivität in der modernen Zivilisation möglich gewesen, die sich im Faschismus manifestiere.

35, 10 *Wichtig ist ihm vor allem die Entwicklung*] Unsichere Lesart von »Entwicklung«.

35, 22-23 *Ähnlich äußert sich Göring am 9. April 1933*] Kracauer datiert diese Rede irrtümlicherweise auf den 9. 9. 1933, tatsächlich hielt sie Hermann Göring am 9. 4. 1933 unter dem Titel »Nationalismus und Sozialismus« anläßlich des großen Appells der SA im Berliner Sportpalast.

36, 16-17 *»Ihre Hingabe an die nationale Idee ist (...) echt«*] Im Originaltext von Gregor Strasser lautet das nachfolgende Zitat: »Ihre Hingabe an die nationale Idee ist echt und aufrichtig.« (Gregor Strasser, »Wir und die Anderen«. In: Ders., *Kampf um Deutschland*, S. 62-72, Zitat S. 67.)

36, 17-19 *»aber auch die Deutschnationale Volkspartei [...] verfallen«*] Im Originaltext von Gregor Strasser lautet das nachfolgende Zitat: »Sie [die Deutschnationale Volkspartei] ist dem kapitalistischen Wirtschaftssystem verfallen, und das Wort von der ›Volksgemeinschaft‹ ist ihr nie vom Mund zum Herzen gedrungen!«] (Gregor Strasser, »Wir und die Anderen«. In: Ders., *Kampf um Deutschland*, S. 62-72, Zitat S. 68.)

37, 33 *Ernst Krieck*] Ernst Krieck (1882-1947) besuchte zunächst ein Lehrerseminar und wurde Volksschullehrer. Ab 1910 äußerte er in Büchern vermehrt Kritik am Schulsystem, und insbesondere in *Philosophie der Erziehung* (1922), für das er die Ehrendoktorwürde der Universität Heidelberg erhielt, beschrieb er das zeitgenössische Schulsystem als mechanisch und bürokratisch. 1928 wurde er an die Pädagogische Akademie nach Frankfurt am Main berufen, nach Eintritt in den Kampfbund für deutsche Kultur (KfdK) wegen wiederholter NS-Agitation aber zunächst nach Dortmund strafversetzt und 1932 suspendiert. Im selben Jahr trat er in die NSDAP und den NS-Lehrerbund ein, veröffentlichte *Nationalpolitische Erziehung* (1932), wurde 1933 Rektor der Universität Frankfurt am Main und Professor für Philosophie und Pädagogik sowie 1934 Professor in Heidelberg und Obmann des Amtes für Wissenschaft im Reichsverband der Deutschen Hochschulen. Ab 1934 arbeitete er im Sicherheitsdienst des Reichsführers SS (SD), 1935 wurde er Gaudozentenführer im NS-Dozentenbund in Baden und 1937 kurzfristig Rektor der

Universität. Im folgenden Jahr trat er als Rektor zurück und wurde im Rang eines Obersturmbannführers aus der SS verabschiedet, 1944 war er Teil des Führungskreises des NS-Dozentenbundes und Herausgeber der Zeitschriften *Volk im Werden* und *Neue deutsche Schule*, seinen Lehrstuhl behielt er bis 1945. Nach Kriegsende wurde er festgenommen und starb in Haft. (Vgl. Klee, Ernst: *Personenlexikon zum Dritten Reich.* Wer war was vor und nach 1945? Frankfurt/Main: S. Fischer 2003, S. 341, s. v. »Krieck, Ernst«.)

37, 35-38, 1 *»Masse muß flüssig werden, wenn sie gestaltet sein soll.«*] Im Originaltext von Ernst Krieck heißt es: »gestaltbar«. (Ernst Krieck, *Nationalpolitische Erziehung*, Leipzig: Armanen-Verlag, 1937, S. 36.)

38, 15-16 *»daß der Faschismus keine neue Partei, [...] darstelle«*] Im Originaltext von Ignazio Silone heißt es: »Mussolini erklärte und schrieb bei allen Gelegenheiten, daß der Fascismus keine neue Partei, sondern die Bewegung einer antibolschewistischen Einheitsfront darstelle, daß er sich also kein Programm und keine Doktrin zulegen, sondern nur Richtlinien ausgeben und Forderungen aufstellen könne.« (Ignazio Silone, *Der Fascismus*, S. 85.)

38, 22 *Robert Pelloux*] Robert Pelloux (1907-1989) studierte bis 1928 in Grenoble Rechtswissenschaften und wurde 1932 promoviert. Nach einem Aufenthalt in Berlin war er ab 1937 an der Universität Lyon tätig. 1939-1977 war er Professor für Recht, leitete zeitweise das politikwissenschaftliche Institut, wurde Vizepräsident des vorübergehenden Rats der Rechts- und Wirtschaftswissenschaftlichen Fakultät und zweiter Vizepräsident der Universität Lyon II. Darüber hinaus erhielt er Lehraufträge in Dänemark, Griechenland, im Libanon, in Syrien, Marokko und in der Bundesrepublik Deutschland. Er nahm als Leutnant der Reserve am Zweiten Weltkrieg teil, wurde verwundet und inhaftiert und 1940 befreit. Er wurde Offizier der Ehrenlegion sowie des Ordre national du Mérite und für seine Verdienste um das Bildungswesen mit dem Ordre des Palmes Académiques (Komtur) ausgezeichnet. 1948-51 untersuchte er im Auftrag des Hohen Kommissars der USA für Deutschland zusammen mit Paul Gaudemet und André Simonard die Verwaltungsgerichtsbarkeit in Deutschland. Neben Schriften zu verwaltungswissenschaftlichen und -rechtlichen sowie verfassungsrechtlichen Themen publizierte er vor allem Werke zum europäischen öffentlichen Recht, aber auch zur politischen Ideengeschichte. Vgl. Jean-Pierre Lassale (Hrsg.), *Mélanges dédiés à Robert Pelloux*, Droit-Économie-Gestion Bd. 5, Lyon: Hermès 1980.

38, 22-24 *»daß die Partei nicht dem Staat unterstellt wird, [...] verleiht.«*] Im Original: »Que la collaboration soit assurée par des unions personnelles, des unions réelles ou par des procédures spéciales de nomination des fonctionnaires, comme l'organisation du Reich et des pays nous en a fourni de nombreux exemples, ou bien par les procédés particuliers mis en œuvre dans la commune, il semble exact de dire, dans tous les cas, que le parti ne se substitute pas à l'État, mais qu'il lui apporte l'impulsion, le dynamisme nécessaires.« (Robert Pelloux, *Le Parti national-socialiste et ses rapports avec l'état.* Hrsg. v. Centre d'études de politique étrangère. Paris: Paul Hartmann 1936, S. 82.)
39, 20-22 *»Menschen für eine Idee zu gewinnen, so innerlich, so lebendig, daß sie am Ende ihr verfallen sind und nicht mehr davon loskommen.«*] Kracauer verwendet hier als Quelle offenbar Max Hermant, *Les paradoxes économiques de l'Allemagne moderne 1918-1931,* Paris 1931. Er verweist auf den Notizzettel 29/6, der sich allerdings nicht erhalten hat.
40, 6 *»Propaganda ist eine Kunst«*] Im Originaltext von Joseph Goebbels heißt es: »Das Wesen der Propaganda aber ist – ich möchte fast sagen: eine Kunst. Und der Propagandist ist im wahrsten Sinne des Wortes ein Künstler der Volkspsychologie.« (Joseph Goebbels, Rede während des Reichsparteitags auf der Tagung der Gau- und Propagandaleiter am 16. 9. 1935 in Nürnberg. In: Helmut Heiber, *Goebbels-Reden*, Bd. 1: 1932-1939, Düsseldorf: Droste 1971, S. 219-228, Zitat S. 232.) Kracauer zitiert laut eines zusätzlichen Notizzettels nach: *Signale der neuen Zeit.* 25 ausgewählte Reden von Dr. Joseph Goebbels, München 1934, S. 40. Es handelt sich hier um die Rede »Erkenntnis und Propaganda« vom 9. Januar 1928.
41, 6 *Winston Churchill jüngst über England*] Im Nachlaß ist der Ausriß des Artikels überliefert. Es handelt sich um: Winston Churchill, »Der Mißerfolg des Sozialismus in England«, *Neue Zürcher Zeitung* vom 18. 7. 1937, S. 1.
41, 20 *wie Erich Fromm richtig darlegt*] In seinem Essay führt Fromm mehrmals positive Effekte von Autorität aus, wie beispielsweise Produktivitäts- und Motivationssteigerung. (Vgl. Erich Fromm, »Theoretische Entwürfe über Autorität und Familie: Sozialpsychologischer Teil«. In: Ders., *Studien über Autorität und Familie.* Forschungsberichte aus dem Institut für Sozialforschung, Paris: Librairie Félix Alcan 1936, S. 77-135.)
41, 20 *Erich Fromm*] Erich Fromm (1900-1980) studierte ab 1918 zunächst Jura in Frankfurt am Main, wechselte dann nach Heidelberg, um

Soziologie zu studieren, und promovierte dort 1922 über das jüdische Gesetz. In dieser Zeit engagierte er sich in zionistischen Verbänden, nahm Talmudunterricht, heiratete und ließ sich von Hanns Sachs zum Psychoanalytiker ausbilden. Vom Zionismus distanzierte er sich allerdings bald wieder – ebenso von der jüdischen Orthodoxie. Ab 1929 praktizierte er als nichtmedizinischer Psychoanalytiker in Berlin, bis er 1930 Leiter der sozialpsychologischen Abteilung des Frankfurter Instituts für Sozialforschung wurde. Zusammen mit anderen publizierte er nun Schriften, die sich um eine Verbindung zwischen Marxismus und Psychoanalyse bemühten. 1933 emigrierte er zunächst nach Genf, 1934 nach New York, wo er an der Columbia University lehrte. 1939 trennte er sich vom Frankfurter Institut für Sozialforschung, 1950 erhielt er einen Lehrauftrag an der Nationalen Autonomen Universität von Mexiko, ab 1957 war er in der US-amerikanischen Friedensbewegung aktiv, und nach seiner Emeritierung 1965 kehrte er 1974 in die Schweiz zurück. In seinem Werk vertrat er teils marxistische Positionen des normativen Humanismus und untersuchte Formen der Autorität und Gewalt in der Gesellschaft. Kracauer und Fromm lernten sich im Kreis um den Rabbiner Anton Nehemias Nobel und im Umfeld des Freien Jüdischen Lehrhauses Frankfurt kennen. Für Kracauer wurde Fromm als Vermittler psychoanalytischer Positionen wichtig, die sich beispielsweise in *From Caligari to Hitler*. A Psychological History of the German Film (1947) niederschlugen (zu Fromm vgl. *Werke*, 2.1, S. 21). Ob die beiden in näheren Kontakt traten, ist nicht sicher, ein Briefwechsel ist nicht belegt.

41, 26-27 *als die Endphase eines mit dem Liberalismus anhebenden Geschichtsprozesses erscheint.*] Im Manuskript ist als weitere Option »darbietet« vermerkt.

42, 5-7 *»[...] die Völker in Marxismus, Demokratie, Anarchie und Klassenwahn versinken ließ.«*] Kracauer hat auf einem zusätzlichen Notizzettel als Quelle vermerkt: *Signale der neuen Zeit*. 25 ausgewählte Reden von Dr. Joseph Goebbels, München 1934, S. 150. Es handelt sich um den Vortrag an der Deutschen Hochschule für Politik vom 29. Juni 1933.

42, 11-12 *Hitler erklärt bei der Begründung des Ermächtigungsgesetzes*] Kracauer hat auf einem zusätzlichen Notizzettel als Quelle vermerkt: *Hirth's Deutsche Sammlung*. Sachkundliche Abteilung: Geschichte & Staatsbürgerkunde. Gruppe II: Ereignisse, Bd. 6: Die Nationalsozialistische Revolution, hrsg. Dr. Walther Gehl.

42, 12 *Ermächtigungsgesetzes*] Am 23. März 1933 beschloß der Reichstag das »Gesetz zur Behebung der Not von Volk und Reich« und ermöglichte es der Regierung Hitlers damit, Gesetze zu erlassen, ohne Reichstag und Reichsrat über sie abstimmen zu lassen und ohne sie vom Reichspräsidenten unterzeichnen zu lassen. Das zunächst auf vier Jahre beschränkte Gesetz wurde 1939 und 1943 verlängert. Vor der Abstimmung marschierte die SA im Reichstag auf, die Abgeordneten der Kommunistischen Partei Deutschlands (KPD) hatten ihre Mandate auf Basis der Reichstagsbrandverordnung verloren, lediglich die Abgeordneten der Sozialdemokratischen Partei Deutschlands (SPD) stimmten gegen das Gesetz.

42, 19-20 *nach Horkheimers glänzender Beobachtung*] Kracauer bezieht sich erneut auf Horkheimers Essay »Egoismus und Freiheitsbewegung« (vgl. auch Anm. zu 18, 24), in dem er die großen bürgerlichen Revolutionen Europas und die ihnen zugrunde liegenden Dynamiken analysiert.

42, 24 *Mythos der »Romanita«*] Mussolini berief sich zur Legitimation des faschistischen Herrschaftsanspruchs auf ein idealisiertes Bild der späten römischen Republik sowie des frühen Imperiums. (Vgl. Jan Nelis, »Constructing Fascist Identity: Benito Mussolini and the Myth of ›Romanità‹«. In: *The Classical World* (2007) Bd. 100, Nr. 4, S. 391-415.)

42, 31 *wie Horkheimer ebenfalls feststellt*] In seinem Aufsatz »Egoismus und Freiheitsbewegung« argumentiert Horkheimer, daß Bürgerrevolutionen nicht zuletzt auf irrational motivierten Gesellschaftsdynamiken aufbauen, indem sie vernunftorientierte Ziele vielfach ablehnen.

44, 16-17 *steht unter den Bedürfnissen einer Großbourgeoisie*] Unsichere Lesart von »steht«.

44, 24-30 *»In der Gegenwart wird der Verlauf [...] ist.«*] Im Originaltext von Max Horkheimer heißt es zu Beginn: »der charakteristische Verlauf« (Max Horkheimer, »Egoismus und Freiheitsbewegung«, S. 174).

45, 17 *Heinrich Regius*] Heinrich Regius ist das Pseudonym, unter dem Max Horkheimer 1934 die Schrift »*Dämmerung*. Notizen in Deutschland« veröffentlichte.

45, 34-35 *»den durch den Krieg aus den Fugen geratenen Staat neu zu gestalten,«*] Im Originaltext von Ignazio Silone heißt es: »den durch den Krieg aus den Fugen geratenen Staat umzugestalten« (Ignazio Silone: *Der Fascismus*, S. 137).

45, 35-36 *an Stelle des durch den Krieg zerstörten Giolittischen Gleichgewichts*] Giovanni Giolitti (1842-1928) studierte bis 1861 Rechtswissenschaften in Turin, erhielt zunächst eine Anstellung in der königlichen Gerichtsverwaltung und wurde 1869 Staatssekretär der italienischen Regierung. 1872 wurde er Generalsekretär im Finanzministerium, 1882 Staatsrat. Im gleichen Jahr wurde er als Parlamentsabgeordneter gewählt. 1885 wandte er sich von den Positionen des Premierministers Agostino Depretis ab, 1889 wurde er Finanzminister im Kabinett Francesco Crispis. Ein Jahr später trat er zurück, weitere zwei Jahre später wurde er erstmals zum Ministerpräsidenten gewählt. In den Jahren bis 1914 war er immer wieder Innenminister, bis 1921 wurde er als Ministerpräsident dreimal wiedergewählt. Er förderte die Industrialisierung Italiens, schuf eine staatliche Sozialversicherung und führte das allgemeine Wahlrecht für Männer ein. Nach der Wahl der Faschisten ins Parlament 1920 bemühte er sich um die Integration der extremen Rechten in das bürgerliche Lager in Form der Schaffung des Blocco nazionale, in dem das politische Spektrum zwischen der Democrazia sociale und den Faschisten zusammenfand. Das damit verfolgte Ziel, die Faschisten durch ihre Einbindung dem Parlamentarismus und einer moderateren Haltung zu verpflichten, erreichte er jedoch nicht. 1926 lehnte er Mussolinis Ausnahmegesetze ab, 1928 versuchte er, die faschistische Wahlrechtsreform zu verhindern.

46, 3-4 »Sozialismus in einem Lande«] »Sozialismus in einem Lande« bezeichnet insbesondere die gesellschaftlichen Veränderungen in Rußland zwischen 1928 und 1934: Anstatt das Gelingen des Kommunismus an den Vollzug einer globalen Revolution gebunden zu sehen, wurde versucht, mit der Sowjetunion ein Modell für den Sozialismus auf der Ebene eines Nationalstaates zu schaffen. Die Praxis war dabei von Zwangskollektivierung und forcierter Industrialisierung geprägt.

46, 14 *der italienische Großindustrielle Benni*] Antonio Stefano Benni (1880-1945) brach nach dem Tod seines Vaters 1895 seine Ausbildung ab und erhielt eine Anstellung bei Ercoli Marelli. In den Jahren bis 1922 gelang ihm nach und nach der Aufstieg bis an die Spitze des Unternehmens. 1921 wurde er für den von Giovanni Giolitti geschaffenen Blocco nazionale ins Parlament gewählt und versuchte ohne Erfolg, Mussolini dazu zu bewegen, Teil einer von Antonio Salandra geführten Regierung zu werden. 1923 wurde er zudem Präsident der italienischen Industriellenvereinigung Confindustria. Er fungierte damit als Bindeglied zwischen Mussolini, dessen Wahlkampf er unterstützte, und der Confindustria, die sich um Unabhängigkeit und eine den Export befördernde Außen- sowie eine pragmatische industriefreundliche Innenpolitik bemühte. 1932 intervenierte er beispielsweise im Konflikt zwischen PNF-Sekretär Achille Starace und Edison-Präsident Giacinto Motta. 1935-39 war er Minister für Kommunikation im Kabinett Mussolinis.

47, 17-18 *die Vollendung der Demokratie*] Im Manifest der kommunistischen Partei heißt es: »Wir sahen [...], daß der erste Schritt in der Arbeiterrevolution die Erhebung des Proletariats zur herrschenden Klasse, die Erkämpfung der Demokratie ist.« (MEW, Bd. 4, Berlin: Dietz 1959, S. 481.)

47, 22-23 *Erwin von Beckerath*] Erwin Emil von Beckerath (1889-1964) studierte zunächst in Freiburg Geschichte, wechselte dann nach Berlin und setzte sich vermehrt mit Nationalökonomie auseinander. 1912 promovierte er über die preußische Klassensteuer und studierte in Göttingen und Leipzig weiter bis zur Habilitation 1918. Während des Ersten Weltkriegs war er Erzieher am sächsischen Hof, danach publizierte er beispielsweise zusammen mit Emil Sax (*Die Verkehrsmittel in Volks- und Staatswirtschaft.* Bd. 3: *Die Eisenbahnen.* 1922). 1920 wurde er außerordentlicher Professor in Rostock, 1922 ordentlicher Professor in Kiel, 1924 folgte er einem Ruf nach Köln, ab 1939 hatte er einen Lehrstuhl in Bonn inne. Während seiner Tätigkeit in Kölner Zeit veröffentlichte er neben verkehrspolitischen auch finanzwirtschaftliche Schriften sowie den politisch-soziologischen Text *Wesen und Werden des fascistischen Staates* (1927), in dem er Sorels Syndikalismus und Enrico Corradinis Nationalismus als geistesgeschichtliche Wurzeln des italienischen Faschismus beschrieb, aber auch auf die soziale Zusammensetzung der Kampfverbände und die Motivationen ihrer Mitglieder einging. Nach 1933 engagierte er sich im Freiburger Kreis, wo mögliche Wirtschaftsordnungen für die Zeit nach dem Krieg diskutiert wurden, Mitte der 1930er Jahre zog er sich nach Bad Godesberg zurück. Seinen Lehrstuhl behielt er bis zur Emeritierung 1964 und vertrat nach 1945 Positionen des Ordoliberalismus als dritten Weges zwischen Planwirtschaft und Laisser-faire-Liberalismus. Dabei war er 1949-1964 Vorsitzender des Wissenschaftlichen Beirats beim Bundeswirtschaftsministerium und prägte die Wirtschaftspolitik Ludwig Erhards mit. (Vgl. Kurt Schmidt, »Erwin von Beckerath«. In: *Weltwirtschaftliches Archiv,* Bd. 94 (1965), S. 153-163.)

48, 19-21 *»daß der Individualismus zerschlagen wird [...] tritt.«*] Kracauer hat auf einen zusätzlichen Notizzettel als Quelle notiert: Dr. Joseph Goebbels, *Revolution der Deutschen.* 14 Jahre Nationalsozialismus. Goebbelsreden mit einleitenden Zeitbildern von Hein Schlecht, Oldenburg 1933, S. 184f.

48, 24 *Mussolini sucht die Selbständigkeit*] Kracauer datiert das nachfolgende Zitat von 1920 irrtümlicherweise auf 1928. Als Quelle ist auf einem zusätzlichen Notizzettel vermerkt: Angelica Balabanoff, *Wesen und Werden des italienischen Fascismus*, Wien und Leipzig 1931, S. 69.
49, 27-28 *daß sie noch die dicksten Gehirnwände durchschlägt*] Im Manuskript ist an der Stelle von »sie« ergänzt: »(ihre Begriffsgeschosse)«.
49, 28-29 *Goebbels spricht vom »kleinsten Mann«*] Im Originaltext von Joseph Goebbels heißt es: »Sie [die nationalsozialistische Bewegung] erfand für die politische Agitation eine ganz neue Sprache und verstand es, die Probleme der Nachkriegspolitik in einem Maße zu popularisieren, daß auch der kleinste Mann aus dem Volk dafür Verständnis und Interesse hat.« (Joseph Goebbels, *Kampf um Berlin*, S. 212.)
50, 34 *Arbeitsfront*] Nur wenige Tage nachdem am 2. Mai 1933 SA-Abteilungen Büros, Banken und Redaktionshäuser von Mitgliedsorganisationen des Allgemeinen Deutschen Gewerkschaftsbundes (ADGB) besetzt hatten, wurde am 10. Mai die Deutsche Arbeitsfront (DAF) gegründet. Im Lauf des Jahres wurden mit dem Deutschen Gewerkschaftsbund (DGB) und den Hirsch-Dunckerschen Gewerkvereinen auch die beiden anderen großen Richtungsgewerkschaften zwangsweise eingegliedert. Die Arbeitsfront ermöglichte – neben der Ausschaltung der freien Gewerkschaften und der Schaffung der mit 25 Millionen Mitgliedern (1942) größten Massenorganisation im Deutschen Reich – die Durchdringung sowohl des Berufs- als auch des Privatlebens eines großen Teils der deutschen Bevölkerung. Einerseits hatte sich gerade der Rückhalt in der Arbeiterschaft bei Betriebsratswahlen im März 1933, bei denen die Nationalsozialistische Betriebszellenorganisation (NSBO) lediglich ein Viertel der Stimmen erhielt, als gering erwiesen, andererseits sorgten nun die Gründung der Organisation Kraft durch Freude (KdF) und Projekte wie das des mit Anleihen finanzierten Volkswagens für Popularität.
51, 6 *Hitlerjugend*] Die Hitlerjugend (HJ) wurde 1926 auf dem 2. Reichsparteitag der NSDAP als nationalsozialistische Jugendorganisation gegründet, blieb aber in den folgenden Jahren zunächst unbedeutend. Nach 1933 wurde sie als Folge der Gesetzgebung, insbesondere des Gesetzes über die Hitlerjugend (1936) und der Einführung der Jugenddienstpflicht (1939), zur Staatsjugend mit ca. 8,7 Millionen Mitgliedern (1939). Nach Alter und Geschlecht in das Deutsche Jungvolk (DJ) (10-14 Jahre alte Jungen), HJ (14-18 Jahre alte Jungen), Jungmädelbund (JM) (10-14 Jahre alte Mädchen) und Bund Deutscher Mädel (BDM) (14-18

Jahre alte Mädchen) unterteilt, trat sie militärisch organisiert und uniformiert auf. Mit dem Alter von 18 Jahren folgte die Aufnahme in die NSDAP und ab 1938 das offiziell freiwillige BDM-Werk Glaube und Schönheit, das junge Frauen auf ihre Rolle als Hausfrau und Mutter vorbereitete. Die Kinder und Jugendlichen trafen sich wöchentlich, um gemeinsam Propagandasendungen für Jugendliche im Radio zu hören, nahmen aber auch an öffentlichen feierlichen Aufzüge und Paraden teil und gingen auf Fahrten und Zeltlager. Ging es vor Beginn des Zweiten Weltkriegs vor allem um die Vermittlung der NS-Ideologie und die Erziehung zu Soldaten und Müttern, beteiligten sich die Jugendlichen während des Krieges an Aufräumaktionen und Sammlungsaktionen wie denen des Winterhilfswerks und arbeiteten im Luftschutzdienst.

51, 23-30 *»Nicht allein Treue in der Tat, [...] zu widersprechen scheint.«*] Siegfried Kracauer hat auf einem zusätzlichen Notizzettel als Quelle vermerkt: *Hirth's Deutsche Sammlung.* Sachkundliche Abteilung: Geschichte & Staatsbürgerkunde: Gruppe III: Grundfragen, Bd. 4: Der nationalsozialistische Staat, 2. Heft, Vom 13. November 1933 bis 10. September 1934. hrsg. Dr. Walther Gehl, S. 42 f.

62, 1-2 *»Doch wir, die wir marschiern in erznen Haufen [...] Faust.«*] Kracauer gibt auf einem zusätzlichen Notizzettel als Quelle an: E. Wernert, *L'Art dans le IIIe Reich.* Centre d'études de politique étrangère. Section d'information, Publication No. 7, Paris 1936 [S. 63].

52, 17 *Machtapparat auf den schmalen Stand*] Unsichere Lesart von »schmalen Stand seiner – und das gelang – Einheit gelangt«.

53, 21-22 *»Der Gedanke des Privateigentums«, formuliert er unter anderem*] Kracauer gibt auf einem zusätzlichen Notizzettel als Quelle an: *Hirth's Deutsche Sammlung.* Sachkundliche Abteilung: Geschichte & Staatsbürgerkunde: Gruppe III: Grundfragen, Bd. 3: Der nationalsozialistische Staat, 12. November 1933, hrsg. Dr. Walther Gehl, S. 68 f.

54, 10 *»In dem totalitären Denken der Gegenwart, [...]«*] Im Originaltext von Max Horkheimer heißt es »In den totalitären Staaten der Gegenwart«. (Max Horkheimer, »Egoismus und Freiheitsbewegung«, S. 196)

54, 14-17 *Eine Einsicht, die Schott in seinem* »Volksbuch vom Hitler« *durch die Bemerkung bekräftigt, man müsse sich bei der Beeinflussung der Massen »von peinlichen ideellen Forderungen und Bedenklichkeiten frei machen«*] Im Originaltext von Georg Schott heißt es: »Man (...) schulmeisterliche sich hinterher oder im Voraus nicht selber durch peinliche ideelle Forderungen.« (Georg Schott, *Das Volksbuch vom Hitler,* München: Eher 1924, S. 23.) Kracauer hat auf einem zusätzlichen Notizzettel als Quelle vermerkt: Willi Münzenberg, *Propaganda als Waffe* [Paris: Edition Carrefour 1937, S. 39].

54, 25-27 *Der Angriff gegen die Dogmen gleicht [...] sehr stark dem Kampf gegen die allgemeinen gesetzlichen Grundlagen des Staates.«*] Kracauer hat auf einem zusätzlichen Notizzettel als Quelle vermerkt: Adolf Hitler, *Mein Kampf* [Bd. 1], S. 293.

55, 3 *die »Führer« Persönlichkeit heißen*] Im Manuskript hat Kracauer nach »heißen« noch ein »und« hinzugefügt.

56, 1-3 *»Der Staatsmann aber formt die Masse, gibt ihr Gesetz und Gerippe, haucht ihr Form und Leben ein, so daß aus ihr ein Volk entsteht.«*] Im Originaltext von Joseph Goebbels heißt es: »So wie der Bildhauer den rohen Marmor abzirkelt, behaut und meißelt, so formt der Staatsmann aus dem rohen Stoff Masse ein Volk, gibt ihm ein inneres Gerippe und ein haltendes Gefüge und bläst ihm dann jenen schöpferischen Odem ein, der das Volk zur Kulturnation emporwachsen läßt.« (Joseph Goebbels, »Der Nationalcharakter als Grundlage der Nationalkultur«, Rundfunkansprache am 18. 7. 1932. In: Helmut Heiber (Hrsg.), *Goebbels-Reden*, Bd. 1, S. 51-55, Zitat S. 52.)

57, 5-6 *das Bemühen Hubers*] Ernst Rudolf Huber (1903-1990) studierte Rechtswissenschaften, promovierte 1926, wurde 1931 habilitiert und war danach als Privatdozent an der Universität Bonn tätig. 1932 war er unter der Leitung von Carl Schmitt als Rechtsberater der Präsidialkabinette Franz von Papens und Kurt von Schleichers tätig. 1933 wurde er als Nachfolger des aus politischen Gründen entlassenen Staatsrechtslehrers Walther Schücking an die Universität Kiel berufen und trat in die NSDAP ein. Zusammen mit Georg Dahm, Karl Larenz, Karl Michaelis, Paul Ritterbusch, Friedrich Schaffstein und Wolfgang Siebert bildete Huber die sogenannte Kieler Schule, die für eine Rechtserneuerung im Sinne des NS-Regimes eintrat. 1937 folgte er einem Ruf nach Leipzig und 1941 einem an die Reichsuniversität Straßburg. Huber gehörte zu den führenden Staatsrechtlern der NS-Zeit und legte 1937 mit *Verfassung* (zweite Auflage 1939 unter dem Titel *Verfassungsrecht des Großdeutschen Reiches*) eine Gesamtdarstellung des nationalsozialistischen Führerstaates vor. 1938 erschien *Heer und Staat in der deutschen Geschichte*, und 1934-44 war Huber Mitherausgeber der *Zeitschrift für die gesamte Staatswissenschaft*. Zudem war er Autor der Wochenzeitschrift *Das Reich*. Nach Ende des Zweiten Weltkriegs war er bis 1956 aus der Vereinigung der Deutschen Staatsrechtslehrer ausgeschlossen. 1952 erhielt er eine Honorarprofessur an der Universität Freiburg, 1957 wurde er an die

Hochschule für Sozialwissenschaften Wilhelmshaven-Rüstersiel berufen, und nach deren Eingliederung in die Universität Göttingen war er 1962-68 dort tätig. 1953/54 erschien die zweite Auflage seines Lehrbuchs *Wirtschaftsverwaltungsrecht* (1932) und in den Jahren 1957-91 seine achtbändige *Deutsche Verfassungsgeschichte seit 1789.* (Vgl. Ernst Klee, *Personenlexikon zum Dritten Reich.* Wer war was vor und nach 1945? Frankfurt/Main: S. Fischer 2003, S. 272, s. v. »Huber, Ernst Rudolf«.)

57, 6-7 *Widerspruch bei den Hörnern greift*] Unsichere Lesart von »greift«.

57, 22 *Galimatias*] Unsinn, Kauderwelsch.

57, 34 *fortwährend ins Feld führt*] Unsichere Lesart von »Feld«.

58, 8-9 *»ausschließlich zu messen an ihrem wirksamen Erfolg«*] Im Originaltext von Adolf Hitler heißt es: »Propaganda ist in Inhalt und Form auf die breite Masse anzusetzen und ihre Richtigkeit ist ausschließlich zu messen an ihrem wirksamen Erfolg.« (Adolf Hitler, *Mein Kampf*, Zwei Bände in einem Band, Bd. 1. Eine Abrechnung. München: F. Eher 1934, S. 376.)

59, 14 *Ratio vor den Kopf zu stoßen*] Unsichere Lesart von »stoßen«.

59, 29-30 *denn abgesehen vom Kapital*] Unsichere Lesart von »Kapital«.

60, 11-16 *»Angefangen von Plünderungen, Brandstiftungen, Eisenbahnentgleisungen, Attentaten und so fort [...] gekostet.«*] Kracauer hat auf einem zusätzlichen Notizzettel als Quelle vermerkt: *Hirth's Deutsche Sammlung.* Sachkundliche Abteilung: Geschichte & Staatsbürgerkunde. Gruppe II: Ereignisse, Bd. 6: Die Nationalsozialistische Revolution, hrsg. Dr. Walther Gehl.

61, 30-31 *Schnurre vom Lügenbold*] Eine Schnurre ist eine kurze, unterhaltsame Erzählung über eine wunderliche Begebenheit.

62, 16-18 *»Und es erhebt sich [...] nicht schwindeln!«*] Kracauer hat auf einem zusätzlichen Notizzettel als Quelle vermerkt: *Hirth's Deutsche Sammlung.* Sachkundliche Abteilung: Geschichte & Staatsbürgerkunde. Gruppe II: Ereignisse, Bd. 6: Die Nationalsozialistische Revolution, hrsg. Dr. Walther Gehl.

62, 21 *sagen auch Kattun*] Siehe oben Anmerkung zu 17, 23.

62, 30 *Polizeipräsidenten Weiss*] Bernhard Weiß (1880-1951) studierte ab 1900 Rechtswissenschaften in Berlin, München, Freiburg und Würzburg und schloß sein Studium mit der Promotion ab. 1904 ließ er sich zum Reserveoffizier ausbilden, stieg im Ersten Weltkrieg zum Rittmeister auf und wurde mit dem Eisernen Kreuz zweiter und erster Klasse ausgezeichnet. 1918 wurde er stellvertretender Leiter der Kriminalpolizei in Berlin, zu deren Leiter er 1925 und 1927 schließlich zum Vizepolizeipräsident aufstieg. Weiß war Mitglied der Deutschen Demokratischen Partei (DDP) und gehörte damit zu den wenigen republikanisch gesinnten höheren Polizeibeamten. Die Ermittlung der Mörder Walther Rathenaus gilt als Verdienst Weiß'. Als die NSDAP unter Goebbels in Berlin an Bedeutung gewann, wurde der von Goebbels wegen seiner jüdischen Herkunft als »Isidor Weiß« bezeichnete Weiß mehr und mehr Ziel antisemitisch motivierter Diffamierungen in Texten und Karikaturen, gegen die er zunächst aber sehr erfolgreich juristisch vorging. 1932 verlor er sein Amt, 1933 floh er über Prag nach London.

63, 25-26 *beweist ein anderes Wort von Goebbels*] Das nachfolgende Goebbels-Zitat ist nicht eindeutig nachweisbar. Wernert, aus dessen Studie (*L'art dans le IIIe Reich*. Une tentative d'esthétique dirigée. Hrsg. vom Centre d'études de politique étrangère. Ausgabe 7. Paris: Paul Hartmann 1936) der Wortlaut von Kracauer übernommen wurde, gibt als Nachweis: »Joseph Goebbels am 18. 6. 1935 vor der Theaterkammer Hamburg«.

63, 27-31 *»Was ist die Propaganda [...] errettet hat?«*] Dieses Zitat von Goebbels konnte nicht eindeutig nachgewiesen werden. Im Original lautet es bei Wernert: »Qu'est-ce que la propagande sinon une forme d'art comme une autre [...]. Est-ce rabaisser l'art que de le placer sur le même plan que ce sens de la psychologie populaire qui, en la personne de nos chefs, a sauvé l'Allemagne du chaos?« (Erich Wernert, *L'art dans le IIIe Reich*, S. 31.)

64, 25 *Marinetti*] Filippo Tomaso Marinetti (1876-1944) studierte zunächst Rechtswissenschaften in Pavia und Genua, verließ dann aber Italien, um in Paris als Schriftsteller zu leben. Er schrieb zunächst Artikel für *La Vogue* und *La Plume*, ab 1902 aber auch Bücher. Dabei setzte er sich mit symbolistischer Kunst und anarchistischer Theorie auseinander, las Henri Bergson und Friedrich Nietzsche und beschäftigte sich mit Gabriele D'Annunzio, Benedetto Croce und Giovanni Gentile. 1905 gründete er in Mailand die *Poesia*. Bereits im Gründungsmanifest des Futurismus äußerte sich Marinetti bezüglich der Verherrlichung des Krieges unmißverständlich: »Wir wollen den Krieg verherrlichen – diese einzige Hygiene der Welt – den Militarismus, den Patriotismus, die Vernichtungstat der Anarchisten, die schönen Ideen, für die man stirbt« (Filippo Tommaso Marinetti, »Manifest des Futurismus« (1909). In: Hansgeorg Schmidt-Bergmann, *Futurismus*. Geschichte, Ästhetik, Dokumente. Reinbek bei Hamburg: Rowohlt 1993, S. 75-80, hier S. 77f. Erstabdruck: *Le Figaro* 20. 2. 1909). Ab 1914 unterstützte er Mussolini, 1918 gründete er die futuristische Partei, die in Mussolinis Partito Nazionale Fascista (PNF) aufging, was Marinetti den zweiten Platz auf der Liste der PNF verschaffte. Allerdings kam es nach der Ausrichtung der PNF auf bürgerliche Wähler zum Zerwürfnis der Futuristen mit Mussolini, und sie verließen die PNF, bis sich Marinetti 1924 mit Mussolini versöhnte und daraufhin Kultusminister und 1929 Mitglied der neuen Akademie Italiens wurde. 1938 kritisierte er die antisemitischen Gesetze, wurde allerdings zensiert, setzte sich aber erfolgreich gegen das Vorgehen gegen Künstler aufgrund ihrer Abstammung ein. 1942 ging er an die russische Front und kehrte ein Jahr später krank zurück. Zeitlebens blieb sein Blick auf den Krieg ein futuristisch verklärender: »Der Krieg ist schön, weil er dank der Gasmasken, der schreckenerregenden Megaphone, der Flammenwerfer und der kleinen Tanks die Herrschaft des Menschen über die unterjochte Maschine begründet. Der Krieg ist schön, weil er die erträumte Metallisierung des menschlichen Körpers inauguriert. Der Krieg ist schön, weil er eine blühende Wiese um die feurigen Orchideen der Mitrailleusen bereichert. Der Krieg ist schön, weil er das Gewehrfeuer, die Kanonaden, die Feuerpausen, die Parfums und Verwesungsgerüche zu einer Symphonie vereinigt. Der Krieg ist schön, weil er neue Architekturen, wie die der großen Tanks, der geometrischen Fliegergeschwader, der Rauchspiralen aus brennenden Dörfern und vieles andere schafft.« (*La Stampa Torino,* zitiert nach: Walter Benjamin, »Das Kunstwerk im Zeitalter seiner technischen Reproduzierbarkeit«. In: *Gesammelte Schriften.* Hrsg. von Rolf Tiedemann u. a. Bd. 1, Frankfurt/Main: 1972ff. Suhrkamp, S. 431-469, S. 462.) Für Benjamin ist Marinetti ein zentrales Beispiel einer von ihm scharf kritisierten Ästhetisierung der Politik.

65, 10 *sich als »prima ratio« setzt*] Im Originaltext von José Ortega y Gasset heißt es: »Zivilisation ist der Versuch, die Gewalt zur ultima ratio zu machen. Das wird uns jetzt nur allzu klar, denn die direkte Aktion dreht die Ordnung um und proklamiert die Gewalt als prima ratio, genauer als unica ratio.« (José Ortega y Gasset, *Der Aufstand der Massen.* Stuttgart: Deutsche Verlags-Anstalt 1930, S. 49.)

65, 19-20 *»Der Faschismus hat [...] eine Reihe von Gewalttaten vollbracht«*] Im Originaltext von Ignazio Silone heißt es: »eine Reihe von Gewaltakten« (Ignazio Silone, *Der Fascismus*, S. 112).

65, 20 *so schreibt ein Faschist*] Laut Ignazio Silone ist damit Adolfo

Zerboglio gemeint (vgl. Ignazio Silone, *Der Fascismus*, S. 112). Adolfo Zerboglio (1866-1952) beendete sein Rechtswissenschaftsstudium an der Universität Turin 1888 mit der Laurea. 1905 wurde er Dozent für Straf- und Strafprozeßrecht an der Universität Rom, im darauffolgenden Jahr wurde er ordentlicher Professor für Strafrecht und Strafprozeßrecht an der Universität Urbino und wechselte schließlich an die Universität Macerata, wo er bis zu seiner Emeritierung blieb. Zudem war er ab 1910 Mitherausgeber der Zeitschriften *Rivista di diritto penale e sociologia criminale* und *Rivista di diritto e procedura penale*. 1900 trat er in Alessandria als Kandidat für die Partito Socialista Italiano (PSI) an, doch seine Wahl wurde nicht anerkannt. Bei den folgenden Wahlen 1904, 1906 und 1909 hingegen hatte er Erfolg und vertrat Alessandria in der Abgeordnetenkammer, bis es zum Zerwürfnis mit der Partei kam und er 1912 die Kammer verließ. 1919 wurde er erneut gewählt und war bis 1921 Mitglied der Kammer. 1924 wurde er zum Senatore del Regno ernannt, zog sich dann allerdings aus der Politik zurück.

65, 26 *»eine Lehre dem ganzen Volk aufzuzwingen«*] Im Originaltext von Adolf Hitler heißt es: »Der durchschlagendste Erfolg einer weltanschaulichen Revolution wird immer dann erfochten werden, wenn die neue Weltanschauung möglichst allen Menschen gelehrt und, wenn notwendig, später aufgezwungen wird.« (Adolf Hitler, *Mein Kampf*, Bd. 2: Die nationalsozialistische Bewegung, S. 654.)

66, 10-11 *»wieder an die primitivsten Masseninstinkte appellieren.«*] Kracauer hat auf einen zusätzlichen Notizzettel als Quelle vermerkt: Willi Münzenberg, *Propaganda als Waffe*, 1937, S. 38.

66, 11-14 *»Das Gesetz der Rache [...] Faschisten.«*] Im Originaltext von Ignazio Silone heißt es: »Ueberbleibsel« und »Fascisten« (Ignazio Silone, *Der Fascismus*, S. 112.)

66, 13 *zitierter faschistischer Schriftsteller*] Laut Ignazio Silone ist damit Pietro Gorgolini gemeint (vgl. Silone, *Der Fascismus*, S. 112). Pietro Gorgolini (1891-vermutl. 1973) studierte in Rom Rechtswissenschaften. Während des Studiums trat er Gruppierung bei, die für den Verbleib von Fiume (Rijeka) und Dalmatien bei Italien eintraten, und knüpfte Verbindungen zu faschistischen Studenten. In dieser Zeit nahm er Kontakt zu Mussolini auf und sicherte ihm die Gründung einer Ortsgruppe der Fasci di Combattimento zu. 1922 veröffentlichte er *Il fascismo nella vita italiana* mit einem Vorwort Mussolinis. 1923 wurde er aus der PNF ausgeschlossen, weil er aus Sicht der neuen Parteiführer ein Dissident war. (Vgl. Paul O'Brien, *Mussolini in the First World War:*

The journalist, the soldier, the fascist. Oxford, New York: Berg, 2005, S. 20 f.)

67, 4 *L.[uigi] Einaudi*] Luigi Numa Lorenzo Einaudi (1874-1961) studierte zunächst bis 1895 Rechtswissenschaften an der Universität Turin. Ab 1903 lehrte er als Professor für Finanzwissenschaften in Turin und war zudem Lehrbeauftragter am Polytechnikum in Turin und an der Wirtschaftsuniversität Luigi Bocconi in Mailand. Bis 1926 war er Redakteur von *La Stampa* und *Corriere della Sera* sowie Korrespondent des britischen *The Economist*, 1900-35 gab er darüber hinaus *La Riforma Sociale* heraus, 1936-43 *Rivista di Storia Economica*. 1919 wurde er in den Senat gewählt und engagierte sich für eine liberale Wirtschaftspolitik anstelle von Protektionismus. 1943 floh er in die Schweiz, kehrte 1945 nach Italien zurück und war 1945-48 Gouverneur der Bank von Italien. 1946-48 war er Abgeordneter der verfassunggebenden Versammlung und ab 1948 Mitglied des Senats. Nachdem er zunächst stellvertretender Ministerpräsident und Haushaltsminister gewesen war, wurde er 1948 zum Staatspräsidenten gewählt. Seine Amtszeit endete 1955.

68, 29 *Hadamovsky*] Eugen Hadamovsky (1904-1945) studierte zunächst Chemie und Maschinenbau und arbeitete ab 1921 als Automechaniker im Ausland. 1930 trat er in die NSDAP ein und bekam ein Jahr später von Goebbels den Auftrag, einen Reichsverband der Rundfunkteilnehmer aufzubauen. Dabei war er zunächst Gaufunkwart von Berlin. Ein weiteres Jahr später wurde er Abteilungsleiter in der Reichspropagandaleitung der NSDAP und war unter anderem dafür verantwortlich, Wahlkampfreden Hitlers vom Rundfunk ausstrahlen zu lassen. 1933 wurde er zuerst Sendeleiter des Deutschlandsenders, dann Direktor der Reichsrundfunkgesellschaft und Reichssendeleiter sowie Vizepräsident der Reichsrundfunkkammer, wobei er wesentlich an der Gleichschaltung des Rundfunks beteiligt war. In dieser Zeit publizierte er *Propaganda und nationale Macht* (1933) und *Der Rundfunk im Dienste der Volksführung* (1934). Ab 1935 gehörte auch das deutsche Fernsehen in sein Ressort, und in den ersten Jahren des Zweiten Weltkriegs berichtete er im Rundfunk von der Front. Nach Meinungsverschiedenheiten mit Goebbels verlor er 1942 seine Ämter im Rundfunkbereich und wurde Stabsleiter in der Reichspropagandaleitung der NSDAP. 1943 meldete er sich zur Wehrmacht und fiel in Pommern. (Vgl. Ernst Klee, *Personenlexikon zum Dritten Reich.* Wer war was vor und nach 1945? Frankfurt/Main: S. Fischer 2003, S. 215 f., s. v. »Hadamovsky, Eugen«.)

70, 12-19 *»Die Faschisten greifen gegen ihre Widersacher [...] komplemen-*

tär.] Im Original: »Non seulement les fascistes utilisent contre leurs adversaires tous les instruments de répression légale à la disposition d'un Etat moderne; ils emploient encore systématiquement une arme plus formidable: la violence illégale. Les deux fonctions de la Milice, qui peuvent paraître logiquement et moralement incompatibles: maintien légal de l'ordre public et oppression illégale exercée contre les adversaires du fascisme, ne sont pas, dans la pratique, contradictoires, mais complémentaires.« (Salvemini, *La Terreur fasciste,* S. 59.)
71, 4-7 *»Es ist Adolf Hitlers Führerstärke [...] befiehlt.«*] Kracauer hat auf einem zusätzlichen Notizzettel als Quelle vermerkt: *Hirth's Deutsche Sammlung*. Sachkundliche Abteilung: Geschichte & Staatsbürgerkunde: Gruppe III: Grundfragen, Bd. 3: Der nationalsozialistische Staat, 12. November 1933, hrsg. Dr. Walther Gehl.
71, 15 *Pierre Audiat*] Pierre Audiat (1891-1961) war ein französischer Literaturwissenschaftler, Schriftsteller und Publizist, der literarische Texte und Bücher über die französische Literatur (u. a. über Nerval und Hugo), aber auch über Paris während des Zweiten Weltkriegs schrieb.
71, 21-22 *Meyrinks Raubmörder Bimini*] Kracauer bezieht sich hier auf Gustav Meyrinks Roman *Der Golem*, der 1913/14 als Fortsetzungsroman in *Die Weißen Blätter* erschienen war. Babinski ist der Erzählung zufolge ein Raubmörder, der in Prag sein Unwesen trieb. Zugleich ist er jedoch »innerlich ein ausgesprochen idyllischer Charakter« (S. 229), der in einem kleinen Dorf bei Prag ein bescheidenes Häuschen besitzt, Geranien zieht und Flöte spielt – auf dem immer größer werdenden grasbewachsenen Hügel in seinem Garten, unter dem er seine Opfer begräbt. Er wird verhaftet und zum Tode verurteilt, doch nachdem der Strick, an dem er erhängt werden soll, gerissen ist, wird er begnadigt und nach 20 Jahren Haft Pförtner im Kloster der ›Barmherzigen Schwestern‹. Als die Prager Wachszieher beginnen, kleine Wachsfiguren herzustellen, die ihn darstellen, worüber er sich mit den Worten beschwert: »›Es ist im höchsten Grade unwürdig und zeugt von einer Gemütsrohheit sondersgleichen, einem Menschen beständig die Verfehlungen seiner Jugendzeit vor Augen zu führen,‹ [...] ›und es ist tief zu bedauern, daß von Seiten der Obrigkeit nichts geschieht, so offenkundigem Unfug zu steuern.‹« (S. 232) Nach seinem Tod wird der Handel mit den Figuren verboten. (Zitate nach Gustav Meyrink, *Gesammelte Werke*. Bd. 1: Der Golem, Leipzig: Kurt Wolff 1913.)
72, 21 *Er nennt den »Marsch auf Rom« ein »Possenspiel«*] Silone schließt seine Ausführungen über den Marsch auf Rom mit dem Fazit: »Am dar-

auffolgenden Tage [29. 10. 1922] wurde Mussolini nach Rom berufen und mit der Regierungsbildung beauftragt. Das Possenspiel hatte geklappt.« (Ignazio Silone, *Der Fascismus,* S. 150.)

72, 31 *Baldur von Schirach*] Baldur von Schirach (1907-1974) trat 1924 in eine Wehrjugendgruppe ein und wurde 1925 Mitglied der NSDAP. 1927 begann er in München Germanistik und Kunstgeschichte zu studieren, wurde aber bereits 1928 als Führer des Nationalsozialistischen Deutschen Studentenbunds (NSDStB) in die NSDAP-Reichsleitung berufen. Ein Jahr später gründete er den *Akademischen Beobachter,* und 1931 wurde er zum Reichsjugendführer der NSDAP ernannt, 1933 veröffentlichte er das »Manifest der Jugend« und wurde zum Jugendführer des Deutschen Reiches ernannt. Mit dieser Ernennung wurde er für die Gesamtheit außerschulischer Jugenderziehung zuständig. In den Jahren 1933-35 war er Mitherausgeber der Bildbände *Der Triumph des Willens. Kampf und Aufstieg Adolf Hitlers und seiner Regierung* (1933), *Jugend um Hitler* (1934) und *Hitler, wie ihn keiner kennt* (1935). Mit dem Inkrafttreten des Jugendgesetzes wurde er 1936 zum Staatssekretär, während die gesamte deutsche Jugend in die Hitlerjugend (HJ) integriert wurde. 1939 meldete er sich freiwillig zum Kriegsdienst und wurde nach einem kurzen Einsatz an der Westfront mit dem Eisernen Kreuz zweiter Klasse ausgezeichnet. Im gleichen Jahr wurden die Jugenddienstpflicht und die Pflichtmitgliedschaft der Jugendlichen in den einzelnen Unterorganisationen der HJ durchgesetzt. Nachdem die Konzentration der Jugend auf die Hitlerjugend zu parteiinternen Streitigkeiten geführt hatte, übernahm 1940 Arthur Axmann das Amt des Reichsjugendführers, während Schirach Reichsstatthalter, Gauleiter von Wien und Beauftragter für die Inspektion der HJ wurde. Zudem übernahm er die Leitung der Kinderlandverschickung. Ab 1941 verantwortete er im Gau Wien die Deportation der jüdischen Bevölkerung. 1945 wurde Schirach vor dem Internationalen Militärgerichtshof in Nürnberg angeklagt und im darauffolgenden Jahr zu 20 Jahren Haft verurteilt. Nachdem er 1966 entlassen worden war, lebte er abgesehen von der Veröffentlichung seiner Memoiren *Ich glaubte an Hitler* (1967) zurückgezogen in Südwestdeutschland. (Vgl. Ernst Klee, *Personenlexikon zum Dritten Reich.* Wer war was vor und nach 1945? Frankfurt/Main: S. Fischer 2003, S. 536, s. v. »Schirach, Baldur von«.)

72, 32-73, 1 *»Sie ist heroisch. [...] ringt.«*] Kracauer hat auf einem zusätzlichen Notizzettel als Quelle vermerkt: *Hirth's Deutsche Sammlung.* Sachkundliche Abteilung: Geschichte & Staatsbürgerkunde: Gruppe III:

Grundfragen, Bd. 3: Der nationalsozialistische Staat, 12. November 1933, hg. Dr. Walther Gehl.

73, 16 *D.[ino] Grandi*] Dino Grandi (1895-1988) begann 1913 ein Rechtswissenschaftsstudium an der Universität Bologna und arbeitete bei der Zeitung *Il Resto del Carlino*. Zunächst politisch links orientiert, wendete er sich 1914 Mussolini zu und vertrat dabei interventionistische Thesen. 1919 schloß er sein Studium ab und begann nach seiner Entlassung aus der Armee eine Karriere als Rechtsanwalt in Imola. 1920 veröffentlichte er die erste Ausgabe von *L'Assalto*. Nachdem er der Umwandlung der faschistischen Bewegung in eine Partei zuvor widersprochen hatte, stimmte er nun Mussolinis Plänen zu und gründete die Partito Nazionale Fascista (PNF) in der Emilia-Romagna, deren landesweiter Generalsekretär er im folgenden Jahr wurde. Ebenfalls 1921 wurde er in die Abgeordnetenkammer gewählt, deren Vizepräsident er 1923 wurde, bevor er 1924 zum Unterstaatssekretär im Innenministerium ernannt und 1925 Außenminister wurde. Grandi bemühte sich dabei, Italien eine neutrale Stellung zwischen den europäischen Staaten zu verschaffen und insbesondere zu Großbritannien ein gutes Verhältnis aufzubauen. 1932 entfernte ihn Mussolini aus seinem Amt, nachdem er sich zustimmend zum Völkerbund geäußert hatte. Bis 1939 war Grandi Botschafter in London und bemühte sich um die italienisch-britischen Beziehungen. Nach seiner Abberufung wurde er zunächst Justizminister und dann Vorsitzender der Korporationskammer, bis ihn der Große Faschistische Rat 1943 auf Antrag Mussolinis absetzte. Danach floh er in die Italienische Sozialrepublik. 1948 wurde er wegen seiner Rolle im faschistischen System zu einer Haftstrafe verurteilt, nach kurzer Zeit jedoch amnestiert. Kurz darauf ging er nach Brasilien ins Exil.

77, 27-29 *so daß sie die Überzeugung gewinnen, sie trügen gar keine Lumpen, sondern bessere Kleider.*] Vgl. zur Rezeptionsgeschichte dieses Märchens von Hans Christian Andersen auch: Thomas Frank / Albrecht Koschorke / Susanne Lüdemann, *Des Kaisers neue Kleider: Über das Imaginäre politischer Herrschaft*, Frankfurt/Main: Fischer 2002.

77, 37-38 *Das nationalsozialistische Winterhilfswerk*] Das Winterhilfswerk wurde 1933 gegründet, um gegen Arbeitslosigkeit und Armut schnell und öffentlichkeitswirksam vorzugehen. Während der Wintermonate fanden Haus- und Straßensammlungen statt, bei denen zusätzlich Abzeichen verkauft wurden – stets begleitet von umfangreichen Propagandamaßnahmen. Dadurch wurde es zur bekannten und den Alltag prägenden Erscheinung. Der Großteil der Einnahmen kam allerdings aus Sach-, Steuer- und Geldspenden. Zusammen mit anderen Aktionen, Lotterien und Kulturveranstaltungen war das Winterhilfswerk Teil der Strategie zur Mobilisierung der Volksgemeinschaft. Ab 1936 verlagerte sich der Zweck des Winterhilfswerks von der Unterstützung Ärmerer zur Finanzierung der NS-Volkswohlfahrt. Auch während des Zweiten Weltkriegs wurden die Sammelaktionen fortgesetzt, nun unter dem Namen Kriegswinterhilfswerk, doch das Spendenaufkommen verringerte sich nun sichtbar.

80, 23-24 *»L'œuvre d'art à l'époque de sa reproduction mécanisée«*] Der Aufsatz »Das Kunstwerk im Zeitalter seiner technischen Reproduzierbarkeit« wurde von Walter Benjamin 1935 im Pariser Exil verfaßt und erschien erstmals 1936 in einer gekürzten Fassung in der *Zeitschrift für Sozialforschung* (5. Jg., Nr. 1). Benjamin analysiert darin die sozialen, politischen, technischen, ästhetischen und medialen Veränderungen, die mit der technischen Reproduktion von Kunstwerke einhergehen. Walter Benjamin, »Das Kunstwerk im Zeitalter seiner technischen Reproduzierbarkeit«. In: *Gesammelte Schriften*. Hrsg. von Rolf Tiedemann u. a. Bd. 1, Frankfurt/Main: Suhrkamp 1972 ff., S. 431-469. Zur komplexen Editionsgeschichte vgl. die von Detlev Schöttker herausgegebene und kommentierte Ausgabe: *Das Kunstwerk im Zeitalter seiner technischen Reproduzierbarkeit und weitere Dokumente*. Mit weiteren Materialien, Frankfurt/Main: Suhrkamp 2007.

81, 23 *Oberst Hierl*] Konstantin Hierl (1875-1955) trat 1893 in die bayerische Armee ein, besuchte 1899-1902 die Kriegsakademie und wurde 1909 Mitglied des preußischen Generalstabs. 1911-14 lehrte er an der Kriegsakademie und stieg danach im Ersten Weltkrieg bis zum Oberstleutnant auf. Nach Ende des Krieges organisierte er ein Freikorps, das sich unter anderem an der Niederschlagung des Spartakusaufstands 1919 beteiligte. 1919-24 arbeitete er im Reichswehrministerium und war in der Schwarzen Reichswehr, bis er 1923 nach dem Hitler-Ludendorff-Putsch ausschied. 1925-27 leitete er den Tannenberg-Bund und war Vorsitzender des Deutschvölkischen Offiziersbundes. 1927 trat er in die NSDAP ein, zu deren Reichsleitung er ab 1929 angehörte. 1930 wurde er in den Reichstag gewählt und plante als Reichsorganisationsleiter für die Zeit nach der Machtergreifung. Ab 1932 beschäftigte er sich mit dem Reichsarbeitsdienst (RAD), 1933 wurde er Staatssekretär im Reichsarbeitsministerium, 1934 Reichskommissar für den Freiwilligen Arbeitsdienst und 1935 Reichsarbeitsführer. 1948 wurde er verurteilt, nach seiner Entlassung 1953 veröffentlichte er *Im Dienst für Deutschland 1918-*

1945. (1954). (Vgl. Ernst Klee, *Personenlexikon zum Dritten Reich.* Wer war was vor und nach 1945? Frankfurt/Main: S. Fischer 2003, S. 254f., s. v. »Hierl, Konstantin«.)

81, 23-25 *»darauf an, Massen zu gewinnen, wenn auch kleinbürgerliche Massen [...] folgen.«*] Kracauer hat auf einem zusätzlichen Notizzettel als Quelle vermerkt: Willi Münzenberg, *Propaganda als Waffe* [Paris: Édition Carrefour 1937, S. 146].

82, 16-17 *die sich seinen Ideen-Montagen gegenüber spröd zeigt*] Im Manuskript ist als Option für »spröd« notiert: »bezeigt«.

85, 30 *Antonius*] Mit Antonius ist vermutlich Marcus Antonius (ca. 82-30 v. Chr.) gemeint, der nach der Ermordung Gaius Iulius Caesars das römische Volk durch eine demagogische Trauerrede gegen die Attentäter aufhetzte. Dabei bediente er sich neben der Rhetorik einer blutbefleckten Toga und eines Wachsabbilds des Caesar, die die ihm zugefügten Wunden zeigen. Diese Darstellung findet sich einerseits bei Appianos von Alexandria und Plutarch, wurde andererseits aber beispielsweise von William Shakespeare in *The Tragedy of Julius Caesar* (1599) aufgegriffen. Im Stück spricht zunächst Brutus bemüht schlicht und offen, wahrheitsgemäß aber ohne rhetorischen Aufwand zum römischen Volk und glaubt daran, es durch seine Darstellung dazu bewegen zu können, sein Handeln zu billigen. Auf seine Rede folgt die des Antonius. Rhetorisch ausgearbeitet und zweckdienlich Effekte erzeugend, reißt der Demagoge Antonius die Masse mit sich.

89, 12-19 *»Der politische Leitaufsatz war bei uns [...] belehren wollte.«*] 1927 gründete Joseph Goebbels in seiner Funktion als Gauleiter der NSDAP Berlin die Zeitung *Der Angriff.* Anfangs erschien sie wöchentlich, später zweimal wöchentlich und 1932 schließlich zweimal täglich. Dabei steigerte sich die Auflage von anfangs 2000 auf über 140.000 Exemplare 1939 und bis zu 306.000 Exemplaren 1944. Chefredakteur waren in den ersten Jahren unter anderem Willi Krause und Julius Lippert, Karoly Kampmann und Hans Schwarz van Berk. Die Artikel waren geprägt von nationalsozialistischer Ideologie, von Antisemitismus und Rassismus und richteten sich meist gegen die Weimarer Republik im allgemeinen oder einzelne Personen wie den jüdischen Vizepolizeipräsidenten Bernhard Weiß (siehe Anm. zu 73, 3). 1931 wurde sie vorübergehend verboten. Nach 1933 schwand ihre Bedeutung allerdings rasch, und Goebbels verlor weitgehend das Interesse an der Zeitung, die zunächst vom Eher-Verlag und später von der Deutschen Arbeitsfront (DAF) übernommen wurde.

89, 24-25 *im doppelten Sinne des Wortes manipulierten Seelen*] Unsichere Lesart von »manipulierten Seelen«.

90, 17-20 *»Wer stets dasselbe will und immer nur dasselbe [...] dein Eigen!«*] Laut Wilfrid Bade lautet der Vierzeiler: »Wer stets will immer unverrückt dasselbe, der bricht vom Himmel das Gewölbe, dem müssen alle Götter sich verneigen, und rufen: komm und nimm, du nimmst dein Eigen!« (Wilfrid Bade, *Joseph Goebbels*, Lübeck: Charles Coleman 1933, S. 70.)

90, 23-24 *Dem Kind, die Holzgitterstäbe seines Bettchens umhegend*] Im Manuskript ist »Dem Kind« die Bemerkung »Das Kind wird« hinzugefügt.

91, 31-32 *die »Reichspropaganda-Abteilung der NSDAP«*] Ab 1923 beschäftigte die NSDAP mit Hermann Esser einen Propagandaleiter. Nach dem Verbot der NSDAP noch im selben Jahr wurde 1926 nach der Wiedergründung der Partei Gregor Strasser Reichspropagandaleiter, 1928 übernahm Hitler selbst das Amt, und 1930 folgte Joseph Goebbels. Die Abteilung blieb, trotz zahlreicher personeller Verflechtungen mit dem Reichsministerium für Volksaufklärung und Propaganda beispielsweise in der Person Goebbels', formal unabhängig. Das Amt kontrollierte und koordinierte die Verbreitung von NSDAP-Propaganda und war dabei insbesondere für deren Einheitlichkeit verantwortlich. Schwerpunkt war dabei vor allem in den Anfangsjahren der Rundfunk.

91, 33-92, 1 *»sensationelle Tagesereignisse, Skandale jüdischer oder marxistischer Art«*] Kracauer hat auf einem zusätzlichen Notizzettel als Quelle vermerkt: Willi Münzenberg, *Propaganda als Waffe*, S. 176.

92, 7 *in der Anschauung des »großen Endziels«*] Hitler verwendet den Begriff des Endziels in zahlreichen Reden und Schriften, insbesondere im Hinblick auf die nationalsozialistische Verfolgungspolitik. Vgl. z. B.: Rede vor den Kreisleitern der NSDAP am 29. April 1937 auf der Ordensburg Vogelsang:. »das Endziel unserer ganzen Politik [in der Judenverfolgung] ist uns ja allen ganz klar. Es handelt sich bei mir nur immer darum, keinen Schritt zu machen, den ich vielleicht wieder zurückmachen muß.«

92, 11-13 *»Kommt herbei! Das heilt alle Leiden, die Quetschungen, die Zahnschmerzen, die Tollwut und die Krätze [...].«*] Kracauer hat im Manuskript an dieser Stelle »nach Roger Mauduit« vermerkt. Auf einem zusätzlichen Notizzettel gibt er als Quelle an: Roger Mauduit, *La Réclame*. Étude de sociologie économique, Paris 1933, S. 8.

92, 15 *damit sie noch strahlender erscheine*] Unsichere Lesart von »strahlender«.

93, 18 *schon hypnotisiert die Masse sich selber.*] Kracauer verweist im Manuskript an dieser Stelle auf Silones Buch *Brot und Wein*. In diesem Roman wird die Geschichte eines jungen italienischen Intellektuellen erzählt, der zunächst als Widerstandskämpfer und kommunistischer Funktionär gegen das faschistische Regime arbeitet. Mit Fortlauf der Handlung beginnt er jedoch, die starren ideologischen Gedankenstrukturen auf beiden Seiten zu hinterfragen. Ursprünglich unter dem Titel *Brot und Wein* (1935) erschienen, wurde das Buch von Silone nach einer umfassenden Überarbeitung 1955 in *Wein und Brot* umbenannt. (Vgl. Ignazio Silone, *Wein und Brot*, Köln: Kiepenhauer & Witsch 1980.) Vgl. dazu auch Kracauers Rezension in *Werke* 5.4, S. 532-535.

94, 28-30 *der nationalsozialistische Persönlichkeitsbegriff und der historisch überlieferte*] Im Manuskript folgt hier ein zweites »sich«.

94, 30-31 *Horkheimer kommt wiederholt darauf zurück*] Horkheimer illustriert in seinem Essay »Egoismus und Freiheitsbewegung« (vgl. Anm. zu 12, 20) anhand der Beispiele von Martin Luther, Robbespierre, Cola di Rienzo und Savonarola, daß eine revolutionäre Situation ein Abhängigkeitsverhältnis zwischen Anführer und Geführten schafft, welches die Idealisierung des Führenden fördert und dessen Autorität und Ansehen in der Masse zunehmend steigert.

95, 12-13 *Persönlichkeit im Goetheschen Sinne der Einzelne*] Unsichere Lesart von »Einzelne«. Gemeint ist hier wahrscheinlich das Ideal einer harmonischen Ausbildung der Persönlichkeit, das insbesondere in den »Wilhelm Meister«-Romanen leitend ist. Vgl. *Wilhelm Meisters Lehrjahre*, Fünftes Buch, Drittes Kapitel.

96, 30-32 *Das bedeutet aber nicht nur Segen für die Zahl oder eben das Emporsteigen des Arbeiters, sondern das bedeutet Elend, Jammer und Not […].«*] Kracauer zitiert hier laut eines zusätzlichen Notizzettels aus: *Das junge Deutschland will Arbeit und Frieden*. Reden des Reichskanzlers Adolf Hitler. Mit einem Vorwort von Dr. Joseph Goebbels, Berlin 1933, S. 51. Es handelt sich um die Rede auf dem Kongreß für die Arbeitsfront in Berlin am 18. Mai 1933.

98, 1 *fortwährend an-, auf- und oben erscheint*] Unsichere Lesart von »an-, auf- und oben«.

99, 8-9 *Und dann wird man daraus erneut lernen können, wieder in das Volk hineinzugehen. Darin liegt unsere Kraft.«*] Kracauer hat auf einem zusätzlichen Notizzettel als Quelle vermerkt: *Hirth's Deutsche Sammlung*

Sachkundliche Abteilung: Geschichte & Staatsbürgerkunde: Gruppe III: Grundfragen, Bd. 4: Der nationalsozialistische Staat, 2. Heft, Vom 13. November 1933 bis 10. September 1934, hg. Dr. Walther Gehl, S. 24. (Diese Quelle gibt den 26. März 1934 als Datum an.)

99, 23-24 *Grundvoraussetzung des Systems*] Im Manuskript findet sich die Ergänzung: »Erklärung von Goebbels, die dem Rundfunk anbefiehlt, alle möglichen Vorgänge nationalen Charakters der ganzen Nation zuzutragen«.

99, 36 *gerade der deutsche Rundfunk*] Die NSDAP nutzte wie kaum eine Institution vor ihr sowohl im Wahlkampf als auch nach 1933 den Rundfunk zu Propagandazwecken. Dies äußerte sich beispielsweise darin, daß es ab 1923 bis auf die Zeit, in der die NSDAP verboten und aufgelöst war, durchgängig eine parteieigene Propagandaabteilung gab, die z. B. dafür verantwortlich war, daß Hitlers Reden im Rundfunk übertragen wurden. Hermann Esser und seine Nachfolger legten dabei stets auch Wert auf einheitliche Formen. Die Gleichschaltung des Rundfunks und die Einführung des Volksempfängers VE 301 1933 sowie des Deutschen Kleinempfängers 1938 – zweier extrem günstiger Radioempfänger – ermöglichten schließlich die umfassende Instrumentalisierung des Mediums und die Durchdringung weiter Teile der Bevölkerung (hatte 1933 kaum ein Viertel der deutschen Haushalte einen Radioempfänger, so waren es 1941 bereits über 60 Prozent). »Ganz Deutschland hört den Führer mit dem Volksempfänger«, so zumindest die Parole. Öffentliche Übertragungen erreichten dabei selbst diejenigen, die sich auch die günstigen Geräte nicht kauften. Insbesondere Joseph Goebbels war sich dabei bewußt, daß die Bevölkerung einer zu großen Flut rein politischer Propaganda schnell überdrüssig geworden wäre, und kontrollierte in der Folge nicht nur detailliert die Berichterstattung, sondern auch die Einführung von Unterhaltungssendungen wie Wunschkonzerten und Hörspielen, um das manipulative Potential des Mediums auszuschöpfen. Während des Zweiten Weltkrieges wurden zusätzlich Wehrmachtsberichte Teil des Programms. (Vgl. dazu auch Cornelia Eppig-Jäger, »Embedded Voices. Stimmpolitiken des Nationalsozialismus«. In: Brigitte Felderer, *Phonorama*. Eine Kulturgeschichte der Stimme als Medium, Berlin: Matthes & Seitz 2004, S. 145-157.)

100, 2 *Fritz Morstein Marx*] Fritz (Friedrich Wilhelm Julius) Morstein Marx (1900-1969) begann nach kurzem Dienst im Militär 1919 ein Rechtswissenschaftsstudium in Hamburg, studierte in Freiburg und München und promovierte 1922 in Hamburg. Er erhielt eine Stelle bei der Stadt Hamburg und wurde Regierungsrat, während er erste Schriften zum öffentlichen Recht publizierte. 1930/31 ermöglichte ihm ein Stipendium der Rockefeller Foundation einen Aufenthalt in den USA, wohin er 1933 nach seinem Ausscheiden aus dem Staatsdienst emigrierte. 1934 wurde er Dozent in Princeton und Harvard, 1939 erhielt er eine Professur am Queens College in New York, und ab 1942 gehörte er zum Stab des Bureau of the Budget des amerikanischen Präsidenten und forschte und lehrte zugleich an unterschiedlichen Universitäten. 1960-62 war er schließlich Dekan am Hunter College in New York. Schon bald nach Kriegsende nahm er die Beziehungen nach Deutschland wieder auf und erhielt 1962 einen Lehrstuhl für Vergleichende Verwaltungswissenschaft und Öffentliches Recht an der Hochschule für Verwaltungswissenschaften in Speyer, den er bis zu seiner Emeritierung 1968 innehatte. Zu seinen wichtigen Publikationen zählen das Standardlehrwerk *Elements of Public Administration* (1946), *The Administrative State: An Introduction to Bureaucracy (1957)*, das Lehrbuch *Verwaltung* (1965) und der Tagungsband *Verwaltungswissenschaften in europäischen Ländern* (1969). Darüber hinaus war er Mitherausgeber unterschiedlicher Fachzeitschriften.

100, 4 *»Volksempfängers«*] Siehe Anm. zu **99, 36**.

101, 36-102, 6 *»Und (...) in gleicher Weise wie der Führer [...] Rhythmus.«*] Im Original: »Et (...) de même que le Führer s'est fait l'ordonnateur des masses inertes, des masses de pierre il s'est fait aussi (...) l'ordonnateur des masses en mouvement, des masses humaine (...) ou des masses qui n'ont plus rien d'humain et se fondent et se reforment sur un rythme obsédant.« (Wernert, *L'art dans le IIIe Reich,* S. 7 f.)

102, 24 *Dreßler-Andreß*] Horst Dreßler-Andreß (1899-1979) war 1917/18 Infanterist im Ersten Weltkrieg und trat 1918 dem Jungdeutschen Orden bei. Neben seiner Berufstätigkeit als Arbeiter beschäftigte er sich mit dem Kabarett und wurde nach und nach Schauspieler und Regisseur. 1929 stellte er einigen NSDAP-Verantwortlichen eine rundfunkpolitische Konzeption vor und gründete die kulturpolitische Organisation der NSDAP, in die er 1930 eintrat. Ebenfalls 1930 wurde er Leiter der Kulturabteilung Gau Großberlin und ein Jahr später Leiter der Rundfunkabteilung der NSDAP-Reichsleitung. 1933 wurde er zudem Leiter des deutschen Rundfunkwesens und Ministerialrat im Reichsministerium für Volksaufklärung und Propaganda und 1934 Amtsleiter der Kraft-durch-Freude-Organisation (KdF). In den Jahren 1937-39 verlor er diese Posten nach und nach und wurde im Zweiten Weltkrieg in Polen in verschiedenen Arbeitsbereichen eingesetzt. Ab 1941 war er in Krakau tätig und zeitweise Propagandaleiter. 1945-48 wurde er interniert, betätigte sich nach seiner Freilassung aber bald wieder als Regisseur und Schauspieler und engagierte sich in der Nationaldemokratischen Partei in der sowjetisch besetzten Zone. In die Zeit seiner Tätigkeit in der Reichsrundfunkkammer fallen die Schriften *Arbeit und Kunst* (1935), *Die Reichsrundfunkkammer* (1935), *Die Freizeitgestaltung in Deutschland* (1936), *Drei Jahre Nationalsozialistische Gemeinschaft »Kraft durch Freude«* (1936) und *Die kulturelle Mission der Freizeitgestaltung* (1936). (Vgl. Klee, Ernst: *Personenlexikon zum Dritten Reich.* Wer war was vor und nach 1945? Frankfurt/Main: S. Fischer, 2003, S. 119, s. v. »Dreßler-Andreß, Horst«.)

102, 28-30 *»der Rundfunk wird so zum Bahnbrecher einer wahren Volkskultur und Volkskunst.«*] Beide Zitate entnimmt Kracauer laut der Quellenangabe auf einem zusätzlichen Notizzettel aus: *Hirth's Deutsche Sammlung.* Sachkundliche Abteilung: Geschichte & Staatsbürgerkunde: Gruppe III: Grundfragen, Bd. 4: Der nationalsozialistische Staat, 2. Heft, Vom 13. November 1933 bis 10. September 1934. Hg. Dr. Walther Gehl, S. 220.

103, 18 *Unstrittig ist ein Künstler*] Im Manuskript »unstreitig«.

103, 24-25 *Chesterton*] Gilbert Keith Chesterton (1874-1936) begann zunächst eine Illustratoren-Ausbildung an der Slade School of Art, besuchte aber auch literaturwissenschaftliche Vorlesungen am University College London und beendete letztlich beide Studien ohne Abschluß. Ab 1896 arbeitete er in einem Verlag in London und begann sich als Kunst- und Literaturkritiker selbständig zu machen. 1902 schrieb er Kolumnen für die *Daily News* und verließ das Verlagswesen, ab 1905 schrieb er zudem für *The Illustrated London News.* 1925-36 gab er darüber hinaus *G. K.'s Weekly* heraus. Immer wieder wandte er sich in Artikeln gegen den britischen Imperialismus, kritisierte sowohl Sozialismus als auch Kapitalismus und protestierte gegen technokratische Vorstellungen, wobei er auch früh vor Hitler warnte. Nach Hinwendung zur anglikanischen und Konversion zur römisch-katholischen Kirche setzte er sich fürs Christentum und für traditionelle Werte wie Ehe und Familie ein. Einem breiteren Publikum wurde Chesterton durch seine Detektivgeschichten bekannt, die Kracauer verschiedentlich rezensierte. Vgl. *Werke*, Bd. 5.1, S. 359-361, 580-585, 642 f., Bd. 5.2, S. 15 und 105.

103, 25-29 *Er ist selber das Volk [...] Mannes Stimme.«*] Kracauer hat auf einem zusätzlichen Notizzettel auf die französische Version als Quelle verwiesen: G.K. Chesterton, *Dickens* (= Vie des hommes illustres, Nr. 9), Paris 1927.

103, 33 *Ausführungen vor den Filmschaffenden*] Der Film spielte neben dem Rundfunk eine zentrale Rolle in der Propaganda des nationalsozialistischen Regimes. Vor allem Joseph Goebbels erkannte in ihm ein Mittel der Massenbeeinflussung und setzte sich dementsprechend für seine Vereinnahmung ein. 1933 wurde die Reichskulturkammer im Reichsministerium für Volksaufklärung und Propaganda gegründet, der Goebbels als Präsident vorstand. Die Mitgliedschaft in der Reichsfilmkammer, einer Unterkammer der Reichskulturkammer, wurde im Folgenden zur notwendigen Voraussetzung für die Arbeit aller Filmschaffenden, was die rassenideologische und politisch-weltanschauliche Normierung des Films vorantrieb. In der Folge dieser Entwicklung verließen ca. 1500 Filmschaffende wegen ihrer politischen Überzeugungen, weil sie als Juden galten oder um sich der Normierung zu entziehen das Land. 1934 wurde mit dem Lichtspielgesetz die Vorzensur durch den Reichsfilmdramaturgen eingeführt und die nachträgliche Zensur verschärft; bis 1941 wurde die gesamte deutsche Filmindustrie verstaatlicht und der Leitung der Ufa-Film GmbH unterstellt.

103, 33 *betont er*] Im Manuskript heißt es »sowohl betont er«.

104, 1 *»[...] sittliche und weltanschauliche Normen [...]«*] Im Originaltext von Joseph Goebbels heißt es »sittliche, politische und weltanschauliche Normen«. (Willi Krause, *Reichsminister Dr. Goebbels*, Berlin: Verlag Deutsche Kultur-Wacht 1933, S. 55.)

104, 8-18 *»Die ästhetische Doktrin des Dritten Reichs [...] Stärke geben.«*] Im Original: »La doctrine esthétique du Troisième Reich insiste sur l'existence de ce cercle toujours recommencé: peuple, artiste, peuple, etc..., c'est pour elle l'essence même du processus artistique. Le peuple étant la fin de toutes choses, même en art, l'artiste a envers lui une lourde responsabilité (...). Cette responsabilité embrasse trois séries de devoirs: tout d'abord, l'artiste doit exprimer la race, la nation, l'idéal de beauté germanique; ensuite il doit éliminer soigneusement de son art tout élément susceptible de corrompre l'âme populaire; enfin, il doit éduquer cette âme populaire et la rendre consciente de son unité et de sa force.« (Wernert, *L'art dans le IIIe Reich*, S. 28.)

104, 22-29 *»Um diesen totalitären und vereinheitlichenden Geist [...] zu ziehen.«*] Im Original: »Pour exalter cet esprit totalitaire et unitaire, le régime a su donner forme et vigueur à certaines formes d'art qui se prêtaient mieux que tout autre à cette action collective: ainsi la musique, le théâtre, l'architecture, la cérémonie. Par le chœur populaire, par le Thingspiel, par les bâtisses géantes qu'il construit, par les grandes assises nationales qu'il règle magistralement, il a su attirer à lui la masse.« (Wernert, *L'art dans le III*[e] *Reich*, S. 120.)

104, 26 *Thingspiel*] Das Thingspiel entstand ab 1929 als Form des Theaters, die auf die Einbeziehung aller Beteiligten in das dramatische Geschehen abzielte. Je nach Darstellung wird dabei die Nähe zu kommunistischen Arbeiter-Massenfestspielen betont. In den Anfangsjahren war es vor allem Wilhelm Carl Gerst, der die Idee vorantrieb: 1931 organisierte er den Reichsausschuß für deutsche Volksschauspiele, 1932 wurde der Reichsbund zur Förderung der Freilichtspiele e. V. gegründet. 1933 wurde der Verein vom Reichsministerium für Volksaufklärung und Propaganda anerkannt und ihm unterstellt. Spätestens damit erhielt das Spiel über eine allgemeine Kundgebungsfunktion hinaus einen Platz in der nationalsozialistischen Propaganda. Bis 1934 wurden 60 Freilichtbühnen gebaut, bis 1939 200 bis 400 Plätze geplant oder begonnen, und 1936 wurde im Rahmen der Olympischen Sommerspiele Eberhard Wolfgang Möllers *Frankenburger Würfelspiel* aufgeführt. Bis zu seiner Entlassung 1935 schwand dabei Gersts Einfluß mehr und mehr, und das per Sprachregelung in Freilichttheater umbenannte Thingspiel verlor – wohl auch, weil in ihm kultische Handlungen als solche erkennbar dargestellt wurden, während beispielsweise der Führerkult in Rundfunkübertragungen und im Film als real inszeniert wurde – an Bedeutung.

104, 33-105, 5 *»Man wird also einer verworrenen deutschen Masse gewahr [...] Wirklichkeit.«*] Im Original: »On prend alors conscience d'une masse allemande confuse, mais partout répandue, sur les gradins, sur la scène et bien au delà du décor; on est rassuré, heureux, à cette affirmation que tout l'Allemagne marche et que l'Allemagne c'est soi même et tous les autres; le vieux et romantique tressaillement du Germain dans sa tribu parcourt chacun des spectateurs dans la foule; le miracle s'accomplit: durant quelques secondes, la ›communauté populaire‹ est une réalité vivante.« (Wernert, *L'art dans le III*[e] *Reich*, S. 10.)

105, 9-13 *»Kurzum, was kann man zur deutschen Gegenwartskunst [...] Aktivitäten.«*] Im Original: »Bref, que peut-on dire de l'art allemand contemporain? Seulement ceci: il n'est qu'une forme de propagande politique; il est dirigé comme l'économie; il est militarisé et mobilisé comme la plupart des activités nationales.« (Wernert, *L'art dans le III*[e] *Reich*, S. 121.)

105, 22-24 *Die Analyse der Prinzipien, nach denen die totalitäre Propaganda verfährt, läßt sich nicht besser als mit den folgenden Worten Goebbels' beschließen:*] An dieser Stelle fehlt das Zitat von Goebbels, das Kracauer wohl einfügen wollte. Durch sein Verweissystem ist es aber auf einem Notizzettel im Nachlaß zu finden, wobei der geplante Umfang nicht zu bestimmen ist: »In der S.A. schuf sich die nationalsozialistische Bewegung auch ihre aktivste Propagandatruppe [...]. Ein moderner politischer Kampf wird auch mit modernen politischen Mitteln ausgefochten und das modernste aller politischen Mittel ist nun einmal die Propaganda. Sie ist im Grunde auch die gefährlichste Waffe, die eine politische Bewegung zur Anwendung bringen kann. Gegen alle anderen Mittel gibt es Gegenmittel; nur die Propaganda ist in ihrer Wirkung unaufhaltsam. Ist beispielsweise eine marxistische Gesellschaft einmal in ihrer Glaubensfähigkeit erschüttert [...] dann ist sie damit schon besiegt, denn sie gibt augenblicklich ihre aktive Widerstandskraft auf.« (Joseph Goebbels, *Kampf um Berlin,* S. 91).

106, 20 *Dawesbericht*] Der nach dem früheren US-amerikanischen Währungsbeauftragten Charles Dawes benannte Bericht war das Ergebnis der Untersuchung der wirtschaftlichen Leistungsfähigkeit Deutschlands durch einen Sachverständigenausschuß der alliierten Reparationskommission unter dessen Leitung. In dem 1924 tätigen Ausschuß ging es vor allem um die Frage, wie die Reparationszahlungen Deutschlands zu bemessen seien, um den deutschen Staatshaushalt und die Währung zu stabilisieren. Ausgehend von der Untersuchung, entstand der Dawes-Plan zur Regelung der deutschen Reparationsschulden, der die Reparationszahlungen von der wirtschaftlichen Leistungsfähigkeit Deutschlands abhängig machte, wobei die Reichsbahn für 800 Millionen Goldmark verpfändet und die Reichsbank unter internationale Kontrolle gestellt wurde. Außerdem beinhaltete er US-amerikanische Kredite, eine Senkung der Reparationsleistungen und führte zu einem wirtschaftlichen Aufschwung. Der Dawes-Plan wurde am 29. August 1924 im Reichstag angenommen – nicht zuletzt, da Frankreich das Ende der Ruhrbesetzung zugesagt hatte. Er war bis 1929 in Kraft.

106, 23-24 *verschollen scheint*] Im Manuskript ist als Option vermerkt: »(nicht mehr zu spüren war)«.

107, 19 *Mammutbetriebe*] Im Manuskript: »Mammuthbetriebe«.

108, 10 *R.[osi] Karfiol*] Rosi (auch Rese) Karfiol war 1939 vermutlich Leiterin der Bezirksstelle Bielefeld der Reichsvereinigung der Juden in Deutschland. (Vgl. Gudrun Maierhof, *Selbstbehauptung im Chaos:*

Frauen in der jüdischen Selbsthilfe 1933-1943. Frankfurt/Main: Campus, 2002, S. 161.)

108, 14-15 *Emil Lederer*] (1882-1939) studierte zunächst in Wien Rechtswissenschaften und Nationalökonomie, promovierte 1905 und 1911 in beiden Fächern und habilitierte sich 1912 in München mit *Die Privatangestellten in der modernen Wirtschaftsentwicklung*. Während des Ersten Weltkrieges war er Redakteur des *Archivs für Sozialwissenschaft und Sozialpolitik*, in dem er beispielsweise den Artikel »Zur Soziologie des Weltkrieges« (1915) veröffentlichte. 1918 wurde er außerordentlicher Professor in Heidelberg, 1919 Mitglied der Kommission zur Vorbereitung der Sozialisierung der Industrie und 1920 ordentlicher Professor in Heidelberg. 1923-25 lehrte er in Tokio, 1923-31 war er gemeinsam mit Alfred Weber Direktor des Instituts für Sozial- und Staatswissenschaften. 1925 trat er in die Sozialdemokratische Partei Deutschlands (SPD) ein, gab *Die Neue Zeit* heraus und war ab 1929 Beirat der von Eduard Heimann, Fritz Klatt und Paul Tillich herausgegebenen *Neuen Blätter für den Sozialismus*. 1931 erhielt er einen Lehrstuhl in Berlin, von dem er 1933 wegen seiner SPD-Mitgliedschaft und nichtarischen Abstammung suspendiert wurde. Er emigrierte in die USA, wo er Professor und Dekan der anfangs University in Exile genannten Graduate Faculty der New School for Social Research in New York wurde. 1939 starb er an den Folgen einer Operation. In seinen breitangelegten soziologischen und nationalökonomischen Arbeiten setzte er sich mit Fragen der Sozialisierung, den Auswirkungen technischen Fortschritts auf die Arbeitslosigkeit und unter dem Titel Massenstaat mit dem Aufstieg totalitärer Regime auseinander. Siehe Emil Lederer, *Der Massenstaat*. Gefahren der klassenlosen Gesellschaft, hrsg. v. Claus-Dieter Krohn. Graz, Wien: Nausner & Nausner 1995 (Bibliothek sozialwissenschaftlicher Emigranten, Bd. 2). Lederers 1926 zusammen mit Jacob Marschak publizierte Abhandlung *Der neue Mittelstand* war eine der wichtigsten wissenschaftlichen Quellen von Kracauers *Angestellten*-Studie. Vgl. *Werke*, Bd. 1, bes. S. 220, 279, 345 und 355 f.

109, 34 *Alexander Rüstow*] Alexander Rüstow (1885-1963) studierte zunächst Mathematik, Physik, Philosophie, klassische Philologie, Rechtswissenschaft und Volkswirtschaftslehre und promovierte 1908 in klassischer Philologie. 1908-11 war er Abteilungsleiter im Verlag Teubner in Leipzig, 1911-14 arbeitete er an einer Habilitationsschrift über Parmenides' Erkenntnistheorie und engagierte sich in der Jugendbewegung, bis er sich freiwillig zum Kriegsdienst im Ersten Weltkrieg meldete. Er wurde mit dem Eisernen Kreuz II. und I. Klasse und dem Königlichen Hausorden der Hohenzollern ausgezeichnet. 1918 wurde er Referent im Reichswirtschaftsministerium, 1924 Syndikus und Leiter der wirtschaftspolitischen Abteilung beim Verein deutscher Maschinenbau-Anstalten. In den 1920er Jahren wandelte er sich vom überzeugten Sozialisten zum Neoliberalen, ohne jedoch die Forderung nach einer staatlichen Sozialpolitik zu verwerfen. Von Kurt von Schleicher (Reichskanzler 1932/33) als Wirtschaftsminister in einem zweiten Kabinett vorgesehen, floh Rüstow 1933 zunächst in die Schweiz, dann in die Türkei, wo er an der Universität von Istanbul einen Lehrstuhl für Wirtschaftsgeographie und Wirtschafts- und Sozialgeschichte erhielt. Er blieb bis 1949 in Istanbul, arbeitete eng mit Wilhelm Röpke zusammen und legte die Grundlagen für sein Hauptwerk *Ortsbestimmung der Gegenwart* (Bd. 1: *Ursprung der Herrschaft* [1950], Bd. 2: *Weg der Freiheit* [1952], Bd. 3: *Herrschaft oder Freiheit* [1957]). Grundideen in seinem Werk sind, daß Arbeitsteilung und Spezialisierung Grundlage des Fortschritts sind und es stets zur Vereinnahmung der Arbeitskraft Schwächerer durch Stärkere kommt, also Herrschaft aufgebaut wird, während zugleich ein Drängen nach Freiheit entsteht. Ausgehend davon suchte er nach Möglichkeiten, die Entwicklung von Gesellschaftsformen zugunsten größerer Freiheit zu beeinflussen. (Vgl. Hegner, Jan: *Alexander Rüstow – Ordnungspolitische Konzeption und Einfluß auf das wirtschaftspolitische Leitbild der Nachkriegszeit in der Bundesrepublik Deutschland.* Stuttgart: Lucius und Lucius, 2000 (Marktwirtschaftliche Reformpolitik. Schriftenreihe der Aktionsgemeinschaft Soziale Marktwirtschaft. NF Bd. 4), S. 15-26 und 32 ff.)

109, 34-35 *Verhandlungen des Vereins für Sozialpolitik*] Im Verein für Socialpolitik wurden in den 1920er Jahren Fragen der Wirtschaftspolitik kontrovers diskutiert. 1932 skizzierte Alexander Rüstow in Dresden im Rahmen der letzten Tagung des Vereins für Socialpolitik vor seiner Selbstauflösung eine wirtschaftspolitische Konzeption auf der Grundlage eines freien Marktes und unter weitgehendem Verzicht auf Subventionen und andere Formen staatlicher Intervention im Wirtschaftsgeschehen. Er formulierte damit ein Grundprogramm des Ordoliberalismus, der eine Variante des Neoliberalismus darstellt. Die Funktion des Staats wird in dieser Konzeption in der Ordnung – anstelle der Steuerung – der Wirtschaft gesehen. (Vgl. Hegner, Jan: *Alexander Rüstow,* S. 23 f.)

111, 1 *auch die Diktatur Brünings*] Heinrich Brüning (1885-1970) studierte Geschichte, Rechtswissenschaften und Volkswirtschaft in München und Straßburg, absolvierte 1911 das Staatsexamen für das höhere Lehramt, setzte sein Studium 1911-13 in England fort und promovierte 1915 in Bonn. 1915-18 diente er als Freiwilliger im Ersten Weltkrieg und erlangte Offiziersrang. 1919 wurde er persönlicher Referent des preußischen Wohlfahrtsministers Adam Stegerwald, 1920-30 war er Geschäftsführer des Christlichen Deutschen Gewerkschaftsbunds. 1923 engagierte er sich im passiven Widerstand im Ruhrkampf. 1924-33 war er als Abgeordneter der Zentrumspartei Mitglied des Reichstags, ab 1929 als Fraktionsvorsitzender. Zudem übernahm er 1925 die Leitung von *Der Deutsche* und sprach sich für den sozialen Volksstaat und eine christliche Demokratie aus. 1928-30 war er darüber hinaus Mitglied des Preußischen Abgeordnetenhauses. Nach dem Sturz Hermann Müllers wurde Brüning 1930 Reichskanzler, nach der Auflösung des Reichstags durch Paul von Hindenburg und der Reichstagswahl wurde das Kabinett Brünings von der Sozialdemokratischen Partei Deutschlands (SPD) toleriert. Nachdem er für seine Sparpolitik keine parlamentarische Mehrheit hatte finden können, setzte Brüning sie mit dem Notverordnungsrecht des Reichspräsidenten durch. 1931 trat sein Kabinett zurück, Brüning übernahm zusätzlich das Amt des Außenministers und empfing zusammen mit Hindenburg Hitler zu Verhandlungen über eine Zusammenarbeit mit der NSDAP, die allerdings ergebnislos blieben. 1932 mußte Brüning zurücktreten. Sein Nachfolger wurde Franz von Papen. Brüning war Vorsitzender des Zentrums bis zu dessen Selbstauflösung 1933; 1934 floh er zunächst in die Niederlande und emigrierte dann in die USA, wo er 1937-51 eine Professur für Politische Wissenschaften an der Harvard-Universität erhielt. 1951-55 war er nach seiner Rückkehr nach Deutschland Professor für Politische Wissenschaften in Köln. Er kritisierte die Ausrichtung auf den Westen unter Konrad Adenauer und kehrte in die USA zurück, wo er 1968 *Reden und Aufsätze* veröffentlichte. Er starb 1970. Seine *Memoiren 1918-1934* erschienen posthum.

112, 23 *der Sozialdemokrat Wissell*] Rudolf Wissell (1869-1962) absolvierte eine Ausbildung zum Maschinenbauer und arbeitete 1887-91 als solcher in Bremen. 1888 trat er in die Sozialdemokratische Partei Deutschlands (SPD) ein und wurde Vorsitzender des Fachvereins der Schlosser und Maschinenbauer, den er 1890 in den Deutschen Metallarbeiter-Verband (DMV) überführte. Nach seinem Militärdienst 1891-93 arbeitete er bis 1901 als Dreher in Kiel und besuchte juristische Kurse. 1901 wurde er Arbeitersekretär der Gewerkschaften in Lübeck, 1905-08 war er Mitglied der Lübecker Bürgerschaft, und 1908 wurde er in das

Zentralarbeitersekretariat der Gewerkschaften in Berlin berufen. 1916-18 war er zudem Redakteur des *Vorwärts*, 1918 wurde er in den Reichstag gewählt, und während der Novemberrevolution 1918/19 war er zweiter Vorsitzender der Generalkommission der Gewerkschaften. Er engagierte sich für ein Abkommen mit den Arbeitgebern, unterstützte die Gründung des Allgemeinen Deutschen Gewerkschaftsbunds (ADGB) und wurde Mitglied des Rats der Volksbeauftragten. 1919 war er Vertreter in der Verfassunggebenden Nationalversammlung; unter Philipp Scheidemann und Gustav Bauer wurde er Reichswirtschaftsminister und kämpfte gegen den Einfluß der Arbeiterräte. Er fand jedoch keine Unterstützung für sein Reformprogramm und trat zurück. 1919-24 war er Sekretär und Vorstandsmitglied im ADGB, 1924-32 Schlichter bei Tarifauseinandersetzungen, und 1929 erhielt er die Ehrendoktorwürde der Universität Kiel. 1920-33 war er erneut Mitglied des Reichstags, 1928-30 Reichsarbeitsminister unter Hermann Müller. 1933 wurde Wissell zunächst verhaftet und dann unter Polizeiaufsicht gestellt. Bis 1945 lebte er zurückgezogen in Berlin, nach dem Ende des Zweiten Weltkriegs engagierte er sich wieder für die SPD, bis er sich 1954 aus dem politischen und öffentlichen Leben zurückzog. Er wurde mit dem Großen Bundesverdienstkreuz ausgezeichnet und starb 1962 in Berlin.

113, 14 *der Ausdruck stammt von Silone*] Kracauer bezieht sich auf den Begriff der Keuschheit, den Silone folgendermaßen verwendet: »In unserer Zeit ist das geschichtliche Problem, das sich dem Sozialismus präsentiert, nicht das, die eigene Keuschheit zu retten, sondern das, die ganze Gesellschaft auf neuer Basis zu reorganisieren [...].« (Ignazio Silone, *Der Faschismus*, S. 47.)

116, 9 *Nationalsozialismus bewußt Verwandten fördert.*] Unsichere Lesart von »Verwandten«.

117, 1-5 *»So kamen die Mittelschichten [...] Zwietracht.«*] Im Originaltext von Arthur Rosenberg lautet der Text zu Beginn: »So kamen die Mittelschichten, die wieder eine wenn auch bescheidene, so doch ruhige Existenz haben wollten, zu der Überzeugung«. (Arthur Rosenberg, *Geschichte der Deutschen Republik*, S. 107.)

117, 17-18 *Höhenregionen und ihren Annexen zurück.*] Im Manuskript findet sich hier die Ergänzung: »(vgl. hierzu S. Kracauers oben genannte Schrift über die Angestellten)«.

121, 20 *Luigi Salvatorelli*] Luigi Salvatorelli (1886-1974) war ab 1918 Dozent für Kirchengeschichte an der Universität von Neapel, bis er 1921 Mitherausgeber von *La Stampa* in Turin wurde, zu deren antifaschistischer Linie er stark beitrug. In der Folge des Mordes an Giacomo Matteotti 1925 kam es allerdings zu einem Richtungswechsel in der Redaktion, und Salvatorelli verließ die Zeitung. 1924 gehörte er zu den Unterzeichnern des Manifests der Unione Nazionale von Giovanni Amendola, 1942 zu den Gründern der Partito d'Azione (PdA), und nach der Befreiung Italiens wurde er Mitglied des Nationalrats. Er engagierte sich außerdem in Turin für eine demokratischen und antifaschistischen Zielen verpflichtete Gestaltung des Kulturwesens und widmete sich erneut dem Studium der Kirchengeschichte. 1944-46 leitete er *La Nuova Europa* in Rom, und ab 1949 schrieb er Kolumnen für *La Stampa.* 1923 erschien mit *Nazionalfascismo* eine Sammlung von Artikeln, in denen er die Entstehung und Entwicklung des Faschismus analysierte. Dieser sei Ausdruck des Klassenkampfes des Kleinbürgertums, das sich zwischen Kapital und Proletariat eingezwängt fühle, beziehungsweise desjenigen Teils des Kleinbürgertums, das keinen gesicherten Platz in der Moderne gefunden habe und sich nicht zuletzt ökonomisch gefährdet fühle, nämlich des »humanistischen Kleinbürgertums«, bestehend beispielsweise aus Lehrern und niederen Regierungsbeamten. Dieses habe sich dem die Klassengesellschaft und den Klassenkampf der Moderne verschleiernden Mythos der Nation als Teil ihrer oberflächlichen humanistischen Bildung zugewandt und im Faschismus eine Chance erkannt, sich politische Geltung zu verschaffen. (Vgl. Roberts, David D.: *The syndicalist tradition and Italian fascism.* Chapel Hill: University of North Carolina Press, 1979, S. 4 ff.)

122, 25 *Pariadasein*] Dasein als Ausgestoßener, Außenseiter bzw. Unberührbarer.

126, 8 *Punkt 16 des Programms*] Am 24. Februar 1920 verkündete Hitler im Münchener Hofbräuhaus das 25-Punkte-Programm als Parteiprogramm der Nationalsozialistischen Deutschen Arbeiterpartei (NSDAP), die am selben Tag aus der Deutschen Arbeiterpartei (DAP) entstanden war. Das Programm, geschrieben von Hitler, DAP-Gründer Anton Drexler und Gottfried Feder, forderte unter anderem den »Zusammenschluß aller Deutschen [...] zu einem Groß-Deutschland«, die »Aufhebung der Friedensverträge von Versailles und St. Germain« und »Land und Boden (Kolonien)«. (Zitiert nach Klaus W. Tofahrn, *Das Dritte Reich und der Holocaust.* Frankfurt/Main: Lang 2008, S. 295.) Darüber hinaus band es die Staatsbürgerschaft an die »Volksgenossenschaft« und richtete sich explizit gegen den jüdischen Teil der Bevölkerung: »Volksgenosse kann nur sein, wer deutschen Blutes ist, ohne Rücksichtnahme auf Konfession. Kein Jude kann daher Volksgenosse sein.« (Ebd.) Nicht zuletzt forderte es die »Schaffung einer deutschen Presse« (ebd. S. 297), die im wesentlichen durch Ausschluß von Nicht-Volksgenossen aus der Mitarbeit an Zeitungen und ihrer Finanzierung erreicht werden sollte. Der von Kracauer zitierte Punkt 16 lautet: »Wir fordern die Schaffung eines gesunden Mittelstandes und seiner Erhaltung, sofortige Kommunalisierung der Groß-Warenhäuser und ihre Vermietung zu billigen Preisen an kleine Gewerbetreibende, schärfste Berücksichtigung aller kleinen Gewerbetreibenden bei Lieferung an den Staat, die Länder oder Gemeinden.« (Gottfried Feder, *Das Programm der NSDAP und seine weltanschaulichen Grundgedanken*, München: Eher 1934, S. 19.)

126, 27 *Gottfried Feder*] Gottfried Feder (1883-1941) gründete 1908 nach einem Studium der Ingenieurwissenschaften in Berlin und Zürich eine Konstruktionsfirma. Ab 1917 beschäftigte er sich mit Finanzpolitik und Volkswirtschaft, und 1919 gründete er den Deutschen Kampfbund zur Brechung der Zinsknechtschaft, der die Verstaatlichung der Banken und die Abschaffung des Zinses forderte. Seine publizistische und organisatorische Tätigkeit brachte ihn dabei in engen Kontakt mit der Deutschen Arbeiterpartei (DAP). 1924-36 war er als Abgeordneter Ostpreußens für die Nationalsozialistische Freiheitspartei (NSFP), die nach dem Verbot der NSDAP als Ersatzorganisation gegründet wurde, Mitglied des Reichstages. Seine zentralen Forderungen waren die Enteignung des jüdischen Besitzes und die Einfrierung der Zinssätze. 1930 präzisierte Feder in *Das Programm der NSDAP und seine weltanschaulichen Grundlagen* aggressive antikapitalistische Thesen und prägte damit – vorübergehend – die Wirtschaftspolitik der Partei. 1931 wurde er Vorsitzender des Wirtschaftsrats der NSDAP und veröffentlichte *Was will Adolf Hitler?*. 1933 wurde er Staatssekretär im Reichswirtschaftsministerium und veröffentlichte *Kampf gegen die Hochfinanz* und *Die Juden*. 1934 wurde er Reichskommissar für das Siedlungswesen. 1934 verlor Feder, auch im Zusammenhang mit der Auseinandersetzung zwischen Hitler und den Brüdern Strasser, zunehmend an politischem Einfluß und wurde letztlich mit einem Lehrstuhl an der Technischen Hochschule Berlin betraut. Aus dieser Zeit stammen die in *Die Neue Stadt* (1939) publizierten städtebaulichen Theorien. (Vgl. Ernst Klee, *Personenlexikon zum Dritten Reich.* Wer war was vor und nach 1945? Frankfurt/Main: S. Fischer, 2003, S. 145, s. v. »Feder, Gottfried«.)

126, 28-30 *»[...] dem richtig verstandenen Arbeitsbegriff notwendigerweise die Anerkennung des Privateigentums heraus.«*] Laut eines zusätzlichen Notizzettels in Kracauers Verweissystem entnimmt er dieses und auch das vorhergehende Zitat aus: *Die nationalsozialistische Weltanschauung*. Ein Wegweiser durch die nationalsozialistische Literatur. 500 markante Zitate, hg. Univ. Prof. Dr. H. de Vries de Heekelingen, Berlin 1932.

127, 5 *Dieser Punkt 13 des Programms*] Er lautet: »Wir fordern die Verstaatlichung aller (bisher) bereits vergesellschafteten (Trust)Betriebe.« (Gottfried Feder, *Das Programm der NSDAP und seine weltanschaulichen Grundgedanken*, S. 19.)

127, 28 *Adel des Dritten Reichs*] Der Text »Der unbekannte S. A.-Mann« war 1932 zunächst ein offener Brief von Goebbels an die Berliner S. A. und wurde 1934 im gleichnamigen Buch von Goebbels publiziert. (Joseph Goebbels, *Der unbekannte S. A.-Mann: Ein guter Kamerad der Hitler-Soldaten*, München: Eher 1934.) Kracauer hat auf einem zusätzlichen Notizzettel vermerkt: Konrad Heiden, *Adolf Hitler* [Bd. 1], Zürich 1937 [S. 253].

127, 29 *Reinhold Muchow*] Reinhold Muchow (1905-1933) absolvierte zunächst eine kaufmännische Fachschule, war Gasthörer an der Berliner Universität und engagierte sich im Deutschnationalen Handlungsgehilfen-Verband (DHV). 1920 trat er der Deutschsozialistischen Partei (DSP) und dem Freikorps Oberland bei, im Dezember 1925 der NSDAP. Kurz darauf wurde er Schriftführer der NSDAP-Ortsgruppe in Neukölln. 1927 wurde er zum Organisationsleiter des Gaues Berlin ernannt, und ab 1930 war er als Stellvertreter Walter Schuhmanns maßgeblich an der Einrichtung nationalsozialistischer Betriebszellen, aber auch am Ausbau der Nationalsozialistischen Betriebszellenorganisation (NSBO) innerhalb der Parteiführung beteiligt. 1931 gründete er die Betriebszellen-Zeitschrift *Arbeitertum*. 1933 wurde er zum Organisationsleiter der Deutschen Arbeitsfront (DAF) ernannt und beteiligte sich an der Zerschlagung der unabhängigen Gewerkschaften.

128, 15-16 *»[...] gegen soziale Erkrankungen sowohl als gegen das rassische Verkommen [...]«*] Kracauer hat auf einem zusätzlichen Notizzettel als Quelle vermerkt: Wilhelm Reich, *Massenpsychologie des Faschismus*, Prag und Zürich 1933, S. 96.

128, 33-36 *»Jede Propaganda also, die von der Magenfrage des Arbeiters ausgeht [...] ausmünden.«*] Kracauer hat auf einem zusätzlichen Notizzettel als Quelle vermerkt: *Die nationalsozialistische Weltanschauung*. Ein Wegweiser durch die nationalsozialistische Literatur. 500 markante Zitate, hg. Univ. Prof. Dr. H. de Vries de Heekelingen, Berlin 1932.

134, 1 *»Recht ist, was dem deutschen Volke nützt.«*] Bei Hans Frank heißt es: »Alles, was dem Volk nützt, ist Recht; alles was ihm schadet, ist Unrecht.« (Hans Frank, *Nationalsozialistisches Handbuch für Recht und Gesetzgebung*, 2. Aufl., München: Eher 1935, S. 13.)
134, 18 *Alfredo Rocco*] Alfredo Rocco (1875-1935) war 1899-1902 Professor für Handelsrecht an der Universität von Urbino, 1902-05 an der Universität von Macerata, dann Professor für Zivilprozeßrecht in Parma und für Wirtschaftsrecht in Padua und später Professor für Wirtschaftsgesetzgebung an der Universität La Sapienza in Rom. 1932-35 war er zudem deren Rektor. Als wirtschaftswissenschaftlich geprägter Politiker entwikkelte er eine frühe Theorie des Korporatismus: Klassenkonflikte sollten nicht eskalieren, sondern vermittels Interessensverbänden, deren Interessen entweder im Dialog oder durch den Staat harmonisiert werden, gelöst werden. Diese Thesen wurden später von der Partito Nazionale Fascista (PNF) adaptiert. Seine politische Karriere begann Rocco als Marxist, doch letztlich wendete er sich der Associazione Nazionalista Italiana (ANI) zu, die er stark beeinflußte. Er kritisierte unter anderem Italiens wirtschaftliche Schwäche, die er für die Abhängigkeit von Frankreich, Deutschland und England verantwortlich machte, und beschuldigte die europäischen Mächte, Italien fremde Kultur aufzuzwingen und den Individualismus voranzutreiben. Kurz nach ihrer Gründung trat er der PNF bei. 1921 wurde er in die Abgeordnetenkammer gewählt, deren Präsident er 1924 wurde. 1925-32 war er Justizminister und damit für das Strafgesetzbuch und die Strafprozeßordnung von 1930 verantwortlich.
135, 31-32 *Autostraßen und ausgetrocknete Pontinische Sümpfe sind die Potemkinschen Dörfer der totalitären Diktaturen.*] In Deutschland forcierte die NS-Diktatur den Bau – entgegen den Aussagen der Propaganda – bereits zuvor geplanter Autobahnen. Im Juni 1933 wurde das Gesetz über die Errichtung eines Unternehmens Reichsautobahnen erlassen und Fritz Todt zum Generalinspektor für das deutsche Straßenwesen ernannt; im September setzte Hitler bei Frankfurt am Main den Spatenstich für die erste neue Ausbaustrecke. Im Mai 1935 wurde schließlich die Teilstrecke von Frankfurt am Main nach Darmstadt für den Verkehr freigegeben, und bis Anfang des Zweiten Weltkrieges wurden 3300 Autobahnkilometer gebaut. Ab 1940 wurden auch Kriegsgefangene, Häftlinge aus Konzentrationslagern und andere Zwangsarbeiter beim Bau eingesetzt.
In Italien ließ Mussolini 1930 die 1914 abgebrochenen Arbeiten zur Trok-

kenlegung der Pontinischen Sümpfe entlang der Küste des Tyrrhenischen Meers südöstlich von Rom wiederaufnehmen. Die rund 775 km² große Fläche wurde innerhalb von 10 Jahren nach Plänen Fedor Maria von Donats trockengelegt. Einerseits war das bereits von römischen Kaisern vergeblich angegangene Projekt Mussolini ein willkommenes Arbeitsbeschaffungsprogramm, andererseits nutzte er es für propagandistische Zwecke und ließ sich beispielsweise mit nacktem Oberkörper und einer Schaufel in der Hand umringt von Arbeitern fotografieren. Nach der Trockenlegung wurden in der Region in der Landwirtschaft großteils unerfahrene Familien angesiedelt, deren erste Anbauversuche häufig scheiterten.
Potemkinsche Dörfer bezeichnen, in Anlehnung an Grigori Potjomkin, einen russischen Gouverneur und Militärreformer, der sich um die Entwicklung der Krimhalbinsel bemühte, oberflächlich zurechtgemachte und dadurch ihren tatsächlich schlechten Zustand verschleiernde Dinge und Zustände. Potjomkin habe Zarin Katharina II. mit im neu eroberten Krimgebiet entlang der Wegstrecke aufgestellten gemalten Dorfkulissen zum Narren gehalten.

136, 4 *Angelica Balabanoff*] Angelica Balabanoff (1878-1965) studierte in Brüssel und kam dort mit kommunistischem Gedankengut in Kontakt. Sie zog nach Rom und widmete sich ab 1900 dort der Organisation eingewanderter Textilarbeiter. Sie wurde Vorsitzende der Partito Socialista Italiano (PSI), stand in engem Kontakt zur russischen Revolutionsbewegung und arbeitete im Exekutiv-Komitee der sozialistischen Frauen-Union, für die sie Kongresse organisierte. Nach der russischen Oktoberrevolution zog sie nach Rußland, wurde 1917 Mitglied der Sozialdemokratischen Arbeiterpartei Rußlands (SDAPR) und arbeitete 1919/20 als Sekretärin der Kommunistischen Internationale. 1922 brach sie mit der mittlerweile in Kommunistische Partei Rußlands (Bolschewiki) (KPR (B)) umbenannten Partei und kehrte nach Italien zurück. Ab 1924 arbeitete sie für *Avanti* und *Popolo d'Italia.* Als der Faschismus in Italien an Macht gewann, ging sie ins Exil in die Schweiz, dann nach Paris und schließlich nach New York. Ab 1928 gab sie *Paris Avanti* heraus. Nach dem Ende des Zweiten Weltkriegs kehrte sie nach Italien zurück und engagierte sich bis zu ihrem Tod international für den Sozialismus.

136, 15-16 *das nationalsozialistische Arbeitsrecht*] Das nationalsozialistische Arbeitsrecht ging von den Prinzipien der Eingliederung in eine Betriebsgemeinschaft und der Gefolgschaft aus. Es sah den Arbeitnehmer in einer Treuepflicht gegenüber dem Arbeitgeber, die sich beispielsweise darin äußere, daß der Arbeitnehmer seine Arbeitskraft zur Verfügung stelle und Weisungen befolge. Dem Arbeitgeber obliege wiederum eine Fürsorgepflicht, die sich in der Lohnzahlungspflicht äußere. Dabei wurde das Arbeitsverhältnis als hierarchisches Gewaltverhältnis anstelle einer Rechtsbeziehung zweier gleichgestellter Vertragspartner gesehen. (Vgl. Becker, Martin: *Arbeitsvertrag und Arbeitsverhältnis während der Weimarer Republik und in der Zeit des Nationalsozialismus.* Frankfurt/Main: Klostermann, 2005 (Juristische Abhandlungen Bd. 44), S. 20-30.)

136, 17 *»Kraft durch Freude«*] Die Organisation »Kraft durch Freude« (KdF) wurde im November 1933 als Unterorganisation der Deutschen Arbeitsfront (DAF) gegründet und schnell zur populärsten Organisation im NS-Regime. Zu ihren Aktivitäten gehörten das Volkswagen-Projekt sowie Nah- und Fernreisen, die den Arbeitern bislang dem Bürgertum vorbehaltene Privilegien zugänglich machten. Insofern trug sie der Vorstellung einer klassenlosen Gesellschaft Rechnung, jedoch klar im Sinne der nationalsozialistischen Volksgemeinschaft. Zu ihren Zielen gehörte neben der Integration der Arbeiterschaft in die Volksgemeinschaft die zur Aufrüstung notwendige Produktionssteigerung. Anstelle von Lohnerhöhungen bot sie Angebote, die mittels Möglichkeiten zur Regeneration und Verbesserungen bzw. Verschönerungen der Arbeitsplätze durch Kantinen oder Sportstätten der Erhöhung der Arbeitsleistung dienten. Die von Theateraufführungen über Konzerte, Ausstellungen bis zu Vorträgen reichenden Kulturangebote wurden von insgesamt über 38 Millionen Menschen besucht. KdF war auch dafür verantwortlich, jedem Volksgenossen die Teilnahme an den Olympischen Spielen zu ermöglichen. Besonders beliebt war allerdings das Reiseprogramm: Bis 1939 wurden 43 Millionen Reisen – überwiegend Tagesausflüge – verkauft.

136, 18 *»Dopolavoro«*] Die Opera Nazionale Dopolavoro (OND) war die Freizeitorganisation im faschistischen Italien.

136, 28-30 *›Wie erhalten wir dem Volke die Nerven, in der Erkenntnis, daß man nur mit einem nervenstarken Volk Politik treiben kann?‹«*] Dieses sowie die folgenden beiden Zitate von Ley sind im Manuskript ohne Nachweis.

138, 12-18 *»Bei den architektonischen Monstrositäten [...] Volk.«*] Im Original: »Pour les mastodontes architecturaux, destinés aux rassemblements populaires, leur silhouette ne fait naître chez celui qui les contemple nulle idée d'équilibre, de mesure, de rythme; elle exprime uniquement la force implacable, physique, la force avalanche, la masse irrésistible, pesante; elle évoque les foules qui les rempliront, le peuple allemand.« (Wernert, *L'art dans le IIIe Reich*, S. 112.)

138, 33 *die Nürnberger Kongreßhalle*] Von 1933 bis 1938 fanden in Nürnberg die Reichsparteitage der NSDAP statt. Dafür wurde nach Plänen Albert Speers und Walter Brugmanns auf einer Gesamtfläche von über 16,5 km^2 ein Reichsparteitagsgelände aufgebaut, zu dem neben großen Aufmarschflächen, einer SS-Kaserne und einem Stadion eine Kongreßhalle mit Platz für 50.000 Menschen gehören sollte. Die Grundsteinlegung fand 1935 statt, der Bau wurde – ebenso wie das geplante Stadion für über 400.000 Besucher und andere Teile der Anlage – bis zum Ende der NS-Diktatur allerdings nicht vollendet.

139, 15-16 *der Ausruf des S. A.-Gruppenführers Schöne*] Heinrich Schöne (1889-1945) diente im Ersten Weltkrieg und stieg zum Unteroffizier auf. Nach Kriegsende siedelte er sich am Truppenübungsplatz Lockstedter Lager an und betrieb ein kleines Baugeschäft. 1924 trat er in die Nationalsozialistische Freiheitspartei (NSFP) ein, 1925 in die SA, und 1925 wechselte er in die NSDAP. 1926/27 war er Führer der HJ, dann wurde er zunächst Ortsgruppenleiter und schließlich Kreisleiter der NSDAP. 1929 wurde er als Oberführer Nordmark der SA mit dem Aufbau der SA in Schleswig-Holstein beauftragt. 1931-34 war er SA-Führer von Schleswig-Holstein, ab 1932 SA-Gruppenführer, 1934 wurde er Führer der SA-Obergruppe I sowie der SA in Ostpreußen und Danzig, 1942 Inspekteur der Marine-SA. Zudem war er 1934-42 Polizeipräsident von Königsberg und 1934-39 Landesgruppenführer des Reichsluftschutzbundes Ostpreußen. 1932/33 war er Mitglied des Preußischen Landtags, 1933-45 Mitglied des Reichstags und 1934-42 preußischer Provinzialrat der Provinz Ostpreußen. 1941-44 war er zudem Generalkommissar und Bezirksleiter der NSDAP für den Generalbezirk Wolhynien-Podolien. Als Generalkommissar war er mitverantwortlich für die Ermordung der jüdischen Bevölkerung des Generalbezirks. 1945 starb er im Kampf gegen die Rote Armee.

139, 16-19 *»Wir haben es immer noch nicht gelernt, alles vom Standpunkt der Propaganda aus zu sehen. Die Propaganda muß daher mehr eingeschaltet werden.«*] Auch Kracauer gibt hier auf einem zusätzlichen Notizzettel einzig Münzenbergs Buch als Quelle an.

140, 32 *Hans E. [rich] Priester*] Hans Erich Priester (genaue Lebensdaten unbekannt) war ein deutscher Journalist, Publizist und Wirtschaftstheoretiker. 1932 prangert er in *Das Geheimnis des 13. Juli. Ein Tatsachenbericht von der Bankenkrise* das destruktive Konkurrenzdenken und die

Verschleierungstaktiken der deutschen Banken im Rahmen der deutschen Bankenkrise von 1931 an, sah die Ursachen des Geschehens aber auch im fehlenden ausländischen Vertrauen. 1936 erschien *Das deutsche Wirtschaftswunder*, in dem Priester die Wirtschafts- und Finanzpolitik der NS-Zeit und ihren Erfolg bei der Beseitigung der Arbeitslosigkeit beschrieb.

140, 34 *den zweiten deutschen Vierjahresplan*] Der zweite deutsche Vierjahresplan wurde 1936 auf dem Reichsparteitag der NSDAP verkündet. In seinem Zentrum stand die Ausrichtung der deutschen Wirtschaft auf die Rüstung, die sich in der Forderung, Deutschland innerhalb von vier Jahren kriegsfähig zu machen, äußerte. Dabei kam angesichts des Devisenmangels den Kolonien eine wichtige Rolle bei der Bereitstellung von Rohstoffen zu. Ausgehend von der These, daß Deutschland überbevölkert und ein Krieg mit Rußland unvermeidbar sei, wurde die Bildung einer kriegsfähigen Armee gefordert. Für die Durchführung wurde Hermann Göring als Beauftragter für den Vierjahresplan eingesetzt. Durch den massiven Eingriff von Staat und Partei in die Wirtschaft wurde die Privatwirtschaft gezwungen, sich an diesen Zielen auszurichten und beispielsweise die Konsumgüterproduktion einzuschränken. Darüber hinaus verfügten sowohl der Staat als auch die SS über eigene Betriebe beispielsweise im Bereich der Schwerindustrie.

142, 9-10 *»das Mittel, das den Massen ermöglicht, ihren Anschluß an die Regierung zu bestätigen.«*] Bei Silone heißt es: »Die Wahlen, so wie der Faschismus sie auffaßt und wünscht, sind eine rein administrative Angelegenheit: das Mittel, das den Massen ermöglicht, ihren Anschluß an die Regierung zu bestätigen, indem sie für Personen stimmen, die der Regierung zur Durchführung einer rein wirtschaftlichen Aufgabe persona grata sind.« (Ignazio Silone, *Der Fascismus*, S. 204.)

142, 15-16 *»Und dann wird man daraus erneut lernen können, wieder in das Volk hineinzugehen.«*] Kracauer hat auf einem zusätzlichen Notizzettel als Quelle vermerkt: *Hirth's Deutsche Sammlung*. Sachkundliche Abteilung: Geschichte & Staatsbürgerkunde: Gruppe III: Grundfragen, Bd. 4: Der nationalsozialistische Staat, 2. Heft, Vom 13. November 1933 bis 10. September 1934, hg. Dr. Walther Gehl, S. 24.

143, 35 *Die Matteotti-Krise*] Giacomo Matteotti (1885-1924) studierte Rechtswissenschaften in Bologna und trat schon früh der Partito Socialista Unitario (PSU) bei. Allerdings forderte er im Gegensatz zur Parteiführung einen auf Reformen statt auf eine Revolution ausgerichteten Kurs. 1919-24 vertrat er die PSU in der Abgeordnetenkammer und stieg zum Generalsekretär auf. Kurz nachdem er am 30. Mai 1924 in einer Rede vor der Bedrohung durch den Faschismus gewarnt und faschistische Übergriffe im Wahlkampf angeprangert hatte, wurde er am 11. Juni entführt und ermordet. Als seine Leiche zwei Monate später aufgefunden wurde, schwand die Akzeptanz von Mussolini in der Bevölkerung stark, und es kam zum Auszug großer Teile der Opposition aus dem Parlament. Anfang 1925 übernahm Mussolini in einer Rede vor dem Abgeordnetenhaus die Verantwortung für den Mord, ohne allerdings eine direkte Verbindung zum Geschehen einzugestehen. Da eine Verurteilung unwahrscheinlich erschien, kam es auch zu keiner Anklage. Die sogenannte Matteotti-Krise stellte insofern einen Wendepunkt in Mussolinis Politik dar, als er bis zu diesem Zeitpunkt bemüht erschien, im Rahmen der parlamentarischen Institutionen zu agieren und teils mit ihnen zu kooperieren, während in der Folge der Ereignisse diktatorische Elemente an Bedeutung gewannen. Daß es im Lauf der Krise zur Drohung von Faschisten aus der Provinz kam, einen Bürgerkrieg auszulösen, stärkte zudem Mussolinis Position gegenüber König Vittorio Emanuele III., da er sich diesem gegenüber als Garant für Stabilität profilieren konnte. (Vgl. Wolfgang Schieder, *Der italienische Faschismus 1919-1945*. München: C. H. Beck, 2010, S. 38 ff.)

144, 1-2 *die nationalsozialistische Krise im Jahr 1934*] Nachdem weite Teile der NS-Diktatur installiert worden waren, geriet das Regime 1934 in eine Krise, die einerseits aus Versorgungsmängeln und hoher Arbeitslosigkeit und daraus resultierender Unzufriedenheit der Bevölkerung resultierte. Diese Faktoren gefährdeten Hitlers Plan, als Nachfolger Paul von Hindenburgs Reichspräsident zu werden. Andererseits gab es parteiinterne Kritik an den Bemühungen, die Reichswehr in die neue Regierung einzubinden, die vor allem SA-Führer Ernst Röhm artikulierte: Der Fortbestand der Reichswehr widersprach dem Alleinherrschaftsanspruch der NSDAP, insbesondere da deren Loyalität trotz allem Wohlwollen Hitler gegenüber Hindenburg galt. Röhm versuchte dabei nicht zuletzt seine eigene Position und die der SA gegenüber Hermann Göring und der Gestapo sowie Heinrich Himmler und der SS zu stärken. Verschärft wurden die Konflikte durch die Versuche Franz von Papens, durch einen geeigneten Nachfolger für Hindenburg auf eine moderatere Entwicklung Deutschlands hinzuwirken. Nachdem Hitler Röhm dazu bewegt hatte, die SA für den Juli 1934 zu beurlauben, versuchte von Papen Mitte Juni, den militärischen Ausnahmezustand auszurufen, um die Macht übernehmen zu können. Die Ausstrahlung der dafür vorbereiteten Rede im Rundfunk wurde jedoch verhindert, und Hitler gelang es in der Folge, seinen Einfluß bei Hindenburg zu vergrößern. Um die parteiinterne Kritik zu ersticken, berief Hitler für den 30. Juni eine SA-Führerbesprechung ein. Schon im Vorfeld waren gegen Röhm Beweise insbesondere bezüglich seiner Homosexualität gesammelt worden, und nun stellten sich sowohl Werner von Blomberg und die Reichswehr als auch Göring und Himmler sowie Hitler und Goebbels unter dem Vorwand eines angeblich geplanten SA-Putsches gegen Röhm und andere SA-Führer. Neben Röhm selbst wurden ca. 200 hohe SA-Führer festgenommen und innerhalb der folgenden Tage ohne Verfahren erschossen. In Berlin wurden im Rahmen des sogenannten Röhm-Putsches insgesamt ca. weitere 100 Personen ermordet, unter ihnen konservative Politiker und Militärs wie Kurt von Schleicher oder Ferdinand von Bredow, Regimekritiker wie der Katholik Erich Klausener und parteiinterne Kritiker wie Gregor Strasser. Im nachhinein wurde die Aktion vom Kabinett legalisiert und von Carl Schmitt juristisch legitimiert. Hitler gelang es zudem, die Tat der Bevölkerung gegenüber als Schritt gegen Korruption hin zu mehr politischer Ordnung darzustellen.

144, 11 *so erklärt Goebbels am 14. Mai 1934*] Kracauer datiert diese Kundgebung irrtümlicherweise auf den 14.5., sie fand bereits am 11. 5. 1934 statt.

144, 12 *Kundgebung gegen die »Miesmacher«*] Mit »Miesmacher« meint Goebbels in dieser Rede hier laut eines Artikels des *Völkischen Beobachters* vor allem Kritiker, Juden und die ausländische Presse. (Vgl. *Völkischer Beobachter* vom 13. /14. Mai 1934, Nr. 133/134.)

144, 13 *»[...] in einem Augenblick, wo diese Wirtschaft um ihr Leben ringt [...]«*] Kracauer hat auf einem zusätzlichen Notizzettel als Quelle vermerkt: *Hirth's Deutsche Sammlung*. Sachkundliche Abteilung: Geschichte & Staatsbürgerkunde: Gruppe III: Grundfragen, Bd. 4: Der nationalsozialistische Staat, 2. Heft, Vom 13. November 1933 bis 10. September 1934, hg. Dr. Walther Gehl, S. 73-76.

144, 19 *Exekutions-Pelotons*] Pelotons bezeichnen allgemein kleine Truppeneinheiten. Bei Exekution durch Erschießung durch mehrere Schützen spricht man von Exekutions-Pelotons.

144, 27-28 *Benedict Schmittmann*] Benedict Schmittmann (1872-1939) studierte zunächst Kulturwissenschaften in Rom, dann Jura in Freiburg, Leipzig und Bonn. 1897 promovierte er in Erlangen, 1902 wurde er wissenschaftlicher Hilfsarbeiter, 1906 Landesassessor. 1909 wurde er Landesrat und Leiter des Wohlfahrtswesens bei der Landesversicherungsanstalt der rheinischen Provinzialverwaltung in Düsseldorf und bemühte sich um die medizinische Versorgung der ländlichen Gebiete. 1915 wurde er Professor an der Kölner Handelshochschule, 1919 Professor für Sozialwissenschaften in Köln. In Vorlesungen und Publikationen entfaltete er einerseits eine katholische Soziallehre und trat andererseits für eine föderalistische Reform des Deutschen Reiches ein. 1917/18 war er Generalreferent für das wallonische Kultusministerium in der deutschen Zivilverwaltung für Belgien, 1919-22 Mitglied der verfassunggebenden Preußischen Landesversammlung und 1924 gründete er den Reichs- und Heimatbund deutscher Katholiken sowie kurz darauf die Reichsarbeitsgemeinschaft deutscher Föderalisten. 1933 wurde er verhaftet und mit einem Lehrverbot belegt, woraufhin er zurückgezogen in Düsseldorf lebte. Dem Rat, auszuwandern, folgte er jedoch nicht. 1939 wurde er erneut verhaftet und in das KZ Sachsenhausen deportiert, wo er noch im selben Jahr an den Folgen schwerer Mißhandlung starb. (Vgl. Martin Schlemmer, *»Los von Berlin«*. Die Rheinstaatbestrebungen nach dem Ersten Weltkrieg. Köln, Weimar, Wien: Böhlau, 2007. S. 181-189.)

146, 3 Das Schwarze Korps] *Das Schwarze Korps.* Zeitung der Schutzstaffeln der NSDAP. Organ der Reichsführung SS erschien ab März 1936 wöchentlich im Verlag Franz Eher. Unter der Leitung des SS-Führers Gunter d'Alquen bewarb die Zeitung die SS, propagierte die Ideale des Nationalsozialismus und hetzte gegen dessen Feinde wie Bolschewisten oder Juden. Allerdings wurde, im Zug allgemeiner Ablehnung von Religion, auch abwertend über Jakob Wilhelm Hauers Deutsche Glaubensbewegung berichtet, ebenso wie über von der NS-Doktrin abweichende Parteimitglieder. Dabei ging es weniger um Berichterstattung als vielmehr um Indoktrination und Selbstdarstellung der SS. Die Zeitung kooperierte meist mit dem Sicherheitsdienst des Reichsführers-SS (SD), der beispielsweise die Leserzuschriften an die Zeitung als Grundlage zum Vorgehen gegen mögliche politische Gegner nutzte. Infolge der Kritik an NS-Funktionären kam es aber auch zu Konflikten und Vereinnahmungsversuchen seitens des SD-Leiters Reinhard Heydrich. Bis 1944 konnte die Auflage von anfangs 70.000 auf ca. 750.000 Exemplare gesteigert werden, was *Das Schwarze Korps* zur zweitgrößten politischen Wochenzeitung des Dritten Reiches machte. Dazu trug zweifelsohne bei, daß die Lektüre für Mitglieder der SS verpflichtend war. (Vgl. Mario Zeck, *Das Schwarze Korps.* Geschichte und Gestalt des Organs der Reichsführung SS. Tübingen: Max Niemeyer, 2002 (Medien in Forschung und Unterricht A 51).)

146, 33 *Der Kölner Gauleiter Staatsrat Grohé*] Josef Grohé (1902-1987) wurde nach Abschluß der Volksschule zunächst kaufmännischer Angestellter in Köln. Im Februar 1918 meldete er sich freiwillig zur Kriegsmarine, wurde aber bis zu seinem 16. Geburtstag zurückgestellt und infolge des Waffenstillstandes nicht eingezogen, 1921 trat er dem Deutschvölkischen Schutz- und Trutzbund (DVSTB) und 1922 der NSDAP bei und gründete deren Kölner Ortsgruppe. 1923 wurde er Gaugeschäftsführer des Gaues Rheinland-Süd, sprengte im Rahmen des sogenannten Ruhrkampfs einen Kohlezug und floh danach zunächst nach München, wo er Hitler kennenlernte. Da unbekannt blieb, daß er an dem Anschlag beteiligt war, konnte er nach Köln zurückkehren, wo er nach dem Verbot der NSDAP 1924 eine völkische Partei gründete, die später in der wiedergegründeten NSDAP aufging. 1925 wurde Grohé stellvertretender Gaugeschäftsführer des Gaues Rheinland. 1926 wurde er Hauptschriftleiter des *Westdeutschen Beobachters*, für dessen Hetzartikel er 1928 zu einer mehrwöchigen Haftstrafe verurteilt wurde. 1929 wurde er Kölner Stadtrat und Fraktionsvorsitzender der NSDAP, 1931 Gauleiter von Köln-Aachen, 1932/33 war er Mitglied des Landtags von Preußen und ab 1933 Mitglied des Reichstages. 1942 wurde er Reichsverteidigungskommissar, 1943 Obergruppenführer des NS-Kraftfahrkorps und 1944 Reichskommissar für Belgien und Nordfrankreich, kurz bevor die Alliierten Brüssel erreichten. Als US-amerikanische Truppen sich 1945 Köln näherten, gelang es ihm, sich abzusetzen und zu verstecken, bis er 1946 festgenommen wurde. Nach Internierung und Verurteilung zu viereinhalbjähriger Haft, die mit der Internierung als verbüßt angesehen wurde, arbeitete er 1950 als kaufmännischer Angestellter und Vertreter in der Spielwarenbranche in Köln. (Vgl. Ernst Klee, *Personenlexikon zum Dritten Reich.* Wer war was vor und nach 1945? Frankfurt/Main: S. Fischer, 2003, S. 202, s. v. »Grohé, Josef«.)

147, 30 *dem Teufel im Grimmschen Märchen gleich*] Im Märchen »Der Bauer und der Teufel« (Jacob und Wilhelm Grimm, *Kinder und Hausmärchen*, Bd. 2., S. 189) gelingt es einem Bauern, den Teufel zweimal in einem Handel zu übervorteilen. Im Tausch gegen Gold und Silber verlangt der Teufel die Hälfte dessen, was der Acker des Bauern in zwei Jahren hervorbringt. Der Bauer sagt ihm zunächst die Hälfte zu, die über der Erde ist – er hat Rüben gesät, und der Teufel erhält so nur den wertlosen Teil der Pflanzen. Als der Teufel nach dem ersten Jahr darauf besteht, im folgenden Jahr das zu erhalten, was unter der Erde ist, sät der Bauer Weizen und prellt den Teufel damit erneut.

148, 19-26 *»Der Schwachpunkt dieser allgemeinen Mobilmachung [...] existierte.«*] Im Original: »Le point faible de cette mobilisation générale de l'art et des forces créatrices de la nation en faveur du peuple n'a pas échappé aux maîtres de l'heure. Ils ont vu qu'il y avait antinomie entre ces devoirs imposés à l'artiste et la liberté nécessaire à toute création artistique digne de ce nom: ils se sont efforcés de trouver une solution, le plus souvent en niant qu'il y ait réellement antinomie. (Wernert, *L'art dans le IIIe Reich*, S. 31 f.)

149, 21 *Reichsamtsleiter Staatsminister Schemm*] Hans Schemm (1891-1935) begann 1908 eine Lehrerausbildung in Bayreuth und unterrichtete ab 1910 in Wülfersreuth, Neufang und Bayreuth. Im Ersten Weltkrieg arbeitete er in einem Lazarett, 1919 wurde er Mitglied des Freikorps Epp. Nach einer kurzen Tätigkeit als Chemiker im Hubertusbad Thale war er 1921-28 Lehrer an der Volksschule Bayreuth. 1923 trat er der NSDAP bei und traf Hitler. 1925 gründete er die Bayreuther Ortsgruppe der NSDAP und den Gau Oberfranken und widmete sich als Ortsgruppen- und Gauleiter deren Aufbau. 1928 wurde er in den Bayerischen Landtag gewählt und in der Nationalsozialistischen Gesellschaft für Deutsche Kultur (NGDK) zum Leiter des Bezirks Franken. 1929 gründete er darüber hinaus den Nationalsozialistischen Lehrerbund (NSLB) und wurde in den Bayreuther Stadtrat gewählt, ab 1930 war er außerdem Reichstagsabgeordneter. 1928/29 leitete er kurze Zeit die Zeitungen *Streiter*, *Weckruf* und *Nationale Zeitung*, gab diese Aufgaben dann allerdings nach der Gründung der *Nationalsozialistischen Lehrerzeitung* auf. Ab 1930 gab er zudem die Wochenzeitung *Kampf für deutsche Freiheit und Kultur* heraus, und 1931 gründete er den Nationalsozialistischen Kulturverlag Bayreuth, der ab 1932 die Zeitung *Das Fränkische Volk* herausgab. 1933 wurde Schemm zudem SA-Gruppenführer und bayerischer Kulturminister, 1934 wurde er Mitglied der Hochschulkommission der NSDAP. 1935 starb er an den Folgen eines Flugzeugabsturzes. (Vgl. Klee, Ernst: *Personenlexikon zum Dritten Reich.* Wer war was vor und nach 1945? Frankfurt/Main: S. Fischer, 2003, S. 530, s. v. »Schemm, Hans«.)

149, 22 *Reichstagung des NSLB*] Der Nationalsozialistische Lehrerbund (NSLB) war im Gegensatz zu anderen Lehrerverbänden keine Interessen- oder Standesvertretung, sondern ein anfangs eher unbedeutender Zusammenschluß von nationalsozialistischen Lehrern. Bis 1933 erhöhte sich die Mitgliederzahl auf ca. 12.000, nach der Machtergreifung wuchs sie infolge von Eingliederung und Auflösung anderer Lehrerverbände rapide auf 250.000, wobei sich die Zielsetzung auf die Gleichschaltung der Lehrer verschob. Der Einfluß des NSLB auf die Bildungspolitik blieb dabei eher gering.

149, 23-27 *»[...] im heutigen deutschen Erziehungsleben gibt es keine Arbeit und keine Wissenschaft [...] heißt.«*] Kracauer hat auf einem zusätzlichen Notizzettel als Quelle vermerkt: *Hirth's Deutsche Sammlung*. Sachkundliche Abteilung: Geschichte & Staatsbürgerkunde: Gruppe III: Grundfragen, Bd. 4: Der nationalsozialistische Staat, 2. Heft, Vom 13. November 1933 bis 10. September 1934, hg. Dr. Walther Gehl, S. 205.

149, 32 *Reichsminister für Wissenschaft, Erziehung und Unterricht, Rust*] Bernhard Rust (1883-1945) studierte 1904-08 Germanistik, klassische Philologie, Philosophie, Kunstgeschichte und Musik in München, Berlin, Göttingen und Halle und unterrichtete ab 1909 in Hannover. Im Ersten Weltkrieg wurde er verletzt und mit dem Eisernen Kreuz ausgezeichnet. 1925 trat er der NSDAP bei und wurde Leiter des Gaus Hannover-Nord (ab 1928 Südhannover-Braunschweig) sowie der Nationalsozialistischen Gesellschaft für Deutsche Kultur (NGDK). 1929 wurde er Mitglied und NSDAP-Fraktionsführer des hannoverschen Provinziallandtags, 1930 verlor er seine Stellung als Lehrer und wurde Mitglied des Reichstags, 1933 wurde er kommissarischer preußischer Kultusminister und 1934 Reichsminister für Wissenschaft, Erziehung und Volksbildung. Mit der Durchsetzung des Gesetzes zur Wiederherstellung des Berufsbeamtentums 1933 und den folgenden Umstrukturierungen des Hochschulwesens wurden ihm die Rektoren der Universitäten unterstellt, und Tausende Hochschullehrer wurden aufgrund ihrer Abstammung oder politischen Einstellung entlassen. Zudem ernannte er die Leiter des Nationalsozialistischen Deutschen Studentenbundes (NSDStB) und des Nationalsozialistischen Deutschen Dozentenbundes (NSDDB). Darüber hinaus wurde in den folgenden Jahren die Lehrerausbildung aus den Universitäten an spezielle Lehrerbildungsanstalten verlegt, und nationalsozialistische Inhalte wurden in den Fachunterricht an den Schulen integriert. 1934 wurde er Reichsminister für NS-Erziehungsanstalten und Universitäten. 1935 gründete Rust das Reichsinstitut für Geschichte des Neuen Deutschlands, ab 1940 war er SA-Gruppenführer. Sein Einfluß schwand ab 1936 deutlich, am Tag der Kapitulation tötete er sich selbst. (Vgl. Ernst Klee, *Personenlexikon zum Dritten Reich.* Wer war was vor und nach 1945? Frankfurt/Main: S. Fischer, 2003, S. 516, s. v. »Rust, Bernhard«.)

149, 33-34 *Vorsitzenden der Parteiamtlichen Prüfungskommission zum*

Schutze des nationalsozialistischen Schrifttums, Reichsleiter Bouhler] Philipp Bouhler (1899-1945) besuchte nach Abbruch des Gymnasiums 1912-16 das Bayerische Kadettenkorps und war danach Freiwilliger im Ersten Weltkrieg. 1917-20 befand er sich nach einer Verletzung in ärztlicher Behandlung, 1919 beendete er das Gymnasium, studierte dann zwei Jahre lang Philosophie und Germanistik in München und arbeitete in der Folge kurzzeitig in einem Verlag. 1921 wurde er Schriftleiter des Anzeigenteils des *Völkischen Beobachters*, und 1922 trat er der NSDAP bei, deren zweiter Geschäftsführer er wurde. Ein 1923 nach dem Hitler-Putsch gegen ihn eingeleitetes Verfahren wurde im folgenden Jahr eingestellt, und er wurde Geschäftsführer der Großdeutschen Volksgemeinschaft (GVG) sowie Schriftleiter von *Der Nationalsozialist*. 1925 trat er der wiedergegründeten NSDAP bei, deren Reichsgeschäftsführer er wurde. 1926-30 arbeitete er zudem für die Zeitung *Illustrierter Beobachter*, 1928 war er Mitgründer der Nationalsozialistischen Gesellschaft für deutsche Kultur (NGDK) beziehungsweise des Kampfbundes für deutsche Kultur (KfdK). 1933 wurde er Mitglied des Reichstags und NSDAP-Reichsleiter sowie SS-Gruppenführer und Mitglied der Reichskultur- und Reichspressekammer (RKK). 1934 wurde Bouhler Mitglied der Akademie für Deutsches Recht und wurde Leiter der Kanzlei des Führers (KdF). Noch im selben Jahr wurde er zudem Beauftragter für Kulturaufgaben im Stab von Rudolf Heß und Vorsitzender der Parteiamtlichen Prüfungskommission zum Schutze des nationalsozialistischen Schrifttums (PPK). 1936 wurde er Reichskultursenator sowie SS-Obergruppenführer und 1937 Beauftragter des Führers für die Bearbeitung der Geschichte der NS-Bewegung. Ab 1939 war er zusammen mit Karl Brandt für die Planung und Organisation der systematischen Ermordung von Psychiatriepatienten und Behinderten zuständig. Ab 1942 war Bouhler Leiter des Einsatzstabes Ostafrika, verlor aber stark an Einfluß. Kurz vor Kriegsende schloß er sich Hermann Göring an, wurde von der SS verhaftet und von seinen Ämtern ausgeschlossen und kurz darauf von US-amerikanischen Truppen verhaftet. Wenige Tage später tötete er sich selbst. (Vgl. Ernst Klee, *Personenlexikon zum Dritten Reich.* Wer war was vor und nach 1945? Frankfurt/Main: S. Fischer, 2003, S. 67 f., s. v. »Bouhler, Philipp«.)

150, 25 *Massenprozesse gegen katholische Priester*] Ab 1935 wurde unter dem Vorwurf der Homosexualität vor allem gegen katholische Priester und Ordensleute, aber auch gegen Laien vorgegangen. Die sogenannten Klosterprozesse wurden propagandistisch begleitet und genutzt. Ihren Höhepunkt hatte die Verfolgung in dieser Form 1938, als mehrere tausend Priester und Ordensleute in Schauprozessen verurteilt wurden.

151, 1 *des Fechters im Märchen*] Im Märchen »Die drei Brüder« (Jacob und Wilhelm Grimm, *Kinder und Hausmärchen*, Bd. 2, S. 124) übertrumpft der Fechtmeister seine beiden Brüder mit dem im Text genannten Kunststück und bekommt als Belohnung das Haus seines Vaters vererbt.

151, 11-12 *»Der Faschismus kann nicht diskutieren.«*] Im Original: »Der Fascismus kann nicht diskutieren«. Überschrift des letzten Absatzes im Kapitel »Die fascistische Ideologie«. (Silone, *Der Fascismus*, S. 272.)

151, 35-36 *um einem Nachlassen der Spannung*] im Manuskript findet sich nach »um« ein »aus«.

153, 9 *mit einem verführerischen Schimmer umweben*] Unsichere Lesart von »umweben«.

154, 26-27 *»Volk ohne Raum«*] Zunächst ist *Volk ohne Raum* der Titel eines 1926 erschienenen Romans von Hans Grimm (1875-1959), der die Suche des Protagonisten Cornelius Friebott nach Freiraum zum Ausleben seines Fleiß- und Handwerkerideals beschreibt. Ausgehend vom Werdegang Friebotts, wird der Mangel an diesem zur Verfügung stehendem Raum beziehungsweise nach dessen Tod allgemeiner das Fehlen von Land für das deutsche Volk thematisiert. Der Begriff »Volk ohne Raum« wurde darüber hinaus zum nationalsozialistischen Schlagwort für die Klage über die Überbevölkerung Deutschlands sowie daraus resultierenden Versorgungsmängeln und die Forderung nach zusätzlichem Land, die sich auch im Parteiprogramm der NSDAP niederschlug.

155, 31 *mag es immerhin zum Krieg treiben*] Unsichere Lesart von »treiben«.

Materialien I
Siegfried Kracauer: Vorarbeiten

Das »Exposé. Masse und Propaganda« entstand im Dezember 1936 und ist in Gestalt von zwei Durchschlägen eines maschinenschriftlichen Typoskripts überliefert (KN). Für diese Edition wurde auf die offenbar für Theodor W. Adorno bestimmte Fassung zurückgegriffen, in der Kracauer noch einige wenige handschriftliche Korrekturen vermerkt hat. Auf ihr ist mit Bleistift notiert: »Mit freundlichen Grüßen und Bitte um gelegentliche Rückgabe Dein Friedel«.

Ein gutes halbes Jahr später entstanden dann die ersten ausführlichen Entwürfe des Textes. In dem ersten der Cahiers mit dem Manuskript von *Totalitäre Propaganda*, das auch den ersten Teil der Reinschrift beinhaltet, finden sich zu Beginn ein auf den 8. Juli 1937 datiertes »Abgekürztes gerafftes Schema«, Schemata vom 5., 6. und 7. Juli 1937 und eine »Disposition«, die der Datierung zufolge zwischen dem 10. und 13. Juli 1937 entstanden ist.

Kracauer arbeitete für *Totalitäre Propaganda* wie auch bei *Von Caligari zu Hitler* und *Theorie des Films* mit ausführlichen Skizzen und regelrechten Strukturplänen des gesamten Buchs. Diese konnten dann später im weiteren Arbeitsprozeß allerdings noch stärker modifiziert und mitunter sogar, wie etwa bei *Theorie des Films*, weitgehend verworfen werden. Im folgenden werden diese Notizen in der Reihenfolge abgedruckt, in der sie auch im Heft überliefert sind. Unsichere Lesarten, die aufgrund der extrem schwierigen Manuskriptlage unvermeidlich waren, sind jeweils notiert. Durch die Verwendung einer Kombination verschiedener Schriften und auch einer eigenen Kurzschrift entstehen darüber hinaus bestimmte Uneindeutigkeiten, die nicht auflösbar sind. So kann, um nur zwei Beispiele anzuführen, das Kurzschriftzeichen für »Macht« auch für Verben oder Komposita wie »gemacht«, »vermacht«, »macht/e/n« oder »machtvoll« stehen oder kann nicht eindeutig zwischen »Kapital« und »Kapitel« unterschieden werden. Jenseits der ausgewiesenen unsicheren Lesarten sind daher andere mögliche Transkriptionen einzelner Abschnitte oder Worte nicht ausgeschlossen. Das liegt auch an der zum Teil extrem schwer zu entziffernden Handschrift und an den starken Überarbeitungen des Textes. In vielen Fällen könnte einzig der Autor eine Eindeutigkeit herstellen.

Es wurde weiterhin versucht, im gegebenen Rahmen einer Taschenbuchseite die graphische Gestaltung der Seiten wiederzugeben. Kracauer arbeitet mit Blöcken und Einrückungen und ergänzt zudem mitunter einzelne Notate später am Seitenrand. Dadurch entstehen stark strukturierte, aber mitunter auch sehr unübersichtliche Seiten, die nur als topographische Edition mit beigestelltem Faksimile ohne größeren Informationsverlust wiedergegeben werden könnten. Da es hier aber vor allem darum geht, den Arbeitsprozeß Kracauers zu dokumentieren und nachvollziehbar zu machen, wurde eine diplomatische Transkription erstellt, die mitunter die vorgefundenen Seitenordnungen etwas vereinfacht, um sie übersichtlicher zu gestalten. Auch einzelne handschriftliche Ergänzungen bzw. Notate am Seitenrand wurden zum Teil nicht aufgenommen. Gleiches gilt für die später mit Bleistift notierten Kapitelzuordnungen, die zumeist Binnenverweise darstellen. Eingriffe des Herausgebers sind mit eckigen Klammern gekennzeichnet. Gelegentlich wird auch die Position einzelner Notate im Manuskript erläutert, da diese der einfacheren Orientierung wegen in der Edition umgestellt wurden. Die lükkenhafte Interpunktion der Texte wurde nicht verändert, die Rechtschreibung hingegen bei der Verwandlung von »ss« in »ß« und der Schreibung von Umlauten vereinheitlicht.

Eine der »Disposition« vorangestellte Seite hält eine Kapitelfolge des geplanten Buchs fest und skizziert zugleich ein komplexes Schema, bei dem auf bereits angefertigte und durchgezählte Notizzettel verwiesen wird. Diese Seite wird im folgenden faksimiliert abgedruckt. Bei der Transkription der Texte wurde auf die Einfügung der Zahlenverweise auf die umfangreichen Notizzettel, die auch auf der faksimilierten Seite dominieren, verzichtet, da diese im Rahmen dieser Edition nicht ediert werden konnten. Eine weitere Manuskriptseite am Ende der Schemata, auf der vor allem Zitate bzw. Verweise auf diese notiert sind, wurde daher ebenfalls nicht aufgenommen.

1. Exposé. Masse und Propaganda

Eine Untersuchung über die fascistische Propaganda

I. Problem

Die in den fascistischen Ländern entwickelten Methoden politischer Propaganda stellen eine Neuerung dar. Weder hat es schon – zum mindesten in der Neuzeit – diese Verbindung von Terror und geistiger Beeinflussung gegeben, noch ist bisher in diesem Maße die Propaganda nicht nur ein Mittel zur Durchführung irgendwelcher politischer Ziele, sondern Politik selber gewesen. Zu vergleichen die in früheren Diktaturen geübte Propaganda mit der heutigen. Ein Exkurs über die Rolle der Propaganda in demokratischen Ländern hätte zu zeigen, daß die von der fascistischen Propaganda ihrer Struktur nach verschieden ist. Hinweis auf die Reklame.

Wie ist diese Propaganda entstanden? Welche Realität liegt ihr zugrunde? Welche Funktion kommt ihr zu?

Ich exemplifiziere hier der Einfachheit halber vorwiegend an Deutschland, wo übrigens die fascistische Propaganda besonders systematisch durchgebildet worden ist, möchte aber gleich bemerken, daß in der geplanten Arbeit die verschiedensten Länder berücksichtigt werden sollen. Als unerläßlich erscheint mir die stete Konfrontation der europäischen Diktaturstaaten einerseits mit der Sowjetunion, andererseits mit den großen Demokratien. Entscheidend wichtig vor allem die Einbeziehung der amerikanischen Leistungen auf dem Gebiet der Reklame und der Propaganda.

II. Die Krise nach dem Krieg und ihre Folgen

Die ökonomische Krise in der Nachkriegszeit. In den dem Fascismus zugänglichen Ländern verbindet sich die ökonomische Krise mit der politischen und nimmt einen totalen Charakter an.

Die sozialen Folgen der Krise: In Deutschland führt die Krise zur Verelendung breiter Schichten und zur Heraufkunft neuer Massen im Umkreis des Proletariats.

1. Zur Situation des Proletariats selber.

2. Der proletarisierte Mittelstand. Auf die Ergebnisse meines Buches über die Angestellten zurückgreifend, entwickle ich hier, wie die deutschen Mittelschichten nach dem Krieg teils depossediert, teils proletarisiert worden sind. Die Lebensbedingungen des Angestellten in der Nachkriegswirtschaft nähern sich mehr und mehr denen des Arbeiters an.

3. Die Arbeitslosen.

Die ideologischen Folgen der Krise:

1. Zerfall der bürgerlichen Werthierarchie. Das heißt unter anderem, daß die Bourgeoisie ihre Selbstsicherheit verliert und ihr Lebensstil problematisch wird. Die kapitalistischen Interessen treten nackt hervor.

2. Die geistige Obdachlosigkeit der Massen. Im großen und ganzen läßt sich sagen, daß, von den vom Sozialismus erfaßten Elementen abgesehen, die durch die Krise entstandenen Massen ideologisch in einem Vakuum leben.

a) Der Mittelstand: Die prekäre Lage des Mittelstandes ergibt sich daraus, daß seine Angehörigen einerseits proletarisiert werden, andererseits durchaus in den bürgerlichen Traditionen befangen sind. Sie wehren sich, eben auf Grund dieser Traditionen, erbittert gegen den Kommunismus und müssen doch zugleich ihre Stellung im kapitalistischen Produktionsprozeß negieren. Im herrschenden System sind sie nicht mehr ohne weiteres unterzubringen. Daher erstreben sie eine Veränderung dieses Systems, ohne doch eine Diktatur des Proletariats bejahen zu können.

b) Die Arbeitslosen: Auch sie lassen sich infolge der Krise und der technischen Entwicklung nicht mehr eingliedern. Durch die Dauer der Krise wird das Millionenheer der Arbeitslosen in einen Zustand der Wundergläubigkeit versetzt, der es für alle extremen Einflüsse und Versprechungen empfänglich macht. Typisch für die Masse der Arbeitslosen: ihr beständiges Schwanken zwischen dem Nationalsozialismus und dem Kommunismus.

Zusammenfassung: Wie die Arbeitermassen, so lehnen auch die in ihrem Umkreis neu entstandenen Massen die kapitalistische Wirtschaft in ihrer bestehenden Form ab. Sie scheinen sich – ökonomisch und sozial – dem Verderben preisgegeben und fühlen sich in ideologischer Hinsicht um so verlorener, als die Bourgeoisie von Ohnmacht geschlagen ist und kaum noch Attraktionskraft besitzt.

III. Das entscheidende Stadium der Krise

Durch das Gewicht der Massen und die Unfähigkeit der den Kapitalismus repräsentierenden Schichten, die Massen zurückzugewinnen, spitzt sich der Antagonismus zwischen den Links- und Rechtsparteien, zwischen Kommunismus und Kapitalismus so zu, daß er mit den Mitteln der Demokratie nicht mehr zu überbrücken ist.

Da mit einer Rückkehr der wirtschaftlichen Prosperität, durch die immerhin große Teile der Massen aufgesogen werden könnten, nicht gerechnet werden darf, ist die Situation revolutionsreif. Die Aufgabe, die diese Situation stellt, kann auch folgendermaßen formuliert werden: Wie ist es möglich, die Massen zu resorbieren?

Von vornherein steht fest: in das bestehende Wirtschaftssystem lassen sich die Massen unter den obwaltenden Umständen nicht mehr ohne weiteres reintegrieren.

Als einzige durchgreifende Lösung bietet sich der Kommunismus an, der mit dem kapitalistischen Wirtschaftssystem die Ursachen beseitigen will, die zur Entstehung der hier charakterisierten Massen geführt haben. In einer kommunistischen Gesellschaft müßte, der Theorie zufolge, die Arbeitslosigkeit definitiv aufgehoben sein und die Masse als Masse verschwinden.

Die Situation in Deutschland ist jedoch so beschaffen, daß die kommunistische Lösung auf einen Widerstand von unerhörter Stärke stößt; auch und gerade bei einem Teil derer, die zur expatriierten Masse gehören. Ein ausschlaggebender Träger des Widerstandes ist der depossedierte Mittelstand.

So entsteht das Dilemma: die Massen sollen unter Beibehaltung des kapitalistischen Systems reintegriert werden und sind doch nicht zu reintegrieren. Nur eine Scheinlösung ist möglich. Der Fascismus ist eine Scheinlösung.

IV. Ansatz der fascistischen Scheinlösung

These: Die Scheinlösung besteht darin, daß der Fascismus die Masse nicht nur beseitigt (was auch unmöglich wäre), sondern, im Gegenteil, ihren Charakter als Masse erst recht unterstreicht und weiterhin durch geeignete Vorkehrungen den Eindruck zu erwecken sucht, als sei die Masse faktisch reintegriert. Zur Inszenierung seiner Scheinlö-

sung bedient sich der Fascismus zweier ineinandergreifender Methoden:
1. des Terrors, dessen Notwendigkeit sich daraus erklärt,
a) daß innerhalb des herrschenden Systems Klassengegensätze bestehen, die nur mit Gewalt erstickt werden können, und
b) daß die Anerkennung einer Scheinlösung wie der fascistischen stets erzwungen werden muß;
2. der Propaganda. Zwei allgemeine Aussagen über die fascistische Propaganda seien vorrausgeschickt:
a) Die fascistische Propaganda ist schon deshalb geboten, weil der kommunistischen entgegengewirkt werden muß. Sie entwickelt sich in dauernder Reibung mit dieser; anders ausgedrückt: sie ist an die kommunistische Propaganda fixiert.
b) Die fascistische Propaganda hat nicht wie die kommunistische das Verschwinden der Masse und damit ihr eigenes Verschwinden zum Ziel. Sie hat – und das ist ihre Eigentümlichkeit – überhaupt kein Ziel, nach dessen Realisierung sie abzudanken vermöchte, sondern widerstrebt ihrem Zweck nach jeder Realisierung, da sie durch eine solche ad absurdum geführt werden müßte. Ihr Zweck: *die Erzeugung des Scheins der Reintegrierung der Massen.* Dieser Schein verflüchtigte sich aber sofort, wenn er nicht durch ständige Propaganda aufrechterhalten würde. Die fascistische Propaganda drängt also nicht wie jede andere Propaganda auf ihren eigenen Untergang hin, gebiert sich vielmehr immer wieder selber neu. Ebensowenig wie auf den Terror kann der Fascismus auf die Propaganda verzichten. Er besteht kraft der Propaganda.

V. Die Rolle der Propaganda im Fascismus

1. Zunächst ist die fascistische Propaganda, um dem oben gekennzeichneten Dilemma zu entrinnen, dazu genötigt, die nicht zu reintegrierende Masse als Masse bestehen zu lassen, ja, den Massencharakter noch zu übersteigern. An dieser Stelle wäre ein kritischer Exkurs über die verschiedenen Massentheorien einzuschalten.
Wie wird die Hypostasierung der Masse propagandistisch bewältigt?
a) Man zwingt die Masse dazu, sich überall selbst zu erblicken (Massenversammlungen, Massenaufzüge usw.). Die Masse ist sich so immer gegenwärtig und oft in der ästhetisch verführerischen Form eines Ornaments oder eines effektvollen Bildes.

b) Man verwandelt mit Hilfe des Rundfunks die Wohnstube in einen öffentlichen Platz. (Insoweit der Mensch überhaupt noch als Individuum bestehenbleiben darf, werden seine Regungen ganz von der Politik abgelenkt. Die fascistische Propaganda gibt dem Individuum nur die Sphäre der »Innerlichkeit« frei und sucht es im übrigen in einen Bestandteil der Masse zu verwandeln.
c) Man schlägt, in der Absicht, die Bedeutung der Masse als einer Masse zu unterstreichen, alle mythischen Kräfte aus der Masse heraus, die zu entwickeln sie fähig ist. So kann es vielen scheinen, als ob sie in der Masse über sich selber hinausgehoben würden.
Der Massenkult zeitigt im Nebeneffekt zwei erwünschte Wirkungen:
a) Er ermöglicht einen Personenkult, der darum nützlich ist, weil er den Sinn für die Wirklichkeit schwächt.
b) Er scheint den Terror zu legitimieren.
2. Durch die Entfesselung des Massenkultes gelingt es der fascistischen Propaganda, die für ihre Absicht unerläßlichen Vorbedingungen zu schaffen. Die Masse kommt der Scharlatanerie auf halbem Weg entgegen. Historischer Exkurs über den Scharlatan. Hier sind die Beziehungen zwischen der fascistischen Propaganda und der Scharlatanerie nachzuweisen. (Z. B. die fortwährende Erweckung phantastischer Hoffnungen usw.)
3. Die eigentliche Absicht der fascistischen Propaganda ist die Pseudo-Reintegrierung der von ihr kunstgerecht präparierten Massen. Sie erreicht diese Absicht schon dadurch, daß sie die Masse marschieren läßt und sie überhaupt ununterbrochen beschäftigt; so daß in den Massen die Überzeugung entstehen muß, sie bekleiden bereits als Massen irgendwelche Funktionen.
Entscheidender aber ist der Versuch der auf Reintegrierung gerichteten Propaganda, die kommunistische Doktrin, die ihr als die größte Gefahr gilt, zu desavouieren. Dieser Versuch, der mit Hilfe mittelständischer Ideologien unternommen wird – kennzeichnend für den Mittelstand, daß er an der Peripherie des Produktionsprozesses lebt und daher die bürgerlichen Traditionen am unangefochtensten bewahren kann – dieser Versuch, sage ich, gipfelt in der demonstrativen Widerlegung des Klassenkampfes.
a) Man stellt die Massen so zusammen, daß sie die These des Klassenkampfes Lügen zu strafen scheinen.
b) Man appelliert vorzugsweise an die Jugend, die dem Einfluß der ökonomischen und sozialen Verhältnisse noch am wenigsten ausgesetzt und daher scheinbar klassenlos ist.

c) Man rückt die Begriffe der »Nation«, des »Volks«, der »Ehre« in den Mittelpunkt und überhöht auf propagandistische Weise ihre Realität und ihre Funktion, um den Klassenkampf zu paralysieren. Exkurs über die soziologische Funktion des Begriffs der »Rasse« und der antisemitischen Propaganda. Ferner Exkurs über die propagandistische Bedeutung der fascistischen Außenpolitik.
d) Man erläßt soziale Gesetze, die aber das Verhältnis von Arbeitgeber und Arbeitnehmer faktisch nicht ändern – Fassadengesetze, die ebenso wie die Einrichtung des »Dopolavoro« auf die Erhaltung der kapitalistischen Wirtschaft hinauslaufen.
4. Da die fascistische Propaganda eine fiktive Lösung des ihr gestellten sozialen Problems darstellt, verschleißt sie sich schnell. Ihre größte Stärke entfaltet sie im Status nascendi bei der Eroberung der Macht. Nach der Machtergreifung verliert sie viel von ihrer ursprünglichen Kraft. Die tatsächlichen Verhältnisse schlagen durch; der Schein entpuppt sich als Schein. Man hilft sich auf dem Gebiet der Propaganda selber damit, daß man zur Erzielung propagandistischer Effekte stoßartig vorgeht, um heftige Schocks zu erzeugen. Im übrigen pflegt sich die Führung dort, wo der Fascismus gesiegt hat, auf die bloße Macht zurückzuziehen – das heißt, aufs Heer und die Terrorinstanzen – und greifbare macht- und militärpolitische Aspirationen an die Stelle der sozialen zu setzen; womit erneut die fällige Lösung des sozialen Problems aufgeschoben wird. Die Propaganda paßt sich dem an.
Am Ende dieses Hauptteils hätte eine Analyse der kommunistischen Propaganda zu erfolgen, die zeigen müßte, daß sich hinter der formalen Ähnlichkeit zwischen ihr und der fascistischen Propaganda prinzipielle Unterschiede verbergen.

Nachbemerkungen: Was diesen Hauptteil der Arbeit betrifft, so ist er als eine Untersuchung gedacht, die ein umfassendes Material konstruktiv zu verarbeiten hätte. Um so mehr habe ich mich hier mit den knappsten Andeutungen begnügen müssen.

VI. Einige Schlußfolgerungen

In diesem letzten Abschnitt beabsichtige ich unter anderem zu prüfen, bis zu welchem Grade die soziale Realität durch die fascistische Scheinlösung berührt wird; wobei ich von der Voraussetzung ausgehe, daß die fascistische Scheinlösung ein Mittel zur Erhaltung der gefährdeten kapitalistischen Wirtschaft ist. Ferner soll hier untersucht werden, welche Tragweite den vom Mittelstand konservierten Traditionen zukommt, kraft deren die fascistische Scheinlösung einer sozialistischen Lösung vorgezogen wird.

Nachbemerkung: ich betone noch einmal, daß die Arbeit erst ihren vollen Wert erhalten kann, wenn sie in internationalem Maßstab durchgeführt wird und auch die entsprechenden Verhältnisse in den großen Demokratien (vor allem in Amerika) analysiert.

2. Abgekürztes gestrafftes Schema

8. Juli

1. Die Rolle des Oberbaus.

2. Nachkriegssituation in Deutschland und Italien:
a) Demokratie keine Selbstverständlichkeit: daher Beziehung zwischen Demokratie und Bolschewismus gefühlt
b) An sich weiterarbeiten in demokratischem Rahmen möglich

3. Der faschistische Führertyp:
a) Kriegsausgeburten
b) Soziale Bedingtheit
c) Mentalität [vorangestellt ist hier:] Abhängigkeit vom Heer
d) Macht der Nation, hierzu muss diese einig sein
   (Interessen des imperial. Monopolkapitalismus der herrschenden Klasse)
   (Interessen Volk (bzw. Staat) → Volksfront (Staatsfeind)

4. Wie beurteilt die Clique den politischen Oberbau?
   Sie sieht die Losungen der Ideologien der Parteien starr fixiert
   Stärkster Begriff: der Sozialismus, dieser als im Besitz der SPD und KPD

5. Möglichkeit für die Clique: mit Bajonett erzwingen: dem widerspricht Kriegserfahrung (H[itler]'s Kriegspropaganda) und SPD-Erfahrung
   Also Propaganda: ihr Inhalt, massenerregende Begriffe von ihrem Untergrund losreißen

6. Aus der Aufgabe der Propaganda folgt für ihre Essenz
a) Regressus
b) Totalität
c) Kriterium: allein der Erfolg
   α Bewegung und Aktualismus
   β Lüge = Zynismus

7. Vorgegebene Anfälligkeit gegen faschistische Propaganda
a) Krise im allgemeinen
b) Mittelschicht
c) Arbeitsloser
d) Jugend
Aber das nicht allzu entscheidend: es handelt sich gerade um die Auflösung der Schichten, deren Bestand Verfestigung steigt.
Ziel: Totale Meinungsbeeinflussung als solche.

8. Terror

9. Massenerzeugung[1]

10. Funktionieren der Propaganda. Diese dem Regime inhärent. Sie kann nicht aufhören.
Besiegung der Widersprüche.
Was ist Propaganda, was Aktion.

1 [8. und 9. sind mit einer vorangestellten geschweiften Klammer verbunden.]

3. Schemata

5. 6. 7. Juli 37

I. Die Rolle des Oberbaus.
Man erfährt nichts, wenn man nur auf die Ideologie der Führer hört. Aber man erfährt auch nichts, wenn man sie gar nicht beachtet und nur im Rücken der Dinge steht. (Kleinbürgerparadies (...) s. Horkheimer)
Es geht auf lange Strecke hin um Vorgänge in der Oberbau-Sphäre.

II. Der Führerkern des Nationalsozialismus und Faschismus nur soziologisch gesehen. Zum Begriff des Abenteurers. Seine Mentalität. (Macht:)[1]

III. Die Situation, soziologisch gesehen: (demokratischer Charakter hat sich nicht bilden können).
Nachkrieg:
Klassenkampf: der Schein der Demokratie, Kapitalismus stärker als denaturierter Sozialismus. Wichtigster Situationsfaktor: die Fixiertheit, der massenerregende Begriff an heterogene Parteien. – Dazwischen nichts. Der Sozialismus als der massenerregende Begriff kat exochen im Besitz der SPD und KPD.

IV. Ziele des Faschismus und Nationalsozialismus:
Nicht Sozialismus, nicht Kapitalismus, sondern Klassenfrieden, d. h. das Bestehende in die Hand bekommen wie es ist. (Treuhänder!) Zum Zwecke nationaler Macht (= imperialistischer Monopolkapitalismus). Also: nicht Klassenlosigkeit, sondern Schein der Klassenlosigkeit.
Hitler sagt: Erst wenn die Nation in der Macht ist, kann es dem Arbeiter gut gehen. Wahr ist folgende Motivik: Erst wenn der Arbeiter befriedigt ist, kann die nationalsozialistische Macht gelingen.

V. Hieraus folgt noch nicht die Notwendigkeit, die Massen zu erregen, zu überzeugen. Man könnte. Auf dem Bajonett sitzt in Italien Gewalt zuerst. Aber dagegen zeigt die Kriegserfahrung, ferner die Erfahrung mit

1 [Hier folgen nach »Macht« einige Zeichen, die nicht zweifelsfrei entziffert werden konnten.]

den Menschen Ziele der sozialistischen Propaganda. Also man muß schon die massenerregenden Begriffe verwenden.
Aufgabe: An die Massen heran! d. h. die massenerregenden Begriffe von ihrem Untergrund loseisen: »Nation«, »Sozialismus«. Diese Begriffe wie Bilder hingenommen, nicht analysiert. Also: Dynamisierung, Verflüssigung der festgefahrenen, massenerregenden Begriffe: hier besteht die Propaganda im Sinne der Gegenreformation. Aufgabe der faschistischen Propaganda, die einer bestimmten historischen Situation entspricht.

VI. Aus der Bildhaftigkeit mit der »Sozialismus« hingenommen wird und aus der Notwendigkeit der Propaganda folgt für deren Charakter:

1) sie ist gleichbedeutend mit ihrem Regressus, d. h. antiliberal, antimarxistisch (Römischer Orion für Regressus natürlich dialektisch)[2]
2) sie muß Anspruch auf Totalität erheben (in jeder Hinsicht: Einheitlichkeit; keine Regung sich selbst überlassen)
3) sie hat nicht das Kriterium an der Stimmigkeit, sondern am Erfolg, darum, daß sie jeder Situation gerecht zu werden sucht. (Basis zu kontrollieren: Volk oder Staat) Daher Faschismus definiert als »Bewegung«. Aktualismus (...) bei Ambivalenz fest oder Setzungen: herrschende Klasse, Eigentum (...) daher ferner: Lüge und Zynismus (entzieht auch den Regressus). Propaganda als Kunst (Nationalsozialistische Propaganda = Meinungsbeeinflussung als solche)

VII. Wie ist die faschistische Propaganda durchführbar? Hier ist zunächst die im sozialen Körper vorgegebene Anfälligkeit für sie zu studieren (in der Zeit der Machteroberung). Schema der Propaganda: Nation – Sozialismus – Glücksversprechen. Krise besorgt vielerorts die Arbeit.
Speziell zur Unterscheidung Mittelschichten/Arbeitslose/Jugend.
Fazit: dieses Teils: Aber das Inkludieren einzelner Schichten ist nicht entscheidend – es handelt sich auch um Kleinbürgerbewegung. Worauf es dieser Propaganda ankommt, ist vielmehr gerade die Auflösung der Schichten, die totale Meinungsbeeinflussung als solche. Nochmals also: wie ist die faschistische Propaganda durchführbar?

2 [Römischer Orion für Regressus natürlich dialektisch: unsichere Lesart.]

VIII. Das Mittel der Gewalt, genauer: des Terrors. Für die »Arditi« Mussolini's sehr bezeichnend, daß Hitler die SPD als Terror ansieht[3]

1) die Gewalt als Regression

2) die Gewalt soll den Schein bekräftigen, wirklich machen;

Hierzu: der Terror wird immer von der Übermacht ausgeübt: nicht aus Feigheit, sondern weil anders die Zündung nicht erfolgt.

Der Terror verleugnet, weil tabu.

Der Terror dem Regime integrierend: seine Funktion: die Angst zu erzeugen. Der ständige Druck der Angst – entscheidende Bedingung der Verflüssigung aller Begriffe und ihre weitgehend beliebige Dirigierbarkeit. [Vorangestellt ist hier:] Angst = Hysterie.

IX. Das Mittel der Veränderung des Menschen zur Erhöhung seiner Aufnahmefähigkeit. Die artifizielle Erzeugung der Masse, in der sich die Individuen in hypnotischem Zustand befinden.

Hierüber Hitler: er ist Klassiker der Massentechnik

»Massenbildkunst«

[vorangestellt ist hier:] Betäubung! Die Rede! Rundfunk

(daß es sich nicht um »Volk« handelt, beweist die Kulturlosigkeit. Hier sprießt nichts) [Vorangestellt ist hier:] Hierbei: ästhetischer Effekt.

»Masse« im sozialistischen Sinne.

Schlußformel: In dem vom Terror abgesteckten Raum werden die Begriffe auf Begriffstrümmern dynamisiert. Um den Massen in jeweils passender Weise injiziert zu werden.

X. Das Funktionieren der Propaganda: die Propaganda kein abgewandtes Moment des Regimes, sondern ihm inhärent.[4] Nach der Machtergreifung setzt sie erst recht ein, denn das antagonistische Spiel der gesellschaftlichen Kräfte ist ja gerade nicht aufgehoben; muß also, damit es sich nicht ausleben und die »Klassenlosigkeit« sprengen kann, fortwährend verdeckt werden.

Faktum: daß der Faschismus der herrschenden Klasse verschieden ist.

Daß er – pro gress – die neutrale Wirtschaft realisiert.

3 [ansieht: unsichere Lesart.]

4 [abgewandtes: unsichere Lesart.]

Widersprüche:

Autarkie – Exportnotwendigkeit
Familie – Staatsjugend
Kirche – Volk/Führer
Arbeiter – Unternehmer

[Als] motorisierte Truppe wird die Propagandawelle überall hingesandt, wo Sprünge zuzukleistern sind. Hauptmotiv der Propaganda: den Menschen nie allein lassen!

Wichtig! Widersprüche in der Propaganda selbst, aber sie erzeugen Schocks und Angst – sind also nützlich.

Ein Wirbel entsteht, in dem man nicht mehr weiß was Propaganda, was Aktion ist. Wer dient wem? [Mit Verweislinie hier ergänzt:] Meyrowitz

---

a) Früher wandte sich der Nationalsozialismus gegen Relativismus von Wissenschaft. Heute wendet sich die Wissenschaft gegen Relativierung des Nationalsozialismus. (Es bildet sich jedoch ein bürgerliches Bewußtsein.)

b) Klasse von Kaste gelöst

c) Kapital muß Opfer bringen um sich zu erhalten [Hier ist vorangestellt:] 9. Juli

d) Gegen alles was Welt enthält: Also gegen Kirchen, gegen Monismen.

e) Sittlichkeitsverbrechen. Nach einer Reihe von Prozessen abgebrochen, weil Erotismus nicht wirkte und mit neuer Serie von Landesverratsprozessen weitergeführt.

4. Disposition[1]

[Zu Beginn der Seite hält Kracauer eine »Titulatur« des geplanten Aufsatzes bzw. Buchs fest:]

Titulatur:
Die totale Propaganda
A. Die Genesis der totalen Propaganda
B. Der Charakter der totalen Propaganda
C. Die Methode der totalen Propaganda
D. Die totale Propaganda auf dem Weg zur Macht
E. Die totale Propaganda als Instrument der Macht

1 [Der rechtsseitig im Heft beginnenden Disposition ist auf der linken gegenüberliegenden Seite ein Schema vorangestellt, in dem Kracauer einzuarbeitende Verweise auf seine Notizzettel vermerkt und gruppiert. Diese Seite wird hier als Faksimile wiedergegeben. Die Zahlen verweisen jeweils auf Notizzettel mit Exzerpten von Büchern und Aufsätzen. Die erste, umkringelte Zahl bezeichnet dabei das thematische Konvolut, die zweite, dahinter stehende Zahl dann die Seite der jeweiligen Aufzeichnungen. Die Liste der von Kracauer verwendeten und exzerpierten Literatur findet sich zu Beginn der Kommentare von *Totalitäre Propaganda* (vgl. S. 158-161).]

7

Titelleiste:

Die totale Propaganda.

A. Die Genesis der totalen Propaganda

B. Der Charakter der totalen Propaganda

C. Die Methode der totalen Propaganda

D. Die totale Propaganda auf dem Weg z. Macht

E. Die totale Propaganda als Instrument der Macht

Disposition
10., 11., 12. 13. Juli 1937

Die totale Propaganda.[1]

A.

Genesis der totalitären Propaganda

I. Das Eigenleben von seelischen Strukturen, Begriffen usw. Ihre ökonomische Zuordnung ein neues Problem.

II. Die Gründer der totalen Diktaturen. Kennzeichnung der Kerntrupps (demobilisierte Offiziere, Deklassierte, Bohemien, Abenteurer). Sie sind Kriegsausgeburten. Über die direkte Nachkriegssituation in Deutschland und Italien: nationale Demütigung, Zerrüttung des wirtschaftlichen und sozialen Organismus; Zerschlagung der sozialistischen Welle. Aus den Verhältnissen und der seelischen (Kriegs-)Struktur der Kerntrupps ergibt sich Mentalität und Zielsetzung des totalitären Typs: Nation bzw. Volk als letzte Entität. Schleifung des nationalen Machtapparats. Traum von der unbegrenzten Machterweiterung der Nation (= Volk = Volksfront) bzw. des Staats, der Volksgruppen. Um diese Macht wieder zu erreichen muß das Volk eine Einheit bilden. (Interessant Strassers Diktum: Erst die Macht zu erkämpfen, dann deutscher Sozialismus = nationale Einheit; de facto umgekehrt: erst deutsche Einheit, dann Macht damit erringen.) Wie sehr das aus dem Heer kommt, beweist die Sympathie des Heeres für den faschistischen Typ. Die Verkoppelung des faschistischen Typs mit den Interessen des imperialistischen Großkapitals. Herkunft von Sorel und Nietzsche. Völkisch.

III. Zwischenbetrachtung über die Nachkriegssituation. Diese Betrachtung dient der Abwägung der objektiven Chancen des faschistischen Typs in Italien und Deutschland.
1) Feststellung, daß zur Niederzwingung der sozialistischen Bewegung der Faschismus bzw. Nationalsozialismus nicht einig gewesen war. Der Sozialismus erhoffte, bürgerliche Regime behalten die Oberhand. Aber:

1 [Durchgestrichen ist hier: (Totale Propaganda)
Die Rolle der Propaganda in der totalitären Diktatur Propaganda]

2) In beiden Ländern ist die Demokratie ein Zerrbild. In beiden Ländern hat sich ein demokratischer Charakter nicht durchgesetzt. Es fehlt also an Widerstandskraft gegen die Attacken des Machttyps. Ferner
3) Sowohl in Italien wie in Deutschland drängt das Kapital – in verschiedenem Ausmaß und aus verschiedenen Gründen zur Diktatur.

IV. Von vornherein steht für den Machttyp fest, daß die zu erobernde Einheit nicht mit Bajonetten behauptet werden kann, sondern nur durch die Überzeugtheit der Massen. Er muß die Massen gewinnen, sie geistig fesseln. Woher dieses Grundverlangen? Aus der Erfahrung mit der Kriegspropaganda. Aus der Erfahrung mit dem Sozialismus (»Mein Kampf«). Es ergibt sich also für den Machttyp der Zwang dieser Propaganda.

V. Wie erscheint dem Machttyp die zu verändernde Situation? Seine Einstellung bestimmt durch den Willen zur Wiederherstellung und unbegrenzten Vervollkommnung des nationalen Machtapparats. Daher sieht er mit Haß: Die Zerrissenheit in Parteien, in rechts und links, den Klassenkampf. Im Interesse der Aufhebung dieser Zerrissenheit will er die Massen gewinnen. Daher sieht er mit Haß, daß die Begriffe durch die die Masse erregt wird, nicht nur von verschiedenen Parteien mit Beschlag belegt, sondern außerdem mit modernen friedlichen Begriffen verkoppelt sind. Der »Sozialismus«, ein großes Wunschbild, ist mit dem Pazifismus und mit dem Internationalismus verkoppelt; die nationale Idee, um sich dieses Schlagworts zu bedienen, wird von den Geldmächten gepachtet und dadurch für die Massen entwertet – von den Geldmächten, die ebenfalls klassenkämpferisch eingestellt sind. Daß die Parteien und ihre Begriffsverkopplung in realen Interessen verankert sind, also nur Symptome sind, kann der Machttypus strukturgemäß nicht beachten; er gewährt nur die fertigen Bilder, nicht ihre Herkunft. Es zeigt sich ihm also als bekämpfenswert: der Klassenkampf, die Starrheit der Verkopplung brauchbarer Begriffe mit feindlichen, überhaupt ihre Verkopplung mit bestimmten Schichten und Interessen, d. h. die Starrheit als solche. Schließlich sieht der Machttyp mit Haß die Tendenz der verblendeten Massen zum Kommunismus.[2]

2 [»überhaupt« und »verblendeten«: unsichere Lesarten.]

[Vorangestellt ist hier:] Neue Montage der Begriffe

VI. Aus diesem Situationsbild folgt die Aufgabe der vom Machttyp zu veranstaltenden Propaganda: die Ziele, die die Massen erregen, müssen aus ihrer starren Fixiertheit an die Parteien und an bestimmte Begriffskombinationen befreit und zu eigenen Zwecken verwandt werden. Es handelt sich um die Entwurzelung festgewachsener Begriffsgebilde, um die Dynamisierung des Oberbaus. Das ist gleichbedeutend mit der Überwindung des Klassenkampfes im Interesse der nationalen Einheit, die der Vervollkommnung des nationalen Machtapparats zu dienen hat. Dies aber im Bild, nicht real. Die Absicht ist nicht, den Klassenkampf dadurch zu beseitigen, daß man die Ausbeutung abschafft, sondern die miteinander kämpfenden Klassen zur Scheineinheit zusammenzuzwingen – zur Scheineinheit, weil nicht die Ursache des Klassenkampfes beseitigt, sondern lediglich die Symptome aus der Welt geschafft werden sollen. Um so größeres Gewicht muß sie auf die Durchpflügung des Oberbaus legen. Es ist klar, daß ihre Interessen mit denen des Großgrundbesitzers und des Großkapitals konform sind. Die Aufgabe der Propaganda ist mithin die Verflüssigung des herrschenden Begriffs»systems«, die Herausreißung der massenerregenden Begriffe und ihre Manipulierung im Machtinteresse. Es handelt sich hier um »Bewegung« im strengen Sinne des Wortes. Der italienische »Aktualismus«.

B.

Der Charakter der totalen Propaganda

I. Die totale Propaganda muß den Charakter der Regression tragen. Ihr Grundzug: sie geht hinter die französische Revolution zurück. (Antiliberalismus, Antimarxismus – von der wichtigen Erkenntnis getragen, daß Demokratie und Marxismus zusammengehören; dieser löst jene ab; dementsprechend Antiintellektualismus). Appell an die tieferen Schichten (wie im Krieg!!) Dieser Regressus aber selber dialektisch: die demokratische Fiktion durchschaut: der sozialistische Internationalismus zu früh. Indem Rußland sich zum Sozialismus in einem Land bekennt, und damit selber regrediert, bleibt tatsächlich als mögliche nächste Stufe noch übrig: die Vollendung des nationalen Imperialismus zugunsten der herrschenden Klasse. Zeichen des dialektischen Charakters der Regression: der römische Gruß – seine Deutung.

II. Die totale Propaganda muß Ausschließlichkeit beanspruchen. Ihr Totalitätsanspruch bedingt durch den Charakter der Regression. Wenn Demokratie und Marxismus beseitigt werden sollen, muß absolute Kontrolle über die Meinungsbildung bestehen; um so mehr als – infolge des Bestrebens, die Klassengegensätze nicht wirklich [auf]zuheben, sondern nur zusammenzuzwingen – das ganze Gewicht auf der Gestaltung des Oberbaus ruht. Die Forderung geht auf totale Macht über die Meinungsbildung. Daher das Streben der totalitären Propaganda zur Autarkie. Hier zum ersten Mal über das Autoritätsverhältnis mit Befehl und Gehorchen bis zur Macht und Hingabe von Leben und Tod.

III. Die totale Propaganda muß ihr Kriterium allein im Erfolg sehen. Sie dient nicht der Massengewinnung für eine Lehre oder ein Programm, sondern sie hat überhaupt keine Lehre, und das Programm dient ihr zur Massengewinnung, denn das eigentliche Ziel des Machttyps: Herstellung des nationalen Machtapparats unter Benutzung des Kapitals – wäre jedoch gerade kein taugliches Propagandamittel. Es bleibt also – abgesehen von einigen zum Kapitalismus hinweisenden ideologischen Bestandstücken wie die Erhaltung des Eigentums usw. – kein Ziel übrig; so daß der Erfolg bei der Massengewinnung selber zum letzten Kriterium wird.«[3] (siehe Hitler, Goebbels).
Mithin: Propaganda als solche, Propaganda in »Reinkultur«. Hierzu: die mystifizierenden Begriffe »Volk« (im Nationalsozialismus) »Staat« (im Faschismus). Ferner die Stellung des »Programms« (Muss.[olini] und Hitler). Fast komplette Ambivalenz hinsichtlich des Verheißens.[4]
[Vorangestellte Ergänzung am Rand:
Volk: Führer und ein circulus vitiosus
Volk: romantisch, Savigny
Staat: römisches Imperium
Römertum]
Aus der Tatsache, daß sich die Propaganda nur am Erfolg bemißt – eine Tatsache, die verrät, daß die Exekutoren dieser Propaganda nur die Macht als solche schätzen, aber sich im allgemeinen allen Werten gegenüber nihilistisch verhalten – aus dieser Tatsache folgt:

1) Die Irrelevanz der Lüge. – Diese ein Propagandamittel. Meyrow[itz]. Fin de Siècle-Einstellung. Hier die Offenheit zu Wer-

3 [hinweisenden: unsichere Lesart.]

4 [Verheißens: unsichere Lesart.]

beweisen, mit der Hitler und Goebbels ihre Propaganda entfalten.[5]

2) Die ästhetisch-zynische Einstellung der Exekutoren der Propaganda. Diese Einstellung legitimiert vom nihilistischen Machtstandpunkt aus. Hier leuchtet schon die Schlußformel für diese Propaganda auf: Sie ist die Technik der totalen Meinungsbeeinflussung als solcher. Kein Wunder, daß die besten Formulierungen über Propaganda von Hitler stammen.

[Ergänzung am linken Seitenrand:] Hier: die totale Propaganda verdächtigt immer den Gegner dessen, was sie selber ist und will. Siehe Heilbut: Wesentliche Ziele: Als Phänomen erkannt und »Spiegelreflex« genannt. Wie ist es zu interpretieren? Es ist Bekenntniszwang! Der Drang nach Offenbarung der Wahrheit tritt als Spiegelreflex hervor.

C.

Die Methode der totalen Propaganda

Um die Dynamisierung des Oberbaus im gekennzeichneten Sinn zu erreichen, muß die Propaganda die psycho-physische Struktur der Menschen, ja die Psyche selber verändern. Das ist an zwei entscheidende Bedingungen geknüpft:

An die systematische Verwendung des Terrors. Terror = Erzeugung von Angst mittels Gewalt

Illustriert durch faschistische Strafexpeditionen und Fememorde.

1) Der Terror ist sich nicht Selbstzweck, denn der Machttyp geht ja von der Voraussetzung aus, daß es darauf ankomme, die Meinung der Massen für sich zu gewinnen. Aber der Terror entspricht doch auch an sich dem regressiven Charakter der »Bewegung«. Offener Terror zeigt den Abbau der Zivilisationsschichten und die Bejahung der elementaren konspirierenden Natur an der Ausbeutung als eines »Naturprinzips«. Terror als Zeichen des Monopolkapitalismus, des Monopols überhaupt. Freilich, die Regression ist dialektisch, und so steckt im Terror auch ein entlarvendes Moment. Der direkte Terror enthüllt die Terrorbasis der

5 [Werbeweisen: unsichere Lesart.]

Klassengesellschaft. (Hitler über den »Terror« der SPD; die Nazis allgemein über den »Terror« des Systems). Anmerkung: der Terror immer von Übermacht ausgeübt, nicht aus Feigheit, sondern zur Abhebung der Zivilisationsschichten: um der rohen Natur eine Passage zu schaffen.

2) Der Terror also nicht Selbstzweck, sondern Mittel zum Zweck der Durchführung der Propagandaaufgabe. Er ermöglicht deren Realisierung auf doppelte Weise. Dadurch, daß er

a) in den zu gewinnenden Menschen Angst erzeugt, die Angst entangstet die Begriffe, unter ihrem Druck werden die massenerregenden Begriffe von den Interessen ablösbar, dynamisierbar, dirigierbar.[6] (Der Terror, dem Trommelfeuer vergleichbar, dessen Funktion darin besteht, den Feind zu zermürben und so die gegnerische Position sturmreif zu machen). Beispiele für die Angst (Pariser Weltausstellung?)[7] Chronische Angst schafft Hysterie, führt zur Verwischung der Grenzen zwischen Sein und Schein. Der Bann wirkt, man kommt ins Gleiten. Lüge und Umkehr der Bilder in diesem Zustand Selbstverständlichkeit. [Vorangestellt ist hier:] Korruption.

Anmerkung: die Verleugnung des Terrors nicht aus Schamgefühl, sondern weil er im Interesse der Propaganda tabu bleiben muß und weil seine Verleugnung die Angst noch steigert und die Lüge wahr machend, die Wirkung des Terrors erprobt (ebenso wie durch die Lüge des Grotesken = Ariertum).

b) Den Schein bekräftigt – den Schein als sei der Klassengegensatz überwunden und die Volksgemeinschaft hergestellt. Blut scheint die Illusion zu bewahrheiten, wirklich zu machen.

3) Der Terror nicht nur Bedingung der totalen Propaganda, sondern selber Propaganda. Er wirkt attraktiv, weil

a) die ökonomisch und sozial bedingte sado-masochistische Struktur seiner Exekutoren und Opfer erregt und

b) als Ausfluß schrankenloser Macht erscheint. Macht zieht an. Warum? (Nachdenken!) [Wie Horkheimers Terrordeutung einbauen: Terror als Rache der Schlechtweggekommenen am Glück der Glücklichen.]

6 [entangstet: unsichere Lesart.]

7 [Vor »Pariser Weltausstellung« stehen im Manuskript noch drei Worte: Da das hier zu lesende »Hertha auf der Pariser Weltausstellung« nicht sinnvoll erschien, wurde es weggelassen. Gemeint ist vermutlich der von Albert Speer konzipierte »Deutsche Pavillon« auf der Pariser Weltausstellung 1937.]

II. Die systematische Erzeugung der Massen.
1) Die Struktur der Masse. Das individuelle Bewußtsein in ihr herabgemindert. Außerdem die Masse als Quell von Energien.

2) Aber nicht jede Masse ist eine Masse im Sinne des Moehltyps.[8] Hier eine Analyse der revolutionären Masse: sie besteht im Prinzip aus Angehörigen der ausgebeuteten Klasse und untersteht einer Lehre. Sie ist nicht Ziel, sondern Mittel. Ihre revolutionären Energien sollen genutzt werden. Sie ist auch keine Heimat (wie die Masse der Diktatur), sondern durch[aus] passager – Passage zur Heimat. Die Herabminderung des individuellen Bewußtseins ist in ihr ein progressives Moment.
[Links am Seitenrand ist notiert:] Masse als Heimat

3) Die Masse im Sinn des Machttyps ist stattdessen Voraussetzung der Wirksamkeit der totalen Propaganda. Was ist sie? Der Empfänger von Suggestionen. Hier einschieben, daß ideale Masse eine solche ist, die Menschen verschiedenster realer Interessen vereinigt = Symbol der Volksgemeinschaft. Masse von der Straße! Um das sein zu können, wird sie eingeschläfert, hypnotisiert und auf jede Weise präpariert. Hierauf verwandte Mittel:

a) das lange Warten (s. Hitler)
b) die Symbole
c) die Rede selber mit ihren Wiederholungen. Rede nicht Schrift![9] (gegen die Aufklärung!) Schrift klärt auf.

Gleichviel, wovon die Rede handelt, sie bewegt sich immer von Grauen zu Glück. Wie die Kolportage unter Ausnutzung der dynamisierten massenerregenden Begriffe. Grauen und Glücksversprechen gleich gegenwärtig. Zuletzt kommt es gar nicht mehr auf den Inhalt der Rede an, sondern die Masse hypnotisiert sich selber (Zitat aus Silone »Brot und Wein«).
[Dem Absatz ist vorangestellt:] !Charlatan!

4) Da die totale Propaganda auf größtmögliche Beeinflußbarkeit angewiesen ist, genügen ihr nicht die vorgegebenen, die »natürlichen Massen«, sondern sie erzeugt dann systematisch neue.

Die Unzahl der Versammlungen, Feste, Feiern, die Rundfunk-Massen.

8 [Gemeint ist vermutlich Ernst Moehl, *Hermann Göring. Ein deutscher Führer*, Paderborn und Würzburg 1934.]

9 [»Rede« ist im Manuskript dreifach unterstrichen.]

Zum Zweck der Verfestigung der Massen:
Ihre Aufziehung nach einem Ritus und (Marschieren = Krieg und »Bewegung«) Massenbildkunst
[Vorangestellt ist:] Masse als »Heimat« Hitlers
Das Ziel wäre, daß jedes Individuum sich dauernd in jenem Zustand befände, in dem es als Massenglied ist (dem widerspricht allerdings die Hochhaltung der Familie; aber das gehört ins Kapitel der Antinomien).
[Vorangestellt ist:] Sprechchöre
Daß Massenhaftigkeit das Ideal ist, wird keineswegs durch die Postulierung des Ideals der Persönlichkeit widerlegt. Es müssen auch Leute da sein, welche die Massen manipulieren und was heißt hier schon Persönlichkeit. – Der Herrenmensch. Zitat Leys über die Herrenkaste (s. Heiden I)
[Vorangestellt ist:] Mythus

5) Die Masse nicht nur Mittel der Propaganda, sondern selber Propaganda.
a) Sie scheint die nationale Einheit, die Volksgemeinschaft zu repräsentieren und wirkt insofern propagandistisch. (Hitler sagt: der Einzelne fände in der Masse seine Heimat). Daß Masse nicht Volk ist, wird durch die Kulturlosigkeit bewiesen. Der Nationalsozialismus erzeugt keine Kultur.
b) Sie stellt die Macht dar, die anzieht
c) Sie wirkt (wird dadurch Massenornament) ästhetisch reizvoll. – Ein Effekt im vorhandenen Material. Indem das Vorhandene ästhetisch-dekorativ ausgestattet wird, werden die auf die Veränderung des Vorhandenen gerichteten Kräfte lahmgelegt.
Schlußformel: In dem vom Terror abgesteckten Raum wird der Oberbau dynamisiert und nach Freisetzung der massenerregenden Begriffe werden diese den Massen auf jeweils zweckmäßige Weise injiziert. [siehe Goebbels als die gefährlichste Waffe]

D.

Die totale Propaganda auf dem Weg zur Macht

1) Ausgangsthese: Die Propaganda des Machttrupps dränge unmöglich durch, herrschte nicht eine vorgegebene Empfänglichkeit für sie. (Be-

weis: Das Zurücktreten des Nationalsozialismus in den Dollarjahren 1924-29, zunächst der bürgerlichen Demokratie): Ein solcher Zusammenhang zwischen Propaganda und Situation muß aber auch bestehen, denn schließlich entwickelt sich die Propaganda in Tuchfühlung mit der Situation.

Die gesellschaftliche Basis der totalen Propaganda, ihr Naturgrund:

2) Worauf es der Propaganda des Machttyps ankommt: die Verflüssigung des Oberbaus = Zerstörung der starren Parteien, wie schon teilweise durch die Nachkriegskrisen (= schlechtes Deckwort, muß aufgelöst werden) und den durch sie verursachten gesellschaftlichen Prozeß besorgt. Die Krisen usw. wirken wie objektiver Terror, sie erzeugten in den verschiedenen Schichten Angst, die die Begriffe entangstet.[10] Davon profitiert unter allen Umständen die »Bewegung«. Für deren Propaganda sind einige Schichten besonders anfällig.

[Mit einem Pfeil hier eingefügt:] Arbeiter!

3) Eine ausgezeichnete Rolle spielen die Mittelschichten, jene Schicht die sich vom Kleinbürgertum bis zu den freien Berufen erstreckt.

a) Ihre stichwortartige soziologische Analyse; sie sind teils regressiv – teils progressiv (Angestellte)

b) Durch die Inflation werden sie proletarisiert. Durch die Krise 1929/30 lernen sie als Angestellte und Akademiker die Arbeitslosigkeit kennen.

c) Was sollen die proletarisierten, deklassierten Mittelschichten? Sie stammen aus dem Bürgertum, finden aber in den bürgerlichen Parteien nicht ihre Interessenvertretung. Sie sind ökonomisch proletarisiert, aber die proletarischen Parteien vertreten ebenso wenig die mittelständischen Interessen. Also sich zum Proletariat bekennen? Aber daran werden sie verhindert durch die eklatanten Schwächen und Einseitigkeiten der SPD und KPD (diese international und unfähig das Ganze zu sichten). Ferner ist auch das Risiko der Preisgabe einer traditionalen Seelenstruktur zu groß (s. Horkheimer).

Der gesamte Oberbau weicht von den Mittelschichten zurück, denn so wenig der Marxismus alternativ auf sie wirkt, ebenso sehr durchschauen sie die kapitalistischen Ideologien. Die geistige Öde von der sie heimgesucht sind, der Zerstreuungskult (s. »Angestellten«-Arbeit).

d) Wichtig: Hinzu kommt, daß durch die haltungslose Stellung der proletarisierten Mittelschichten zwischen den Parteien und durch die Di-

10 [entangstet: unsichere Lesart.]

stanz der Mittelschichten vom Produktionsprozeß eine natürliche Affinität zwischen der mittelständischen Mentalität und der des Machttyps entsteht. (Auch die Mittelschichten müssen die Zusammenbiegung der Klassengegensätze – nicht ihre Aufhebung im soziologischen Sinne – wünschen.) Außerdem: Herkunft des Machttyps faktisch zum großen Teil aus dem Mittelstand.
[Aber darum ist die »Bewegung« doch keine kleinbürgerliche!]

4) Die Rolle der Arbeitslosen – Lumpenproletariat – klassenbegriffaufweichend.

5) Die Rolle der Jugend – ebenfalls Distanz zur Klasse und aufweichend

6) Bauern usw.

7) Der gesellschaftliche Prozeß führt also zur Brechung von Massen von besonderer Empfänglichkeit für die Propaganda des Machttyps. Wie verfährt diese gegenüber den verschiedenen Bevölkerungsschichten? Sie behandelt jede auf ihre eigene Weise, verspricht jeder das Blaue vom Himmel herunter. (Programm: »politische Reklame«) (Siehe z. B. die Reden Strassers für Arbeiter bestimmt) – demgegenüber die Reden Hitlers in Industriellenkreisen. Man hat das der totalen Propaganda vorgeworfen (er nimmt Geld) – sehr zu Unrecht. Denn sie benutzt ja nur die vorgegebenen Anfälligkeiten, ohne sich mit irgendeiner Schicht zu identifizieren. Ihr Ziel ist gerade die Auflösung der Schichten, die verschiedene Interessen verkörpern, die totale Meinungsbeeinflussung als solche, um der Macht willen. Ihr Funktionieren: Grauen und Glück – Opfer und Seligkeit. Das spricht den sado-masochistischen Typ an.
[Vorangestellt ist hier:] Heroismus

E.
Die Propaganda als Instrument der Macht

1) Kann nach der Machtergreifung – d. h. nach der Errichtung der totalitären Diktatur – die Propaganda aufhören? Aus zwei Gründen nicht!
a) Die Herstellung des nationalen Machtapparats ist nur eine Etappe auf dem Weg zum imperialistischen Ziel. Die Propaganda muß also – als Außenpolitik – im internationalen Maßstab fortgesetzt werden. Installierung der Propaganda a./b. ausgesprochene Propagandaakte.

b) Die Propaganda kann auch im Innern nicht aufhören, weil ihre Inhalte – Beseitigung des Klassenkampfes, Volksgemeinschaft usw. – realiter nicht erreichbar sind. Das heißt Propaganda wird zum wesentlichen Bestandsstück der Diktatur (Ministerium für Propaganda und Volksaufklärung). Der Terror wird ins System eingearbeitet (Rechtsprechung), die Masse verewigt.

2) Die Weltpropaganda mag hier unberücksichtigt bleiben, da sie grundsätzlich auf die gleiche Weise verfährt wie die Propaganda im Innern auf dem Weg zur Macht. [Der Terror wird mit Hilfe der Vervollkommnung des potentiel de guerre ausgeübt; die Suggestionen sind etwa: Bolschewistische Weltgefahr – Volk ohne Raum – aber alle Suggestionen natürlich auswechselbar]. Untersucht allein die – idealtypische – Entwicklung der Propaganda nach innen; da sie allein ein fortschreitender Prozeß ist.
[Links am Seitenrand ist hier ergänzt:] <u>Nicht vergessen</u>:
a) Fortleben der Krise
b) Zensurzwang

3) Nach der Machtergreifung folgen notwendig Realisierungsversuche der propagandistischen Versprechungen. Aber diese Maßnahmen und Institutionen heben die gesellschaftlichen Antagonismen nicht auf, sondern verkleistern sie höchstens. Die Propaganda muß den Eindruck erwecken als sei Schein kein Schein, sondern Realität. Das geschieht dadurch, daß man

> a) mittels der betreffenden Maßnahmen und Institutionen Pfründner und Nutznießer des Regimes schafft, die gern diese Realisierungsversuche als bare Münze nehmen; [am Rand ergänzt:] <u>Korruption</u>
> b) die betreffenden Maßnahmen und Institutionen bis zur grotesken Lächerlichkeit forttreibt. Die Lächerlichkeit des Arierparagraphen z. B. erhöht den Terror und dient als Glaubensregeln.[11]

Fazit: Alle Erfüllungen der Propaganda sind zugleich selber Propaganda, da sie unleugbar Realisierungen darstellen, ohne doch die Realität der Klassen selber anzugreifen, laufen sie auf den Versuch hinaus, den Begriff der Realität – zumindest psychisch – zu entwurzeln.[12]

11 [Glaubensregeln: unsichere Lesart.]
12 [anzugreifen: unsichere Lesart.]

Anmerkung: Je weiter die totalen Diktaturen sich entwickeln, desto beherrschender wird in ihnen die Sphäre psychischer Pseudo-Realität. dem Wahnsinn verwandt. Die Pseudo-Realität könnte nur dann Realität werden, wenn es den Diktaturen gelänge, ihr Ideal der totalen Autarkie d. h. aber der absoluten Weltherrschaft zu erreichen. Allerdings auch dann nicht, denn die Pseudorealität entlarvt sich ja als solche durch die dem Oberbau des Regimes immanenten Widersprüche (Familie, Freiheit der Kunst, Kirche usw.).

4) Gleichzeitig mit dieser Entwicklung der Propaganda vollzieht sich faktisch die Zuschleifung des nationalen Machtapparats. Ihre Merkmale: Erfüllung der Aspirationen der Massen. Gesteuerte nationale (Wehr-) Wirtschaft [progressive Tendenz]. Das alles unter dem Druck der Krise (Mussolinis Rede bei Silone). Wer profitiert daran? Die große Industrie, die Hochfinanz. [Enge Verquickung mit dem Kapitalismus, aber die Achse ist die Partei. Behält sie das Heft in der Hand? Kann sie zur »zweiten Revolution«, zum Bolschewismus, umschwenken?]

5) Von einem gewissen Stadium an verschleißt sich die Propaganda, insofern sie bestimmte Überzeugungen setzt und der nihilistische Machtcharakter des Regimes tritt immer deutlicher hervor.
a) die Propaganda muß sich verschleißen, weil
α) die gesellschaftlichen Antagonismen allmählich wieder durchschlagen, die nur verdeckt [sind] und auch durch die Zuschleifung des nationalen Machtapparats nicht aus der Welt geschaffen wurden. Solche Antagonismen sind:
die der Klassen
die der Autarkie und der Weltwirtschaft
ökonomische und soziale (...)
hierdurch werden besondere, verschiedene reale Interessen und Interessentengruppen gezeugt, die zu differenten Ideologien neigen.
β) die Inhalte der Propaganda in sich widerspruchsvoll sind
Familie bejaht und verneint
Kunst frei und gebunden
Religion als positive Macht verbucht und als welthaltig bekämpft.[13]
Jugend diszipliniert und anarchisch.
Kultur soll gemacht werden und auch nicht gemacht werden usw.

13 [verbucht: unsichere Lesart.]

b) Der nihilistische Machtcharakter enthüllt sich eben dadurch, daß sich das Regime immer offener auf das Heer stützt, von dem es ausgegangen war und durch die imperialistischen Ziele. Entwertung der Partei.

6) Um nicht abzuwirtschaften, was das Ende des Regimes wäre, muß die Propaganda sich wandeln. Ihr Funktionswandel besteht in dem stärkeren Einklang in bestimmten Inhalten und Überzeugungen.[14] Der Nihilismus des Machttyps bricht wie ihre Handhabung durch und sie entlarvt sich mehr und mehr als das, was sie von Anfang an ihrer Absicht nach war: als die Technik der totalen Meinungsbeeinflussung (– als Verharmlosung) als solcher. Angesichts der überall auftauchenden Antagonismen und Widersprüche werden sie zur vollendeten Macht. Die Massen bei der Stange halten: gleich viel wodurch. Das ist ihre Funktion. Das Bild vom Fechter.
[Die Weltpropaganda wird jedoch zum Massenerreger im Innern. Daher auch die zunehmende Bedeutung der Außenpolitik. Außenpolitische Aktionen werden mehr und mehr auch zu Mitteln der Propaganda.][15]
Weiter: Wo immer sich eine Blöße zeigt werden, motorisierten Truppen gleich, irgendwelche Begriffe und Begriffstrümmer hingeworfen. Auf ihren Inhalt kommt es nicht an. Die Propaganda formalisiert sich. Entscheidender als ihr Inhalt ist der Rhythmus der Propagandawellen, seine kunstvolle Beschleunigung oder Verzögerung. Der Schock. Der Widerspruch zwischen Wort und Tat kann zur Propaganda werden, der Wechsel der Maßnahmen an sich. Interessant: Die NS-Propaganda, die die Relativitätskunst und die Objektivität der Wissenschaft bekämpfte, wird zur kompletten Relativierung aller Inhalte getrieben.[16] Massenerregung an sich ist ihr Ausklang und der Nihilismus wird manifest. Aus dem Krieg geboren, tendiert sie dazu, im Krieg unterzugehen.[17]

14 [Einklang: unsichere Lesart.]

15 [Dieser Absatz ist von Kracauer in eckige Klammern gesetzt worden.]

16 [getrieben: unsichere Lesart.]

17 [Auf der letzten Seite der Handschrift der Disposition finden sich zahlreiche weitere Marginalien, die von längeren Anmerkungen zu Meyrowitz bis hin zu kürzesten Einwortnotizen reichen. Diese wurden, da sie nicht eindeutig zugeordnet werden konnten, hier weggelassen.]

Materialien II
Theodor W. Adorno: Gutachten und gekürzte Fassung

Das von Theodor W. Adorno erstellte Gutachten zu *Totalitäre Propaganda* und auch die von ihm erstellte Kurzfassung, die maschinenschriftlich mitsamt zahlreichen handschriftlichen Korrekturen überliefert ist, werden hier in der Form abgedruckt, in der sie auch vorliegen. Einzig die drei Punkte bei Auslassungen in Zitaten wurden in Klammern gesetzt. Die ungewöhnliche Orthographie und die sehr lückenhafte Interpunktion wurden hingegen so belassen, wie sie sich in den Manuskripten finden. Einzig offenkundige Schreibfehler wurden korrigiert. Die handschriftlichen Korrekturen in der Kurzfassung wurden hingegen komplett eingearbeitet und werden nicht eigens nachgewiesen. Auch die Zitierweise dieser Fassung wurde unverändert belassen, zumal sich die kompletten Literaturnachweise bereits in der edierten Fassung von *Totalitäre Propaganda* finden.

1. Gutachten über die Arbeit »Die totalitäre Propaganda Deutschlands und Italiens«, S. 1 bis S. 106, von Siegfried Kracauer

Zur Einschätzung des Kracauerschen Textes, der dem Umfang nach etwa der Hälfte der gesamten Arbeit entsprechen soll, scheint es mir nicht zureichend, ihn einfach mit unseren Kategorien zu konfrontieren und zu prüfen, wie weit er mit diesen übereinstimmt, sondern man hat von vornherein davon auszugehen, daß Kracauer weder seiner theoretischen Haltung nach verbindlich zu uns gehört, noch seiner Arbeitsmethode nach als wissenschaftlicher Schriftsteller überhaupt rangiert, und hat zu fragen, ob seine Arbeit, unter diesen von uns vorweg bekannten Voraussetzungen, uns etwas zu bieten hat, was wir, seis publizistisch, seis für die eigene Theoriebildung, verwerten können.

Ich möchte meinen Eindruck thesenhaft so formulieren: die Arbeit ist weder von eigentlich theoretischem Wert, noch ist sie im empirischen Material zureichend fundiert, drückt aber zuweilen in literarisch höchst brauchbaren Formulierungen bestimmte Erfahrungen und Beobachtungen aus, die über die outsiderhafte Position des Autors hinaus Geltung besitzen.

Zum Theoretischen ist zu sagen einmal, daß Kracauer kein geschulter Marxist ist und infolgedessen die Beziehung des Fascismus und der fascistischen Propaganda zur gegenwärtigen Phase des Kapitalismus in mehr oder minder vagen Analogien konstruiert und gelegentlich eine Abneigung gegen die marxistische Methode selber verrät, die aus individualistischen Reservaten entspringt. Weiter sind auch die sozialpsychologischen Betrachtungen nicht eigentlich fundiert, und insbesondere die Psychoanalyse spielt die Rolle eines Lückenbüßers, was deutlich wird etwa an den Auslassungen über Sadomasochismus, wo der entscheidende Unterschied von verdrängtem und praktiziertem Sadismus überhaupt nicht ins Blickfeld tritt, sodaß Kracauer die Thesen von Horkheimer, auf die er sich dauernd beruft, dem Sinn nach geradezu in ihr Gegenteil verkehrt. Anstelle eines wirklichen theoretischen Fundaments tritt bei Kracauer der Schatz kurrenter Überzeugungen des heutigen linken Intellektuellen, in dem marxistische und psychoanalytische Begriffe neben vulgär-psychologischen und vulgär-soziologischen und neben Argumentationen des gesunden Menschenverstandes friedlich ihre Stelle finden. Kracauers Kategorienschatz ist von dem linksbürgerlichen Schriftsteller vom Schlage Stefan Zweigs weit weniger verschieden als die Prätention des Ausdrucks glauben macht. Die Folge davon ist eine gewisse Unverbindlichkeit und Zufälligkeit der theoretischen Begründungszusammenhänge, die zuweilen das Amateurhafte streifen. Das gilt besonders für die Ableitung des Fascismus aus dem gesellschaftlich ganz neutral gefaßten Prinzip des Krieges. Die ganze Einleitung der Arbeit, mindestens bis S. 30, wahrscheinlich noch länger, ist daher unbrauchbar, worüber im Übrigen in unserer Gruppe Einstimmung zu herrschen scheint.

Zur empirisch-wissenschaftlichen Seite ist zu sagen, daß Kracauer, wie ich annehmen möchte aus Gründen, die mit seiner bedrängten Situation zusammenhängen, viel zu wenig Quellenstudien gemacht hat. Seine Zitate sind meist Zitat second hand, und die Originalzitate von Hitler, die zum Teil außerordentlich interessant sind, sind nicht genügend ausgewertet. Das Material über Italien ist fast ausschließlich Silone entnommen, der mir als marxistischer Gewährsmann keineswegs über jedem Zweifel zu sein scheint. Ich möchte daher vorschlagen, daß bei einer Publikation die auf Italien bezüglichen Teile vollständig wegfallen.

Die Vorzüge der Arbeit sehe ich in der Qualität der Beobachtung, der literarischen Erfahrung vieler Formulierungen (wir sind mit Beiträgen schriftstellerischer Qualität nicht überreich gesegnet) und auch in einer gewissen Fähigkeit zur Anordnung des Tatsachenmaterials, die zuweilen ausgleicht, was der Arbeit an eigentlicher theoretischer Kraft abgeht. Ich möchte dabei in erster Linie auf die Seiten 53 bis 57 hinweisen, die sich strikt im Rahmen einer bloßen Phänomenologie halten, in diesem Rahmen aber als wirklich außerordentlich gelten müssen. Die These von der Mobilität partieller Ideologien im Fascismus, vieles in der Darstellung des Terrors, die Methode, Aufschlüsse über den Fascismus aus dem »Spiegelreflex«, d. h. der fascistischen Darstellung nicht fascistischer Tatsachen zu ziehen; ferner die Thesen über die ständige Reproduktion der Masse durch den Fascismus und die Kritik des Gegensatzes von Führerpersönlichkeit und Masse als eines bloßen Scheingegensatzes (eine Kritik, die im Übrigen noch zu schärfen wäre): all das finde ich so einleuchtend und auch neu, daß wir es publizieren sollten. Wenn all diesen Analysen die ökonomische Bestimmtheit abgeht, so ist einmal zu Kracauers Entlastung zu sagen, daß eine ökonomische Theorie des Monopolkapitalismus, die die Fascismusanalyse tragen könnte, überhaupt noch nicht vorliegt; dann aber, daß gerade die eingehende Deskription des fascistischen Propagandamechanismus dazu verhelfen kann, Misstrauen gegen eine naiv ökonomistische Auffassung zu wecken, die den Marxismus im gegenwärtigen Stadium hemmt. Man könnte sozusagen aus Kracauers theoretischer Not eine marxistische Tugend machen. Ich möchte in diesem Zusammenhang hinweisen insbesondere auf die Stelle des Kracauerschen Textes, wo er die Auffassung der »Unrentabilität« der fascistischen Massenveranstaltungen und überhaupt der fascistischen Fassadenbildung einer Kritik unterzieht.

Da die positiven Teile der Arbeit von theoretischer Improvisation und Naivetäten durchwachsen sind, und außerdem die Arbeit, selbst wenn man die ersten 30 bis 40 Seiten ganz abzieht, weit über den in der Zeitschrift verfügbaren Raum hinausgeht, so möchte ich vorschlagen, sie auf ihre brauchbaren Teile durchzugehen, diese unter Stichworten zu notieren und aus dem Kracauerschen Zusammenhang herauslösen, soweit dieser Zusammenhang willkürlich erscheint. Andererseits müßten die brauchbaren Anordnungen Kracauers erhalten bleiben. Aus diesem Material wäre dann ein Zeitschriftenaufsatz von höchstens zwei Zeitschriftenbogen neu herzustellen. Ich würde mich anheischig machen, diese Aufgabe durchzuführen.

Zu bedenken geben möchte ich nur noch eins: Kracauer hat offenbar in dieser Arbeit mit einer großen und gewaltsamen Anstrengung, die ich ihm hoch anrechne, versucht, sich aus der Sphäre der Warenschriftstellerei herauszuarbeiten, der das Offenbachbuch angehört. Im Wesentlichen steigt die Qualität der Arbeit mit ihrem Fortgang an. Ich halte es daher für durchaus möglich, daß der noch ausstehende zweite Teil der Arbeit besser sein wird als der erste, und es ist darum vielleicht angezeigt, das Eintreffen dieses zweiten Teils abzuwarten, bevor wir die Redigierung in Angriff nehmen.

Schließlich glaube ich, mich keiner Sentimentalität schuldig zu machen, wenn ich sage, daß gerade bei einem Emigrationsopfer wie Kracauer, das in einer immerhin anständigen Weise versucht, seinen geistigen Standard wiederzugewinnen, auch der moralische Effekt einer Publikation auf den Autor so ernst zu nehmen ist, daß wir ihn bei unserer Entscheidung nicht unberücksichtigt lassen sollten.

Andererseits ist mir vor allem im Verlauf der europäischen Propagandaaktion immer wieder der Wunsch nach mehr Beiträgen zu politischen

Soziologie entgegengetreten, und diesem Desiderat könnte der bearbeitete Aufsatz von Kracauer entgegenkommen, ohne uns politisch allzusehr zu belasten.

New York, 5. März 1938.

2. Siegfried Kracauer
Zur Theorie der autoritären Propaganda
[Von Theodor W. Adorno erstellte Kurzfassung]

1937-1938.

Siegfried Kracauer hat im Auftrag des Instituts für Sozialforschung eine umfangreiche Arbeit über die autoritäre Propaganda geschrieben. Da für den Augenblick die Publikation des vollen Textes unmöglich ist, werden im Folgenden die Resultate zusammengefasst.

Inhalt:

Zur Theorie der autoritären Propaganda

Der Aufsatz geht davon aus, dass die Propaganda notwendig wird, um die unversöhnlichen Interessensgegensätze in den autoritären Staaten zur scheinbaren Aufhebung zu bringen. Propaganda dient der »Reproduktion der Dummheit«.

Ihr erstes Anliegen ist die trügerische »Integration« der Klassengegensätze. Sie gelten als überwunden durch die »Revolution«, die als vollzogen vorgetäuscht wird. Im Zusammenhang mit den Begriffen der Revolution wird eine Verwirrung gestiftet, die die politischen Fronten verschleiern hilft. Die Propaganda produziert eine pseudo-ästhetische Scheinwelt.

Zu dieser treten die propagandistischen Scheinbefriedigungen hinzu, die im dritten Kapitel erörtern werden. Ihr ideologischer Charakter wird insbesondere an der Organisation »Kraft durch Freude« nachgewiesen.

Im vierten Kapitel wird die »Dynamisierung« der Propaganda behandelt, die sich auf keinen bestimmten Inhalt festlegen darf, weil sie mit jedem Schritt auf die fortbestehenden gesellschaftlichen Widersprüche trifft. Im Zusammenhang ihrer Analyse wird die Sprache der autoritären Propaganda analysiert.

Die Dynamisierung der Propaganda führt zu ihrem Zynismus: man glaubt nichts ganz selber, und nichts wird von den Hörern ganz geglaubt. Der Zynismus erweist sich am »Spiegelreflex«, mit dem autoritäre Propaganda eben das von anderen aussagt, dessen sie selber schuldig ist.

Dieser Zynismus kulminiert im Terror (VI), in den die Propaganda umschlägt, und der die Abblendung des Bewusstseins durch Angst vollendet.

Die beiden letzten Kapitel gehören den komplementären Begriffen der Masse und des Führers. Der Begriff der Masse wird in ausdrücklichem Gegensatz zu dem der Klasse von der Propaganda gehandhabt: Masse ist nicht sowohl ihre Voraussetzung als ihr virtuelles Produkt. Zu ihm steht der Führer bloss in scheinbarem Gegensatz. Die Physiognomik des Führers als propagandistischer Figur beschliesst die Abhandlung.

I

Die neue Qualität, die Propaganda in den autoritären Staaten annimmt, rührt daher, dass allein mit ihrer Hilfe die überwältigende Mehrheit der Bevölkerung zum Schutz von Interessen eingespannt werden kann, die zu ihren eigenen in vollkommenem Gegensatz stehen, und die gegen den bewussten Willen der tödlich bedrohten Majorität keinen Augenblick mehr sich behaupten könnten. Der Witz aus harmlosen alten Wahlkampagnen: »Nur die allerdümmsten Kälber wählen ihre Schlächter selber«, verliert seine Harmlosigkeit und wird zur Maxime: Die Menschen müssen Kälber werden, damit sie sich eine Einrichtung der Welt gefallen lassen, die sie zu Schlachtopfern macht. Diesen einzureden, sie seien Opfer der Schlacht und Sieger zugleich, ist der Sinn der autoritären Propaganda. Sie hat nach dem Zeugnis des massgebenden Sachverständigen ihr Vorbild an der Kriegspropaganda, die das Unmögliche ins Mögliche, den Wahn in den Sinn verwandelt: »An dieser feindlichen Kriegspropaganda habe auch ich unendlich gelernt«,[1] denn »sie war am Anfang scheinbar verrückt nach der Frechheit ihrer Behauptungen, wurde später unangenehm und ward schliesslich geglaubt«.[2] Kein Zufall, dass die gleiche »Lügenpresse«, an der man so vieles lernen konnte, heute am eifrigsten die Verständigung mit den Autoritären betreibt. Hat man ihr die Kunst abgewonnen, im Namen des Neuesten, der Sensation und der hochwillkommenen Abwechslung den Unterschied von wahr und falsch zu liquidieren und noch die Lüge zu überbieten, indem man mit der eigenen Wirklichkeit das kühnste Greuelmärchen hinter sich lässt, das diese reflektieren könnte – so hat man dafür die Technik, die Majorität zu ergreifen, denen abgestohlen, welche diese von ihren Ausbeutern emanzipieren möchten. In diesem Sinn allein ist die totalitäre Propaganda »integral«. Unterm formalen Aspekt der Massenpropaganda für eine Theorie, »mag diese nun wahr oder falsch sein«, weiss der Sachverständige noch die Praxis der Arbeiterparteien zu würdigen: »Was dem Marxismus die Millionen von Arbeitern gewonnen hat, ist weniger die Schreibart marxistischer Kirchenväter, als vielmehr die unermüdliche und wahrhaft gewaltige Propagandaarbeit von Zehntausenden unermüdlicher Agitatoren, angefangen vom grossen Hetzapostel bis herunter zum kleinen Gewerkschaftsbeamten und zum Vertrauensmann

1 »Mein Kampf«, München 1935, S. 193-194.
2 Ebd., S. 203.

und Diskussionsredner; das sind die Hunderttausende von Versammlungen, bei denen, in qualmiger Wirtsstube auf dem Tisch stehend, diese Volksredner auf die Massen einhämmerten und sie eine fabelhafte Kenntnis dieses Menschenmaterials zu gewinnen wussten, was sie erst recht in die Lage versetzte, die richtigsten Angriffswaffen auf die Burg der öffentlichen Meinung zu wählen.«[3] Dort die Verdrehung, hier das Einhämmern auf Menschenmaterial: die Propagandamethoden, die das historische Modell der fascistischen bilden, werden integriert zu keinem anderen Zweck, als die neurotische Dummheit der Unterdrückten, welche Unterdrückung selber bewirkt, zu reproduzieren und potenzieren.

Die Reproduktion der Dummheit hält sich auf der Linie des geringsten Widerstandes. Mehr noch als der Technik von Sensation und der Praxis von Agitation verdankt sie der Reklame. Goebbels spricht vom »kleinsten Mann«, der die Propaganda verstehen müsse, und Hitler sagt: »Jede Propaganda hat (...) ihr geistiges Niveau einzustellen nach der Aufnahmefähigkeit des Beschränktesten unter denen, an die sie sich zu richten gedenkt«.[4] Sie hat sich »auf nur sehr wenige Punkte zu beschränken und diese schlagwortartig so lange zu verwerten, bis auch bestimmt der Letzte unter einem solchen Worte das Gewollte sich vorzustellen vermag«.[5] Es sind die Mittel der technischen Belieferung mit Reklame, die vorab dazu dienten, die Linie des geringsten Widerstandes durchzusetzen: im eigenen Zimmer mit der fernen Autorität des Radios konfrontiert, bleibt dem Individuum keine Möglichkeit des Ausweichens, und einmal von Reklame lückenlos umstellt, betrachtet es dieses als die Sache selbst. Nichts Einmaliges, was nicht massenweise reproduziert Reklamecharakter annähme. »Ich halte es für unmöglich, dass ein nationales Ereignis, wie beispielsweise die Eröffnung des neuen Reichtags oder der Dankgottesdienst in den Potsdamer Kirchen oder die Parade eines Potsdamer Regiments vor dem Herrn Reichspräsidenten sich nur vor 10- oder 15 000 Menschen abspielt. Das ist ganz unmodern ... Im Gegenteil halte ich es für notwendig, dass die ganze Nation – denn dazu haben wir heute die nötigen Hilfsmittel – an solchen Vorgängen unmittelbar Anteil nimmt und mithört. Wenn das Fernsehen einmal erfunden sein

3 Ebd., S. 529.
4 Ebd., S. 197.
5 Ebd., S. 198.

wird, dann soll auch die ganze Nation mitschauen können, wie sich diese Ereignisse abspielen (...).«[6]
Im Zeitalter der totalitären Propaganda beschwört jeder neue technische Fortschritt das Risiko neuen humanen Rückschrittes herauf; die Siege der Menschen über die Natur spielen dieser die Gelegenheit ungeahnter Siege über die Menschheit zu; das Wachstum der Glückschance wird schattenhaft begleitet von dem des Verhängnisses. Wenn aber der Fascismus dies Verhängnis als Schicksal magisiert; wenn er von Propaganda für die »Idee« spricht und nicht von Reklame für das, was im Ausverkauf der sacrosankten Gehalte um jeden Preis an den Mann gebracht werden soll, dann hat sein Führer ihn desavouiert, wenn er sich einmal entschliesst, aus dem Schatz seiner Erfahrung Ratschläge zu spenden: »Am allerschlechtesten (...) begriff man die allererste Voraussetzung jeder propagandistischen Tätigkeit überhaupt: nämlich die grundsätzlich subjektive Stellungnahme derselben zu jeder von ihr bearbeiteten Frage (...). Was würde man zum Beispiel über ein Plakat sagen, das eine neue Seife anpreisen soll, dabei jedoch auch andere Seifen als ›gut‹ bezeichnet? Man würde darüber nur den Kopf schütteln. Genauso verhält es sich aber auch mit politischer Reklame.«[7] Indem er von Reklame redet, kommt er in der Tat auf die Sache selbst. Nämlich auf die Frage, ob die autoritäre Propaganda »überzeugt«. Wer die angepriesene Seife kauft, handelt kaum als Überzeugter. Nur kann er ihren Namen nicht loswerden; gewiss nicht, sobald kein anderer mehr ihn erreicht. So gibt er dann nach, des vagen Glaubens, schliesslich sei eine Marke so gut wie die andere, und darum desinteressiert. Danach verhalten sich die Objekte der autoritären Propaganda. Die »Entpolitisierung«, die man als Erschöpfungsfolge in Deutschland beobachtet hat, gleicht keineswegs dem biedermeierischen Ausweichen in unbesetzte Bezirke. Sie hat ihre Ursache in der Manipulation der Majorität als einer Kundenschaft, gebildet aus den Zwangskonsumenten der Parolen. Überzeugt ist kein Einzelner. Ernsthaft einmal die Frage nach Überzeugung stellen, hiesse schon sie verneinen. Die autoritäre Propaganda ist dessen misstrauisch sich wohl bewusst. Sie hält die Gefahr der umspringenden Überzeugung stets in Evidenz. Daher kreist sie ihre Opfer ein. Sie möchte weniger deren Überzeugungen ändern als die Möglichkeit von Überzeugung selbst kassieren.

6 Dr. Joseph Goebbels, »Revolution der Deutschen. 14 Jahre Nationalsozialismus«, Goebbelsreden mit einleitenden Zeitbildern von Hein Schlecht. Oldenburg i. O.

7 »Mein Kampf«, S. 200.

Die andere Seife darf nicht zur Wahl gestellt sein: verschwinden muss die Frage. Rudolf Hess vereidigt die politischen Leiter am 25. Februar 1934 mit den Worten: »Nicht allein Treue in der Tat, auch Treue in der Gesinnung wird von euch gefordert (...) Treue in der Gesinnung bedeutet unbedingten Gehorsam, der nicht fragt nach dem Nutzen des Befehls, der nicht fragt nach den Gründen des Befehls, sondern gehorcht um des Gehorsams willen. Der Gehorsam wird dann zum Ausdruck heldischer Gesinnung, wenn die Befolgung des Befehls dem Gehorchenden zum persönlichen Nachteil zu gereichen oder dessen eigenster Überzeugung zu widersprechen scheint«.[8] Die Kargheit der Prosa bemäntelt, was in der poetischen Metapher nackt zutage liegt; im nationalsozialistischen »Lied der Kämpfer«: »Die heut marschieren in den erznen Haufen wir fragen nicht. Wir sind des Führers Faust.« Das ideale Subjekt der kriegerischen Friedenspropaganda ist der politische Soldat. Was diesem widerfahren soll, beschreibt Ley in seinem Aufsatz »Vom Wesen des ständischen Aufbaus« (1933) befriedigt: »Während der alte Staat ein Nachtwächterstaat war, ist unser Staat ein Erziehungsstaat, ein Pädagoge, ein väterlicher Freund. Er lässt den Menschen nicht los, von der Wiege bis zum Grabe. Und so fangen wir schon beim Kinde von drei Jahren an; sobald es anfängt zu denken, bekommt es schon ein Fähnchen zu tragen. Alsdann folgt die Schule, die Hitlerjugend, die SA, der Wehrdienst. Wir lassen den Menschen nicht los, und wenn alles vorbei ist, kommt die Arbeitsfront und nimmt die Menschen immer wieder auf und lässt sie nicht los bis zum Grabe, mögen sie sich dagegen auch verwahren.«[9] Damit wird die totalitäre Propaganda total. Der Kampf gegen den Liberalismus gilt nicht bloss der Meinungsfreiheit. Er gilt der Meinung selber. Sobald man die geringste Nachsicht übt, erklärt Hitler einmal, »wird nicht nur die zu unterdrückende Lehre sich immer wieder erholen, sondern sie wird sogar aus jeder Verfolgung neue Werte zu ziehen in der Lage sein, indem nach Abflauen einer solchen Welle des Druckes die Empörung über das erduldete Leid der alten Lehre neue Anhänger zuführt, die bereits vorhandenen aber mit grösserem Trotz und tieferem Hass als vordem an ihr hängen werden ...«[10] Darin liegt der eigentliche

8 »Hirths Deutsche Sammlung. Sachkundliche Abteilung: Geschichte und Staatsbürgerkunde«, Gruppe III: Grundfragen, Band 4: »Der nationalsozialistische Staat«. 2. Heft. – Vom 13. November 1933 bis 10. September 1934. Herausgeg. von Dr. Walther Gehl, Breslau.

9 cf. Willi Münzenberg, »Propaganda als Waffe«, Paris, 1937.

10 Mein Kampf, S. 188.

Schlüssel dafür, dass die These, der Fascismus sei das Bollwerk gegen den Kommunismus, durch die fascistische Machtübernahme erst wahr geworden ist. Sie hat dann auch ihren internationalen Erfolg. Ironisch wird der Erfolg zu Kriterium der Propaganda. Er wird es aber auch unmittelbar, im Bewusstsein derer, die die Propaganda handhaben. Deren Richtigkeit ist, Hitler zufolge, »ausschliesslich zu messen an ihrem wirksamen Erfolg«, und Goebbels meint nicht die verhassten Jesuiten sondern sich selber, wenn er formuliert: »Jedes Mittel, das diesem Ziel dient, ist gut. Und jedes Mittel, das an diesem Ziel vorbeigeht, ist schlecht.«[11] Als Instrument zur Stabilisierung bestehender Machtverhältnisse und nicht zur Verbreitung bestimmter Einsichten wird gelegentlich die totalitäre Propaganda Selbstzweck: es gibt politische Massnahmen von der Art gewisser Sumpfentwässerungen, Strassenbauten und Flugexpeditionen, die bloss noch der Propaganda dienen. Potemkinsche Dörfer werden nicht bloss erstellt, sondern besiedelt.

II

Der Interessengegensatz, den autoritäre Propaganda aus dem Bewusstsein verdrängen muss, ist der der Klassen. In einer Gesellschaft, in der der Klassengegensatz ungemindert erhalten bleibt: in der der Antagonismus von Kapital und Arbeit fortbesteht und das Sozialprodukt wesentlich den wenigen Privilegierten zugute kommt, muss der Glaube erweckt werden, als habe all das sich geändert. Die fortbestehenden Klassen werden für naturgewollte Stände ausgegeben, Kapital und Arbeit soll zusammen die Volksgemeinschaft ausmachen und die, denen die Gesellschaft nicht mehr vom Sozialprodukt zuwägt, als was sie eben befähigt, ihre Arbeitskraft wiederherzustellen, werden ausgebeutet im Namen des »gerechten Lohns«. Der Propaganda fällt die Aufgabe zu, den Schein einer radikalen Veränderung dort hervorzubringen, wo am ökonomischen Grunde des Klassenverhältnisses nichts sich geändert hat. Erleichtert wird ihr das durch die realen Veränderungen, die sich in der Struktur der kapitalistischen Gesellschaft mit dem Ende der Phase der freien Konkurrenz tatsächlich ergeben. Die Verfügungsgewalt des staatlichen und Parteiapparats über den Privatbesitz kann leicht genug als Triumph von Gemeinnutz über Eigennutz gedeutet werden, so lange

11 Joseph Goebbels, Kampf um Berlin. Der Anfang, München, 1934.

nur die Frage ungestellt bleibt, wem eigentlich der Nutzen in der neuen wirtschaftlichen Organisationsform zugute kommt.

Wenn der Unzufriedene, dessen Klassenbewusstsein noch unentwickelt ist, seinem Protest Ausdruck verleiht in der Form, »es muss endlich anders werden«, dann hintertreibt die Propaganda die Bildung des Klassenbewusstseins, indem sie vorspiegelt, alles sei anders geworden. Sie hat sich nicht begnügt, die sozialistischen Agitationsmethoden zu adaptieren: sie hat den Begriff der Revolution selber gestohlen. Dass eine solche stattgefunden habe, ist in den totalitären Ländern das Urfiktum. Es ist zugleich das gefährlichste von allen, weil es am leichtesten mit dem Unveränderten sich konfrontieren liesse. Es zu bekräftigen müssen nicht nur die Toten herhalten, die man aus der Zeit der Rauferei zu verbuchen sich freut. Die Ausschreitungen in der Periode der Machtübernahme selber leisten mit vielem andern den Dienst, die Revolution als vollzogene vorzutäuschen. Aber selbst als der der vollzogenen bleibt ihr Name noch bedrohlich genug. So hat man sie von Anfang an legal getauft, unbekümmert um den Hohn auf die Revolution, den die Legalität bedeutet, unbekümmert nämlich, so lange man sich nur stark genug weiss, die Legalität selber zu verhöhnen; dann hat man die Revolution für beendet erklärt, als wäre sie nichts als die Ausstellung, die sie in den totalitären Staaten war. Der Hass gegen alle Revolution hat den spanischen Reaktionär Ortega y Gasset hellsichtig gemacht noch für ihren Schein. Vom fascistischen »Massenmenschen«, als dem Träger jener Art Historie, weiss er zu sagen: »Was er macht, macht er ›als ob‹, wie der Familiensohn seine Dummheiten. Aller Eifer, mit dem man bestrebt ist, in jeder Lebenslage tragische, letzte, schicksalsschwere Haltungen einzunehmen, ist leerer Schein. Man spielt Tragödie, weil man die wirkliche Tragödie in unserer zivilisierten Welt für unwahrscheinlich hält.«[12] Man hat es leicht genug damit. Die Schulden, die der Familiensohn macht, muss der wohlhabende Vater bezahlen. Die Schuld an den Opfern der erlaubten Illegalität hat noch keiner eingelöst.

Die revolutionäre Aktion wird formalisiert, ut aliquid fieri videatur. Ihre Stelle ist besetzt vom Aktualismus als Weltanschauung: dem prompten Ausverkauf Fichtes. »Tat« und »Gegenwart« werden schlechthin vergöttert, damit man von ihrem konkreten gesellschaftlichen Inhalt nicht Rechenschaft ablegen muss. Die dynamische Aussenpolitik hat allen Vorteil daraus gezogen. Der Formalismus des totalitären Aktualitätsbegriffs

12 José Ortega y Gasset, Der Aufstand der Massen, Stuttgart und Berlin

erweist sich daran, dass er mit dem Kultus des Gewesenen und jeglicher Regression wohl vereinbar bleibt. Die Tat, die »als solche« zelebriert wird, hat keinen neuen Inhalt zu ihrem Mass. So wird ihr Längstvergangenes untergeschoben und was auf die gerechtere Einrichtung der Gesellschaft abzielte, denunziert. Die totalitäre Revolution hat die Gegenrevolution zum realen Inhalt; die Gegenrevolution kleidet sich in die Form der Revolution. Gregor Strasser, selber unterdessen liquidiert, sagt frank: »Revolution in unserem Sinne ist der unumstössliche Wille, die französische Revolution zu liquidieren, weil wir an ihr sonst zugrunde gehen.«[13] Bedachter ist die Konfusion von Goebbels: »Der Fascismus war der erste machtpolitische Prozess gegen den Liberalismus, jene geistige Vorstellungswelt, die 1789 mit dem Sturm auf die Bastille begann und in schweren revolutionären Zuckungen ein Land nach dem anderen eroberte und am Ende die Völker in Marxismus, Demokratie, Anarchie und Klassenwahn versinken liess.«[14] Alles ist anders geworden; die Klassen selber sind von dem Marxisten produziert, und diese sind die Exponenten des Kapitalismus: »Die Arbeiterbewegung ist nicht der Antipode, sondern der letzte Ausläufer des verfaulenden Bürgertums.«[15] Die Lügenpresse ist überboten. An der offenen Absurdität bewährt sich die vollkommene Abblendung des Bewusstseins durch totalitäre Propaganda. Die gefälschten Protokolle der Weisen von Zion, die Mordgeschichten der Mathilde Ludendorff, in denen es auf dem deutschen Parnass zugeht wie bei den Nibelungen, Streichers Brunnenvergiftungen und Kinderschänder sind nicht bloss Extreme, die man erlaubt, um sie gelegentlich zu verbieten und die eigene Vernunft unter Beweis stellen zu können. Die Absurdität gehört als Test zur Propaganda, sobald diese sich anschicken muss, die offenen Evidenz Lügen zu strafen.

Die Reproduktion der Dummheit ist noch nicht total genug, um am Absurden ihren zureichenden Stoff zu finden: wenn Gentile nicht auf die Linie des geringsten Widerstandes passt, dann taugen die Germanenbärte, die das Schwarze Korps verspottet, während es zugleich selber von den neuheidnischen SS-Hochzeiten Kunde gibt, nicht in die fortbestehende kapitalistische Gesellschaft, und die Professoren, die über Rosenberg Vorlesung halten, zögern dennoch, die Literaturgeschichte lu-

13 Gregor Strasser, Kampf um Deutschland. Reden und Aufsätze eines Nationalsozialisten, München 1932.

14 Signale der neuen Zeit. 25 ausgewählte Reden von Dr. Joseph Goebbels, München, 1934.

15 Goebbels, Revolution der Deutschen.

dendorffisch umzuschreiben. Die Propaganda, die den Massen den Schein der vollzogenen Revolution und der angeschafften Klassengegensätze herrichten soll, macht den Schein selber zu ihrem Prinzip und deklariert sich als Kunst. Die den Grundsatz l'art pour l'art als volksfremd brandmarken, gerieren sich als erwählte Artisten, wenn es um ihr eigenes Metier geht, und tragen die Propaganda als Blume im Knopfloch. Goebbels behauptet von seinem Charisma: »Man ist entweder Propagandist oder ist es nicht.«[16] Nüchterner ist sein Chef: »Ich lernte (...) schon frühzeitig verstehen, dass die richtige Verwendung der Propaganda eine wirkliche Kunst darstellt, die den bürgerlichen Parteien fast so gut wie unbekannt war und blieb.«[17] Die wirkliche Kunst ist angewandte Psychologie gleich der Reklame. »Der Propagandist muss der beste Seelenkenner sein (...). Der Propagandist wendet sich nicht nur an das Volk in seiner Gesamtheit, sondern auch an seine einzelnen Teile, er spricht zum Arbeiter, zum Bauern, zum Bürger, zum Süddeutschen und zum Norddeutschen, er muss zu den verschiedenen Berufsständen und zu den verschiedenen Konfessionen reden können ...«[18] Ein Song, der einmal das gemütliche Zusammensein von Betrieben verzierte, feierte den Reisenden mit den Worten: »reden muss man können, reden, reden«. Dessen Erbe hat die totalitäre Propaganda angetreten. Wovon man redet, ist beiden so wenig wichtig, wie dem Freudschen Oralcharakter. Die Ästhetisierung der Propaganda bezweckt die Anästhisierung der Massen.

III

An dieser jedoch ist es nicht genug. Gegen den Schein des Vollzogenen und der geleisteten Integration meldet immer wieder das unbefriedigte Bedürfnis selber sich an. Propaganda kann sich nicht begnügen, diesem das ephemere Bild des befriedigten Zustandes entgegen zu halten. Sie muss konkrete Scheinbefriedigungen produzieren und in die Realität selber sich erstrecken: zuweilen tief genug, um in der totalen Reaktion progressive Züge zu entwickeln.
Manche der Propagandaaktionen sind als Fassadenphänomene leicht noch durchschaubar. Wenn von den beiden Eingängen der Villa die

16 Goebbels, Signale der neuen Zeit. [Kraucauer ergänzte: a. a. O., S. 41]
17 Mein Kampf, 193.
18 Goebbels, Revolution der Deutschen.

Schilder »Herrschaften« und »Bediente« entfernt werden, die Türen jedoch unverändert an ihrer Stelle bleiben, weiss jeder sehr wohl, wo er hingehört. Aber von solchen Massnahmen, die mehr der sadistischen Wut gegens gute Leben als dem Hass gegen die Ungerechtigkeit entspringen, führt eine stetige Linie zu den grossen propagandistischen Institutionen, deren Scheinbefriedigungen von den wirklichen kaum mehr zu unterscheiden sind, weil die wirklichen nicht besser sind als sie selber. Die Bierseligkeit freiwilliger Sängerfeste ist nicht überlegen [den] kommandierten der Veranstaltungen von »Kraft durch Freude«, die mit ihnen das Symbol der Schirmmützen teilt und jene Art von Gleichheit, Freiheit, Brüderlichkeit, die allen erlaubt, alle anzurempeln. Die Zugkraft der Arbeitsfront und ihrer Vergnügungsorganisation, die Kapital und Arbeit als »Arbeitgeber« und »Arbeitnehmer« vermengt, kann denn auch kaum überschätzt werden. Sie ist umso grösser, als im bestehenden gesellschaftlichen Zustand die Bewusstseinsdifferenzen von Gross- und Kleinbürgern unvergleichlich viel geringer sind, als die Soziologen sich wünschen. Auf der Linie des geringsten Widerstandes findet sich der sonnenbadende Direktor mit dem chauffierenden Angestellten in bestem Einverständnis zusammen. Die Vergünstigungen, die »Kraft durch Freude« dem Organisationsangehörigen gewährt, sind erheblich genug, um die gleiche Attraktion auszuüben wie irgendeine Lotteriechance und mehr: die Demokratisierung des Vergnügens, der der Betrieb dient, ist das einzige Mittel, im Zeitalter der neuen Massenverelendung die Vergnügungsindustrie in vielen ihrer Zweige, etwa dem Hotelgewerbe, überhaupt am Leben zu erhalten. Dass trotz alledem die KdF-Organisation in Wahrheit bloss der Stabilisierung der Machtverhältnisse dient und in die Propaganda fällt, hat Ley, das enfant terrible jener Propaganda, gelegentlich eingestanden. Unter den Argumenten, mit denen er am 27. November 1933 vor der Arbeitsfront die KdF-Organisation begründet, finden sich die folgenden: »Über allem steht das vom Führer geprägte Wort: ›Wie erhalten wir dem Volke die Nerven, in der Erkenntnis, dass man nur mit einem nervenstarken Volk Politik treiben kann (...)‹«. Das begründet den machtpolitischen Primat. Weiter: »Unerfüllte Sehnsucht erzeugt Neid. – Wenn der Mensch aber selber an den Gütern des Lebens teilhaben darf, wird er nicht mehr von Neid und Hass erfüllt sein, sondern von Glück und Dankbarkeit. Daraus folgt das Zweite, was die Bewegung bringen soll ... Sie soll die Minderwertigkeitskomplexe im arbeitenden Volke töten.« Das ist das Programm der Ersatzbefriedigung, mit Bekenntniszwang formuliert in Ausdrücken der verhassten Psychologie. Endlich: »Und als Drittes soll diese Organisation die Langeweile des Menschen bannen. Aus der Langeweile entspringen dumme, hetzerische, ja letzten Endes verbrecherische Ideen und Gedanken. Dumpfer Stumpfsinn bringt den Menschen zum Grübeln, gibt ihm das Gefühl der Heimatlosigkeit, mit einem Wort das Gefühl absoluter Überflüssigkeit. Nichts ist gefährlicher für einen Staat als dies. – Deshalb werden wir in der Heide, in den Bergen, auf den Höhen des Rheines überall Lager bauen, in denen die Deutschen in Zucht und Kameradschaft ihre Urlaubszeit verbringen (...).« Die Freizeitgestaltung entzieht den Zwangskonsumenten der Freude die freie Zeit, in der sie auf »verbrecherische Ideen und Gedanken« kommen: ihren realen Interessen nachgehen könnten. Das System, sehr viel systematischer als jemals das Weimarer, das man mit dem Wort gebrandmarkt hat, verstopft die kleinste Ferienlücke. Die Freude wird gleich der Qual in Lagern abgehalten; als Gefangene des Schiffs und der Devisenreglementierung werden die Opfer nach Madeira transportiert und sind darüber noch froh. Je grossartiger die Naturstaffage, um so vollkommener entartet sie selber zum Propagandamittel.

Ähnliches wie dem Drang in die Ferne widerfährt dem Drang nach Höherem: »Das Amt für Unterricht und Ausbildung wird es jedem ermöglichen, sich unentgeltlich Wissen und Kenntnisse anzueignen. Wir werden jedoch diesem Drang nach Ausbildung nur bei den wirklich dafür geeigneten und befähigten Menschen befördern (...).«[19] Das Bildungsmonopol des Besitzes wird reibungslos an die Organisation transferiert. Das Wissen der Falschen ist untragbar. So weit Wissen zur Distribution gelangt, ist es vorweg von der totalitären Art. Dem System dient alles zum Guten: es braucht nur die Propaganda in die Tat umzusetzen, und schon gelingt es, den Erkenntnisdrang zu manipulieren, den die Propaganda zu stillen verspricht.

»Bei uns ist der Schein zum Sein geworden«[20] – mit dem Wort von 1932 will Goebbels gewiss glauben machen, dass der Nationalsozialismus die Programmpunkte Klassenversöhnung und Volksgemeinschaft verwirkliche. In der Tat statuieren die fascistischen Propagandaaktionen und Propagandaakte eine chimärische Realität, die sich selbstmächtig setzt. Ihre Zerbrechlichkeit macht die immerwährenden Neuerungen notwendig: für nichts gilt der Aktualismus vollkommener als für die Rekla-

19 Hirths Deutsche Sammlung, Gruppe III, Grundfragen IV, der nationalsozialistische Staat, 2. Heft, vom 13. November 1933 bis 10. September 1934.

20 Goebbels, Revolution der Deutschen.

me. SA-Gruppenführer Schöne ruft in Ostpreussen aus: »Wir haben es immer noch nicht gelernt, alles vom Standpunkt der Propaganda aus zu sehen. Die Propaganda muss daher mehr eingeschaltet werden.«[21] Erstaunlich genug und dennoch unvermeidlich. Um das unbefriedigte Bedürfnis der Unterdrückten in die Gewalt zu bekommen, muss die Propaganda trachten, die Realität in ihren Bann zu ziehen; je mehr sie indessen dieser sich nähert, um so mehr wird sie selbst von den Widersprüchen betroffen, die die Realität ausmachen. Sie wird permanent, indem sie sich selber zwanghaft in Antinomien bewegt. Am drastischsten hat das der kleinbürgerlich-radikale Flügel der Feder und Strasser erfahren müssen. Am 25. Juni 1934 äussert Goebbels auf dem Gauparteitag in Essen: »Eine einzige ungeschickte Handlung könnte das ganze Wirtschaftsleben vernichten.«[22] Fünf Tage später ist diese Wendung der Propaganda in der Tat in die Realität umgeschlagen. Die fügsamen Kolonialwarenhändler und Detaillisten braucht man nicht zu erschiessen. Aber auch ihren Kampfbund für den gewerblichen Mittelstand, zuvor wichtig, um Interessenten anzuziehen, wird aufgelöst oder so lange umorganisiert, bis er nichts mehr bedeutet. In einer 1934 erschienenen Untersuchung »Das Mittelstandproblem im Dritten Reich« von Benedict Schmittmann wird mit einer Handbewegung eingestanden, dass der Nationalsozialismus den »gruppenegoistischen Hoffnungen des gewerblichen Mittelstandes« nicht entsprochen habe. Das sei jedoch keine Schande, »da die Volksgemeinschaft der Klassenspaltung ein Ende bereitet und an Stelle der Klassenschichtung die das Volk verkörpernde Bewegung als alles bestimmende und durch seine Führung die Interessen ausgleichende Schicht wirkt«.[23] – Ein Satz, der im Übrigen die Parteibürokratie als Klasse schonungsloser angibt als irgendein Gegner. Nicht anders geht es in der Kulturpolitik zu. Die antikirchliche Propaganda hatte zunächst mit Vorliebe behauptet, die Kirchen säten »konfessionellen Hader«. Seit die dringenden kirchlichen Interessen sich zu verständigen scheinen, trachtet die Propaganda, sie selber gegen einander zu hetzen. In einem der Oxforder Weltkirchenkonferenz gewidmeten Artikel der »Nationalsozialistischen Monatshefte« vom Juli 1937 werden die protestantischen Kirchen der Ökumene inständig beschworen, die Ge-

21 cf. Münzenberg, Propaganda als Waffe.

22 Hirths Deutsche Sammlung, S. 8.

23 Kölner Sozialpolitische Studien. Herausgeg. von Prof. Dr. B. Schmittmann. B. Schmittmann, Das Mittelstandsproblem im Dritten Reich, ein Nachwort. Köln, 1934.

fahr zu erkennen, die ihnen von der katholischen Kirche her drohe.[24] Nicht genug dass die Propaganda an keinen Inhalt sich fixiert: sie presst den gleichen Begriffen gegensätzliche Bedeutung ab. Je nachdem, ob das Sekuritätsbedürfnis als Grund der französischen oder der deutschen Aufrüstung visiert wird, heisst es das Produkt »bürgerlicher« Angst und Schwäche oder das Recht der friedliebenden Nation auf Selbsterhaltung.

IV

Indem die Widersprüche der gesellschaftlichen Interessen unter einander und zur Propaganda deren inhaltliche Fixierung zerstören, wird die Propaganda selber dynamisiert: wiederum feiert die Ideologie ihren ironischen Triumph. Überall entstehen Schwierigkeiten, welche die Propaganda verdecken muss, weil sie real sich nicht beseitigen liessen, ohne dass der Grund des Systems angetastet würde. Nachdem die alten innerdeutschen Gegner vernichtet sind und nur noch die entrechteten und gequälten Juden dazu bereitstehen, um gegebenenfalls als Widersacher vorgeführt zu werden, fällt der Propaganda mehr stets die Aufgabe zu, leichte Motivtruppen und Ideenmontagen als fliegende Geschwader bald hierhin bald dorthin zu beordern. Man bemerkt während der Massenprozesse gegen katholische Priester, dass die Sittlichkeitsverbrechen an Zugkraft einbüssen, und verlegt sich darum auf die Anklage des Landesverrats. Die Vierjahresplankonjunktur erzwingt den Rückgriff auf Frauenarbeit, und prompt beteuert man, niemals sei Gretchen das weibliche Ideal der Bewegung gewesen. Immer schneller wechseln die Überzeugungen. Es ähnelt der Propagandist sich jenem Fechter an, der, um die Regentropfen abzuwehren, blitzschnell den Degen über seinem Haupte schwingt. Der Vorwurf des Relativismus, den die Fascisten gegen die Wissenschaften erheben, trifft vorab sie selber. Die aktualistische Philosophie in Italien und Mussolini selbst haben sich denn auch mit dem Relativismus solidarisiert.[25] Was immer an Ideen sich findet, fähig, die Masse zu ergreifen, muss frei gesetzt, aus dem Zusammenhang mit wirklichen Interessen gelöst, umgewendet werden. Man bedarf der Ideen, die aus Interessen hervorgehen, weil sie allein als die schlagkräf-

24 »Kulturkampf«, Nr. 62, 19. Juli 1937.

25 cf. Max Horkheimer, Der neueste Angriff auf die Metaphysik, Jahrgang VI 1937, Heft 1 dieser Zeitschrift, S. 33 Anmerkung.

tigsten sich bewähren; man muss sie von den Interessen emanzipieren, damit sie nicht etwa diese durchsetzen. Dem verdankt der Fascismus den Charakter der »Bewegung«, auf den er sich so viel zugute tut: »[...] Führen heisst: Massen bewegen können«.[26] Was es mit dieser Art Bewegung auf sich hat, lässt sich Sätzen des geläufigen und geschwollenen Ernst Krieck entnehmen: »Als Massenbewegung setzt er voraus die Kunst der Massenerregung: Masse muss flüssig werden, wenn sie gestaltet werden soll.«[27] Oder: »Darum ist der Nationalsozialismus auch nicht Partei und Programm, sondern flüssige und flüssigmachende Bewegung, die wohl einst mit dem Sieg in neue Form, Ordnung, Ratio einmünden wird, die sich aber als reine Bewegung so lange im Fluss halten muss, bis sie das Ganze unseres völkischen Lebensraums ergriffen und durchdrungen hat.«[28] Dynamisierte Propaganda gestattet es, ihre eigenen Inhalte, nämlich die Verbesserung des Loses derer, an die sie sich wendet, als »neue Form, Ordnung, Ratio« ad Kalendas Graecas zu vertagen.

Im Alltagsgebrauch nimmt die dynamisierte Propaganda den Charakter der Konfusion an. Ist diese angemessen dem unerweckten Bewusstsein, das divergente Interessen und kontradiktorische Ideologien so vermischt, wie in der gesellschaftlichen Wirklichkeit das Widersprechende planlos durch einandergeht, so erfüllt die Konfusion der Propaganda zugleich objektiv den Zweck, jenen Bewusstseinsstand zu reproduzieren und zu stabilisieren. Oppositionelle, die sich für berufen halten, die bürgerliche Kultur gegen den Fascismus zu verteidigen, finden ihre Lust darin, Hitlers Reden verworrenen Denkens und verworrenen Ausdrucks zu überführen. Sie verkennen, dass eben diese Verworrenheit zu den konstitutiven Bedingungen des Hitlerschen Erfolgs rechnet. Wie in den Schlagertexten falsche Grammatik allemal als wirksam sich bewährt, so in der Propagandarede. Die verbreitete Ansicht, das klar und präzis Formulierte sei zugleich das leicht Verständliche, ist irrig. Die präzise Formulierung mutet dem Leser oder Hörer die Anstrengung zu, selber präzis zu denken; das Vage lässt ihn im Behagen des eigenen verschlampten Bewusstseins. Gleichgültig wie dissonant Hitlers Sprache in sich gefügt ist: mit der ihrer Leser und gewiss ihrer Hörer klingt sie in wahrhaft prästabilierter Harmonie zusammen. Der Satz, in dem Hitler seine Grunderfahrung von der Notwendigkeit der Propaganda festhält,

26 Mein Kampf, S. 650.

27 Ernst Krieck, Nationalpolitische Erziehung, Leipzig, 1933, S. 36.

28 Ebd., S. 38.

lautet: »Vorstellungen und Ideen sowie Bewegungen mit bestimmter geistiger Grundlage, mag diese nun falsch sein oder wahr, können von einem gewissen Zeitpunkt ihres Werdens an mit Machtmitteln technischer Art nur mehr dann gebrochen werden, wenn diese körperlichen Waffen zugleich selber Träger eines neuen zündenden Gedankens, einer Idee oder Weltanschauung sind«.[29] Kein Begriff, dem nicht ein anderer, irgend verwandter verkoppelt wäre, um den Leser der Mühe zu entheben, einen in bestimmtem Umriss zu denken; als sollten die letzten Assoziationen am Bewusstseinsrand von der Propaganda mit eingefangen werden, werden die »Bewegungen« an die ihnen inhomogenen »Vorstellungen und Ideen« durch das schreibstubenmässige »sowie« gebunden, das Hitler besonders liebt. Der Traum eines Zeitungslesers, der von Klischee zu Klischee widerstandslos stürzt, reisst Millionen von Zeitungslesern in sich hinein und löst den letzten Widerstand des Gedankens in Gefolgschaft auf. Eine so formidable Waffe, dass man die Kritik der körperlichen nicht zu scheuen braucht: »Die Anwendung von Gewalt allein, ohne die Triebkraft einer geistigen Grundvorstellung als Voraussetzung, kann niemals zur Vernichtung einer Idee und deren Verbreitung führen, ausser in Form einer restlosen Ausrottung aber auch des letzten Trägers und der Zerstörung der letzten Überlieferung«.[30] Ein Gedanke von furchtbarer Eindeutigkeit gewinnt seine ganze Dämonie erst in der Vieldeutigkeit des Ausdrucks: die Triebkraft der Grundvorstellung als Voraussetzung ist die Hydra, die unersättlich, oder wie sie es lieber will, »restlos« den letzten ausrottet, der wagt, wovon ihre Vielköpfigkeit dispensiert: zu denken. Die falsche Grammatik spielt die Idee und die Vernichtung derart in einander, dass der Nihilist sich als Träger des Weltgeistes fühlen kann und der, der die Idee hat, als Verbrecher: vollkommenes Gleichnis des sadomasochistischen Charakters. »Kann niemals zur Vernichtung einer Idee und derer Verbreitung führen« [–] soll die Idee verbreitet oder ihre Verbreitung vernichtet werden? Das bleibt unentschieden. Sicher ist bloss der Effekt, dass der gleiche Satz dem gleichen Hörer die doppelte Befriedigung verleiht, die Idee zu verbreiten und zu vernichten. Die Propaganda ist ein Kunstwerk: Form und Inhalt sind identisch. Denn die Idee, der sie dient, ist keine andere als die Vernichtung.

29 Mein Kampf, S. 186-187.
30 Mein Kampf, S. 187.

Nihilismus macht zynisch: die, welche nichts wollen als dranbleiben, und die, welche jenen zujubeln, ohne je ganz zu vergessen, dass alles, was ihnen erzählt wird, Lüge ist, und die, wenn sie vernehmen, »die Judenfrage wird bei uns strikt legal gelöst«, sich einig wissen mit dem Redner darin, dass diese Legalität mehr nicht bedeutet als den Genuss an der langsamen Qual der Vernichtung. Der Zynismus prägt die Propaganda selber. Wenn sie in Widersprüche gerät oder auf Widersprüche führt, so bemüht man sich nicht ängstlich, diese zu verbergen, so lange man die Macht besitzt, jeden zum Schweigen zu bringen, der von den Widersprüchen reden könnte. Man stösst mit der Waffe des manifesten Widerspruchs die Ratio vor den Kopf, den man ohnehin einschlagen möchte, oder es benutzt die monopolisierte Propaganda im diktatorischen Zustand den Widerspruch als Sonde, um zu prüfen, ob in der Tat pariert wird. So nennt man einen Schläfer laut beim Namen, um sich von der Tiefe seines Schlafes zu überzeugen.
Es wird eine spezifische Form der Lüge verwandt. Man biegt die Wahrheit nicht um und hält sich nicht mit kleinlichen Manövern auf, sondern bezichtigt den Gegner eben der Pläne, Tendenzen und Handlungen, die man selber hat und begeht, oder gern begehen möchte. Dies Manöver, das den Grundsatz »haltet den Dieb« total, auch zur Vorbereitung kommender Taten handhabt, ist Spiegelreflex getauft worden. Hitler sagt von der Sozialdemokratie: »Ich begriff den infamen geistigen Terror, den diese Bewegung vor allem auf das solchen Angriffen weder moralisch noch seelisch gewachsene Bürgertum ausübt, indem sie auf ein gegebenes Zeichen immer ein förmliches Trommelfeuer von Lügen und Verleumdungen gegen den ihr am gefährlichsten erscheinenden Gegner losprasseln lässt (...)«.[31] Konkreter noch und offener grotesk in der Rede zum »Ermächtigungsgesetz« vom 23. März 1933, mit einer Wendung, die stereotyp immer wieder kehrt: »Angefangen von Plünderungen, Brandstiftungen, Eisenbahnanschlägen, Attentaten und so fort erhält alles in der kommunistischen Idee seine moralische Sanktion. Allein die Methode des individuellen Massenterrors hat die nationalsozialistische Bewegung im Lauf weniger Jahre über 300 Tote und Zehntausende von Verletzten gekostet«.[32] Dem gleichen Mechanismus gehorcht

31 Ebd., S. 45.

32 Hirths Deutsche Sammlung. Sachkundliche Abteilung: Geschichte und Staatsbürger-

Goebbels, wenn er den SA-Mann ermuntert: »die Bewegung, wenn sie auf Brachialgewalt stösst, zu beschützen und den gegen sie angesetzten Terror zu brechen«.[33] Ein Virtuose der Spiegelschrift war Gregor Strasser. Nicht von der nationalsozialistischen Bewegung, sondern von der Vorkriegssozialdemokratie weiss er zu melden, sie habe »die Parole der Demokratie« dazu benutzt, »um dunkle Masseninstinkte gegen alle Säulen eines starken Staates aufzuhetzen«.[34] Wider den ökonomischen Opportunismus des Zentrums macht er den unverblümten Einwand: »Schwieriger wurde ihm« – dem Zentrum – »die Haltung zur Frage der Wirtschaftsreform: Hier war die wirtschaftliche Ungleichheit seiner Mitglieder ebenso ein Hemmnis wie eine Begünstigung; ein Hemmnis insofern, als keinerlei ausgesprochene Stellungnahme für oder gegen möglich war, ohne weite Kreise der Parteimitglieder in ihrem Lebensnerv zu treffen, eine Förderung auf der anderen Seite dadurch, dass es dem Zentrum leicht fiel, unter geschickter Prälatenführung jeweils den der Tagesströmung angepasstesten Flügel in den Vordergrund treten zu lassen«.[35] Auf das Prinzip des Spiegelreflexes weist ein[e] aussenpolitische Betrachtung Hitler hin, die selber ein solcher ist: »Indem man Ludendorff zum Schuldigen am Verluste des Weltkrieges stempelte, nahm man dem einzigen gefährlichen Ankläger, der gegen die Verräter des Vaterlandes aufzustehen vermochte, die Waffe des moralischen Rechtes aus der Hand. Man ging dabei von dem sehr richtigen Grundsatz aus, dass in der Grösse der Lüge immer ein gewisser Faktor des Geglaubtwerdens liegt, da die breite Masse eines Volkes im tiefsten Grunde ihres Herzens leichter verdorben, als bewusst und absichtlich schlecht sein wird, mithin bei der primitiven Einfalt ihres Gemütes einer grossen Lüge leichter zum Opfer fällt als einer kleinen, da sie selbst ja wohl manchmal im kleinen lügt, jedoch vor zu grossen Lügen sich doch zu sehr schämen würde.«[36] Die schonende Grosszügigkeit der Lüge stünde danach, wenn anders das Rezept für die autoritäre Propaganda selber gilt, im Dienste der moralischen Entwaffnung des Gegners. Aber sie leistet mehr. Denn sie vollzieht sich so regelhaft und automatisch, dass endlich auch der

kunde. Gruppe III: Ereignisse. Band 6: Die nationalsozialistische Revolution, herausgegeben von Dr. Walther Gehl, Breslau.

33 Dr. Joseph Goebbels, Kampf um Berlin. Der Anfang, München 1934.

34 Gregor Strasser, Kampf um Deutschland. Reden und Aufsätze eines Nationalsozialisten, München, 1932.

35 Ebd.

36 Mein Kampf, S. 218.

Schamhafteste argwöhnisch wird und seine Blicke zwischen dem verdächtigen Feind und dem Urheber der Prozedur hin- und herwandern lässt. Das aber ist gewollt. Hitler setzt seine Betrachtung mit der These fort, die Massen werden »an die Möglichkeit einer so ungeheuren Frechheit der infamsten Verdrehung auch bei anderen nicht glauben können, ja selbst bei Aufklärung darüber noch lange zweifeln und schwanken und wenigstens irgendeine Ursache doch noch als wahr annehmen; daher denn auch von der frechsten Lüge immer noch etwas über und hängen bleiben wird (...).«[37] Die autoritäre Propaganda sprengt Lügen aus, in denen man wieder die Wahrheit, nur eben die gespiegelte Wahrheit hat, nicht so sehr in der Erwartung, dass die Lügen geglaubt, oder vollends nicht geglaubt werden, also um jenes Zweifeln und Schwanken zu produzieren, das Hitler an der Propaganda der anderen zu beobachten vorgibt. Die totale Verdrehung soll kraft ihrer »ungeheuren Frechheit« als Wahrheit gelten, aber auch sich selber als Lüge denunzieren, damit als Festes nur bleibt: dass vor der absoluten Gewalt Wahrheit und Lüge selber gleichgültig geworden sind. Die Oszillation versetzt die Massen in Schwindelgefühl. Sie müssen die Augen schliessen, wenn ihre Ohren den Reden zuhören. Die Frage ist abgeschafft.

Es bildet sich ein Zustand der dichtesten Verblendung. Am 10. Februar 1933 proklamiert Hitler aus Anlass der nationalen Reichstagswahlen: »(...) Und da erhebt sich nun eine Anzahl von grossen Aufgaben vor uns. Die erste und damit der erste Programmpunkt: Wir wollen nicht lügen und wir wollen nicht schwindeln (...)«.[38] In der Tat ist die Gewalt der Lüge so vollkommen geworden, dass sie sich selbst die Wahrheit erlauben können, deren Gewalt sie gebrochen haben. Das Monopol gestattet es, alle Fabrikationsgeheimnisse der entfesselten Propaganda zu enthüllen. Wenn nichts geglaubt wird, darf man sich selber der Lüge bezichtigen: auch das wird nicht geglaubt oder wenigstens der Zynismus blinzelnd genossen. Goebbels erzählt mit Behagen, wie es ihm gelang, dem Vizepolizeipräsidenten Weiss den Spitznamen »Isidor« anzuhängen, und der Bekenntniszwang, den die Führer mit den Opfern teilen, die sie zwingen zu bekennen, was sie nicht getan haben, schlägt den Führern zum Segen aus, weil sie es taten. Nebenbei gesteht Hitler, »dass durch kluge und dauernde Propaganda einem Volk selbst der Himmel als Hölle vorgemacht werden kann und umgekehrt das elendste Leben

37 Ebd., S. 218.

38 Hirths Deutsche Sammlung: Geschichte und Staatsbürgerkunde, s. Gruppe II: Die nationalsozialistische Revolution, S. 31.

als Paradies (...)«.[39] Man plaudert mit der Zutraulichkeit von Spiessgesellen. Warum werden für Massenversammlungen die Abendstunden gewählt? »Morgens und selbst tagsüber«, heisst es in *Mein Kampf*, »scheinen die willensmässigen Kräfte der Menschen sich noch in höchster Energie gegen den Versuch der Aufzwingung eines fremden Willens (...) zu sträuben. Abends dagegen unterliegen sie leichter der beherrschenden Kraft eines stärkeren Wollens (...). Der überragenden Redekunst einer beherrschenden Apostelnatur wird es nun leichter gelingen, Menschen dem neuen Wollen zu gewinnen, die selbst bereits eine Schwächung ihrer Widerstandskraft in natürlichster Weise erfahren haben (...).«[40] Es ist, als erläutere ein Zauberkünstler während der Vorstellung dem Publikum, wie er das Mädchen verschwinden lässt und dem Zylinderhut flatternde Tauben entlockt. Die Illusion spottet der Erkenntnis: keiner der Zuschauer wird es dem Illusionisten wahrhaben, dass er wirklich den unbezahlbaren Trick offenbart. Noch die Wahrheit hilft zu totalen Eliminierung ihrer selbst.

VI

Der Zynismus der autoritären Propaganda entspringt der Gewalt. Überfallen die schlagartigen Propagandaaktionen die Opfer, dass ihnen kein Ausweg bleibt; werden ihnen die Losungen eingehämmert, bis sie aus Angst daran glauben, so wird der Schwindel bekräftigt wiederum durch den Schrecken, der in jedem Augenblick bereit steht, den fehlenden Nachdruck zu verleihen und zu integrieren. In der neuen Propaganda schlägt die Reklame in den Terror um.
Wann immer Hitler über Propaganda theoretisiert, gedenkt er der Gewalt. Er bezeichnet sie als den Versuch, »eine Lehre dem ganzen Volk aufzuzwingen«[41] und sieht »in der ewig gleichmässigen Anwendung der Gewalt allein die allererste Voraussetzung zum Erfolg«.[42] Nichts wird lieber gespiegelt als der eigene Terror – wäre es selbst um ihn durch die Berufung aufs Spiegelbild zu rechtfertigen: »Der Terror auf der Arbeitsstätte, in der Fabrik, im Versammlungslokal und anlässlich der Massenkundgebung wird immer von Erfolg begleitet sein, solange nicht ein

39 Mein Kampf, S. 302.
40 Ebd., S. 30-32.
41 Ebd., S. 652.
42 Ebd., S. 188.

gleich grosser Terror entgegentritt«.[43] Er kann sich die Welt so wenig ohne Terror vorstellen, dass ihn bereits die freiwilligen Gesinnungen des Gegners terrorisieren. Danach handelt er. Philosophen vergleichen mit Vorliebe die gegenwärtige Periode der bürgerlichen Frühzeit. Mögen immer die aufbrechenden Urinstinkte, von denen sie schwatzen, einzig aus der Not des gegenwärtigen gesellschaftlichen Zustandes produziert sein, so viel ist jedenfalls richtig, dass die Raubmethoden des beginnenden Kapitalismus ihr Äquivalent in denjenigen, deren das System sich bedient, wenn es einmal heute nicht mehr automatisch zu rentieren scheint. Gewalt als Urform der Aneignung schlägt durch, sobald der Aneignungsprozess selbst nicht länger durch stabile Eigentumsverhältnisse zu garantieren und gleichzeitig zu maskieren ist.

Terror und Propaganda bilden mitsammen ein Quid pro quo. Die Diktatoren wissen, dass der Terror nur dann zur Macht verhilft und an der Macht erhält, wenn er sich mit verführerischen Ideen einlässt, die ihn legitimieren, und die er drastisch unterstützt. Daraus wird von Relativisten und Nihilisten das notwendige Sein der Idee deduziert. Ohne diese, lehrt Hitler, lasse der Terror überhaupt sich nicht durchführen, sondern müsse schnell erlahmen. »Jede Gewalt, die nicht einer festen geistigen Grundlage entspriesst, wird schwankend und unsicher sein. Ihr fehlt die Stabilität, die nur in einer fanatischen Weltanschauung zu ruhen vermag. Sie ist der Ausfluss der jeweiligen Energie und brutalen Entschlossenheit eines einzelnen, mithin aber eben dem Wechsel der Persönlichkeit und ihrer Wesensart und Stärke unterworfen«.[44] So pragmatistisch konstituiert sich die Beziehung: »Propaganda und Gewalt sind niemals absolut Gegenpole. Die Gewalt kann ein Teil der Propaganda sein«.[45]

Zunächst braucht man das Zusammenspiel von Propaganda und Terror zur Erzeugung von Angst. Nicht umsonst vergleicht Hitler die Propaganda gern dem Trommelfeuer. Angst selber wird propagandistisch. Wer sich den Gedanken verbieten muss, dessen blosses Denken die Existenz gefährdet, ist selber »dynamisiert« in eben jenem Sinn, den die dynamische Propaganda meint. Heiden sagt über das Verhältnis von Jubel und Polizeiherrschaft: »Der Widerspruch ist nicht damit abzutun, dass entweder der Jubel gefälscht oder die Polizei überflüssig sein müsse; nein, es wird wirklich gejubelt, und dennoch ist ein unbarmherziger Polizeidruck notwendig, soll das Ganze nicht in Jubel untergehn; und an-

43 Ebd., S. 46.

44 Ebd., S. 188.

45 cf. Münzenberg, Propaganda als Waffe, Paris 1937.

dererseits hemmt der Polizeidruck, wie schwer er auch auf dem Gemüte jedes Einzelnen lastet, die Begeisterung der Massen nicht«.[46] Hinter der Heidenschen Beobachtung steht die Einsicht in den Identifikationsmechanismus, den den Unterdrückten dem Unterdrücker in die Arme treibt. Dieser unbewusste Mechanismus wird im Gang erhalten durch die Irrationalität der allgegenwärtigen Drohung. Gestapo und fascistische Miliz verschmelzen nicht mit der offiziellen Polizei, der sie beizustehen haben, sondern werden organisatorisch von dieser getrennt und verfügen über Mittel, die sich der legalen Kontrolle entziehen: »(...) non seulement les fascistes utilisent contre leurs adversaires tous les instruments de répression légale à la disposition d'un Etat moderne; ils emploient encore systématiquement une arme plus formidable: la violence illégale. Les deux fonctions de la Milice qui peuvent paraître (...) incompatibles: maintien légal de l'ordre public et oppression illégale exercée contre les adversaires du fascisme, ne sont pas dans la pratique contradictoires mais complémentaires«.[47] Der Terror erscheint als doppelte Willkür im Gefolge des Rechts, das vor Willkür zu schützen vorgibt. Zu seiner Irrationalität trägt weiter die Tarnung bei. Gewalt wird angedroht und verleugnet zugleich: »Die nationalsozialistische Bewegung ist wie keine andere Partei auf den Führergedanken eingestellt (...). Es liegt in der Hand des Führers, die Partei in Disziplin zu erhalten oder sie in Anarchie versinken zu lassen. Nimmt man der Partei ihre Führer und zerstört damit den Bund von Autorität, der ihre Organisation aufrechterhält, dann macht man die Massen kopflos, und Unbesonnenheiten sind dann immer die Folge. Wir konnten nicht mehr auf die Massen einwirken. Die Massen wurden rebellisch, und man durfte sich dann am Ende nicht darüber beklagen, dass sie zu blutigen Exzessen schritten«.[48] Wiederum lässt dafür Ley die Katze aus dem Sack. Offenherzig warnt er in der Schrift »Der Weg zur Ordensburg« die künftigen politischen Leiter: »Wer versagt oder gar die Partei und ihren Führer verrät, wer der Gemeinheit in sich selber nicht Herr zu werden vermag, den wird dieser Orden vernichten. Wem die Partei das Braunhemd auszieht (...), der wird auch persönlich mit seiner Familie, seiner Frau und seinen Kindern

46 Konrad Heiden, Adolf Hitler, II. Band: Ein Mann gegen Europa, Zürich 1937.

47 Gaetano Salvemini, La Terreur fasciste, 1922-1926, in: Les documents bleus, Notre temps, numéro 14, Paris 1929.

48 Goebbels, Kampf um Berlin, München 1934.

vernichtet sein«.[49] Das wissen alle. Aber wer vom Terror spricht, den trifft er zugleich.

Er hilft der Propaganda nicht bloss durch die Erzeugung einer Angst, die gewissermassen die Ich-Instanz der Menschen enteignet, er vindiziert der Propagandawelt den Charakter der Wirklichkeit. Wenn die blutigen Haupt- und Staatsaktionen von je zum Marionettentheater tendierten, dann gibt sich das Theaterstück der Propaganda, von dem Ortega y Gasset redet, für real aus, weil Blut dabei fliesst. Von Blut nährt sich die Fiktion: vom Blut der Toten wie vom Blut der Rasse. Den Kriegsgefallenen und den »300 Opfern der Bewegung« wird mit wirkungsvollem Ritual Verehrung gezollt, so nicht zuletzt, um den atavistischen Glauben zu beschwören, dass Blut die Wirklichkeit oder Grösse einer Sache garantiere; davon zu schweigen, dass es in der Tat jene zusammenkittet, die es vergiessen. Blut taugt der Propaganda dazu, den Zweifel zum Schweigen zu bringen und das Lachen. Rassearithmetik und arische Grossmutter gehören ins Witzblatt. Aber ihre Invention ist keine Entgleisung. Dem vergeht das Lachen, den die fünfundzwanzig Prozent die Existenz kosten. Die Witzblattfigur als gesellschaftliche Macht verbreitet offenes Grauen.

VII

Die terroristische Propaganda hat zum Substrat die Masse. Als bedrohliche wird diese von Propaganda eingewiegt, vom Terror eingeschüchtert. Masse selbst jedoch garantiert die Wirksamkeit der Propaganda. An Vorstellungen vom Massenbewusstsein ist sie geschult, als massenweise umstellt sie die Menschen; und die Masse, die bewegt werden kann, um den Einzelnen zu vernichten, steht hinter einem Terror, der nie anders operiert, als wo er die Überzahl bereit hält. Der Begriff der Masse wird von der autoritären Propaganda nicht bloss vorausgesetzt und hingenommen; sie trachtet vielmehr seine Inhalte stets aufs neue zu reproduzieren und die Majorität, an die sie sich richtet, in »Masse« in einem spezifischen Sinn zu verwandeln.

Mussolini und Goebbels haben in fast gleichlautenden Formulierungen das Zeitalter als das der Massen definiert. Goebbels mit den Worten: »Wir leben nun einmal in dem Zeitalter, wo die Massen hinter einer Po-

49 cf. Heiden, Adolf Hitler, II. Band: Ein Mann gegen Europa, Zürich 1937.

litik stehen müssen«.[50] Das »nun einmal« ist resigniert getönt; man weiss von der Gefahr, die mit den Massen gesetzt ist, gegen deren wahre Interessen man agiert. Aber die leichte Geste, mit der man die Gefahr fortweist, verrät die zynische Sicherheit der Menschenverachtung, mit der man über die Massen verfügt, solange man sie nach der eigenen Vorstellung von der Masse manipulieren kann. Diese Vorstellung ist von Anbeginn dem Proletariat entgegengesetzt: »Die grosse Masse der Arbeiter«, sagt Hitler zu Otto Strasser, »will nichts anderes als Brot und Spiele. Die hat kein Verständnis für irgendwelche Ideale (...).«[51] Gewiss hat er für die Dauer auch mit der Arbeiterschaft zu rechnen, obwohl es dahinsteht, wie weit diese tatsächlich propagandistisch gewonnen wird. Aber die ideale Masse ist ihm die zufällig nach Raum und Zeit und nicht die durch die Erkenntnis gemeinsamen Interesses vereinigte. Daran lässt Goebbels keinen Zweifel: »Die Strasse (...) ist (...) das Charakteristikum der modernen Politik. Wer die Strasse erobern kann, der kann auch die Massen erobern.«[52] Das fascistische »die Strasse frei« ist grundverschieden von dem der Arbeiterorganisationen. Diese wünschen die Strasse als Schauplatz der Kundgebung; die Fascisten wollen sie, nach ihrem Lieblingsausdruck »erobern wie sie ist, mit allem was sich darauf irgend bewegt. Die Kundgebung selber führt von der Strasse weg in artifizielle Massenräume, ins Stadion oder die Kongresshalle. Die totalitäre Propaganda visiert das Le Bonsche Massenbild: sie erhebt die Augenblicke massenweiser Regression zur Norm. Die »breite Masse«, wie sie bei Hitler heisst, wird vorab charakterisiert als irrational und primitiv: »Diese Empfindung (...) ist nicht kompliziert, sondern einfach und geschlossen. Es gibt hierbei nicht viel Differenzierungen, sondern ein Positiv oder ein Negativ, Liebe oder Hass, Recht oder Unrecht, Wahrheit oder Lüge, niemals aber halb so und halb so oder teilweise usw.«[53] Indem das Individuum in solche Masse eingeht, regrediert es vorweg in der gleichen Richtung, die ihm durch die Propaganda selber zugemutet wird.

Gerade aus der individuellen Isolierung leitet Hitler den Zwang zu Regression in die Masse ab: »Die Massenversammlung ist auch schon deshalb notwendig, weil in ihr der einzelne, der sich zunächst als werdender Anhänger einer jungen Bewegung vereinsamt fühlt und leicht der Angst

50 Goebbels, Revolution der Deutschen, S. 6.

51 Konrad Heiden, Adolf Hitler, I. Band: Das Zeitalter der Verantwortungslosigkeit, Zürich 1936.

52 Goebbels, Kampf um Berlin.

53 Mein Kampf, S. 201.

verfällt, zum ersten Mal das Bild einer grösseren Gemeinschaft erhält, was bei den meisten Menschen kräftigend und ermutigend wirkt (...). Im Rudel fühlt er sich immer noch etwas geborgen und [...] wenn der sichtbare Erfolg und die Zustimmung von Tausenden ihm die Richtigkeit der neuen Lehre bestätigen und zum erstenmal die Zweifel an der Wahrheit seiner bisherigen Überzeugungen erwecken – dann unterliegt er selbst dem zauberhaften Einfluss dessen, was wir mit dem Wort Massensuggestion bezeichnen«.[54] Schwer danach den Gedanken fortzuweisen, dass in der autoritären Propaganda die Masse als mütterliche Instanz symbolisch fungiert. Zu ihr steht denn der Fascismus so ambivalent wie der Bürger zur Frau, die er als infantil – in Wahrheit: wirtschaftlich nicht voll konkurrenzfähig – verachtet und dennoch begehrt. Unter der Kategorie des Weiblichen wird für Hitler der Begriff der Masse zu einer Art von Naturbestimmung: »Das Volk ist in seiner überwiegenden Mehrheit (...) feminin veranlagt und eingestellt«.[55]

Der Vergleich mit der Frau deutet auf die masochistische Prädisposition der »breiten Masse«. Ihr herabgeminderter Bewusstseinsstand grenzt an Hypnose oder begünstigt Hypnose. Davon zehrt die autoritäre Propaganda: die hypnotischen Geständniserpressungen sind bloss extreme Fälle der gesamten Praxis. Hitler rühmt, dass jeder, der an einer Massenkundgebung teilnimmt, die »gewaltige Kraft des suggestiven Rausches«[56] verspüre, und Goebbels braucht den Ausdruck Hypnose selber in einer Propagandarede auf die Propaganda: »Es wird niemand bezweifeln können, dass dieser Tag die grösste propagandistische Leistung war, die in Deutschland seit Menschengedenken vollbracht wurde. Diese Leistung aber war auch nur dadurch zu erreichen, dass wir uns eine Woche lang jeder anderen Arbeit enthielten und das Auge des Volkes wie hypnotisch gebannt auf dieses eine Ereignis richteten. Dann allerdings haben wir auch den ganz grossen Erfolg zu verzeichnen gehabt«.[57]

Ganz unbefangen erzählt Hitler von der Technik der Massenhypnose. Nicht bloss muss der Abend die Verdunklung durch die Scheinwerfer unterstützen, auch der Raum verfällt der planvollen Magie: »Es gibt Räume, die auch kalt lassen, aus Gründen, die man nur schwer erkennt«.[58] Stundenlang muss die versammelte Masse warten, nicht an-

54 Ebd., S. 535.

55 Ebd., S. 201.

56 Ebd., S. 115.

57 Goebbels, Revolution der Deutschen.

58 Mein Kampf, S. 531.

ders als unterm neuen Regime Gefangene jahrelang auf die Verhandlung zu warten haben, damit sie prompter gestehen. Dann wird der Terror eingesetzt. »Jede Versammlung, die ihren Schutz ausschliesslich durch die Polizei erhält«, sagt Hitler an einer der SA gewidmeten Stelle, »diskreditiert die Veranstalter in den Augen der breiten Masse (...).«[59] Darum ist es »gleich von Beginn an wichtig, in unseren Versammlungen blinde Disziplin einzuführen und die Autorität der Versammlungsleitung unbedingt sicherzustellen«.[60] Zauberschlag und Faustschlag sind schwer auseinanderzuhalten.

Hypnotiseure pflegen so zu verfahren, dass sie ihre Medien einen glänzenden Gegenstand anstarren lassen. Es ist dieses Dimension des Symbolischen, in der die autoritäre Propaganda am sichersten sich ergeht. Ihre Symbole sind Werbemarken; manchmal freilich scheinen sie selber den Ausdruck verzerrten Grauens zu tragen. Deutsche Gründlichkeit legt von alledem Rechenschaft ab: »Aus demselben Instinkt heraus arbeitet der Nationalsozialismus auch lieber mit dem Symbol und seiner eindringlichen Anschaubarkeit als mit dem rationalen Begriff: Hakenkreuz, Grussformen, Drittes Reich haben die unmittelbare, dem Unterirdischen verwandte Bewegungskraft alles Symbolischen.«[61]

Wie das Bild führt der unmittelbare Laut fort vom »rationalen Begriff«. Hitler hat die Überzeugung: »Die Macht (...), die die grossen historischen Lawinen religiöser und politischer Art ins Rollen brachte, war seit urewig nur die Zauberkraft des gesprochenen Wortes«, denn »die breite Masse eines Volkes vor allem unterliegt immer nur der Gewalt einer Rede«.[62] Wer schreiben kann, ist vorweg verdächtig: »die nationalsozialistische Bewegung ist durch ihre Redner, nicht durch ihre Journalisten gross geworden«.[63] Was man selber schreibt, muss sich zumindest der Rede anähneln. Der Journalist Goebbels bezeugt: »Der politische Leitaufsatz war bei uns ein geschriebenes Plakat, oder besser noch gesagt, eine zu Papier gebrachte Strassenansprache (...). Er setzte bewusst das, wovon er den Leser eigentlich überzeugen wollte, einfach als bekannt voraus, und zog daraus unerbittlich seine Schlüsse (...). Der Leser sollte den Eindruck gewinnen, als sei der Schreiber des Leitaufsatzes eigentlich ein Redner, der neben ihm stünde und ihn mit einfachen und zwingen-

59 Ebd., S. 546.
60 Ebd., S. 541.
61 Ernst Krieck, Nationalpolitische Erziehung, Leipzig 1933, S. 38.
62 Mein Kampf, S. 116.
63 Goebbels, Kampf um Berlin.

den Gedankengängen zu dieser Meinung bekehren wollte«.[64] Die Rede selbst aber nimmt hypnotische Gestalt an. Hitler beschreibt sie als magnetischen Rapport: »Der Redner (...) wird sich von der breiten Masse immer so tragen lassen, dass ihm daraus gefühlsmässig gerade die Worte flüssig werden, die er braucht, um seinen jeweiligen Zuhörern zu Herzen zu sprechen. Irrt er sich aber noch so leise, so hat er die lebendige Korrektur stets vor sich«.[65] Der ideale Hypnotiseur ist das ideale Medium.

Die rhetorischen Mittel selber sind archaischer Art. Die Masse, erklärt Hitler, schenkt »nur einer tausendfachen Wiederholung einfachster Begriffe (...) endlich ihr Gedächtnis«.[66] Im Ton des Reklamefachmanns führt er aus: »(...) alle Genialität der Aufmachung der Propaganda wird zu keinem Erfolge führen, wenn nicht ein fundamentaler Grundsatz immer gleich scharf berücksichtigt wird. Sie hat sich auf wenig zu beschränken und dieses ewig zu wiederholen. Die Beharrlichkeit ist hier wie bei so vielem aus der Welt die erste und wichtigste Voraussetzung zum Erfolg«.[67] Wenn von Rhythmus die Rede ist, wird bloss die Wiederholung gemeint. Deren Bewusstseinsfeindschaft registriert der Professor: »Aus einem revolutionären Instinkt heraus arbeitet die nationalsozialistische Agitation vorwiegend nicht mit intellektuellen Beweisen und Argumenten, sondern mit der Urkraft des Rhythmus (...).«[68] Über die Redetechnik lässt Goebbels des Näheren sich aus. Der Redner muss »die Sprache sprechen, die die Masse versteht«.[69] Zu diesem Zweck wird die neue Sachlichkeit auf den Kopf gestellt und ihre Feindschaft gegens Ornament zur Verblendung genutzt. Die Kunst besteht darin, »durch Abstossen aller Arabesken, jedes Beiwerks die Gedanken in ihrer Primitivität dem Volke klarzumachen, dann aber auch diese Gedanken mit (...) Wucht und Durchschlagskraft in die Öffentlichkeit zu tragen«.[70] Die proklamierte Einfachheit ist die der Kolportage. Einer Angabe zufolge, die Münzenberg dem Buch von G. Stark »Moderne politische Propaganda« entnimmt, verfügte die »Reichspropaganda-Abteilung der NSDAP« in ihren Anweisungen für Versammlungsthemen, dass »sensa-

64 Ebd.

65 Mein Kampf, S. 527.

66 Ebd., S. 203.

67 Ebd., S. 202.

68 Krieck, Nationalsozialistische Erziehung, a. a. O., S. 38.

69 Goebbels, Kampf um Berlin.

70 Goebbels, Revolution der Deutschen.

tionelle Tagesereignisse, Skandale jüdischer oder marxistischer Art« zu wählen seien, um die »Neugierde, die Wut, die Hoffnung, eine Sensation zu erfahren«[71] aufzustacheln. Eine beliebige Stelle aus einer Goebbelsrede gibt von dieser Technik zulängliche Vorstellung: »Der Jude ist für ein Volk dasselbe wie ein Tuberkelbazillus für eine Lunge. Der Tuberkelbazillus wird erst gefährlich, wenn er auf eine schwache Lunge trifft. Gefährlich wird der Jude erst, wenn er auf ein schwaches Volk trifft.«[72] Der Jude als Bazillus, winzig klein und fürchterlich; die Gesellschaft im trugvollen Vergleich mit dem Organismus; die Sorge des kleinen Mannes um den eigenen Leib: unter der Konstellation alles dessen wird die Majorität zur Masse. Man gebärdet sich, als ob man nachsichtig mit ihrem Intellekt als einer Konstanten rechnete. In Wahrheit ist der Massenintellekt manipuliert. Die Propagandisten bekräftigen ihn in der Masse und vor sich selber, bloss um vergessen zu machen, dass die Majorität des eigenen Intellekts beraubt ward.

VIII

Als beraubte ist sie der Verachtung der Herrschenden preisgegeben. Macht das Anwachsen der gesellschaftlichen Antagonismen Rücksichten auf die Massen notwendig und trachtet man ihnen sich anzupassen, so bagatellisiert man sie wiederum, weil sie es sich gefallen lassen, und zieht eben daraus das Recht der Unterdrückung; ja man bindet die Massenmacht an sich selber, indem man ihr das Gefühl der Ohnmacht injiziert und sie gar die Ohnmacht masochistisch geniessen lässt. Verwickelt sich dabei Propaganda in Widersprüche, so sind es keine anderen als die des Zustandes, den sie zu verewigen sucht.

Keine Gelegenheit wird versäumt, die »Persönlichkeit«, letzten Abhub der grossen idealistischen Philosophie, auf Kosten der Massen herauszustreichen. Hitler befiehlt der Partei, »die Achtung vor der Person mit allen Mitteln zu fördern«,[73] und kommentiert seinen Wunsch mit den Worten: »Die Organisation darf (...) das Heraustreten der Köpfe aus der Masse nicht nur nicht verhindern, sondern sie muss im Gegenteil durch die Art ihres eigenen Wesens dies im höchsten Grad ermöglichen und erleichtern. Sie hat dabei von dem Grundsatz auszugehen, dass für

71 Münzenberg, l. c.

72 Goebbels, Revolution der Deutschen.

73 Mein Kampf, S. 387.

die Menschheit der Segen nie in der Masse lag, sondern in ihren schöpferischen Köpfen ruhte«.[74] Wenn überall die Propaganda darauf aus ist, die Entfremdung und Verdinglichung in der spätkapitalistischen Phase als aufgehoben erscheinen zu lassen und die Unmittelbarkeit der »Gemeinschaft«, wäre es auch bloss Unmittelbarkeit in Gestalt der Denunziation des Zimmernachbarn, als wieder hergestellt zu behaupten, dann nimmt der Trug der Unmittelbarkeit vorab den Namen des Einzelnen gegen die Massenanonymität in Anspruch. Danach wird das Geschichtsbild eingerichtet: »Die grössten Umwälzungen und Errungenschaften dieser Erde (...), die unsterblichen Taten auf dem Gebiete der Staatskunst usw., sie sind für ewig unzertrennbar verknüpft mit einem Namen und werden durch ihn repräsentiert«.[75] Es vollendet sich diese Tendenz im Kultus der »Führer«.

Die »Persönlichkeit« im totalitären Regime ist den Massen entgegengesetzt durch die Macht, die in ihr sich darstellt, und durch ihren Anteil am Sozialprodukt; nicht aber durch ihr eigenes Wesen. Das macht den Gegensatz von Persönlichkeit und Masse nicht nur propagandistisch tragbar, sondern verleiht dem Führer seinen eigentlichen Propagandawert. Die Persönlichkeit stellt nicht die freie und entwickelte Produktivkraft vor, sondern ein Produkt: sie ist selber ein Massenartikel. Man kann in Deutschland oft und mit allem Ernst Leute sagen hören »der Führer« habe dies oder jenes angeordnet. Der Ton, in dem dabei das Wort Führer gesprochen wird, ist keineswegs der der leidenschaftlichen Bindung. Es ist vielmehr der, mit welchem man von einer durch unablässige Reklame bekannt gemachten Sache spricht, indem man aus der Not, ihrem Namen nicht ausweichen zu können, die Tugend macht, mit einer derart öffentlichen Institution auch Bescheid zu wissen und womöglich an ihrem Glanz teilzuhaben. Die Vertrautheit zwischen Masse und Führer ist die der Ware, und seine Grösse ist eine des Umsatzes: »Ein Führer«, sagt Goebbels, »entsteht nicht irgendwie am grünen Tisch. Er wird mit der Masse gross und je grösser diese wird, desto mehr wächst der wahre Führer über die Masse hinaus (...).«[76] Beide gehören zusammen: die Herrschaft der Persönlichkeiten macht die Majorität zur Masse, und der Masse müssen sie gleichen bis auf ein Geringes, um als Führerpersönlichkeiten lanciert werden zu können. Falsche Grammatik

74 Ebd., S. 497.

75 Ebd., S. 387.

76 Signale der neuen Zeit. 25 ausgewählte Reden von Dr. Joseph Goebbels, München 1936.

und Friseurlocke, Keglerbauch und Jägerpracht stehen ihnen wohl an. Zuweilen drapiert sich die Macht selbst mit den Insignien der Ohnmacht: das Chaplinbärtchen ist nicht unbemerkt geblieben. Nur der Verdacht, dass man unverständlich werden könnte, seis durch ein körperliches Gebrechen, seis durch die geringste Spur von Intellektuellentum, schadet ihnen. Der Propagandaminister ist unbeliebt. Er ist dann auch am raschesten bei der Hand, die Nietzsche Formel der Massenverachtung meistbietend an den Mann zu bringen: »Die nationalsozialistische Bewegung (...) betet nicht wie die demokratisch-marxistischen Parteien blind die Masse und die Zahl an«.[77] Aber auch Hitler selber rechtfertigt auf dem Kongress der deutschen Arbeitsfront vom 10. Mai 1933 die Zerschlagung der Gewerkschaft mit den Worten: »Denn wir wissen sehr genau, dass das letzte Ziel dieser ganzen Entwicklung, nein, dieses Kampfes zwischen Faust und Stirn, zwischen Masse, d. h. Zahl und Qualität ist: Vernichtung der Qualität der Stirn. Das bedeutet aber nicht etwa Segen für die Zahl oder etwa Emporsteigen des Arbeiters, sondern das bedeutet Elend, Jammer und Not«.[78]

Was ist die »Qualität« des Führers? Sie ist jedem Zweifel offen: welches Individuum von der herrschenden Gruppe zum Führer designiert und durch den Propagandaapparat selber als Führer durchgesetzt wird, ist, vom Individuum aus gesehen, weithin zufällig. Die angeblichen Intelligenzunterschiede zwischen Mussolini und Hitler, aus denen so viele liberale Deutsche ihre Hoffnung zogen, haben diesen an der Machtübernahme nicht verhindern können. Intelligenz ist eine Variable; wie Unterdrückung verdummt, so ist der »weite Blick« dem reserviert, der an einer aussichtsreichen Stelle sich befindet, und er wird umso weiter, je mehr die Macht anwächst, die garantiert, dass kein Fehler gemacht werden kann, indem der gröbsten diplomatischen Ungeschicklichkeit der handgreiflichste Erfolg beschieden ist. Sachverhalte solcher Art sind allenfalls der Kern jener Beruhigungsphrase von Kulturdeutschen, dass »der Führer mit seinen Aufgaben gewachsen sei«. Aber das ist nicht alles. Die Tatsache, dass dieser und nicht ein anderer designiert wurde, wird bei aller individuellen Zufälligkeit durch die typische Eignung determiniert, die seinen Auftraggebern durch die rednerischen Erfolge vorweg garantiert war. Je weniger sie sich als spezifisches Talent verstehen lässt;

77 Goebbels, Kampf um Berlin.

78 Das junge Deutschland will Arbeit und Frieden. Reden des Reichskanzlers Adolf Hitler, des neuen Deutschlands Führer. Mit einem Vorwort von Dr. Joseph Goebbels, Berlin 1933, S. 51.

je rätselhafter dem kritischen Hörer die Wirkung jener Reden sich darstellen mag, umso mehr scheint sich das »Geheimnis der Führerpersönlichkeit« zu statuieren, in dem die totalitäre Propaganda ihren kostbarsten Besitz hütet. Aber dies Geheimnis lässt sich entziffern. Es ist leer. Nicht was Hitler unterscheidet macht ihn zum Führer und propagandistischen Subjekt-Objekt, er wird es, indem er alles Schiefe, Verborgene, Muffige und Armselige auszusprechen vermag, was denen, die es mit ihm teilen, die Rede verschlägt. Immer wieder kehrt bei ihm das Lob des Fanatischen und Hysterischen. Dass er ein Hysteriker sei, ist eine psychologische Binsenweisheit, die für sich genommen so gleichgültig wäre wie etwa Homosexualität. Aber die Hysterie ist ein gesellschaftliches Phänomen: sie ist die Reaktionsweise dessen, der das bürgerliche Schweigegebot in einem unerträglichen Gesamtzustand nicht länger zu erfüllen vermag, und der isoliert zu sprechen anhebt, als bestünde eine Gemeinschaft, anstatt auszusagen, dass sie nicht besteht. Ihm antworten die Stimmen der Unzähligen, die ihm gleichen. Der Führer aber steht dafür ein, dass ihre Antwort nicht zur Solidarität und gegen Bestehendes führe. All seinem Nimbus zum Trotz ist den Massen die Ahnung von jenem Grunde des Führertums nicht vollends abhanden gekommen. Wer in Deutschland das Furchtbare nennt, das im Namen des Regimes verübt wird, begegnet immer wieder der Ausflucht: das ist nicht der Wille des Führers, der Führer weiss davon nichts. Gewiss soll damit das Bild gereinigt werden, an das alle die manipulierten Affekte sich heften. Aber diese Reinigung ist zweideutig. Sie macht den Führer zum Unwissenden, wo nicht zum Ohnmächtigen, über dessen Kopf hinweg die Entscheidungen sich vollziehen.
Freilich heute ist er der Mächtige. Im Führer erfährt Propaganda ihren Umschlag: ist er die Spitze, in der alle Propaganda kulminiert, so übt er zugleich die reale Diktatur aus im Interesse derer, die die Propaganda entfesseln. Die Behauptung, die Rolle des Führers sei »blosse Ideologie«, wird gegenstandslos in dem Augenblick, in dem die Gruppe der propagandistischen Führer zugleich Träger der wirklichen Verfügungsgewalt über Menschen und Produktionsmittel wird. Die Führer sind mehr als Symbole: nicht bloss für die Unterworfenen, sondern auch für ihre Gegner.

Abbildungen

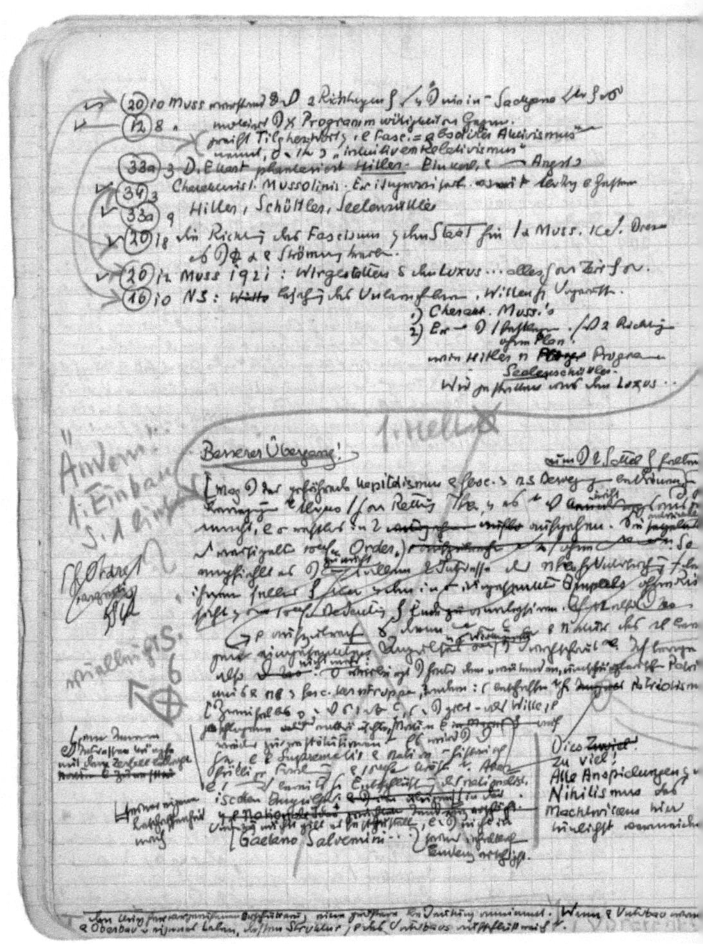

1. Manuskriptdoppelseite von »Totalitäre Propaganda«

I

[[illegible] NS

IV.

[[illegible] Patriotismus [illegible]

(34) 2 [Gaetano Salvemini [illegible] Muss [illegible] Worten: „Il s'adapte aux nécessités du moment, insolent et loquace quand tout va bien, pusillanime et silencieux à l'heure du danger, passant en un clin d'œil de la bonhommie à la cruauté, de la témérité à la ruse. Matamore et Tartufe, impulsif et hypocrite, toujours prêt à dire et à rétracter, à répéter et à se contredire, à trahir aujourd'hui ses complices d'hier". Cesare Rossi, [illegible] Jahre [illegible] M's [illegible] Fixierung [illegible] Improvisationen [illegible] Muss [illegible] Handelns [illegible] Ambivalenz [illegible] Weise [illegible] Wege [illegible] Programmen [illegible] propagandistische Notwendigkeiten [illegible] Programm [illegible] Muss [illegible] Zukunft [illegible] Sache [illegible] Muss [illegible] Marsch [illegible] Rom [illegible] Kurswechsel [illegible] Prinzip [illegible]

(20) i2 [illegible] am 23. März 1921 im „Popolo d'Italia" [illegible] Luxus, Aristokraten [illegible] Demokraten [illegible] Konservative [illegible] Rückschritt[illegible] Reaktionäre [illegible] Revolutionäre [illegible] Zeit [illegible] Wort [illegible] Und ähnlich [illegible] NS Publizist

(16) i0 Hans Michael Müller [illegible] Anfangszeiten [illegible] Bewegung: [illegible] NS [illegible] Verzicht [illegible] Programm[illegible] Willen [illegible] Ungewissen, [illegible]

[[illegible] „Wille [illegible] Ungewissen", [illegible] Wille, [illegible] Instanz [illegible] Wille [illegible] Macht. [illegible] Macht [illegible] NS [illegible] Bohème [illegible] puren Macht[illegible] [illegible] Vortrupp [illegible] Kapitalismus [illegible]

(3) i2 [illegible] Historiker [illegible] Schriftsteller [illegible] Freikorps-führer [illegible] faschistischen [illegible] Rolle [illegible] Kapitalisten [illegible] Marxismus [illegible] Ordnung [illegible] Macht [illegible] Faschismus [illegible]

[illegible] Patriotismus [illegible]

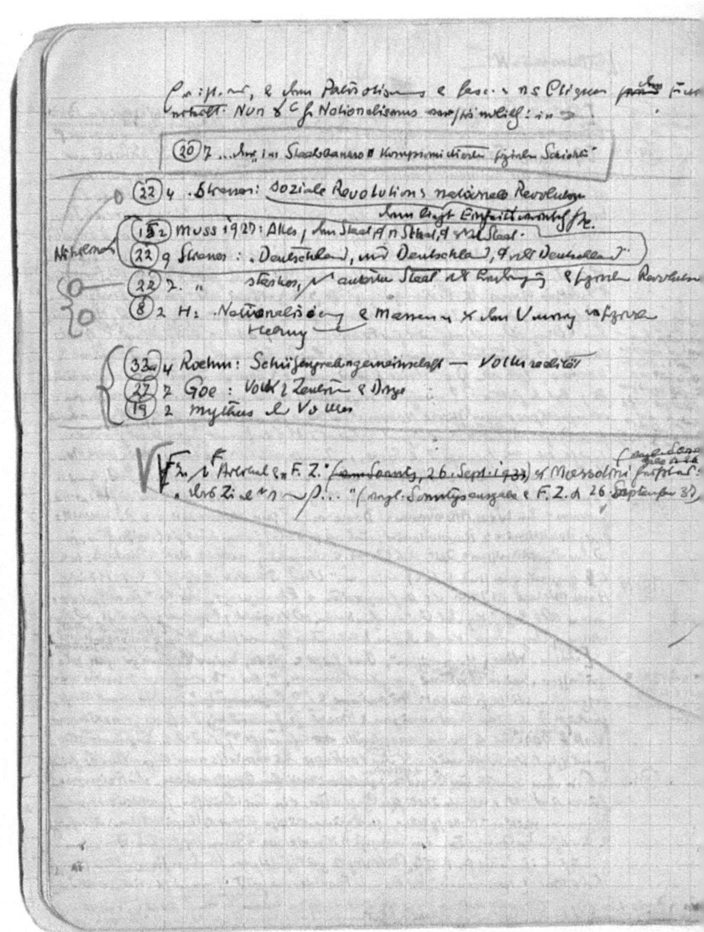

2. Manuskriptdoppelseite von »Totalitäre Propaganda«

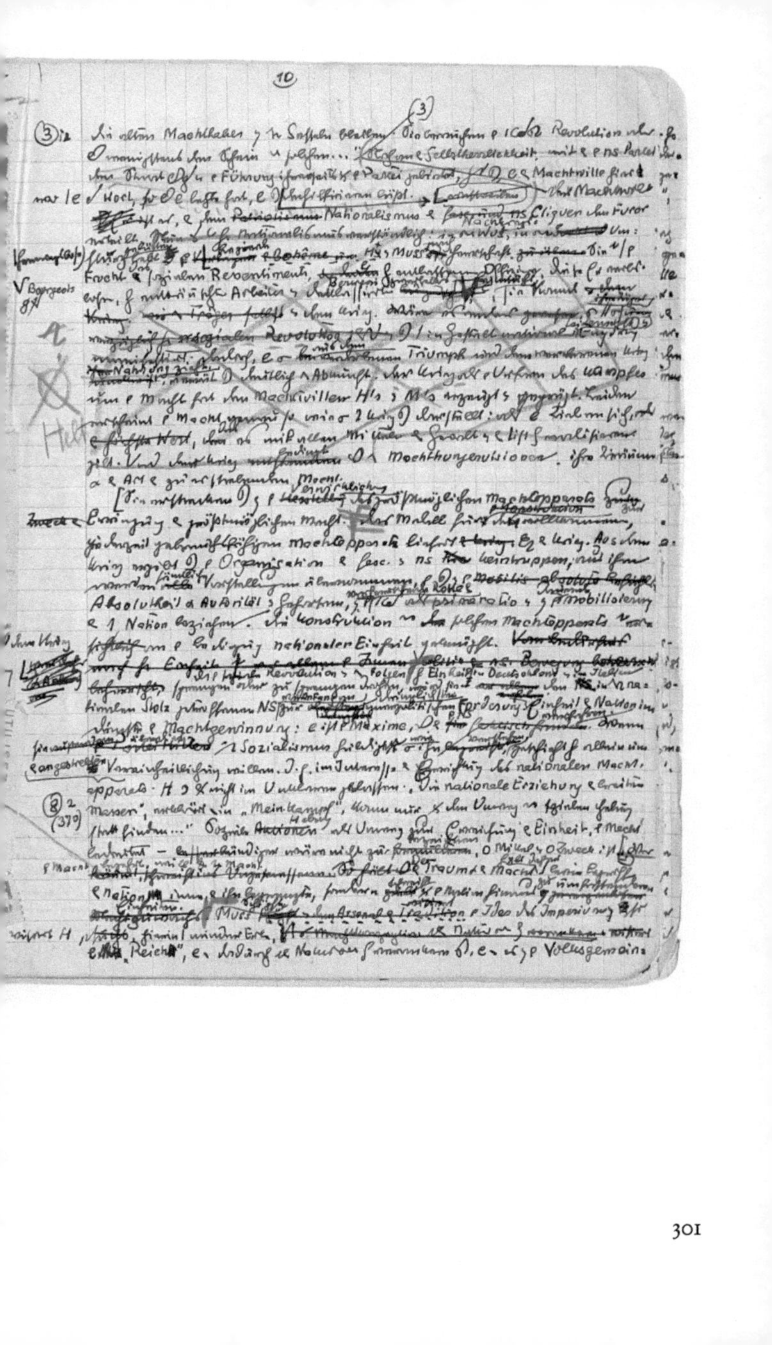

10

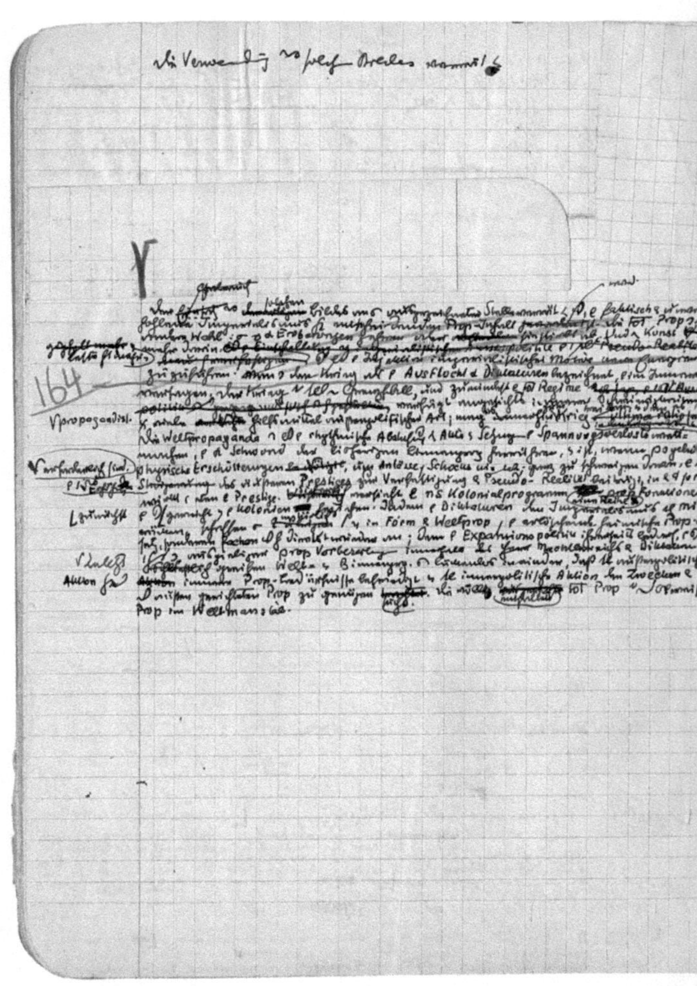

3. Manuskriptdoppelseite von »Totalitäre Propaganda«

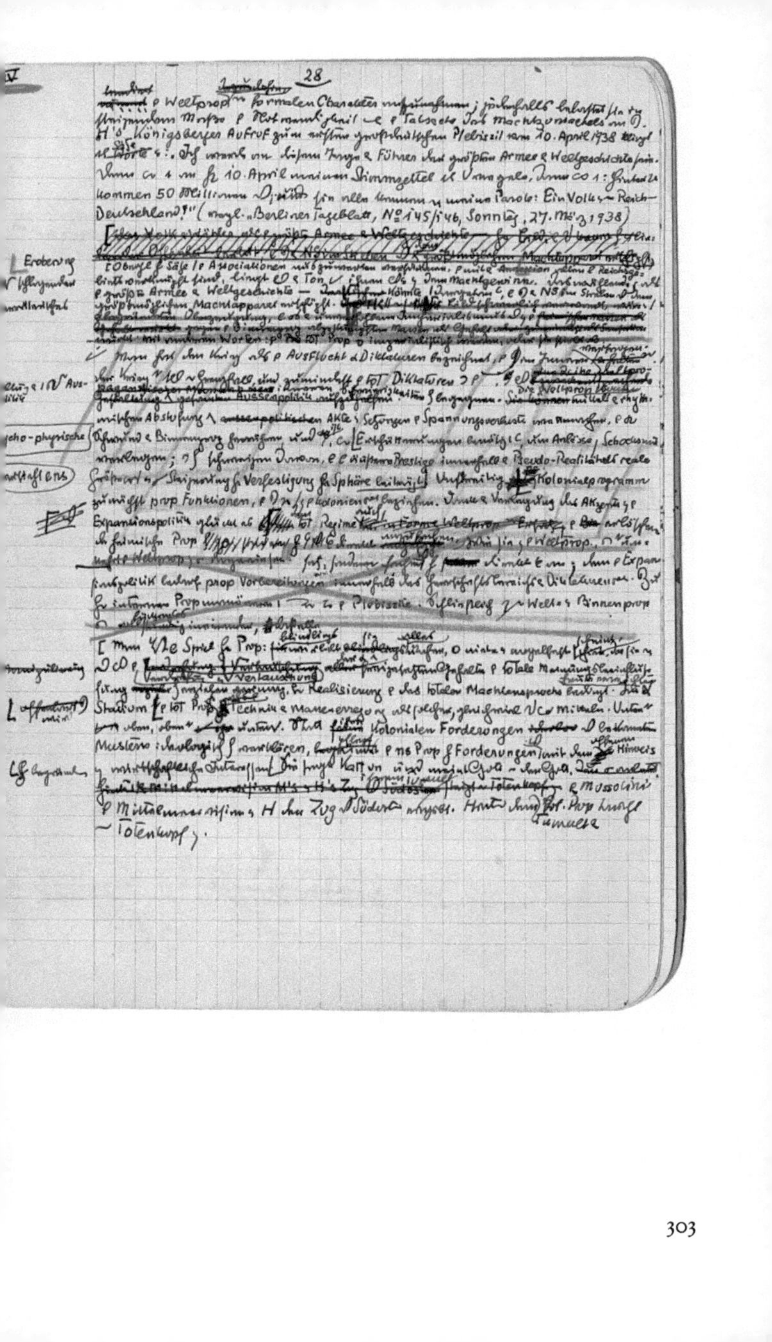

4. Notizzettel für »Totalitäre Propaganda«

5. Notizzettel für »Totalitäre Propaganda«

6. Notizzettel für »Totalitäre Propaganda«

Paris, den 6. 12. 37

Sehr verehrter Herr Doktor,

die versprochenen Zitate lauten:

Reichsrechtsführer Reichsminister Dr.Frank auf dem Nürnberger Parteitag 1937, nach dem "Völk.Beob." Nr. 254, 11.9.37: "Die nationalsozialistischen Rechtswahrer lagten (indirekte Rede) entscheidenden Wert auf die wortwörtliche Anwendung des Grundsatzes: Die Partei befiehlt dem Staate... Eine glänzende Auseinandersetzung mit den Wirkungskräften des Staates und der Partei führte zu der Formulierung, dass nicht die Partei durch den Staat, sondern der Staat durch die Partei lebe."

Dr. Ley auf der Ordensburg Vogelsang am 21.8.37 nach dem "Westd.Beob." vom 22.8.37: "Das Primat hat immer und unter allen Umständen die Partei. Sie und nicht der Staat packt die Probleme an... Sie allein ergreift die Initiative und sie stellt die Aufgaben. Dem Staat obliegt es, das zu sichern, was die Partei geschaffen hat."

Mit den herzlichsten Grüssen auch an Ihre Frau Gemahlin

Ihr Meyrowitz

S. 29

7. Brief von Meyrowitz an Kracauer vom 6. 12. 1937 mit Fragen zur Recherche für »Totalitäre Propaganda«

- 9 -

Zustandes entgegen zu halten. Sie muss konkrete Scheinbefriedigungen produzieren und in die Realität selber sich erstrecken: oftmals tief genug, um in der totalen Reaktion progressive Züge zu entwickeln.

Manche der Propagandaaktionen sind als Fassadenphänomene leicht genug durchschaubar. Wenn von den beiden Eingängen der Villa die Schilder "Herrschaften"/"Bediente" entfernt werden, die Türen jedoch unverändert an ihrer Stelle bleiben, weiss jeder gleichwohl, wo er hingehört. Aber von solchen Massnahmen, die mehr der Sadismus gegens gute Leben als dem Hass gegen die Ungerechtigkeit entspringen, führt eine stetige Linie zu den grossen propagandistischen Institutionen, deren Scheinbefriedigungen von den wirklichen kaum mehr zu unterscheiden sind, weil die wirklichen nicht besser sind als sie selber. Die Bierseligkeit freiwilliger Sängerfeste ist gar nichts besser als die kommandierte der Veranstaltung von Kraft durch Freude, die mit ihnen das Symbol der Schirmmützen teilt und jener Art von Gleichheit, Freiheit und Brüderlichkeit, die allen erlaubt, alle anzurempeln. Die Zugkraft der Arbeitsfront und ihrer Vergnügungsorganisation, die Kapital und Arbeit als "Arbeitgeber" und "Arbeitnehmer" vermengt, kann kaum überschätzt werden. Sie ist um so grösser, als im bestehenden gesellschaftlichen Zustand die Bewusstseinsdifferenzen von Gross- und Kleinbürger unvergleichlich viel geringer sind, als die Soziologen sich träumen lassen. Auf der Linie des geringsten Widerstandes findet sich der sonnenbadende Direktor mit dem chauffierenden Angestellten in bestem Einverständnis zusammen. Die Vergünstigungen, die Kraft durch Freude den Organisationsangehörigen gewährt, sind erheblich genug, um die gleiche Attraktion auszuüben wie irgendeine Lotteriechance und mehr: die Demokratisierung des Vergnügens, der der Betrieb dient, ist das einzige Mittel, im Zeitalter der neuen Massenverelendung die Vergnügungsindustrie in vielen ihrer Zweige, wie etwa dem Hotelgewerbe, überhaupt noch am Leben zu erhalten. Dass trotz alledem die KdF-Organisation in Wahrheit bloss der Stabilisierung der Machtverhältnisse dient und in die Propaganda fällt, hat Ley, das enfant terrible jener Propaganda, gelegentlich eingestanden. Unter den Argumenten, mit denen er am 27. November 1933 vor der Arbeitsfront die KdF-Organisation begründetet, finden sich die folgenden: "Ueber

8. Seite der von Theodor W. Adorno erstellten gekürzten und überarbeiteten Fassung von »Totalitäre Propaganda« mit handschriftlichen Bemerkungen Kracauers

Nachwort

Eine Gesprächsnotiz

Am 5. April 1938 dankt Max Horkheimer, der Leiter des *Institute for Social Research*, Siegfried Kracauer für seinen Brief vom 22. März und teilt ihm mit, daß aufgrund einer geplanten Europa-Reise die »Gelegenheit zu einer Unterredung« mit Friedrich Pollock bestehe. »Die dort angeschlagenen Probleme«, so fügt er hinzu, »können Sie mit ihm erörtern. Sollte durch irgendeinen Zufall die Unterhaltung nicht zustande kommen, so werde ich später auf Ihren Brief zurückkommen.«[1] Kracauer vermerkt auf diesem Brief handschriftlich: »Gespräch mit Pollock: siehe Notizbuch 1938 Seite 18. Antwort an Horkheimer (nebst Brief an Leo [Löwenthal]) – 13. April 38«. In seinem Nachlaß sind sowohl dieser Brief als auch ein handschriftliches Memo mit den wichtigsten Punkten erhalten, die Kracauer bei dem Treffen, zu dem es offenkundig kam, ansprechen wollte (vgl. Abb.). Kracauer notiert dort:

»Pollock: 12. April 38

I. Prop[aganda]-Arbeit:

1) wollen Sie Schluss mitnehmen
2) Anonym – pseudonym (Mutter)
3) Übrigens Silone
4) Veröffentlichung in Zeitschrift: Widerspruch bei Horkheimer (Briefe von ihm)

Neumann – Wiesengrund

5) Englische Übersetzung!
   Buchausgabe! Vom Inst[itut] oder soll ich selber versuchen??

II. Möglichk[eiten] beim Institut

1) ich kenne finanz[ielle] Schwierigkeiten – Aber
2) regelmässige Referate
3) neuer Auftrag (mit Film zusammenhängend.)

1 Max Horkheimer an Kracauer, 5. April 1938 (KN).

III. Horkh[eimer] fragen, wo mein Filmmaterial ist

(bei Schapiro? Abbott?)
Wenn nicht mehr nötig bitte zurück.

IV. Wir wollen nach Amerika

	1) Film-Library
	2) Wenn Stipendium zu niedrig, kann Institut helfen oder vermitteln?
Durch Auftrag	3) In welcher Form? Hierüber mit Horkh[eimer] sprechen!
	4) Offenbach – New York Times erleichtert vielleicht?
Ohne Auftrag	5) Habe gehört, dass Affidavit auch ohne Verwandte zu erlangen sei: Kann Institut helfen?

V. Immigrations-Visum:

Kann Institut dabei helfen?

Wann und mit welchem Dampfer fahren Sie zurück?«

Es ist offenkundig, daß dieses Treffen für Kracauer von existentieller Bedeutung war und hier Maßgebliches zur Entscheidung stand. Seine Notizen stecken in fünf Punkten all jene Bereiche ab, die sein Leben und seine Arbeit über Jahre hinweg bestimmen sollten. Seine Studie »Totalitäre Propaganda« war zwar zu diesem Zeitpunkt bereits abgeschlossen, Kracauer wußte aber noch nicht und ahnte vermutlich auch noch nicht, daß das Institut für Sozialforschung eine Publikation dieser soeben fertiggestellten Untersuchung, an der er fast zwei Jahre gearbeitet hatte, ablehnen würde. Zwar vermerkt er »Veröffentlichung in Zeitschrift: Widerspruch zu Horkheimer« – womit die Tatsache gemeint ist, daß Horkheimer angesichts des erheblichen Umfangs eine Aufteilung in zwei Nummern vorgeschlagen hatte –, macht sich aber zugleich Gedanken über eine mögliche Übersetzung und eine Buchausgabe. Wenig später sollte es zu erheblichen Konflikten kommen, die nicht zu einer güt-

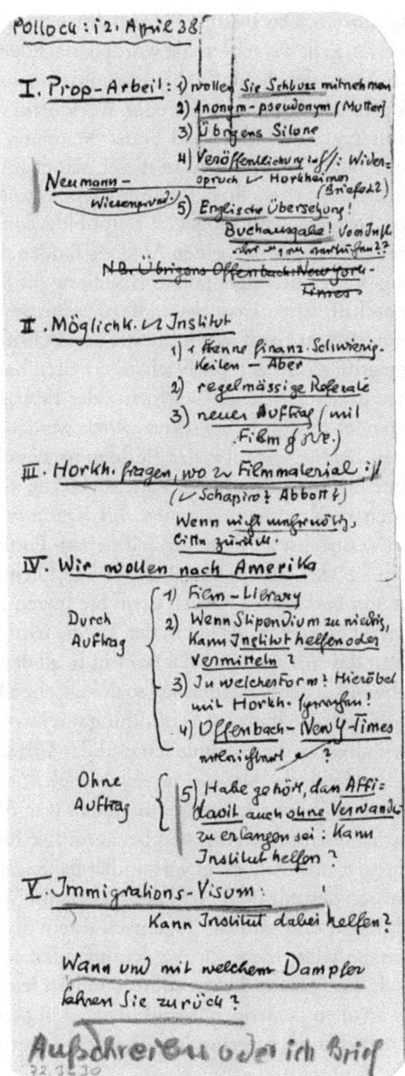

Pollock: 12. April 38

I. Prop-Arbeit: 1) wollen Sie Schluss mitnehmen
2) Anonym – pseudonym (Mutter)
3) Übrigens Silone
4) Veröffentlichung [illegible]: Widerspruch [illegible] Horkheimer (Brief [illegible])
Neumann – Wiesengrund
5) Englische Übersetzung! Buchausgabe! Vom Inst. [illegible]?
~~NB. Übrigens Offenbach: New York-Times~~

II. Möglichk. [illegible] Institut
1) [illegible] kenne finanz. Schwierigkeiten – Aber
2) regelmässige Referate
3) neuer Auftrag (mit Film [illegible])

III. Horkh. fragen, wo [illegible] Filmmaterial [illegible]
([illegible] Schapiro? Abbott?)
Wenn nicht unfreundlich, bitte zurück.

IV. Wir wollen nach Amerika
Durch Auftrag
1) Film-Library
2) Wenn Stipendium zu niedrig, kann Institut helfen oder vermitteln?
3) In welcher Form? Hierüber mit Horkh. sprechen!
4) Offenbach – New Y-Times [illegible]?
Ohne Auftrag
5) Habe gehört, daß Affidavit auch ohne Verwandte zu erlangen sei: Kann Institut helfen?

V. Immigrations-Visum:
Kann Institut dabei helfen?

Wann und mit welchem Dampfer fahren Sie zurück?

Aufschreiben oder ich Brief

Gesprächsnotiz von Siegfried Kracauer zur Vorbereitung einer Unterredung mit Friedrich Pollock

lichen Einigung führten. Das Institut für Sozialforschung hatte massive Kürzungen für erforderlich erachtet. Sie wurden, nachdem Pollock, wie von Kracauer notiert, den Schlußteil mitgenommen und persönlich nach New York gebracht hatte, von Theodor W. Adorno vorgenommen und offenbar mit Leo Löwenthal und Franz Neumann durchgesprochen.[2] Kracauer lehnte eine Publikation dieser, seiner Auffassung nach bis zur Unkenntlichkeit entstellten Fassung (siehe S. 266-296) ab. Da umgekehrt seine Vorschläge für mögliche Teilpublikationen oder andere Optionen seitens des Instituts keinen Anklang fanden, kam es nie zur Veröffentlichung. In den dreißiger Jahren zirkulierte die Studie in mehreren maschinenschriftlichen Fassungen, die allesamt verschollen sind. Für die Edition in diesem Band wurde auf die handschriftliche Arbeitsfassung zurückgegriffen, die sich im Nachlaß erhalten hat.

Die komplizierte und verwickelte Geschichte der Propaganda-Schrift, die im folgenden noch ausführlicher rekonstruiert werden wird, war keineswegs die erste Belastungsprobe der Beziehung zwischen Kracauer und dem Institut für Sozialforschung. Am 16. Mai 1936 schrieb er an Gertrud und Richard Krautheimer, einen mit Kracauer befreundeten Kunsthistoriker: »Zunächst zu dem ›geschäftlichen‹ Punkt. Fast schien es uns, als ahnten Sie, dass unsere Beziehung zu Horkheimer und damit zu dem Institut von besonderer Art ist; denn Sie fragen ja sicher nicht umsonst, wie wir zu H. stehen. Es hat in der Tat die triftigsten Gründe, dass dieses Institut das einzige ist, an das wir uns in all der Zeit *nicht* gewandt haben; obwohl es der gemeinsamen soziologischen Interessen wegen scheinbar nahe gelegen hätte, in Verbindung mit ihm zu treten. Wir wissen schon deshalb über die Geldquellen und das Tun und Lassen des Instituts genau Bescheid, da Lili, wie Sie sich vielleicht erinnern, sechs Jahre in Frankfurt als Bibliothekarin dort angestellt war. Auch die heutigen Verhältnisse im Institut sind uns sehr bekannt. Die Entwicklung ist die, dass Horkheimer und Pollock es verstanden haben, sich als lebenslängliche Direktoren des mit dem Geld des Hermanus Weil gestifteten Instituts zu etablieren, und nun die Tage nach ihrem Sinn verbringen. Das heisst, sie treten nicht mehr für den kämpfenden Marxismus ein, dem ursprünglich das Institut dienen sollte, sondern lenken das Goldschiff behutsam an allen derartigen bedrohlichen Klippen vorbei. Aber das hätte mich natürlich nicht gehindert, mit dem Institut zusammen-

2 Theodor W. Adorno an Kracauer, 28. Juni 1938, in: Theodor W. Adorno – Siegfried Kracauer, *»Der Riß der Welt geht auch durch mich«.* Briefwechsel 1923-1966. Hrsg. von Wolfgang Schopf, Frankfurt a. M.: Suhrkamp 2008, S. 392 f.

zuarbeiten. Was mich dagegen hindert, ist dies: dass mir, seitdem ich nicht mehr an der *Frankfurter Zeitung*, sondern nur ein Emigrant bin, von den Leuten des Instituts eine grosse Animosität entgegengebracht wird.«[3] Seine Frau habe, so Kracauer weiter, seinerzeit Pollock einige unschöne Wahrheiten gesagt, Horkheimer sei verstimmt, weil er angeblich eines seiner Bücher nicht hätte besprechen wollen, und Löwenthal, »den«, so Kracauer, »ich früher Freund nannte«, trage ihm nach, daß er ihn nicht bei der *Frankfurter Zeitung* untergebracht habe. Von Theodor W. Adorno, mit dem ihn eine enge Jugendfreundschaft verband, ist hier nicht die Rede. Adorno lebte zu dieser Zeit noch in Oxford und übersiedelte erst im Februar 1938 nach New York. Zu seinen ersten Projekten dort gehörte die Beteiligung an dem Radio Projekt, das von Paul Lazarsfeld, mit dem später auch Kracauer zusammenarbeiten sollte, geleitet wurde. Adorno sollte eine Studie über »Music in Radio« durchführen.[4]

In seinem Brief an Krautheimer kommt Kracauer knapp zwei Jahre vorher zu dem Schluß: »Nach dem hier Dargestellten sehen Sie also, dass das Institut die einzige Stelle in der ganzen Welt ist, mit der wir nichts zu tun haben können und wollen. Wir bitten Sie also dringendst, *nie* etwas in dieser Hinsicht für uns zu versuchen und auch andere, die die gute Absicht haben sollten, daran zu verhindern. Ausserdem enthält ja die Welt so viele Möglichkeiten und Mittel, dass es wirklich ein Unding wäre, wenn unsere Existenz nur von diesen drei Leuten und ihrem Institut gerettet werden könnte. Gerade diese eine Rettung lehnen wir *absolut* ab.«[5] Knapp zwei Jahre später sollte es gleichwohl das Institut für Sozialforschung sein, das neben der New School, die ihm über Emil Lederer 2250 Francs zur Verfügung stellte, erheblichen Anteil daran hatte, daß Lili und Siegfried Kracauer in der Exilzeit wenigstens über geringe Geldmittel verfügten und 1941 nach New York ausreisen konnten. Die Studie »Totalitäre Propaganda« war eine Arbeit, für die er vom Institut bezahlt wurde und von der Kracauer selbst nach dem Scheitern der Publikation in der *Zeitschrift für Sozialforschung* noch sagte, daß sie Eigen-

3 Kracauer an Gertrud und Richard Krautheimer, 16. Mai 1936 (KN).

4 Vgl. hierzu Theodor W. Adorno, *Current in Music. Elements of a Radio Theory.* Hrsg. von Robert Hullot-Kentor (= *Nachgelassene Schriften.* Abteilung 1. *Fragment gebliebene Schriften*, Bd. 3, Frankfurt a. M.: Suhrkamp 2006). Zum Radio-Projekt siehe Christian Fleck, *Transatlantische Bereicherungen.* Zur Erfindung der empirischen Sozialforschung. Frankfurt a. M.: Suhrkamp 2007, Kapitel 5.

5 Kracauer an Gertrud und Richard Krautheimer, 16. Mai 1936 (KN).

tum des Instituts sei und daher nicht ohne dessen Zustimmung veröffentlicht werden könne.[6]
Bei seinem Treffen mit Friedrich Pollock hatte Kracauer offenbar verschiedene Optionen einer Zusammenarbeit mit dem Institut ausgelotet, die von Referaten und Aufsätzen bis hin zu einem Forschungs- bzw. Publikationsauftrag reichten, und auch auf dessen Unterstützung bei der Ausreise in die Vereinigten Staaten gehofft. Weitere unter dem Stichwort »Wir wollen nach Amerika« notierte Optionen sind ein »Stipendium« der Film Library des Museum of Modern Art samt einer eventuellen zusätzlichen Unterstützung seitens des Instituts für Sozialforschung. Weiterhin will Kracauer offenbar fragen, ob dies durch die gerade eben erschienene überaus positive Rezension seines Offenbach-Buchs in der *New York Times Book Review* vom 27. März 1938 einfacher geworden sei.[7] Die ultima ratio sei schließlich ein Affidavit ohne Auftrag. Kracauers letzte Frage nach dem Dampfer, der Pollock zurück nach New York bringen sollte, ist mehr als nur rhetorischer Art: Sie macht deutlich, was im besten Fall am Ende dieser Unterredung stehen könnte: seine eigene Ausreise nach Amerika. Dies jedoch trat nicht oder genauer Jahre später ein.
Bemerkenswert sind auch andere Punkte dieser Gesprächsnotiz: So verbirgt sich hinter dem Eintrag »Anonym – pseudonym (Mutter)« Kracauers expliziter Wunsch, die Studie nicht unter seinem Namen zu veröffentlichen, um nicht die Ausreise seiner Mutter und seiner Tante zu gefährden. Zu dieser sollte es nicht mehr kommen: »Meine alte Mutter und Tante«, schreibt Siegfried Kracauer am 8. August 1949 an Bernhard Guttmann, den ehemaligen Kollegen bei der *Frankfurter Zeitung*, »wurden frueh im Krieg von Frankfurt nach Theresienstadt deportiert. 1945 erfuhren wir, dass sie von dort nach Polen verschleppt worden seien. Das ist alles, was wir wissen, aber es genuegt fuer unser ganzes Leben.«[8] Siegfried Kracauer hingegen erhielt das ersehnte Stipendium der Rockefeller Foundation und des Oberlaender Trust der Carl Schurz Foundation, um im Rahmen der Museum of Modern Art Film Library in New York »a project for the study and analysis of foreign film propaganda«[9] durchzuführen. Zu diesem Projekt, das dann zu *Von Caligari zu Hitler* (siehe

6 Krakauer an Dwight Macdonald, 24. Februar 1939 (KN).
7 Katherine Woods, »Offenbach and the Paris of his Time«, in: *The New York Times Book Review* vom 27. März 1938, S. 5.
8 Kracauer an Bernhard Guttmann, 8. August 1949 (KN).
9 Iris Barry-Abbott an Kracauer, 1. Juli 1941 (KN).

Werke, Bd. 2.1) führte, gehören auch weitere Studien, wie »Propaganda und der Nazikriegsfilm« (vgl. *Werke*, Bd. 2.1, S. 329-377) und »Die Eroberung Europas auf der Leinwand. Die NS-Wochenschau, 1939-1940« (vgl. *Werke*, Bd. 2.2, S. 442-465) sowie dessen Teilpublikation »Das Hitler-Bild« (vgl. *Werke*, Bd. 2.2, S. 466-469), aber auch die Kurz-Analysen »Deutsche Filme« (vgl. *Werke*, Bd. 2.2, S. 409-441), um die Iris Barry ihn gebeten hatte.[10] Auch der spätere Text »Nationalcharaktere – wie Hollywood sie zeigt« (vgl. *Werke*, Bd. 2.2, S. 507-540) setzt diese Interpretationsperspektive fort.[11] Er steht in einer theoretischen Linie, die von der »totalitären Propaganda« zur Film-Propaganda im Faschismus und Nationalsozialismus führt, dann aber konsequenterweise seine Fortsetzung in einer Analyse der amerikanischen Öffentlichkeit erfährt. Das unterstreicht auch Kracauer in einem Brief an Donald Slesinger vom »American Film Center« vom 12. Mai 1945: »In the two pamphlets on Nazi war film propaganda I wrote with the aid of a two-year Rockefeller grant I have tried to show that films offer an incomparable access to the backgrounds of the society from which they emerge. [...] Now I should like to bring the American film to the witness-stand. I am quite sure of what I could do in this field: I could survey American life in a new and striking manner. I thought of the ›*The Saturday Review*‹ or of ›*Time*‹; but would they give me a column?«[12] Kracauer erhielt keine Zeitungsspalte, sondern führte solche Analysen im Rahmen von Projekten durch, für die er von verschiedenen Stellen finanziell unterstützt wurde und die später bis hinein in die empirische Sozialforschung reichten.

10 Am 29. Juli 1942 stellt Iris Barry für 1943 ein Guggenheim Fellowship in Aussicht und bedankt sich für die Zusendung der Rezension von SHOCK TROOP. Sie fügt hinzu: »Personally, I should think you could write a history of the German film in your sleep, you must know it so well!« Und weiter: »Meanwhile, thank you for your review of SHOCK TROOP which I was very glad to have. Please do review all these films no matter how bad as films they are, for it is very useful to us to have a record of them.«

11 Im KN findet sich ein weiteres Manuskript mit dem Titel »Supplement to the study ENGLISH AND RUSSIAN CHARACTERS IN HOLLYWOOD FILMS (1933-1945)«, in dem Kracauer auf das Kapitel »Structural Analysis« in *Von Caligari zu Hitler* verweist. Unter der Leitfrage »How do films of one nation represent their own and other nations?« entwirft Kracauer drei unterschiedliche und sich wechselseitig ergänzende Projekte: Das erste zielt auf eine »typology of the images of own nationals, minority groups, and foreign people«, das zweite auf eine »comparative study of the images which different national cinemas present of the same foreign people« und das dritte schließlich auf eine vergleichende Studie »of such images of a foreign people as are presented by different mass media of one and the same country«.

12 Kracauer an Donald Slesinger, 12. Mai 1945 (KN).

Vier Jahre vorher wurde Kracauer als »special assistant to the curator of the Film Library at a salary of $ 2000 per annum for the purpose of undertaking the said study and analysis«[13] beschäftigt, wobei die Rockefeller Foundation 1600,– $ und die Carl Schurz Foundation 400,– $ zum Gehalt beitrugen. Kracauer hatte, wie die Notiz über das Gespräch mit Pollock zeigt, bereits 1938 über den möglichen Konflikt eines Stipendiums der Film Library mit einer Unterstützung seitens des Instituts für Sozialforschung mit Pollock gesprochen und auch eine eventuelle zusätzliche Unterstützung des Instituts für den Fall erbeten, daß die Honorierung zu niedrig sei, um das Affidavit zu erlangen. Besonders setzte sich der ebenfalls erwähnte Kunsthistoriker der Columbia University, Meyer Schapiro, für Kracauer ein. Bereits am 19. November 1937 schreibt er ihm und informiert ihn über das grundsätzliche Interesse des Museum of Modern Art. Um die Ausreise zu beschleunigen, unterbreitet er ihm ein knappes Jahr später das Angebot, im Rahmen der Young Mens Hebrew Association of New York Vorträge über »Problems of Modern Culture« zu geben. Das Thema sei offengehalten, könne aber präzisiert werden, »according to your own taste and interest, over the fields which you have already studies, including even film. Angestellten, Offenbach, detective-story, propaganda etc.«[14] Für die 15 Sitzungen würde ein Honorar von 500,– $ bezahlt werden. In einem Telegramm vom 3. Oktober 1938 schlägt Meyer Schapiro als Termin Anfang November vor, schreibt dann aber am 10. Oktober 1938, daß der Vertrag über acht Monate und das Gehalt von 400,– $ für diesen Zeitraum nicht für die Ausstellung eines non-quota-Visums ausreichten. Die Y. M. H.A. würde jedoch einen »pro forma contract specifying a larger salary« ausstellen und darin den Zeitraum vom November 1938 bis Juni 1939 vorsehen. Im Vertrag würde dann 1.000,– $ als Honorar genannt und eine Erneuerung der Beschäftigung in Aussicht gestellt werden. Leo Löwenthal, der sich persönlich für Kracauer einsetzte, würde die 600,– $ leihweise zur Verfügung stellen. Von öffentlichen Vorträgen, die für Kracauer aufgrund seines Sprachfehlers nicht in Frage kamen, nimmt er Abstand und schlägt statt dessen »an informal seminar with a small group of ten young students« vor.[15] Am 26. November schreibt er, daß er von dem Kunstsammler Henry P. McIlhenny erfahren habe, daß dieser »had promised to contribute a

13 Iris Barry-Abbott an Kracauer, 1. Juli 1941 (KN).

14 Meyer Schapiro an Kracauer, 2. Oktober 1938 (KN).

15 Meyer Schapiro an Kracauer, 4. November 1938 (KN).

considerable sum towards the fund for your work at the Film Museum«.[16] Es folgen viele weitere Briefe und erhebliche Komplikationen, bis Kracauer Ende April 1941 New York erreicht, wo er anfangs im Haus von Hans Speier Unterkunft fand, der Kracauer auch mit einem Kredit aushalf. Später mietete Kracauer in der 56 W 75th Street eine Wohnung für 45 $ an.[17]

Zur Entstehungsgeschichte von »Totalitäre Propaganda«

Adorno und Kracauer vereinbarten bereits 1936, daß Adorno im Rahmen eines Parisaufenthaltes ein Gespräch zwischen Kracauer und Horkheimer arrangieren sollte, um ihn für ein Projekt über Propaganda, das Kracauer in den Blick genommen hatte, zu gewinnen. Adorno schrieb daraufhin an Horkheimer: »Sollten Sie sich für meine Idee einer Untersuchung über Propaganda interessieren, so wäre da m. E. Kracauer u. U. einzusetzen.«[18] Adorno benachrichtigte Kracauer davon; ein »nachgeschicktes Briefchen«[19] ist jedoch nicht erhalten. In seiner Antwort stellte Kracauer klar, daß er sich lediglich bereit erklärt habe, mit Horkheimer persönlich zu sprechen, jedoch sei »eine von mir ausgehende Anknüpfung [an das Institut] unmöglich«. Und weiter: »Ich klopfe nie und nimmer dort an, wo ich drei-, viermal herausgeschmissen bzw. unwürdig behandelt worden bin. Nur durch *den weit geöffneten Haupteingang* gehe ich hier hinein und mit vollen Ehren empfangen.«[20] Diese Vorbehalte sind durchaus bilateraler Natur: Horkheimer antwortete am 22. Oktober 1936 auf Adornos Brief und äußerte: »Kracauer ist von uns durch Löwenthal wiederholt zur Mitarbeit aufgefordert worden. Er hat immer abgelehnt. Ich bin auch heute bereit, meine Affekte gegen ihn zurückzustellen. Sollten Sie gelegentlich mit ihm über die Untersuchung über Propaganda für die Zeitschrift sprechen wollen, so gebe ich Ihnen

16 Meyer Schapiro an Kracauer, 26. November 1938 (KN).

17 Kracauer an Meyer Schapiro, 22. August 1941 (KN). Vgl. zur Zeit der Internierung und Übersiedlung die »Nachbemerkung und editorische Notiz« zu *Werke*, Bd. 2.1.

18 Brief vom 12. Oktober 1936 in: Max Horkheimer, *Gesammelte Schriften*. Bd. 15: *Briefwechsel 1913-1936*. Hrsg. von Gunzelin Schmid Noerr. Frankfurt a. M.: S. Fischer 1995, S. 667.

19 Kracauer an Theodor W. Adorno, 24. Oktober 1936, in: Theodor W. Adorno – Siegfried Kracauer, *Briefwechsel 1923-1966* (wie Anm. 3), S. 320.

20 Ebd.

gerne meine Zustimmung. Da ich jedoch nicht weiß, wie weit Kracauer heute mit unseren Problemen und Anschauungen vertraut ist, so müßten Sie ihn schon eingehend instruieren und einen größeren Entwurf einfordern.«[21] Horkheimer fordert von Kracauer explizit eine gewisse Linientreue, die dieser dann auch später zu erfüllen versuchte. Nicht nur wird Horkheimer in »Totalitäre Propaganda« ausführlich zitiert, auch das allererste Konvolut der Exzerpte auf klein, fein säuberlich beschriebenen Notizzetteln gilt dessen Aufsatz »Egoismus und Freiheitsbewegung. Zur Anthropologie des bürgerlichen Zeitalters«. Die Anzahl der Zettel liegt nur knapp hinter Silones *Der Fascismus* und Rosenbergs *Geschichte der deutschen Republik*, die für Kracauer zentrale Referenzen sind. Ein gutes halbes Jahr später, am 20. April 1937, schreibt Kracauer an Horkheimer: »Es scheint mir ausgemacht, dass ich mich nicht selten auf Sie beziehe. Damit ist bereits gesagt, dass meine Arbeit in der Zeitschrift kein Fremdkörper sein wird. Vielleicht nehme ich, in Anbetracht der Hartnäckigkeit des Mittelstands und seiner ungelockerten ideologischen Verfassung, meine Analysen von einem Standpunkt aus vor, der mir mehr in der Immanenz zu bleiben gestattet – aber das wäre nur ein gradueller Unterschied.«[22] Kracauer hat zwar seine abweisende Haltung gegenüber dem Institut für Sozialforschung aufgegeben und auch auf dessen aktuelle Forschungen unübersehbar Bezug genommen, ist aber gleichwohl keineswegs ein theoretischer Opportunist. Auch wenn sich später in der Geschichte des Manuskripts von »Totalitäre Propaganda« persönliches Schicksal und theoretische Ausrichtung, seine eigene Exilsituation und die Frage der Publikation fast unauflöslich miteinander verweben sollten und das Manuskript theoretisch wie praktisch, inhaltlich wie persönlich seine existentielle Notsituation spiegelt, stehen am Ende sein Verzicht auf die Veröffentlichung in der vom Institut erstellten Form *und* seine Rettung durch die Übersiedlung in die Vereinigten Staaten. Kracauers Manuskript war bereits vorher dort eingetroffen: Man kann anhand der Briefe verfolgen, wie es Kapitel für Kapitel in New York ankommt und schließlich im April 1938 vollständig vorliegt.[23]

21 Max Horkheimer, *Briefwechsel 1913-1936* (wie Anm. 19), S. 689.

22 Kracauer an Horkheimer, 20. April 1937 (Horkheimer Archiv).

23 Am 29. Oktober 1937 bestätigt Horkheimer den Erhalt des ersten Teils; am 20. November 1937 übermittelt Kracauer den Hauptteil (S. 91-106) sowie Korrekturen und das Literaturverzeichnis; am 24. Januar 1938 folgen dann die Seiten 107-135, die er später nochmals schicken muß, da sie Adorno nicht vorliegen. Den Schlußteil (S. 136-171) gibt er am

Erst einmal geht es ihm jedoch um Unabhängigkeit: So schrieb er am 9. November 1936 an Adorno: »Es freut mich, von Dir zu erfahren, daß H. im Begriff scheint, seine Einstellung mir gegenüber zu revidieren. [...] Eine Arbeit über Propaganda und das Problem der heutigen Massen – entre nous! – gehört sowieso schon seit längerem zu meinem Programm und ich habe darüber bereits im Sommer Aufzeichnungen gemacht und Rücksprachen gepflogen.«[24] Er erklärte sich zwar bereit, seine Thesen »mit Horkheimer, Pollock und Dir [Adorno] – mit niemandem sonst allerdings – durchzudiskutieren und das Ergebnis der Diskussion anzuerkennen«, verwahrte sich aber gegen jegliche Form von Tabus und »jede diktatorische Anwandlung«[25] und machte den erbetenen »größeren Entwurf« von der Zusicherung eines Forschungsauftrags einschließlich eines »befriedigenden *finanziellen Arrangements*«[26] abhängig.[27]

Hinsichtlich des genauen Inhalts der geplanten Arbeit scheint es anfangs gewisse Unklarheiten gegeben zu haben. Kracauer betonte zunächst: »Ich glaube mich übrigens bestimmt daran erinnern zu können, daß Du mir [...] nicht von einer Untersuchung über Propaganda, sondern *Reklame* sprachst«,[28] während Adorno Horkheimer gegenüber zunächst von »einer Untersuchung über Propaganda« spricht, dann von einer über »Propaganda (*und* Reklame: ich bin der Ansicht, daß die vom System betriebene Scheidung der beiden Begriffe entlarvt werden muß)«[29] und schließlich von »Reklame und Propaganda«.[30] Die Reklame sollte später keine Rolle mehr spielen, taucht dann aber in dem Aufsatz »Gängige Werbepraktiken«, der Ende der 1940er Jahre verfaßt wurde, als Gegenstand wieder auf (vgl. *Werke*, Bd. 2.2, S. 177-190). Im Dezember 1936 verfaßte Kracauer das »Exposé. Masse und Propaganda (Eine Untersu-

12. April 1938 Pollock mit auf die Reise nach New York. Am 3. Juni 1938 bestätigt schließlich Adorno schriftlich, nun das komplette Manuskript in Händen zu halten.

24 Theodor W. Adorno – Siegfried Kracauer, *Briefwechsel 1923-1966* (wie Anm. 3), S. 324 f.

25 Ebd., S. 325.

26 Ebd.

27 Am 21. November 1936 bekräftigte er diese Aussagen inhaltlich, distanzierte sich jedoch vom »pathologischen Lokalkolorit« und bot – um Horkheimer »ein solches finanzielles Arrangement [...] zu erleichtern« – an, sich »zur Mitarbeit an der Zeitschrift in irgendeiner Form« (ebd., S. 328) zu verpflichten.

28 Brief vom 9. November 1936, in: ebd., S. 324.

29 Brief vom 23. November 1936, in: Max Horkheimer, *Briefwechsel 1913-1936* (wie Anm. 19), S. 737.

30 Brief vom 23. November 1936, in: ebd., S. 739.

chung über die fascistische Propaganda)« (S. 231-237) und schrieb am 22. Dezember 1936 direkt an Horkheimer, um auf die Unabdingbarkeit umfassender Materialstudien hinzuweisen und damit deutlich zu machen, daß die Ausarbeitung der Studie von einer Förderung abhängig sei.[31] Die geplante Arbeit habe »die Genesis, Funktion und Struktur der nationalsozialistischen Propaganda« als theoretische Aufgabe und solle, wie er dann in einem späteren Brief ausführte, »einen grundsätzlichen und programmatischen Charakter tragen.«[32] Horkheimer sagte ihm daraufhin die Honorierung eines Aufsatzes zu, dessen Form noch recht offenblieb: »Wir können Ihnen für den geplanten Aufsatz fr. fr. 6.000,– zur Verfügung stellen. Wenn wir die Bezahlung so vornehmen, dass Ihnen in den nächsten vier Monaten je fr. fr. 1.500,– überwiesen werden, dann, so rechnen wir, können Sie während dieser Zeit die Arbeit im Zusammenhang mit der Sammlung des Materials niederschreiben. Dieser Weg erscheint mir deshalb als günstig, weil auf diese Weise nicht erst durch die Uebersendung eines Entwurfs und die Entscheidung darüber Zeit verloren gehen. Sollte es sich am Ende der vier Monate herausstellen, dass der Aufsatz, der auf jeden Fall für uns wertvoll sein wird, für die Zwecke der Zeitschrift nicht geeignet ist, so fügen wir ihn dann eben, wie manche andere wichtige Arbeit, unserem Archiv ein. Wir hoffen manches Stück aus diesem Archiv gelegentlich in einem Sammelband zu veröffentlichen. Ich nehme freilich an, dass Ihr Aufsatz sich sehr gut der Zeitschrift einfügen wird. Vielleicht schauen Sie sich, wenn Sie dies nicht ohnehin getan haben, einmal einige Hefte der Zeitschrift durch. Für die Uebersendung der bereits vorliegenden Rohskizze wäre ich dankbar. Ich könnte mir dann vorstellen, in welcher Richtung Sie das Thema zu bearbeiten gedenken.«[33]

Kracauer antwortete ihm am 28. Januar 1937, nahm das Angebot dankend an und übermittelte zugleich das Exposé, das er weniger als Skizze eines Aufsatzes als vielmehr als Begründung für die Gewährung eines Stipendiums verstanden wissen wollte.[34] Adorno bestand zwar darauf, »daß mit Deiner [Kracauers] Annahme des Angebots [des Instituts] die

31 Vgl. Theodor W. Adorno – Siegfried Kracauer, *Briefwechsel 1923-1966* (wie Anm. 3), S. 327.

32 Kracauer an Horkheimer, 28. Januar 1937 (KN).

33 Vgl. Theodor W. Adorno – Siegfried Kracauer, *Briefwechsel 1923-1966* (wie Anm. 3), S. 333.

34 Daß das Exposé beilag, ist einem Brief Adornos vom 27. Januar 1937 zu entnehmen (vgl. ebd., S. 332 f.). Zur Frage des Stipendiums siehe ebd., S. 336-339.

Stipendiumsache hinfällig ist«,[35] Kracauer aber stellte klar, daß er weiterhin an seiner Bewerbung um das Stipendium festhalte und für das Institut gegebenenfalls lieber über ein anderes Thema schriebe.[36] Das Stipendium solle, so Kracauer in einem Brief an Max Horkheimer vom 5. Februar 1937, »eine dem Propagandathema gewidmete grosse Untersuchung«[37] ermöglichen. Er habe das Exposé verfaßt, um deutlich zu machen, »dass ich mich zur Bearbeitung der im Exposé angedeuteten Gebiete um einen grossen Forschungsauftrag bemühe, der mir für annähernd zwei Jahre, d. h. für die mutmassliche Dauer der Arbeit, Existenzsicherheit gewährte«. Aus dem Brief geht deutlich hervor, daß Kracauer hier auf eine andere Förderung zielt, die nichts mit dem Institut zu tun hat. Aber er fügt hinzu: »Ob meine Bemühungen überhaupt Erfolg haben, ist einstweilen noch gar nicht abzusehen. Führen sie aber zum Ziel – wie sollten daraus Kollisionen entspringen? Ich wüsste nicht, inwiefern die Intentionen der Stelle, die ich durch mein haltungsmässig ausgesprochenes Exposé zu interessieren suche, denen des Instituts entgegengesetzt sein könnten, und vermag mir ebenso wenig vorzustellen, dass der geplante Aufsatz deshalb an Wert für das Institut verlöre, weil vielleicht später einmal im Auftrag jener Stelle ein Buch von mir über dasselbe Thema herauskommt.«[38] Bei dem Stipendium handelt es sich vermutlich um jene »social history of the German film«, um deren Förderung er sich bei der Rockefeller Foundation bewarb und aus der sich *Von Caligari zu Hitler* entwickeln sollte. In dem bereits zitierten Brief an Richard Krautheimer vom 16. Mai 1936 erwähnt Kracauer dessen Bemühung, »mit Freunden [zu denen auch Meyer Schapiro zählte] eine kleine Summe für uns aufzutreiben«.[39] Dies lehnt er ab, bittet aber um »ein monatliches Stipendium mit Arbeitsauftrag«. Er wolle, so heißt es hier etwas unbestimmt, »ein um die Planwirtschaft kreisendes Thema« in Angriff nehmen, wolle dies aber in Paris tun, um nicht »das in drei Jahren hier mühselig erarbeitete literarische Terrain, das nun hoffentlich bald anfängt, Früchte zu tragen, im Stich zu lassen.« Ein Jahr später haben sich Thema wie Ort verschoben: Nun soll es um den Film gehen und die Ausarbeitung des Projekts soll in New York stattfinden. Insbesondere Meyer Schapiro setzte sich intensiv für Kracauer ein, mußte

35 Ebd., S. 334.
36 Ebd., S. 336-339.
37 Kracauer an Horkheimer, 5. Februar 1937 (KN).
38 Ebd.
39 Kracauer an Richard Krautheimer, 16. Mai 1936 (KN).

ihm aber am 17. November 1937 schreiben, daß der Plan »still hangs in the air. The Rockefeller Foundation does not wish, at this moment, to support an enterprise which does not bear directly on the making of new films, or an enterprise limited to a single book or a single individual. But the people at the Museum of Modern Art are very much interested in the possibility of your carrying out the plan of which I spoke – although they would wish it to be as much as technical – aesthetic history as a social history of the German film – and they would put all their ressources at your disposal.«[40] Diese Absage war nur eine vorläufige: In seiner Gesprächsnotiz zur Unterredung mit Pollock vom April 1938 nimmt die Film Library des Museum of Modern Art weiterhin die Position einer Option ein. Auch dort geht es erneut um die Frage des möglichen Konflikts zweier Institutionen.[41] Entsprechend bittet er Horkheimer um »eine gewisse Blankovollmacht [...], die mir gestattete, Ihnen im Verlauf der ersten Wochen nach Beginn unserer Vereinbarung ein anderes gewichtiges Thema zu exponieren, das auszuarbeiten ich mich selbstverständlich innerhalb der vorgesehenen Frist von vier Monaten verpflichtete«.[42] Er schlägt als weitere Themen vor: »eine soziologische Würdigung des Rundfunks; eine Studie über das demokratische Reklamewesen; eine historisch-kritische Untersuchung der verschiedenen Massentheorien, die mich persönlich besonders interessierte«.[43] Horkheimer bestand jedoch auf dem Propaganda-Thema und schließlich antwortete ihm Kracauer am 8. März 1937: »Wir haben uns dahingehend verständigt, dass ich auf Grund der in Ihrem Brief vom 9. Januar getroffenen Festsetzungen mit der Unternehmung über das Propaganda-Thema, die allein dem Institut zugute kommt, am 1. April beginne.«[44] Am 18. Juni 1937 teilte Horkheimer Kracauer die Aufstockung seines Honorars um weitere 2.000 Francs mit,[45] Adorno betonte Kracauer gegenüber allerdings, dass »eine *feste* Anstellung oder ein *dauernder* Forschungsauftrag [...] aber *nicht* in Frage« komme, da »das Budget so überlastet ist, daß eine neue laufende Verpflichtung nicht eingegangen werden kann«. Im-

40 Kopie des Briefs vom 19. November 1937 (Horkheimer Archiv).

41 Zu Meyer Schapiro, Kracauer und der Planung des Projekts in New York vgl. die Nachbemerkung und editorische Notiz zu Bd. 2.1.

42 Kracauer an Horkheimer, 5. Februar 1937 (KN).

43 Ebd.

44 Kracauer an Horkheimer, 8. März 1937 (KN).

45 Vgl. Theodor W. Adorno – Siegfried Kracauer, *Briefwechsel 1923-1966* (wie Anm. 3), S. 369 f. Im Juli und August sollten jeweils 1000 Francs überwiesen werden.

merhin seien aber »Aufsätze, Kritiken usw. [...] hochwillkommen«.[46] Am 10. Dezember 1937 berichtete Kracauer: »der größte Teil der [Propaganda-]Arbeit – der in sich abgeschlossene analytische, der über 100 Seiten umfaßt – ist fertiggestellt und schon in New York.«[47] Horkheimer habe ihm geschrieben, »er gedenke die ganze Sache mit den aus Raumgründen gebotenen Kürzungen in der Zeitschrift zu bringen«. Aktuell sei er »an den 2 letzten Abschnitten, die die idealtypische Entwicklung der totalitären Propaganda betreffen«.[48] Am 24. Januar 1938 übersendet er weitere knapp 30 Seiten und fügt hinzu:

»Auch den definitiven Teil habe ich mir inzwischen überlegt. Ich schlage Ihnen vor:

Die totalitäre Propaganda
Ein politischer Traktat

– – – –

Das ist einfach und treffend, wie ein Titel sein soll.

Den Schlußabschnitt habe ich seit ein paar Tagen in Angriff genommen. Möge sich doch meine New Yorker Angelegenheit bald in positivem Sinne entscheiden. Ich bin nur froh, dass Sie darüber wachen.«[49]

Am 5. März 1938, also noch bevor der Text komplett vorlag, schrieb Adorno sein Memorandum »Gutachten über die Arbeit ›Die totalitäre Propaganda Deutschlands und Italiens‹, S. 1 bis 106, von Siegfried Kracauer« (siehe oben, S. 262-265). Kracauer wurde offenbar aus guten Gründen dieses – überaus kritische – Gutachten nicht zugeschickt. Es wird weder in seinem Briefwechsel mit Adorno erwähnt, noch findet es sich auf der Gesprächsnotiz zur Unterredung mit Pollock. Dort heißt es u. a., »daß Kracauer weder seiner theoretischen Haltung nach verbind-

46 Ebd., S. 368.

47 Ebd., S. 380.

48 Ebd. Am 7. Januar 1938 schreibt er an Krautheimers: »Meine Arbeit über die totalitäre Propaganda – 105 Seiten Manuskript und eine streng wissenschaftliche Untersuchung – wird, wie mir Horkheimer mitteilte, voraussichtlich im kommenden Heft der ›Zeitschrift für Sozialforschung‹ erscheinen. [...] Ueber diesen fertigen, in sich geschlossenen Hauptteil hinaus sind noch ca. 50 Seiten zu schreiben, mit denen ich eben befasst bin und die dann als II. Teil später herauskommen sollen. Diese Arbeit hat nicht zu geringem Teil jene Epoche zum Thema, die das New Yorker Museum of Modern Art aus anderer Perspektive heraus von mir behandelt haben will. Ich korrespondiere eben mit Horkheimer darüber, ob es nicht vielleicht ratsam wäre, den für den Museumsauftrag ausschlaggebenden Herren die Arbeit so schnell wie möglich (in den Fahnen?) zugänglich zu machen.« (KN)

49 Kracauer an Max Horkheimer, 24. Januar 1938 (KN).

lich zu uns gehört, noch seiner Arbeitsmethode nach als wissenschaftlicher Schriftsteller überhaupt rangiert«. (S. 262). Nach dem Treffen mit Pollock schreibt Kracauer am 12. April an Horkheimer, um ihm mitzuteilen, daß er ihm das »Schlußkapitel (die Seiten 136 bis 171) und einige Änderungen mitgegeben habe«, um dann hinzuzufügen: »Unsere ganze Existenz hängt daran, daß die Übersiedlung so schnell wie möglich zustande kommt.« Am 3. Mai 1938 bat Adorno Kracauer allerdings um die »Seiten 106 bis 136«,[50] von denen Pollock nichts berichtet habe und die auch nicht zugesandt worden seien. Zugleich macht er deutlich, daß eine Publikation aufgrund erforderlicher »Sparmaßnahmen des Instituts« in der jetzigen Gestalt nicht möglich sei, und will ihm »das Gespenst des Kürzens [nicht] länger verstecken«: »An eine Publikation der Arbeit als Broschüre ist unter den jetzigen [finanziellen] Umständen [nicht mehr zu denken ... und] eine Zeitschriftenpublikation gerade dieser Arbeit wird nur dann sinnvoll sein, wenn sie von der Mannigfaltigkeit der Motive eine Vorstellung gibt, indem sie die durchschlagendsten Stellen verschiedener Kapitel zusammenfaßt und sich dabei unter Umständen von der jetzigen Disposition auch entfernt.«[51] Er habe es übernommen, »den Versuch einer solchen Redaktion zu machen«,[52] und bestätigte schließlich am 3. Juni 1938 »die Seiten 107-135« und »die *letzten* 40 Seiten des Ganzen« erhalten zu haben, womit »ein vollständiges Exemplar Deines gesamten Manuskriptes«[53] vorliege. Walter Benjamin gegenüber war Adorno deutlicher: Am 7. März 1938 schrieb er ihm: »Ob etwas überhaupt davon brauchbar ist, scheint mir noch ungewiß, fraglos dagegen, daß, wenn man überhaupt etwas zu retten unternimmt, das nur möglich sein wird, wenn man es vollständig zerschlägt und dann kleinste Bruchstücke zusammenmontiert.«[54] Und dann zwei Monate später nach erfolgter Kürzung: »Von Kracauer ist buchstäblich kein Satz außer den Hitlerzitaten erhalten geblieben.«[55] Am 28. Juni 1938 kündigte Adorno Kracauer diese Fassung des Manuskripts an, »die ich hergestellt und dann zusammen mit Leo und Franz Neumann nochmals eingehend unter publikationspolitischen Aspekten revidiert habe. [...] Die

50 Theodor W. Adorno – Siegfried Kracauer, *Briefwechsel 1923-1966* (wie Anm. 3), S. 382.

51 Ebd., S. 383.

52 Ebd., S. 384.

53 Ebd., S. 391.

54 Theodor W. Adorno – Walter Benjamin, *Briefwechsel 1928-1940*. Hg. von Henri Lonitz. Frankfurt a. M.: Suhrkamp Verlag 1994, S. 313.

55 Theodor W. Adorno an Walter Benjamin, 8. Juni 1938, ebd., S. 332.

Arbeit ist in der Neufassung von einer größeren Anzahl unserer Members gelesen worden und scheint durchweg positive Resonanz zu finden. Auch Horkheimer [...] schien sehr angetan.«[56] Am 20. August 1938 bestätigte Kracauer den Erhalt des überarbeiteten Manuskripts und teilte Adorno und Horkheimer mit, »daß ich in die Veröffentlichung dieses Manuskripts *nicht* einwilligen kann«.[57] Die Absicht, die Arbeit »auf einem Fünftel« des Raumes so »zusammenzudrängen und die so entstehende Fassung überdies als ein geschlossenes Ganzes darzubieten«, wirke sich »ruinös«[58] aus. »Entscheidende Züge und Inhalte« der Arbeit seien verlorengegangen und »eine Menge eigener Zutaten« verdränge den ursprünglichen Text, dessen Sätze »bis zur Unkenntlichkeit zerrupft, ausgeweidet, verändert«[59] seien. Kracauer schlug dagegen vor, »einen geschlossenen Abschnitt von der gebotenen Länge mit der Vorbemerkung [zu] publizieren, daß es sich hier um ein Fragment aus meiner Arbeit handle«, genauer: »das Kapitel über die Massen und wenn möglich noch das Schlußkapitel«.[60] Außerdem könne der Text »auf keinen Fall unter meinem Namen«[61] veröffentlicht werden. »Mit gleicher Post« schreibt er auch an Horkheimer und unterstreicht: »Der eigentliche Leidtragende bin freilich ich. Aber wie hart immer mich mein Refus ankomme: es ist mir unmöglich zuzugeben, dass meine unter unsäglichen äusseren Schwierigkeiten entstandene Arbeit in solcher Gestalt erscheint.«[62] Pollock habe von dem positiven Eindruck auf ihn und auf Horkheimer gesprochen, nun aber sei es zu einer »Liquidierung des methodischen Hauptzugs« gekommen, »der in der Nähe zum noch undurchdrungenen Objekt und der in der sehr behutsamen Ablösung des Konstruktiven vom Stofflichen besteht.«[63] Bis Ende 1938 erneuerte Kra-

56 Theodor W. Adorno – Siegfried Kracauer, *Briefwechsel 1923-1966* (wie Anm. 3), S. 392 f.

57 Ebd., S. 395 f.

58 Ebd., S. 396.

59 Ebd., S. 398.

60 Ebd., S. 399.

61 Ebd., S. 400.

62 Kracauer an Horkheimer, 20. August 1938 (KN).

63 Leo Löwenthal schreibt am 9. September 1938 an Kracauer: »Dass Du Deine Zustimmung zur Veröffentlichung von Teddies Bearbeitung Deines Aufsatzes nicht geben willst, ist Horkheimer durchaus verständlich; in der Tat stellt Teddies Redigierung eine umgreifende Veränderung des ursprünglichen Textes dar. Auf der anderen Seite tut es Horkheimer und uns allen aufrichtig leid, dass Du zu einer negativen Entscheidung gekommen bist. [...] Die Frage nun, ob einzelne Teile aus Deiner Arbeit zum Abdruck gelangen können, wollen wir uns an Hand des Textes nochmals genau überlegen. Das

cauer das Angebot, ein Fragment des Manuskripts zu veröffentlichen gegenüber Adorno, Horkheimer und Löwenthal.[64] Allerdings zog Adorno 1940 in Erwägung, in »das neue Deutschlandprojekt [»German Economy, Politics and Culture, 1900-1933«]« einen Teil über Propaganda aufzunehmen, dessen Entwurf er »im Anschluß an den Kracaueraufsatz, der uns doch einmal zu etwas gut sein soll, selber ausarbeiten«[65] wolle. Und noch am 19. April 1940 schrieb Kracauer an Horkheimer: Adorno »ne s'est pas borné dans sa composition à faire les coupures, retouches et raccords strictement nécessaires, mais tout en y intercalant des réflexions étrangères à mon texte, il en a complètement renversé la disposition, changé radicalement mes perspectives cependant méticuleusement choisies, et de mon langage, aucune phrase n'est restée intacte«.[66] Daher die Ablehnung, diese Fassung zu publizieren. Gleichwohl sucht er nach einem »arrangement« und schlägt die Publikation der Adorno-Fassung in folgender Gestalt vor: »il faut préfacer l'article par une déclaration rédactionnelle disant que l'article n'est pas la rédaction de mon manuscript, mais une adaptation libre (freie Bearbeitung), élaborée par les propres soins de la rédaction.« Er wolle zudem nicht als Autor genannt werden. Dies habe er Pollock gegenüber auch bereits erläutert und dieser habe dafür Verständnis gezeigt. Kracauer schlägt schließlich – »pour vous faire toutes les avances possibles« – weiterhin die Ergänzung eines einleitenden Absatzes vor: »L'étude suivante se base sur un manuscrit qu'un de nos collaborateurs (ou: un des amis de notre revue) vient de nous confier – manuscrit trop étendu cependant pour être publié intégralement et, d'autre part, si dense que des extraits ne donneraient

nächste Heft kommt sowieso nicht in Frage, da es dafür schon zu spät wäre. Was nun Deine Amerikapläne angeht, so können Horkheimer und Pollock Dir leider kein Affidavit zur Verfügung stellen, da sie beide in den letzten Monaten sehr viele Bürgschaften ausgestellt haben und die betreffenden Einwanderungsgesuche zunächst alle erledigt sein müssen, bevor beide Herrn an die Ausstellung neuer Affidavits denken können. Doch bin ich gerne bereit, zusammen mit meiner Frau Ruth Euch beiden ein Affidavit zu geben, sobald Du es benötigst.« (*In steter Freundschaft.* Leo Löwenthal – Siegfried Kracauer, Briefwechsel 1922-1966. Hrsg. von Peter-Erwin Jansen und Christian Schmidt. Springe: zu Klampen 2003, S. 90 f.) Kracauer dankt Löwenthal am 20. September 1938 und nimmt das Angebot an.

64 Vgl. ebd., S. 92 f., sowie Theodor W. Adorno – Siegfried Kracauer, *Briefwechsel 1923-1966* (wie Anm. 3), S. 406.

65 Max Horkheimer, *Gesammelte Schriften.* Bd. 16: *Briefwechsel 1937-1940.* Hrsg. von Gunzelin Schmid Noerr. Frankfurt a. M.: S. Fischer 1995, S. 735.

66 Kracauer an Max Horkheimer, 19. April 1940 (Horkheimer Archiv).

qu'une image insuffisante. Sous de telles conditions, nous avons cru bon d'y présenter une adaptation libre de ce manuscrit, élaborée par les soins de la rédaction elle-même.« Und er fügt handschriftlich hinzu: »Cette rédaction n'a pu être effectuée sans des changements essentiels du texte original.« Doch auch trotz dieser Vorschläge sollte die Abhandlung ungedruckt bleiben.

Kracauer hatte offenbar bereits im Frühjahr und Sommer 1938 versucht, einen anderen Publikationsort zu finden. Am 19. April 1938 schickte er ein Exemplar samt einer französischen Zusammenfassung an den Sekretär des Verlegers Grasset, Rainer Biemel, und betont, daß Ignazio Silone die Studie in seiner *École des Dictateurs* zitieren wolle. »Beide Arbeiten«, so Kracauer weiter, »gehen zweifellos gut zusammen und sind von politischer Wichtigkeit.«[67] Silone hatte er das Manuskript bereits Anfang März geschickt, und dieser hatte es nach Lektüre zwei Wochen später samt einem verhalten enthusiastischen Brief retourniert.[68] Auch an Meyer Schapiro hat er womöglich im Herbst 1938 ein Exemplar gesendet.[69] Silone, der auch in der anfangs zitierten Gesprächsnotiz erwähnt wird, ist einer der wichtigsten Gewährsmänner für Kracauer. Was jedoch genau mit »Übrigens Silone« gemeint sein könnte, ist nicht zweifelsfrei zu ermitteln. Silone war zu diesem Zeitpunkt längst aus der Kommunistischen Partei ausgetreten, seine Tätigkeit als Spitzel wurde jedoch erst später bekannt. An Meyer Schapiro schreibt Kracauer am

67 Kracauer an Rainer Biemel, 19. April 1938 (KN).

68 Silone schreibt am 8. März 1938 Kracauer aus Zürich: »Je serais très heureux de pouvoir lire votre travail sur la propagande et je vous prie de me l'envoyer ici. Le le lirai de suite et après 3 ou 4 jours vous l'aurez de retour. Moi-même, je suis assez avancé dans mon *Ecole des dictateurs* et j'espère en 2 ou 3 semaines de finir. Une première partie je l'ai donnée déjà à traduire et j'espère, lorsque je viendrai à Paris, de pouvoir vous prier de lire l'ensemble.« (KN) Am 21. März 1938 sendet er dann nach Lektüre das Manuskript mit zurück und schreibt Kracauer: »Je viens de mettre à la porte, sous forme de manuscrit recommandé, votre ouvrage sur la propagande totalitaire. Je vous suis très reconnaissant de l'avoir pu lire. J'ai trouvé là un nouveau exemple de votre intelligeance claire, exacte et mésurée. J'ose à peine vous dire combien je me sent flatté du fait que mon ›Fascismus‹ a pu vous être utile. Dans *L'Ecole des dictateurs* j'ai repris et développées quelques idées du ›Fascismus‹, mais j'ai aussi exposé des points de vue qui feront crier les ›marxistes‹. Ne pouvant pas tout citer, j'ai repris de votre ouvrage trois passages sur la propagande, sur la terreur et sur les rapports entre fascisme et guerre.«

69 Am 4. Oktober 1938 schreibt er an Meyer Schapiro, er habe die »innere Struktur« totalitärer Diktaturen »in meiner Arbeit über totalitäre Propaganda, die übrigens Silone sehr einleuchtete, à fond analysiert. Wenn Sie diese Arbeit (170 Schreibmaschinenseiten) jetzt interessieren sollte, schicke ich Ihnen mein Manuskript zur Lektüre.« (KN)

24. Juli 1938, daß er mit Silone »sachlich weitgehend übereinstimme und [auch] persönlich sehr gut stehe«. (KN) Und noch am 10. Juni 1962 heißt es in einem Brief an Ernst Bloch: »Voriges Jahr im wirklich ueberfuellten Rom hatten wir wunderbar ruhige Zeiten mit den Silones.«[70]
Weiterhin erwähnt Alfred Schütz in seinem Briefwechsel mit Eric Voegelin, im Besitz eines Exemplars von Kracauers Studie zu sein. Schütz, der nach dem Anschluß Österreichs, den er zufällig in Paris erlebte, nicht mehr nach Wien zurückkehrte, lebte bis 1939 dort. Anfang März 1939 schreibt er an Eric Voegelin, der sich zu dieser Zeit an der Harvard University befindet, er habe kürzlich Kracauer kennengelernt, und stellt ihn dem Kollegen aus Wiener Tagen knapp vor und setzt dann hinzu: »Da er [Kracauer] in duerftigsten Verhältnissen lebt und seine Arbeit wirklich mir ganz besonders originell zu sein scheint, moechte ich ihm gerne zu einer Publikation seiner Schrift in Amerika verhelfen. Koennen Sie mir einen Rat geben, wie man das am besten anpackt? Darf er vielleicht Ihnen das Manuskript oder eine Probe daraus zukommen lassen?«[71] Voegelin unternahm tatsächlich etwas zugunsten von Kracauer, bevor er Harvard verließ. Er sprach in Harvard mit Talcott Parsons, der die »Sache an sich für interessant (hält), aber offenbar nicht geneigt ist, sich weiter zu bemühen. Er empfiehlt, sich mit [Carl J.] Friedrich in Verbindung zu setzen.« Damit nicht genug, übermittelt Voegelin dem ihm vermutlich unbekannten Kracauer weitere Tips. Ihm die Arbeit zu schicken würde ihn freuen, Kracauer aber nicht viel helfen, weil er keine Kontakte zu amerikanischen Verlagen habe. Der Exilverlag Bermann-Fischer veröffentliche auch Wissenschaft und am besten wäre es, wenn Kracauer eine nicht mehr als 30 Seiten umfassende englischsprachige Fassung einer wissenschaftliche Zeitschrift, beispielsweise *Public Opinion Quarterly*, sende.[72] Kurz vor seiner Abreise händigte Schütz sein Exemplar der »etwa 200 Schreibmaschinenseiten ueber die Technik der politischen Propaganda« an den französischen Philosophen Louis Rougier weiter, der »es in französischer Sprache veröffentlichen will. Falls nichts daraus wird, werde ich Sie im Herbst um eine neuerliche Intervention ersuchen; es ist wirklich eine gute Arbeit.«[73]

70 Kracauer an Ernst Bloch, 10. Juni 1962 (KN).

71 Schütz an Voegelin, 3. März 1939, Alfred Schütz und Eric Voegelin, *Eine Freundschaft, die ein Leben ausgehalten hat: Briefwechsel 1938-1959*. Konstanz: UVK 2004, S. 40.

72 Voegelin an Schütz, 2. April 1939, Schütz und Voegelin, *Eine Freundschaft*, S. 44 f. (wie Anm. 71).

73 Schütz und Voegelin, *Eine Freundschaft*, S. 67 (wie Anm. 71). Schütz unterstützte Kra-

Weiterhin haben sich zwei Briefentwürfe vom Juni und August 1938 und ein Beleg einer Einschreibesendung an Walter Landauer, den Verleger des Allert de Lange Verlags, erhalten, in denen vom Propaganda-Manuskript am Rande die Rede ist. Mit Allert de Lange verständigte er sich zwar über ein Buch zum Film, nicht aber über die Publikation von »Totalitäre Propaganda«.[74] Weitere vier Monate später, am 24. Februar 1939, schreibt er an Dwight Macdonald, einen der Herausgeber der *Partisan Review*, der ihn offenbar zur Mitarbeit aufgefordert hatte. Kracauer schlägt ihm zwei Projekte vor: eine »Studie über den aktuellen französischen Film« und eben »Totalitäre Propaganda«, woraus man Teile publizieren könne, vorher aber die Genehmigung des Instituts für Sozialforschung einholen müsse, da »dieses Manuskript [dessen] Eigentum«[75] sei. Doch auch zu dieser Veröffentlichung sollte es – aus welchen Gründen auch immer – nicht kommen. In seinem Lebenslauf für die Rockefeller Foundation führt Kracauer gleichwohl das Manuskript in der knappen, noch nicht einmal zwei Seiten umfassenden biographischen Übersicht ebenso an wie in der von ihm erstellten »List of Publications«. Erscheinen sollte es hingegen erst 2012, also ein Dreivierteljahrhundert nach seiner Entstehung.

cauer während der Flucht auch finanziell, siehe Kracauer an Alfred Schütz, Brief vom 11. Juli 1943 (KN).

74 Am 24. August schreibt ihm Kracauer: »Ich hatte Ihnen am 5. August einen Brief geschrieben, in dem ich Sie Verschiedenes anfragte (so wegen der Sommer-Abrechnung über den »Offenbach« und wegen des Manuskripts meiner Propaganda-Arbeit). Leider ist noch keine Antwort eingetroffen.« (KN) Und am 6. Oktober 1938 schreibt er ihm erneut aus Paris: »Ich hatte Sie am 7. September auf einer Karte um die Rücksendung meines Manuskripts über ›Totalitäre Propaganda‹ gebeten. Heute bitte ich Sie nochmals *sehr dringend* darum, denn man interessiert sich für diese Arbeit sowohl hier wie in Amerika und ich brauche daher das Manuskript jetzt unbedingt.« (KN) Vgl. zum Vertragsabschluß den Briefwechsel mit Adorno (wie Anm. 3), S. 381-388, sowie die Nachbemerkung und editorische Notiz zu *Werke*, Bd. 2.1.

75 Kracauer an Dwight Mcdonald, 24. Februar 1939 (KN). Erneut betont Kracauer, daß die Publikation anonym erfolgen müsse, da er die mögliche Ausreise seiner Mutter nicht gefährden wolle.

Dank

Ein besonderer Dank gebührt Elisabeth Matthias für die sorgfältige Transkription des überaus komplizierten Manuskripts von »Totalitäre Propaganda«. Sehr herzlich sei auch Alois Schmidmeier für seine unerläßliche Hilfe bei der Entzifferung von sehr zahlreichen nahezu unlesbaren Stellen gedankt. Ohne beide wäre die Edition dieses Textes nicht möglich gewesen.
Vielen Dank auch den Mitarbeiterinnen und Mitarbeitern des Deutschen Literaturarchivs in Marbach am Neckar.
Der Herausgeber dankt weiterhin Nike Dreyer, Lisa Genthner, Cathrin Hauswald, Annie Hofmann, Ingeborg Moosmann, Alexander Müller und Morten Paul für die Hilfe beim Identifizieren und Entziffern von Quellen sowie für ihre Ratschläge für die Anmerkungen zu den Texten.

Abbildungs- und Quellenverzeichnis

Sämtliche hier edierten Texte stammen wie auch die Vorlagen für die Abbildungen aus dem Nachlaß Siegfried Kracauers, Deutsches Literaturarchiv, Marbach am Neckar. Bei *Totalitäre Propaganda* und auch dem »Exposé. Masse und Propaganda« sowie dem Gutachten Theodor W. Adornos wurde auf die Fassungen in *Werke*, Bd. 2.2, S. 17-173 bzw. S. 9-16 und S. 821-824 zurückgegriffen. Auch die Anmerkungen des Herausgebers stammen aus dieser Ausgabe, wurden aber dem neuen Seitenumbruch angepaßt.

Verzeichnis der Siglen und Kurztitel

KN Kracauer-Nachlaß, Deutsches Literaturarchiv, Marbach am Neckar

Werke Siegfried Kracauer, Werke. Bd. 1-9. Hrsg. von Inka Mülder-Bach und Ingrid Belke. Frankfurt a. M.: Suhrkamp 2004 ff.

Bd. 1: Soziologie als Wissenschaft. Der Detektiv-Roman. Die Angestellten. Hrsg. von Inka Mülder-Bach.

Bd. 2.1: Von Caligari zu Hitler. Eine psychologische Geschichte des deutschen Films. Hrsg. von Sabine Biebl.

Bd. 2.2: Studien zu Propaganda und Massenmedien. Hrsg. von Christian Fleck und Bernd Stiegler.

Bd. 3: Theorie des Films. Die Errettung der äußeren Wirklichkeit. Hrsg. von Inka Mülder-Bach.

Bd. 4: Geschichte – Vor den letzten Dingen. Hrsg. von Ingrid Belke.

Bd. 5: Essays, Feuilletons und Rezensionen. Hrsg. von Inka Mülder-Bach.

Bd. 6: Kleine Schriften zum Film. Hrsg. von Inka Mülder-Bach.

Bd. 7: Ginster. Georg. Hrsg. von Inka Mülder-Bach.

Bd. 8: Jacques Offenbach und das Paris seiner Zeit. Hrsg. von Ingrid Belke.

Bd. 9: Frühe Abhandlungen aus dem Nachlaß. Hrsg. von Ingrid Belke.

Namenregister

Suhrkamp Verlag GmbH
Torstraße 44, 10119 Berlin
info@suhrkamp.de
www.suhrkamp.de